胡永健◎著

当代最低工资问题研究

人民日报学术文库

人民日报出版社

图书在版编目（CIP）数据

当代最低工资问题研究／胡永健著．—北京：
人民日报出版社，2018.6
ISBN 978-7-5115-5422-2

Ⅰ．①当… Ⅱ．①胡… Ⅲ．①工资制度—研究
Ⅳ．①F244.2

中国版本图书馆 CIP 数据核字（2018）第 079175 号

书　　名：当代最低工资问题研究
著　　者：胡永健

出 版 人：董　伟
责任编辑：宋　娜
封面设计：中联学林

出版发行：人民日报出版社
社　　址：北京金台西路 2 号
邮政编码：100733
发行热线：（010）65369509　65369846　6536528　65369512
邮购热线：（010）65369530　65363527
编辑热线：（010）65369521
网　　址：www. peopledailypress. com
经　　销：新华书店
印　　刷：三河市华东印刷有限公司

开　　本：710mm×1000mm　1/16
字　　数：359 千字
印　　张：22
印　　次：2018 年 6 月第 1 版　　2018 年 6 月第 1 次印刷

书　　号：ISBN 978-7-5115-5422-2
定　　价：78.00 元

前　言

　　最低工资标准是企业或雇主支付给劳动者工资水平的底线。最低工资制度是指确定或调整最低工资标准的机制以及针对最低工资标准的实施而制定的各种制度安排。从更广义的角度看,对最低工资标准的实施效果展开评估以及分析最低工资对就业等劳动力市场结果的影响也是最低工资制度的重要组成部分,因为最低工资实施效果和作用的评估可以作为反馈信息,为最低工资标准的再次调整打下基础。

　　自 1894 年新西兰通过劳动仲裁法庭确定最低工资标准以来,最低工资制度在世界范围已经走过了 120 多年的历程。建立最低工资制度的初衷是为了铲除"血汗劳动""血汗制度"和"血汗工厂",但随着社会经济的发展以及公平和正义理念的传播,最低工资的作用也被不断地延伸和扩展。在经济全球化的浪潮中,无论是在发展中国家,还是在发达国家,最低工资制度受到了越来越多的关注,并成为一些国家解决低收入、缩小收入差距、减少贫困现象以及反"社会倾销(social dumping)"的重要政策工具。国际劳工组织(ILO)也将最低工资视为实现"体面工作(decent work)"和"公平全球化(fair globalization)"的重要手段之一。

　　从 2006 年至 2009 年,作为技术官员,我曾有幸在国际劳工组织劳动条件司专门从事最低工资制度的研究和咨询工作。国际劳工组织的工作使我对世界各国的最低工资制度有了广泛和深入的了解,并有机会同一些国家的工会、雇主协会以及成员国政府负责劳动事务的部门展开面对面的交流。时至今日,在国际劳工大会和国际劳工组织理事会举行的各种讨论会上,劳资双方代表为了维护各自的利益唇枪舌战的场景依然历历在目,无法忘怀。值得一提的是:2007 年我和同事一起前往斯里兰卡为斯里兰卡工会、雇主协会以及政府劳动部门展开有关最低工资问题的咨询。当时的斯里兰卡正处于内战,从机场到旅馆都有重兵把守,进入政府部门需要严格的安检,晚上9点以后实行宵禁。尽管困难重重和面临危险,但我和我的同事依然圆满完成了各项咨询任务。在提供咨询的过程中,对斯里兰卡行业工会代表为了提高工人最低工资标准而作的慷慨陈词尤其印象深刻。

一直想写一部有关最低工资方面的专著,能够较为全面、客观地向读者介绍当代世界的最低工资制度和发展趋势。由于种种原因,一直拖到现在才完成了写作,但无论如何,总算了却一桩心愿。希望读者在阅读完本书后,能够有所收获;也希望本书能够为政府有关部门、工会以及企业家协会探讨最低工资问题提供参考。

本书是基于全球视角对最低工资制度展开分析,书中既有对最低工资制度实践的介绍,也有较为深入的学术探讨。本书总体结构可分为三编。第一编包含了第一章至第七章的内容,重点介绍当代最低工资制度;第八、第九和第十章构成了本书第二编,其主要内容是从理论和实证研究的角度分析最低工资的就业和收入分配效应。第三编对我国以及世界主要国家和地区的最低工资制度加以介绍。

第一章介绍了最低工资制度的产生和发展。最低工资制度的产生具有深刻的社会历史背景。除了介绍最低工资制度产生的背景,第一章还探讨了最低工资的作用以及在经济全球化背景下最低工资制度在维护劳动者基本权益方面所面临的挑战。第二章介绍了最低工资标准的确定机制。由于政治体制不同、经济发展水平存在差异以及劳动关系成熟程度的不同,世界各国依据本国实际情况对最低工资标准的确定机制做出了不同安排。从确定最低工资标准最终决策者的角度分析,可以将最低工资标准的确定机制分成四大类,即立法机关主导模式、政府主导模式、三方委员会主导模式以及劳资集体谈判。第二章还针对独立人士(即非政府或工会和雇主协会代表)在确定最低工资标准过程中的重要作用进行了探讨。第三章分析了最低工资标准的类型和内容,包括最低工资标准的时间单位和计件最低工资、最低工资标准覆盖范围与次级最低工资标准、最低工资标准的构成以及家政工最低工资标准问题。第四章则对调整最低工资标准应考虑的主要因素以及为有效实施最低工资标准所需采取的各种措施和制度安排加以分析。

鉴于国际劳工组织在最低工资制度发展过程中所发挥的独特作用,本书第五章专门介绍了国际劳工组织的历史、国际劳工标准的作用以及国际劳工大会制定的最低工资国际公约。基于国际劳工组织的有关报告,本书第六章汇集了一些国际案例,目的是使读者了解在制定和实施最低工资标准过程中存在的一些突出问题以及由此产生的劳资争议和国际劳工组织的观点。第七章是本书的一个亮点,特别探讨了最低工资标准的统计分析方法,包括最低工资相对水平分析、最低工资跨地区和国际间的比较分析等。

自最低工资制度产生以来,有关实施最低工资标准是否会对劳动力市场就业产生负面影响的争论一直持续不断。本书第八章从理论和数量分析方法两个层面对最低工资的就业效应展开了深入分析和介绍。第九章汇总了在过去几十年期间欧美等国学者针对最低工资就业效应展开的大量实证分析研究。鉴于最低工资的收入分配效应本质上是一个需要实证检验的问题,本书第十章介绍了近些年来国际上一些具有代表性的实证分析和结论。

从第十一章开始,读者可以较为详细地了解我国(包括香港和台湾地区)、英美等国家和地区的最低工资制度。在撰写这部分的内容过程中,我阅读了大量文献,以便能够准确地把握各国最低工资制度产生和发展的脉络,为读者提供更加翔实和有用的信息。值得一提的是,本书中有关中国香港地区和台湾地区、韩国、日本、印度、巴西以及南非最低工资制度的介绍在国内业已出版的著作或刊物中并不常见。通过介绍更多国家的最低工资制度,希望读者能从中了解当代世界最低工资制度的多样性,思考如何在立足本国国情的基础上,通过借鉴其他国家的经验和做法来进一步完善我国的最低工资制度。

为了方便读者阅读,在这里对国际劳工组织经常使用的"三方机制(Tripartism)"以及"社会伙伴(social partners)和社会对话(social dialogue)"的含义加以简单说明。根据国际劳工组织出版的国际劳工字典的解释①,"三方机制"是指:"为了探寻共同关心问题的解决办法,政府、雇主和工人(通过他们的代表)在平等和独立的基础上彼此之间展开积极的互动。三方互动的过程可以包括协商、谈判和(或者)共同决策,取决于各方之间达成的协议。而这种安排可以是临时性的,也可以加以制度化。"本书在论述过程中,经常使用"具有三方性质的委员会"一词,其含义是:该委员会由政府、雇主和工人代表组成。在三方机制中,政府、工会和雇主协会常被称之为"社会伙伴",而在"社会伙伴"之间展开的讨论就是"社会

---

① G. Arrigo and G. Casale, *Glossary of Labour Law and Industrial Relations* (*with special reference to the European Union*), Geneva, Switzerland: International Labour Office, 2005, p. 255.

对话"。在欧盟,政府往往通过社会对话对重大的社会经济政策(包括最低工资)与全国性的工会和雇主协会展开协商。另外还需要说明的一点是:本书中,除非特别说明,"工资"和"工资收入"被当作同义语使用,不包括非劳动收入所得。

　　在本书的写作过程中,我的研究生任辛瑶和徐辉根据我提供的资料,翻译并撰写了第六章的内容。在这里,也感谢人民日报出版社宋娜编辑的辛勤工作。本书若有不确之处,尚祈学界同仁和广大读者不吝赐教。

胡永健

2018 年 3 月于天津财经大学

目　录
CONTENTS

第二编

第一编 01

第一章

最低工资制度的产生、作用和发展

自 1894 年新西兰通过劳动仲裁法庭确定最低工资标准以来,最低工资制度已经走过了 120 多年的历史。建立最低工资制度的初衷是为了消灭以极低工资、超长劳动时间以及恶劣工作条件为主要特征的"血汗工厂"。随着社会经济的发展,特别是公平和正义理念的传播,最低工资制度的作用也被不断延伸。但在另一方面,有关最低工资制度作用问题的争论也一直持续不断,无法达成一致的结论。此外,在当代经济全球化背景条件下,最低工资制度在解决低工资收入、减少收入不平等、贫困等方面的作用也引起了发展中和发达国家的广泛关注。

本章第一节介绍最低工资制度产生的背景;第二节讨论最低工资制度的作用问题;第三节介绍经济全球化与最低工资制度。

第一节 最低工资制度的产生背景

一、"血汗劳动"和"血汗工厂"的罪恶

始于 18 世纪 60 年代的英国工业革命是资本主义发展历史上的一个重要阶段。工业革命所创造的巨大生产力为当时的英国、法国、德国以及北美国家的社会经济发展带来了繁荣。然而这种繁荣是建立在残酷的剥削与压迫基础之上:资本家通过低工资、超长劳动时间、增加劳动强度和雇佣童工等手段剥削劳动者从而获取高额利润。"血汗劳动(sweated labor,或 sweating)"成为那个年代劳动者悲惨境遇的一种生动写照。

在 19 世纪的英国,血汗劳动是一个严重且难以解决的社会问题。血汗劳动

最初是指那些从事成衣制作的缝纫女工,其产生背景与"血汗制度(sweating system)"紧密相关。英国著名作家和社会活动家查尔斯·金斯莱(Charles Kingsley)在其撰写的《廉价服装与肮脏》小册子中对血汗制度有如下的描述:

部分工作,如果不是全部,被发包给了承包商,或者说中间商。那些受害者特别将这些中间商称之为"榨取别人血汗的人(sweater)"。中间商反过来又将承包到的合同再次发包:有时候是给工人,有时是给了新的中间商。这样一来,不仅是工人,还有承包"榨取别人血汗"合同的第二、第三、第四和第五个中间商,他们都会从每件产品的加工价格中抽取利润。①

根据金斯莱的描述,血汗制度实际上是指一种层层盘剥的合同转包制度:总承包商从英国政府那里获得为军队制作服装、军靴等军需品合同后,通过层层转包,最后以极低的加工价格落到了从事成衣制作和加工的雇主或师傅手中。雇主或师傅要么将需要加工的服装交给劳动者个人带回家缝制,或雇佣一些女工聚集在闷热、潮湿、空间狭小且昏暗污秽的场所(雇主或师傅的住所或租屋)完成加工工作。虽然努力工作,劳动时间超长,但缝制女工得到的计件工资水平却非常低,难以维持生计,成为血汗制度的最大受害者。高强度和长时间的劳动以及昏暗污秽、缺乏通风设备的场所不仅使缝纫女工的身心健康受到了极大摧残,而且对公众健康也带来了危害。

英国19世纪著名诗人托马斯·胡德(Thomas Hood)在《衬衫之歌》中生动地描述了服装女工的血汗劳动:

……干活!干活!干活!劳动的我从不敢松懈,可报酬是什么?一床草垫,一片面包皮,一身破衣,摇摇欲坠的屋顶,裸露的地皮,……干活!干活!干活!像囚犯在赎罪!……一直工作到心脏受不了,直到脑袋僵硬,手也很疲惫……。②

弗里德里希·恩格斯(Friedrich Engels)在《英国工人阶级状况》一书中写道:

每天要工作十八小时……,女缝工们通常都像叫化子一样居住在狭小的阁楼里,而且每间屋子都是能塞多少人就塞多少人,冬天,住在这里的人身上散发出来的热几乎是取暖的唯一的来源。她们在这里弯着腰工作,从早上四五点钟一直缝

---

① Blackburn,S.,*A Fair Day's Wage for a Fair Day's Work? Sweated Labor and the Origins of Minimum Wage Legislation in Britain*, Burlington, USA: Ashgate Publishing Company, 2007, p. 32.

② 徐艳萍:《托马斯·胡德》,陕西师范大学出版社2016年版,第156页。

到半夜,几年内便把身体彻底弄垮,年纪轻轻就进了坟墓,连最迫切的生活需要都得不到满足①

从事血汗劳动的工人,除了从事成衣加工的女工外,还包括童工。英国在工业革命时期使用童工的现象非常普遍。雇佣童工的部门既有传统的农业和制衣行业,也包括伴随工业革命而兴起的纺织、煤矿开采、火柴、制纸以及制链等部门。许多雇主使用童工是以学徒的名义。根据英国儿童就业委员会在 1843 年发表的一份调查报告,伦敦制帽和制衣行业的女童学徒受到了雇主的残酷剥削:有些学徒没有工资,而有些则被要求住在狭小和拥挤的集体宿舍,缺衣少食。如果抱怨劳动时间过长,还会受到雇主的威胁和解雇。那些在煤矿工作的男童工,除了工资极低和超长劳动时间外,还经常会受到雇主的体罚以及工伤事故的威胁。在英国当代历史学家爱德华·汤普森(Edward Thompson)看来,“对儿童如此规模和如此程度的剥削是我们历史上最可耻的时期之一。”②

到了 19 世纪末 20 世纪初,由于大量外国移民涌入伦敦、曼彻斯特、利兹等英国大城市,血汗劳动问题已不仅仅局限于成衣行业,火柴和纸箱制造、制鞋业、码头搬运等部门在不同程度上也存在雇主对劳动者的残酷剥削。基于 1888—1889 年展开的深入调查,由当时活跃在英国政坛的自由党和保守党人士组成的“血汗制度专门调查委员会(Select Committee on the Sweating System,SCSS)”在 1890 年发布了一份报告。报告列举了血汗劳动的三个主要特征:(1)工资水平不足以购买生活必需品,或与工人完成的劳动不成比例;(2)超长劳动时间;(3)工作场所卫生条件恶劣。特别调查委员会在报告中还指出,“如果我们发现这三个特征中有任何一个以一种扩大的和极端的形式出现,⋯⋯则我们就可以认为存在血汗劳动,而且,不幸的是,这种劳动是在血汗制度下的劳动。”③

与血汗劳动和血汗制度经常一起使用的还有“血汗工厂(sweatshop)”一词。有学者认为,最先创造和使用血汗工厂一词的是美国,后传入英国和法国使用。19 世纪末 20 世纪初,来自意大利和东欧等国家的移民大量涌入纽约、芝加哥等大

---

① 恩格斯:《英国工人阶级状况》,《马克思恩格斯全集》第 2 卷,人民出版社 1957 年版,第496 页。

② 汤普森,E,P.,《英国工人阶级的形成(上)》,钱乘旦等译,译林出版社 2013 年版,第 403页。

③ Holcombe, A. N. , "The British Minimum Wages Act of 1909" , *The Quarterly Journal of Economics* , Vol. 24 , No. 3 , ,1910 , pp. 574 – 577.

城市,为当地服装加工行业提供了廉价劳动力。在纽约成衣行业工作的劳动者中,75% 是来自东欧的移民,15% 为意大利移民。① 由于服装生产和加工行业竞争非常激烈,纽约以及芝加哥等城市从事服装生产和加工的雇主通过压低移民工人的工资来获取利润,并将移民工人安排在租来的狭小和简陋的房间中从事服装加工和熨烫。用来供移民加工服装的房子当时在美国被称为血汗工厂:拥挤不堪、通风和卫生条件差、计件工资水平极低且雇主肆意延长工时,这些与我们上面所描述的英国缝纫女工的悲惨境遇没有什么不同。当时来自纽约州的一位工厂视察员将在纽约市从事服装加工的劳动者描绘成"像奴隶那样,在工头的监督下完成工作"。纽约州 1891 年发表的一份报告中认为,劳动者的工作时间太长,"有时会长达每周 90 个小时,而且工作场所极度拥挤,通风和卫生设施几乎糟糕到简陋不堪"。②

20 世纪初,美国的一位学者写道:

这些外国人得找些事情去做。他们都是些没有什么技术和专业的人。但服装行业的劳动分工为他们提供了可能的领域。承包商制定了一种学徒制度:新来的人需要花费 1 个月甚至更多的时间来学习。在学习期间没有任何工资。此后,他们将从事每天 12 - 16 个小时的工作,日工资为 75 美分到 1 美元,工资没有任何增加的机会。③

除了英国和美国,在 19 世纪末和 20 世纪初,欧洲的法国、大洋洲的澳大利亚和新西兰均在不同程度上存在血汗劳动和血汗工厂问题。以当时的英国殖民地澳大利亚为例:根据 1884 年成立的皇家委员会的调查报告,血汗劳动在裁缝和制靴行业家庭作坊中普遍存在,而从事血汗劳动的主要是妇女和童工。雇主一方面通过不支付或降低学徒工资来减少人工费用;另一方面,支付给普通工人的工资水平难以维持劳动者的生计。皇家委员会在报告中提出了 39 项建议,其中就包括禁止血汗制度。

19 世纪和 20 世纪初出现在英美等国的血汗劳动以及与之相关的血汗制度和

---

① Bender, D. "Sweatshop Subjectivity and the Politics of Definition and Exhibition", *International Labor and Working - Class History*, No. 61, Spring, 2002, pp. 13 - 23.

② 同上。

③ Auten, N. M., "Some Phases of the Sweating System in Garment Trades of Chicago", *American Journal of Sociology*, Vol. 6, No. 5, 1901, pp. 602 - 645.

血汗工厂具有深刻的时代背景。按照当时的理念，家庭中的男性才是获得工资收入的主要来源。显然，那些走出家庭从事被雇佣工作的女性大多来自贫困家庭，而已婚妇女的丈夫更有可能是低工资收入者。除了在制衣和纺织部门工作外，在当时的产业结构和社会文化背景条件下，可供女性劳动者选择的职业很少，女性劳动力"拥挤（crowded）"在某些行业的现象为资本家压低工资提供了可乘之机。此外，那些来自国外的移民，由于身无分文且受教育程度较低，为维持生存，他们不得不接受微薄的工资并在恶劣的环境中工作。非熟练工缺乏组织性和工会的保护也是产生血汗劳动和血汗工厂现象的重要原因之一。由于缺乏组织性，从事血汗劳动的工人无法采取集体行动与雇主抗衡，要求雇主提高工资和改善工作条件。而当时的工会组织大多是为熟练工人和工匠建立的，非熟练工人的权益问题不在工会的保护范围之内。

政府对劳动力市场缺乏有效的干预和管理也是血汗劳动和血汗工厂长期得以存在且难以解决的一个重要原因。当时的经济制度是建立在私有财产和自由放任两大基础之上的。从18世纪末至19世纪80年代，自由放任的市场经济思想盛行于欧美国家并左右各国政府的政策制定。按照古典经济学家的理论，资源配置应该由市场机制来调节（因为资源配置效率最高），国家或政府的经济职能仅限于保护自由竞争和契约自由。正如美国学者萨拜因所指出的那样，在19世纪和20世纪初，"自由主义在英国已不再囿于理论上的思辨与研究，它已经作为一种现实的政治力量进入英国的政治生活，……，成为占主导地位的政治哲学……。"①对于那些笃信个人主义和自由放任主义的人来说，劳动者的经济生活应该由劳动者自己负责，在血汗工厂从事血汗劳动是一种自愿的市场交易行为，国家不应干预。还有一些人则是以保护妇女的纯洁而为血汗工厂辩护：让妇女到与男性劳动力混杂在一起的工厂工作会使妇女面临道德上的风险；在这些人看来，解决血汗劳动问题的应该是教会而不是政府。为了规避当时英国《工厂法》对雇佣童工、劳动时间以及工作卫生条件等方面的要求，一些雇主往往将自己的住房（卧室甚至是厨房）或租房用来从事服装制作和成衣加工。按照1884年修改后的英国《工厂法》的规定，工厂视察员有权进入所有开工运转的工厂展开检查，但并不包括家庭作坊。据说是因为它有可能对家庭隐私产生威胁：一位男性工厂视察

---

① 刘金源等：《英国近代劳资关系研究》，南京大学出版社2012年版，第338页。

员进入女性聚集的卧室或者厨房,不但侵犯了家庭的隐私,而且极有可能发生非礼事件。实际上,1878 年修改后的《工厂法》对家庭作坊的控制极为宽松:将家庭作为工作场所的成年人的工作时间不受法律管辖。如果家庭作坊不定期雇佣童工或未成年工,且能够证明童工或未成年人的劳动不是家庭谋生的主要方式,那么,该家庭作坊就不会被视作为工作车间,换言之,《工厂法》有关最低卫生条件和有关劳动时间的规定不适用于该家庭作坊。虽然 1891 年再次修订的《工厂法》赋予工厂视察员在没有书面命令或许可的情况下可进入家庭作坊检查通风条件、工作空间等工作条件的权利,但对工资支付方面的检查依然是一个空白,没有任何规定。

　　血汗劳动是资本主义发展过程中劳动者血泪史中的一幕。劳动者的悲惨境遇以及由此引发的贫困、健康、犯罪等社会问题引发了社会的广泛关注。一些进步的记者、作家、学者、社会活动家以及各种组织通过不同的手段对资本家对劳动者的残酷剥削进行了无情地揭露和抨击。血汗劳动一词逐渐失去了与层层盘剥的分包制度的关联,变成了对劳动者悲惨境遇的同情与控诉。对于那些推动社会改革的进步人士而言,血汗制度不但成为残酷剥削制度的代名词,而且还被赋予了广泛的社会含义。面对社会改革呼声的不断高涨、劳资冲突的加剧以及工会运动的发展,在 19 世纪末和 20 世纪的第一个 20 年期间,新西兰、澳大利亚以及英美等国的立法机关和政府组织展开了一系列调查并试图通过劳动仲裁或立法手段来调整劳资关系。由此,建立最低工资制度的序幕也就逐渐被拉开。

二、反"血汗劳动"与最低工资标准

　　1843 年,英国著名诗人托马斯·胡德用笔名在著名的、以"捍卫被压迫者及对所有权威大力鞭策"的幽默周刊《笨拙杂志》(Punch Magazine)发表了那首被誉为"社会抗议诗歌(social protest poem)典范"的《衬衫之歌》。在诗中,胡德以通俗易懂的语言生动描述了生活在维多利亚时代的缝纫女工的悲惨境况,表达了对资本主义制度下社会不公的愤怒和抗议。《衬衫之歌》的发表引发了社会对血汗劳动的极大关注。著名作家查尔斯·狄更斯(Charles Dickens)对这首诗歌的创作及其社会意义给予了高度评价。《衬衫之歌》还被翻译成德语、法语、意大利语和俄语,在欧洲各国广泛流传,成为国际反抗运动的首选宣传文章。当时英国的《泰晤士报》使用一整版的篇幅刊登了题为《白人奴隶:献给成千上万命运悲惨、无家可归且已死去的缝纫女工》的文章。《泰晤士报》的一篇评论指出:从道德的每个角度考察,伦敦缝纫女工与西印度群岛的黑人奴隶没有任何差别。《泰晤士报》的评论还将英国宪章运动中的著名口号"做一天公平的工作,得一天公平的工资"改成"得一天公平的工资,做一天公平的工作",并呼吁改善生活在社会底层劳动者的悲惨生活状况。

1849 年,《笨拙杂志》创始人、剧作家、倡导社会改革的亨利·梅休(Henry Mayhew)为当时伦敦著名的《纪事晨报》撰写了数篇抨击血汗劳动的文章。文章是基于作者本人对生活和工作在伦敦的劳动者以及社会底层人士(包括那些从事血汗劳动的人)的采访而撰写出来的。梅休写道:"对于最近亲眼所见的巨大苦难我并没有心理准备。以前真不敢相信,还会有人长期劳作但所得无几,……"①。由于受到社会广泛的关注,梅休撰写的文章后来被编辑成册,出版并印刷多次。

梅休的文章还受到了英国宪章运动衰落后兴起的基督教社会主义团体的关注和极大兴趣。深受梅休文章影响的基督教社会主义者、小说家查尔斯·金斯莱在其撰写的《廉价服装与肮脏》的小册子中对当时政府将军装等军需品通过承包人加工生产的做法以及由此而产生的"血汗制度"提出了强烈谴责。除《廉价服装与肮脏》小册子外,金斯莱在 1850 年还创作发表了小说《奥尔顿·洛克》(Alton Locke)。小说中的主人公洛克(Locke)从小喜欢诗歌,但为了维持家庭生计,长大后不得不在一间低矮的阁楼与面容憔悴、衣冠不整的人一起从事服装加工。洛克的老板是一位"燃烧着'19 世纪伟大精神'的资本家,他让工人们自由招标,要价最低、出货最多者可以把活儿揽到自己家中去干;这种迫使工人们互相'自由竞争'的手段使洛克和工友们的工作量增加了三分之一,而实际工资却减少了一半"。② 所谓"19 世纪伟大精神"是指当时在英国盛行的自由放任主义和市场竞争原则。在有幸结识苏格兰出版商桑迪·麦凯(Sandy Mackaye)之后,洛克多开始了诗歌写作,并在投身于宪章运动后,成为了一名宪章诗人。

作为英国基督教社会主义的创始人之一,金斯莱强烈反对自由放任理论,主

① Blackburn, S. *A Fair Day's Wage for a Fair Day's Work? Sweated Labor and the Origins of Minimum Wage Legislation in Britain*, Burlington, USA: Ashgate Publishing Company, 2007, pp. 23 – 24.

② 殷企平:《"文化辩护书":19 世纪英国文化批评》,上海外语教育出版社 2013 年版,第 140 页。

张通过"合作和团契"精神来改变工业革命给社会带来的各种弊端。除了通过撰写文章和创作小说等手段来揭露血汗工厂的罪恶,金斯莱还多次写信,呼吁政府采取措施改善血汗工厂的卫生条件。为了消除"血汗劳动",金斯莱提出了将劳动者迁移到英国所属海外殖民地国家从而减少劳动力过剩和失业现象以及建立合作工厂(corporative workshop)的政策建议。合作工厂中的裁缝和缝纫女工应该自制管理,共同分享利润。主张在基督教基础上建立"互爱"以及"合作"的社会是基督教社会主义的核心理念之一。通过合作工厂来消除血汗劳动的做法反映了金斯莱本人理想主义的一面。在实践中,建立合作工厂的做法与空想社会主义者罗伯特·欧文(Robert Owen)建立的"新和谐公社(new harmony)"一样,均以失败结束。①

1876年,英国著名医学期刊《柳叶刀》(Lancet)发表了一份调查报告。调查报告描述了英国伦敦血汗工厂恶劣的卫生条件并分析了恶劣卫生条件造成的传染病对公共卫生的危害。《柳叶刀》发表调查报告的背景是:英国一位著名政治家的女儿购买的女骑装是由血汗工厂一位患感冒的裁缝加工制作的。后来,政治家的女儿也被传染上了感冒并在婚礼前夜死去。这一事件不但引发了公众的不安,而且唤起了社会各界对血汗制度的广泛关注和讨论。在讨论过程中,一些人将矛头指向了犹太人、意大利人、爱尔兰人等外国移民,认为那些中间商、承包商、裁缝以及建立家庭作坊(在自有住房或租屋)从事服装加工的人大多是犹太人。实际上,《柳叶刀》发布的调查报告中就曾指责来自国外的犹太人"不清洁的习惯"以及"对英国人生活方式的忽视"造成了血汗工厂的卫生问题。②

1887年,著名工团主义者、记者约翰伯·伯纳特(John Burnett)向英国行业委员会递交了一份有关伦敦东部地区血汗工厂的报告。伯纳特的报告将矛头指向了来自其他国家的犹太移民,并引发了公众对血汗工厂的极大愤慨,就连当时英国的坎特伯雷大主教(Archbishop of Canterbury)也对血汗制度也发出了谴责之声。在公众和社会舆论的强大压力下,英国上议院组成了由自由党和保守党组成的

---

① "新和谐公社"是财产公有制下的劳动者自制;而金斯利的"合作工厂"是私有制下的工人自治和利润共同分享。

② Blackburn, S. *A Fair Day's Wage for a Fair Day's Work? Sweated Labor and the Origins of Minimum Wage Legislation in Britain*, Burlington, USA: Ashgate Publishing Company, 2007, p. 44.

"血汗制度专门调查委员会"(以下简称 SCSS)。SCSS 在将近 2 年的时间里展开了大量的实地考察以及与裁缝、缝纫女工、雇主以及学者和社会活动家面对面的交谈,并于 1890 年公布了最终报告。在报告中,SCSS 给出了血汗劳动的三个主要特征。著名社会活动家比阿特利丝·波特(Beatrice Potter),即后来的韦伯夫人(Mrs. Webb),认为对血汗劳动三个特征的描述是以一种直截了当、广泛和简洁的方式对血汗劳动做出的精准定义。但在另一方面,针对当时广泛认为的血汗劳动与转包制度有关的看法,SCSS 最终报告得出的结论是:转包制度不应对血汗劳动的产生负责,转包制度的中间人是罪恶的结果,而不是原因。在 SCSS 看来,血汗劳动不但在那些存在中间人的行业存在,而且在那些没有中间人制度的行业也同样广泛存在。

SCSS 报告提出了诸如政府加强对家庭作坊的检查、限制劳动时间以及建立合作工厂等建议。然而,对于政府或立法机关是否应该干预并设定一个最低的工资标准,SCSS 报告则只字未提。不仅是 SCSS 报告,前面我们提到的金斯莱、伯纳特等人或组织,他们虽然通过调查对血汗工厂展开了无情的揭露并从不同角度探讨了产生血汗劳动的原因,但对解决问题的方法,所提建议无外乎是限制移民、改善血汗工厂卫生和劳动条件或者将家庭作坊转变成工厂等,但对如何解决血汗工厂极低工资收入的问题却鲜有触及。著名社会活动家、费边社会主义者悉尼·韦伯(Sidney Webb)在与夫人共同撰写《产业民主》(Industrial Democracy)一书之前,也只是呼吁"严格限制家庭作坊"和"建立每天 8 小时的法定劳动时间",而对他后来提出的建立全国最低工资标准的问题并没有作为重点加以阐述。

在韦伯夫妇 1897 年出版《产业民主》之前,著名的社会活动家、记者和帝国主义的批判者约翰·霍布森(John Hobson)撰写的一篇题为《生活工资》的文章引起了关注。霍布森认为,如果一个行业无法支付给工人体面的工资水平,那么这个行业就不应该在文明社会生存;出于公众的利益,对这些行业,政府应该向消除传染病那样予以根除。

我们从霍布森后来在其撰写的《财富的科学》一书中有关工资的论述可以看出霍布森所言的"生活工资"的含义:

在我们把劳动力价格作为一种"费用"的那种一般性的说法中,我们曾假定那价格最少必须能维持工人的普通健康和体力,并且让他能够维持一个家庭,到他自己年老不能工作的时候可以有人替补他的缺额。在一个进步的产业社会里,工资必须高于这种"损耗"费似的标准,要包括一部分费用准备刺激和维持更多的生产力,一般供给产业发展的需要。①

按照霍布森的论述,除了满足个人生存、家庭以及延续后代的需要外,生活工资还可以激励劳动者提高其生产效率。显然,在霍布森看来,制定较高的工资标准,不但可以满足劳动者的生活需要,对企业乃至整个产业的发展也有好处。在这方面,霍布森提出的生活工资与新凯恩斯主义经济学中的效率工资理论具有相同之处。

与霍布斯不同,韦伯夫妇在《产业民主》一书中则提出了在英国通过建立全国最低工资标准来铲除血汗行业的罪恶。韦伯夫妇写道:

全国最低工资的建议——通过立法确定每周的薪酬标准,不容许任何一个雇主以低于该标准雇佣任何工人——并没有被工联主义者,或是被内政大臣提出过。我们认为,这种犹豫不决之所以产生,是因为工人和雇主都在对通过法律确定所有工资的做法有所保留。②

韦伯夫妇认为,如果英国的《工厂法》对工厂的最低卫生条件和每周最多工时做出了规定,那么,建立全国最低工资标准是符合逻辑的发展结果。通过制定最低工资标准,可以提高血汗行业的生产成本,迫使血汗工厂并入生产规模较大和具有良好管理的工厂。此外,通过制定最低工资标准还可以淘汰那些通过压低工资来与其他企业展开竞争的不良雇主。在韦伯夫妇看来,血汗行业具有一种寄生性,它慢慢吸走了对英国社会至关重要的那种能量,减少了国家的财富存在,对整个国家的运行效率产生极大的威胁。

韦伯夫妇在《产业民主》一书中提出,为了获得每周的最低工资收入,劳动者必须在计件工资标准的基础上完成一定数量的工作。由于意识到过高的最低工资标准有可能对劳动者,特别是童工、年长的人以及怀孕女工的就业带来负面影响,因此,韦伯夫妇提出全国最低工资标准应该建立在能够维持生存的水平上。在这一方面,韦伯夫妇与霍布森观点完全不同。

最低工资应该通过实际调查来确定,包括基于国民的习惯与传统,为避免身体条件恶化所必需的食物、服装以及住所的成本。因此,这里所说的最低应该是

---

① 霍布森,J. A.,《财富的科学》,于树生译,商务印书馆2015年版,第73页。

② Sidney and Beatrice Webb, *Industrial Democracy*, London: Longmans Green, and Co., 1897, p. 774.

低标准。当然欢迎那些非规制行业的企业给予非熟练工人的恩惠,但它与"生活工资"的想法完全不一致。①

霍布森的"生活工资"以及韦伯夫妇的"全国最低工资"建议引起了当时社会改革者的极大关注。一些学者和社会活动家对在英国实施最低工资标准的可行性表示怀疑。著名的自由主义者、政治家查尔斯·迪尔克(Charles Dilke)提出了以组建行业工资委员会的方法来解决血汗工厂中的低薪建议。迪尔克还在英国下议院提出了一项立法建议,但遭到了否决,没有取得成功。

尽管韦伯夫妇提出在英国制定全国最低工资标准的主张在当时并没有实现,但在《产业民主》出版后的 10 年期间,有关血汗劳动、血汗工厂以及最低工资问题的讨论一直持续不断。与此同时,以托马斯·格林(Thomas Green)为代表的英国学者则对传统的自由主义提出了新的诠释,将自由放任式的自由代之以政府干涉式的自由。在格林看来,坚持英国自由主义传统,又实施国家干预,充分发挥国家作用解决血汗劳动、贫困等社会问题可以有效地维护资本主义。对于那些要求社会改革的人士和团体而言,格林的主张为他们提供了理论基础。此外,英国在 1873 – 1896 年发生的"大萧条"以及由此引发的失业、劳资冲突、工会运动高涨等问题也促使一些有识之士反思当时完全自由放任的市场竞争体制,呼吁通过社会改良来维持英国经济社会的稳定发展。在各种因素交织影响下,英国自由党在 1906 年赢得大选胜利后,展开了一系列的"自由福利改革"(the Liberal Welfare reforms)。自由党执政期间,英国议会通过的一系列劳动力市场法律法规中包括 1909 年通过的《行业委员会法》。《行业委员会法》的颁布实施开启了英国制定最低工资标准的历史。

以上,我们主要梳理了英国在 19 世纪的反"血汗劳动"的历史。实际上,在 19 世纪末和 20 世纪初,美国以及当时的英国殖民地澳大利亚和新西兰同样存在一股强大的反"血汗劳动"的运动。在美国,除了一些进步的记者、学者和社会活动家通过撰写文章和著作等形式对纽约、芝加哥等大城市的血汗工厂展开了无情的揭露外,1899 年由著名的社会改革家珍妮·亚当斯(Jane Addams)和美国进步主义运动领导人约瑟芬·洛厄尔(Josephine Lowell)共同创建的"全国消费者联盟

---

① Sidney and Beatrice Webb, *Industrial Democracy*, London: Longmans Green, and Co. , 1897, pp. 774 – 775.

(the National Consumers' League)"号召人们关注血汗工厂的存在和它的罪恶。全国消费者联盟认为,民众的购买行为承担着一种社会责任,消费者有义务了解其购买的商品是否是在恶劣的劳动环境中生产出来的。在参加了 1908 年在瑞士日内瓦召开的反血汗工厂国际会议后,"全国消费者联盟"通过了一项决议,要求为美国女工建立最低工资标准。"全国消费者联盟"的反血汗工厂运动以及为女性劳动者建立最低工资的主张被认为是 19 世纪末和 20 世纪初发生在美国的"进步主义(Progressivism)"改革运动的一部分。进步主义改革运动提倡社会公平,认为支付劳动者的工资应该能够保障个人的体面生活。在进步主义者看来,制定最低工资标准可以改善劳动者的生产能力从而有助于提高企业的生产效率。

需要指出的是,就反血汗劳动和血汗工厂的运动规模和深度而言,英美两国均超过了当时英国在大洋洲的殖民地新西兰和澳大利亚。但在通过立法手段来解决血汗工厂支付劳动者极低工资问题方面,新西兰和澳大利采取的行动要比英国和美国来得要早。下一小节将介绍最低工资制度的产生和早期发展历史。

三、最低工资制度的建立和早期发展历史

一般认为,新西兰是世界上第一个建立最低工资制度的国家。新西兰在 1894 年开始实施《工业调解与仲裁法》(the Industrial Conciliation and Arbitration Act)。该法赋予工会组织保护其会员的权利并建立强制性的劳动仲裁制度。根据该法的规定,首先要建立调解委员会来解决劳资争议问题。调解委员会由雇主和雇员同等人数的代表组成。如果委员会未能达成一致,劳资争议问题将被递交到仲裁法院解决。劳动仲裁法庭由三人组成:法官和劳资代表各一人。法庭在开审后的 1 个月之内需颁布裁决书。劳动仲裁法庭具有裁决有关最低工资、劳动时间等劳资争议的权利。劳动仲裁裁定的最低工资标准将适用于产生争议行业的所有工人。除了通过劳动仲裁手段制定最低工资标准,新西兰还使用立法的形式为童工和商店售货员制定最低工资标准,如 1899 年的《预防无薪童工就业法》以及 1904 年的《商店及营业所员法》。

澳大利亚的维多利亚州在 1896 年通过了旨在消除血汗工厂罪恶的《维多利亚特别委员会法》①(一般称作《工资委员会法》-作者注)。按照 1896 年《工资委

---

① 《维多利亚特别委员会法》是当时维多利亚州《工厂与商店法》的一部分。

员会法》的规定,工资委员会并不是常设机构,而是根据维多利亚州议会的判定,即如果议会认定某个行业存在血汗劳动,雇主支付工人极低的工资水平,则该行业将被责令成立一个由工人和雇主代表组成的特别委员会,讨论该行业的最低工资标准(计件和计时工资)问题。工人和雇主代表就最低工资标准达成协议后,需上报到维多利亚州的劳动部批准。劳动部批准后并公布的最低工资标准具有法律效力,适用范围与劳动者性别无关。当然,如果认为不适当,劳动部也有权否决工资委员会制定的最低工资标准,并要求委员会重新审议。根据1896年的《工资委员会法》,维多利亚州在6个被认为是极为典型的血汗部门组建了工资委员会,包括烘焙、制靴、服装、家具、衬衣和内衣行业。例如,1896年为烘焙部门制定的周最低工资标准为48先令,而在实施《工资委员会法》之前,维多利亚州烘焙部门每周的平均工资为32先令。1896年的《工资委员会法》有效期为4年。1900年维多利亚议会投票表决同意继续实施《工资委员法》并对有关条款进行了修改。按照修改后的《工资委员会法》,组建工资委员会的范围被扩展到任何加工、贸易和商业部门,涉及15万劳动者。在更多的行业建立工资委员会表明,工资委员会的职能已逐渐从最初解决血汗行业低工资收入问题变成为更多的行业制定最低工资标准以及为解决劳资纠纷提供一个协商平台。而这一转变在一定程度上提高了覆盖行业的平均工资水平。1900年修改后的《工资委员会法》还为女性学徒制定了最低工资标准。除了制定最低工资的职能,工资委员会还被授权制定高于最低工资标准的加班工资以及每周不得超过的总工时数。

在20世纪的第一个10年,澳大利亚的昆士兰州、新南威尔士州以及塔斯马尼亚州也曾采取了维多利亚州的模式建立了工资委员会。新西兰通过劳动仲裁以及澳大利亚维多利亚州成立工资委员会确定最低工资标准的做法引起了英国和美国的兴趣。英国议会和美国政府还曾派人前往澳大利亚展开实地考察。在1906年的大选中,英国自由党获胜。自由党执政后展开了一系列的"自由福利改革",包括英国议会在1909年通过的《行业委员会法案》。根据1909年的《行业委员会法》,行业委员会负责在"工资水平与其它就业相比特别低"的产业建立委员会。委员会包括人数对等的雇主、雇员和官员代表以及由国家任命的独立人士。女性同样有资格当选行业委员会委员,特别是在那些女性劳动者占多数的行业,至少要有一位女性担任委员。《行业委员会法》规定在"成衣和定制服装、纸箱制造、服装花边加工以及扣链生产"4个部门建立行业委员会。在建立行业委员会的部门,无论是工厂还是家庭作坊均适用于行业委员会规定的最低工资水平。4个行业委员会规定的最低工资标准涉及 25 万工人,其中绝大部分是妇女。1913年,又增加了 5 个行业委员会,它们是:糖果点心加工、衬衣加工、器皿制造、亚麻和纯棉绣制品以及部分洗衣店;新增的 5 个行业涉及 14 万工人。到了 1926 年,总共有 40 个行业委员会,覆盖 100 多万劳动者。英国煤矿行业和农业部门则分别适用 1912 制定的《煤矿(最低工资)法》和 1924 年的《农业工资(条例)法》。①

1912 年美国马萨诸塞州州议会通过了《最低工资法案》,成为全美第一个建立法定最低工资标准的州,并对美国其他各州产生了示范效应。俄勒冈、犹他等 8 个州的议会在 1913 年也先后通过了最低工资法。从 1914 年至 1919 年,阿肯色、堪萨斯等 7 个州建立了最低工资制度。按照 1912 年马萨诸塞州《最低工资法》的规定,最低工资委员会负责制定和实施最低工资标准。经过调查,如果认定某一行业支付给绝大部分女性劳动者的工资水平难以满足女工基本生活费用以及维持其健康需要,最低工资委员会有权在该行业组建工资委员会。按照要求,最低工资委员会在讨论最低工资标准的过程中,既要考虑工人生活的需要,也要考虑行业财务状况以及实施最低工资标准有可能带来的后果。在俄勒冈州,"行业福利委员会"负责调查和确定在哪些行业制定最低工资标准。与马萨诸塞州不同,俄勒冈州制定最低工资标准时的主要参考因素是"必要生活费用和维持工人健康的需要"。1913 年犹他州以法规形式公布妇女及未成年人最低工资标准的做法极大地提升了最低工资标准的权威性。此外,与马萨诸塞州和俄勒冈州以行业为基础的最低工资标准不同,犹他州实施单一最低工资标准,即最低工资标准适用所有行业。

需要指出的是,在美国政治体制框架下,各州制定的法律不得违反美国宪法的规定。由此,在 20 世纪的 20 年代发生了多起美国全国和地区高等法院裁决最低工资标准违宪的案例。到 20 世纪 20 年代末,有 7 个州的最低工资标准被高等法院裁定违宪,有 5 各州被迫取消最低工资制度或宣布最低工资标准不再具有强制性。其它各州则采取弱化最低工资标准的执行来避免法律诉讼。②

除了新西兰、澳大利亚、英国和美国外,其他一些国家在 20 世纪 20 年代也分

---

① 有关英国最低工资制度的历史,参见本书第十三章。
② 有关美国最低工资制度的发展历史,参见本书第十三章。

别制定了法定的最低工资标准。例如,法国(1915 年)、挪威(1918 年)、西班牙(1926 年)、斯里兰卡(1927 年)。早期的最低工资制度具有以下主要特征:(1)除新西兰采用劳动仲裁方法外,大多数国家采取了专门委员会拟定最低工资标准的方法;(2)最低工资标准的制定多以行业为基础;(3)各国有关最低工资标准适用对象的规定有所不同。关于早期最低工资制度的第 3 个特征需要特别说明:在 20世纪初制定最低工资标准的美国各州,一般都将最低工资的应用限制在妇女和未成年人(童工)范围之内;而新西兰、澳大利亚的维多利亚州以及英国则对此则没有规定。澳大利亚维多利亚州政府拟定的《工资委员会法案》曾提出将最低工资标准限制在妇女和未成年男性范围,但遭到了议会的反对。有些议员认为:最低工资标准只适用于妇女将不利于其失业后继续在其他部门寻找工作。需要指出的是:由于妇女和童工从事血汗劳动和低工资收入工作的规模较大,即使法律没有对性别做出特别规定,但在实际的最低工资收入者中,女性和未成年人所占比重依然很高。

第一次世界大战结束后签订的《凡尔赛和约》包含了成立专门处理国际劳工问题的国际劳工组织(International Labor Organization,ILO)的条款。国际劳工组织的一项重要职能是建立国际劳工标准。在创立不到两年的时间内,国际劳工组织通过了 16 项国际劳工公约和 18 项国际劳工建议书。1928 年举行的第 11 届国际劳工大会讨论通过了第 26 号公约《制定最低工资确定办法公约》以及《制定最低工资确定办法建议书》(第 30 号)。第 26 号公约在 1930 年的正式生效不但意味着最低工资标准已成为国际劳工标准的一个有机组成部分,而且最低工资国际公约也可以为各国在实践中制定和完善本国的最低工资制度提供指导,成为全球劳动者维护劳动权益和提高工资收入水平的一个重要工具。[①]

第二节　最低工资制度的作用

自 1894 年新西兰开始通过劳动仲裁的方式确定最低工资标准以来,有关最

---

① 关于国际劳工组织的介绍,参见本书第五章的内容。

低工资制度作用问题的讨论就一直延续不断。反对最低工资制度的人士提出的主要理由是:它会伤害企业的经营和导致工人失业;而主张建立最低工资制度的人士或组织则认为最低工资制度可以在许多领域发挥重要的作用,例如:消除血汗劳动、保护劳动者弱势群体的基本权益、形成公平工资、减少贫困现象、取缔不良竞争和提高劳动者生产效率、增加消费水平从而促进经济增长以及产业结构调整等。

按照新古典经济学理论的解释,在完全竞争的劳动力市场,工资是由劳动供需双方决定。当劳动供需相等的时候,均衡工资水平也就形成。如果政府通过行政或法律手段要求企业支付的最低工资标准高于均衡工资水平,则企业的人工费用将会增加,利润减少,最终导致企业解雇工人。与此同时,其他在劳动力市场寻找工作的劳动者也难以找到工作。但是,基于新古典阶级理论对最低工资就业负面作用的解释是基于劳动力市场完全竞争的假设,而在现实中,这种完全竞争的假设,即劳动力市场存在大量同质雇主和同质劳动者的假设,与现实存在较大偏差。其次,均衡价格是一个理论上的概念,在现实中如何发现均衡价格的高低依然是一个难以破解的问题,这也意味着,所谓最低工资水平高于均衡工资水平无法得到客观的判断。实际上,影响就业水平的因素,除了工资水平外,还有许多其他重要的因素,例如市场对产品的需求、劳动力结构等。虽然西方学者针对最低工资对就业的负面效应展开了大量的实证分析研究,但依然无法得出一致的结论。此外,按照两部门模型理论,即劳动力市场被分成"最低工资制度覆盖部门"和"最低工资非覆盖部门(例如,非正规经济部门)",如果劳动力可以自由流动且没有任何成本,那些被"最低工资制度覆盖"解雇的劳动者(如果发生的话)有可能被"最低工资制度非覆盖部门"吸收。还有一个比较著名的"劳动力买方垄断模型"。按照该模型的解释,如果劳动力市场买方(如快餐业)具有某种程度的垄断性,则制定合适的最低工资标准甚至可以增加就业水平。①

最低工资制度的支持者认为最低工资可以消除血汗劳动、保护劳动者中的弱势群体和减少家庭贫困现象。纵观上节有关最低工资制度产生历史的介绍,我们可以看到,建立最低工资制度的初衷就是为了消除血汗劳动和血汗工厂现象。实践表明,无论是新西兰通过劳动仲裁制定最低工资标准,还是澳大利亚的维多利

---

① 有关最低工资制度就业效应的详细分析,参见本书第八章和第九章的内容。

亚州通过建立专门委员会确定最低工资标准,最低工资制度在消除血汗劳动和血汗工厂方面的确是发挥了一定程度的作用。随着社会经济的发展,建立最低工资制度的目的也从最初的铲除血汗劳动,转变成"无从用集体协议或其他方法有效规定工资且工资特别低廉的若干种行业或其部分(特别在家中工作的行业)中工作的工人确定最低工资率"①。当劳动者没有参加工会,或被雇佣的行业没有工资集体谈判,则劳动者在劳资关系中将会处于弱势地位。建立具有三方性质的专门委员会或国家通过法律手段建立最低工资标准,有助于改善劳动者的弱势地位,维护劳动者的基本权益。国际劳动组织著名最低工资专家杰拉尔德·斯塔尔在其著作《最低工资——实践与问题的国际评述》一书中指出:"在某些行业,甚至大多数行业,建立工资标准的集体过程,与由自发的劳动力市场压力决定工资和由单个企业决定工资相比,能够产生更易为人接受的工资水平和工资结构。更重要的是,最低工资为单个行业或职业确定了一个'共同的准则',有助于实现同工同酬和减少劳资纠纷。"②实际上,最低工资的确定还有助于减少企业之间通过压低工人工资以减少生产成本而展开的恶意竞争。必须指出的是:通过建立具有三方性质的专门委员会或理事会的方法制定最低工资标准也可能会弱化工资集体谈判的作用,这也是德国在建立全国法定最低工资标准之前以及奥地利等没有建立法定最低工资制度国家的工会强烈反对建立最低工资标准的重要原因之一。

随着社会公平与正义理念的发展以及传播,越来越多的国家将最低工资标准的覆盖范围扩大到了所有行业,最低工资制度也成为一些国家解决低工资收入和贫困问题的工具。最低工资制度的社会含义也就随之扩大。关于低工资收入,虽然世界上没有统一的标准,但我们可将其分为绝对低收入和相对低收入。无论是绝对低收入,还是相对低收入,都需要一个数量标准。一般是将工资收入分配中的第一个 10 分位数作为判定绝对低收入的临界值;而相对低收入则是相对于工资收入分配中的平均工资或中位数工资水平而言。由于经济发展水平的限制以及存在较大规模的非正规经济,绝对低收入现象在发展中国家的规模较大;而西方发达国家主要存在的问题是相对低收入。在西方发达国家,非正规就业(例如,临时工、固定期限工、劳务派遣等)以及移民的低工资收入问题得到了广泛的关注

---

① 国际劳工组织第 26 号公约《制定最低工资确定办法公约》第 1 条第 1 款。
② 杰拉尔·德斯塔尔:《最低工资——实践与问题的国际评述》,马小丽译,经济管理出版社 1997 年版,第 25 页。

和讨论。在全球经济一体化背景条件下,一些发达国家的公司将一些产品的生产和劳务外包给发展中国家而引发的"现代血汗劳动"以及工作贫困等问题也受到了一些人士和组织的强烈谴责。作为解决低工资收入问题的一个工具,最低工资制度也因此在全球范围内受到了越来越多的重视。但是,最低工资标准应该设定在什么样的标准下才能解决低工资收入却是一个富有争议的问题。

最低工资制度能否减少贫困现象?有关研究表明,最低工资收入者不一定来自贫困家庭,而贫困家庭也不一定存在最低工资收入者。显然,如果最低工资收入者不是来自贫困家庭,提高最低工资标准将无助于减少贫困现象,反而会增加收入不平等水平;而对于那些家中没有最低工资收入但却深陷贫困的家庭而言,最低工资标准的调整没有任何意义。鉴于贫困问题是一个复杂的社会现象,解决贫困问题应该对症下药,要有针对性的采取措施并展开综合治理,同时重视发挥社会保障的作用;单靠调整最低工资标准无法从根本上解决贫困问题。当然,这并非是说,最低工资制度在解决贫困问题方面不能发挥积极作用。调整最低工资标准在一定程度上有助于解决工作贫困现象。工作贫困是指:家中至少一个成员从事工作,但整个家庭依然处于贫困状态(按照国家贫困标准判断)。基于工作贫困的定义可以看出,低工资收入与家庭贫困状态具有关联性,由此,通过提高最低工资标准将有助于改善低工资收入家庭的收入状况,从而有助于减少工作贫困现象。

与减少贫困问题相关的一个问题是最低工资对收入分配和不平等的影响。从广义的角度看,收入既包括工资也包括其他非工资收入;而从狭义上理解,收入只包括工资。一般认为,广义的收入分配和不平等在很大程度上会受到非工资收入变化的影响。至于最低工资对工资分配的影响,有关实证研究表明,调整最低工资标准有助于提高低收入者的平均工资水平。在假设中高工资收入者工资水平不变,或最低工资水平低增长速度超过中高工资增长的情况下,则最低工资标准的提高将有可能减少工资收入差距。此外,有关最低工资"溢出效应"的讨论,目前比较一致的看法是,最低工资标准的提高只会对那些工资水平超过最低工资标准幅度不大的劳动者产生连带影响,而对中高度收入影响不大,或者几乎没有影响。

在宏观层面,最低工资制度的支持者认为,最低工资制度有助于产业结构调整以及增加消费从而促进国民经济的增长。主张在英国建立全国最低工资标准的韦伯夫妇曾认为,建立最低工资标准将会使那些靠支付低工资生存的血汗企业灭亡或被其他企业吞并。但是,在最低工资制度的120多年的历史中,世界各国有多少中小企业是因为实施最低工资标准而破产或消失,至少从统计数据上无法得出任何的概念。关于最低工资对促进消费从而提高经济发展水平的作用,理论上的解释是:工资是劳动者收入的基本来源,最低工资的提高将会增加消费水平,从而带动整个国民生产的增加。但是,最低工资制度在增加消费和国民经济发展方面的作用依然是一个需要实证检验的问题。在这方面,到目前为止依然是理论层面的论述居多但缺乏实证研究结果。

我们在上面指出,建立最低工资标准有助于减少企业之间的恶性竞争。实际上,低工资以及与之有关的廉价商品出口问题目前已成为国际贸易争端的一个重要原因。有些国家(例如,美国)还以此为借口实施了贸易保护主义。除了减少企业之间的恶性竞争外,最低工资标准的调整还有助于提高劳动者的生产效率,改善企业的生产经营状况。按照效率工资理论,工人劳动的努力程度与工资水平成正比。按照这一理论,提高最低工资标准将有助于提高劳动的生产积极性和生产效率,从而增加企业的收入。

在世界范围内,有关最低工资作用的争论还会持续下去。但有一点却存在共识,即过高的最低工资将会对就业产生影响,而过低的最低工资对保护工人基本权益难以发挥有效的作用。当然,何谓"最高"和"最低"是一个需要量化和实证分析研究的问题。必须指出的是:最低工资积极作用的发挥,与国家的经济发展水平、劳动力市场以及劳资关系的成熟度有关。此外,最低工资标准的确定机制是否符合国情以及最低工资标准能否有效实施都会对最低工资作用的发挥产生重要影响。

第三节　经济全球化与最低工资标准

伴随着经济全球化的发展和深化,低工资、收入不平等、工作贫困、就业非正规化以及工会作用弱化等问题引起了世界各国和国际组织的广泛关注。早在1977年,国际劳工组织就通过了"关于跨国公司和社会政策的三方原则宣言",要求各会员国必须坚持国际劳工组织制定的核心劳工标准。在 1999 年举行的第 87 届国际劳工大会上,国际劳工组织总干事胡安·索马维亚(Juan Somavia)曾尖锐地指出:"全球化不仅带来了繁荣,也产生了不平等,集体社会责任的范围正在接受检验。"①为此,国际劳工组织制定了"让男人和女人在自由、平等、安全和尊严的前提下获得体面和有价值工作"的体面工作议程(agenda for decent work)。到了 2009 年,第 97 届国际劳工大会通过了《关于公平全球化的社会正义宣言》。宣言指出:"一方面,经济合作和一体化进程曾帮助一些国家从高速经济增长和就业创造中获益……另一方面,全球经济一体化也造成许多国家和部门面临收入不平等的重大挑战、失业和贫困的持续高水平、经济对外来冲击的脆弱性以及影响到雇佣关系和它所能够提供保护的未受保护的工作和非正规经济的增长。"②为应对全球化对劳动世界的影响,宣言制定了"就业、社会保护、社会对话、工作中的权利"的四大战略目标并提出国际劳动标准是实现这四大目标的重要手段。

在经济全球化的过程中,全球供应链(global chain supply)成为组织投资、生产和贸易的重要方式。虽然全球供应链的定义依然还没有统一,但其核心内容是跨界生产和贸易。廉价劳动力以及庞大的产品市场是发展国家参与全球供应链的比较优势,而发达国家由于掌握核心技术和品牌优势成为全球供应链的核心。

在全球各种供应链中,服装行业受到了格外的关注。在服装全球供应链中,来自发达国家的知名服装品牌零售商(例如,西班牙的 ZARA,瑞典的 H&M,英国的玛莎,美国的 GAP)负责服装款式设计,发展中国家代加工企业则利用本国或进口原材料进行生产。亚洲是目前世界上规模最大的服装出口地区。根据统计③,2014 年,亚洲服装、纺织和鞋类的出口产值达到 6011 亿美元,占全球出口总值的59%。除中国外,亚洲其他服装出口大国包括印度、越南、土耳其、孟加拉国、斯里兰卡、柬埔寨、巴基斯坦等。服装出口占孟加拉国成品出口的比重达到了 89.2%,柬埔寨的服装出口总值占全部出口总值的 77.4%,而巴基斯坦和斯里兰卡的比重分别是 58.7% 和 48.1%。

---

① 国际劳工组织总干事长胡安·索马维亚在第 87 届国际劳工大会的报告,http://www.ilo.org/public/english/standards/relm/ilc/ilc87/rep-i.htm。
② 国际劳工组织,《关于公平全球化的社会正义宣言》中文翻译版,http://www.ilo.org/global/lang--en/index.htm。
③ 数据来源:Huynh,P.,"Employment,Wages and Working Conditions in Asia's Garment Sector:Finding New Drivers of Competitiveness",*ILO Working Paper*,2015,pp.1-28。

虽然全球服装产业链为孟加拉国、柬埔寨等国家的经济发展,特别是为改善这些国家女性劳动者的就业发挥了举足轻重的作用,但服装行业的劳动条件以及劳资纠纷问题也变得日益突出。2013 年,孟加拉国一家制衣工厂倒塌,最终造成1136 人死亡,成为世界现代史上最严重的工业灾难之一。在柬埔寨,曾发生过上千名制衣工集体晕倒事件,其原因是"他们吃不好,工作车间又不通风,过度加班令人感到窒息"①。除了生产安全问题,低工资、过度加班和高强度的工作也是导致柬埔寨服装行业工人举行罢工和抗议示威游行的重要因素。2010 年 9 月,数万名柬埔寨制衣厂工人举行了为期一周的大罢工行动,要求将最低工资提高到至少每月 93 美元。在 2013 年发生的大规模罢工活动中,柬埔寨工会组织要求将最低工资标准增加到每月 160 美元。在 2015 年,劳资双方经过艰难的谈判,柬埔寨制衣和制鞋行业的月最低工资标准被提高到了 128 美元。考虑到最低工资标准的大幅度提高对服装生产成本带来的影响,国际劳工组织呼吁全球品牌服装零售商提高成衣进口价格,帮助制衣厂商化解成本上涨问题。

印度、孟加拉国、斯里兰卡、巴基斯坦的最低工资制度与英国实施全国最低工资标准之前使用的行业委员会模式基本相同,不同行业的最低工资标准存在差异。就服装行业而言,孟加拉国将制衣工作分为 7 个等级,包括缝纫、剪裁、熨烫等,并规定了相应的全国最低工资水平。此外,孟加拉国还针对出口加工区(Export Process Zone,EPZ)制定了特殊最低工资,其标准要低于非出口加工区的最低工资水平。斯里兰卡服装行业的最低工资是按照熟练、半熟练和非熟练标准加以区分。在巴基斯坦,服装行业最低工资标准按地区划分,5 个省份的最低工资委员会分别负责制定本地区服装行业的最低标准。在东南亚国家,例如越南、印度尼西亚,按地区划分的最低工资标准同样适用于服装行业。土耳其的全国统一最低工资标准同样适用于本国服装行业。

虽然印度、孟加拉国等南亚国家服装行业制定了最低工资标准,但最低工资标准在这些国家却难以得到有效实施。根据国际劳工组织的计算,印度服装行业违反最低工资规定的企业比率达到了 50.7%,而针对女性制衣工人的"违规率"更是达到了 74%;巴基斯坦相应的数字分别为 37.4% 和 86.9%。② 由于女性劳动

---

① 引自,国际在线,http://news. cri. cn/gb/27824/2011/06/17/5411s3281094. htm。

② 资料来源:Cowgill, M. and P. Huynh, "Weak Minimum Wage Compliance in Asia's Garment Industry", *ILO Regional Office for Asia and the Pacific*,2016.

者是服装行业的主力军,女性劳动者更有可能成为雇主违反最低工资规定的主要受害者。而那些获得最低工资收入的女性劳动者常常是以经常性加班和高强度的劳动作为代价。此外,劳动监管缺失以及最低工资标准种类较多使得劳动者无法准确了解自己应适用的标准和相应的权益也是造成南亚国家最低工资违规率较高的重要原因。

　　发展中国家服装行业的劳动条件问题受到了国际上的广泛关注。在加拿大、荷兰和英国政府的资助下,2013 年 9 月,国际劳工组织和孟加拉国政府联合发起了"改善成衣生产部门工作条件"项目。世界著名服装品牌 H&M 公司与国际劳工组织在 2014 年签订了旨在改善其供应链上企业劳动条件的框架协议。在 H&M 公司的合作下,从 2014 年至 2017 年,国际劳工组织与柬埔寨政府共同开展了"改善服装行业劳资关系"项目。作为国际劳工组织"全球供应链中的劳工标准"项目的一部分,巴基斯坦政府和国际劳工组织在 2014 年至 2016 年共同展开了加强服装行业最低工资制度和集体谈判建设的项目。另一方面,在舆论、非政府组织、工会和国际组织的强大压力下,有越来越多的跨国公司开始为自己的供应商制定行为准则并定期展开调查,要求生产商或承包商保证生产条件符合劳工标准。

　　区域经济一体化是经济全球化的一个重要组成部分。随着欧盟的东扩,波兰、罗马尼亚等中东欧国家陆续加入了欧盟组织。为减少人工成本,一些德国公司将建设工程外包给波兰等国的公司来完成。在欧盟,由其他国家的公司派遣本国工人到德国从事短期工作的劳动者被称之为"外派员工"(posted workers)。欧盟在 1996 年发布了关于《欧盟外派员工指导文件》,对保护欧盟成员国外派员工的工资、劳动时间等方面的权益做出了明确规定。基于欧盟指导性文件,德国在 1996 年出台了一部《外派员工法》,规定德国建筑行业劳资集体谈判协议具有普遍约束性,即协议覆盖范围延伸到了外国公司派遣到德国从事建筑工作的员工。到 2005 年,除了建筑行业,粉刷和屋顶修理行业的集体谈判协议也具有普遍适用性。

　　德国在 2015 年之前并没有法定的最低工资标准,为此,一些国家指责德国的低工资政策违反了公平竞争原则。法国政府认为德国通过行业劳资集体谈判确定行业最低工资标准的做法对法国的就业市场造成了恶劣影响。比利时政府还针对德国某些行业的低工资问题向欧盟委员会投诉。2014 年 8 月 6 日,德国议会批准了《最低工资法》,决定自 2015 年 1 月 1 日开始实施每小时 8.5 欧元的全国最低工资标准。按照规定,德国法定的小时最低工资标准同样适用于在德国劳动的外国人。根据对《最低工资法》的司法解释,拥有德国业务的中东欧国家的运输企业也被覆盖,这意味着,那些从事与德国有关的跨境运输企业必须为自己的员工支付每小时 8.5 欧元的最低工资。德国政府的这一解释引发了波兰、匈牙利、罗马尼亚、捷克和斯洛伐克政府和从事跨境公路运输企业的强烈抗议。欧盟委员会认为德国的做法限制了服务自由与商品流通自由,违背了欧盟自由市场原则。

欧盟统一劳动力市场是欧盟政治经济一体化的重要组成部门,但低收入问题、贫困和工资收入不平等现象使得推进欧盟制定的社会目标进程受到了极大阻碍。欧盟国家的一些党派、组织和专家学者提出了制定欧盟统一最低工资标准的建议。支持者认为,建立统一最低工资标准有助于实现《里斯本条约》关于"不仅需要更多的工作岗位",同时也需要"更好的工作"的就业目标;反对者则认为,欧盟各国经济发展水平差异较大,推行统一的最低工资标准不具有可行性。在反对者看来,欧盟实施统一的最低工资标准意味着欧盟成员将失去制定本国社会经济政策方面的主导权。

建立欧盟统一的最低工资标准无疑是欧盟长期的发展目标,其目标能否实现与欧盟各国经济发展水平差异的减少以及欧盟政治经济一体化得到进一步强化的程度有关。可以肯定的是:在经济发展普遍停滞以及低收入人群和非正规就业规模不断扩大的局面下,最低工资制度将在欧盟和欧盟成员国两个层面发挥更大的作用。

本章小结

最低工资制度的产生具有深刻的社会历史背景。19 世纪末和 20 世纪初,英美等国的社会改革家、进步记者以及各种组织对血汗工厂的罪恶展开了无情的揭露,并从不同的角度探讨了产生血汗劳动和血汗工厂的原因。就对血汗工厂展开批判的广度和深度而言,英美两国远远超过了当时隶属于英国殖民地的新西兰和澳大利亚,但消除血汗劳动的积极行动却首先发生在新西兰和澳大利亚。新西兰从 1894 年开始通过劳动仲裁方式确定最低工资,成为世界上第一个建立最低工资制度的国家。澳大利亚的维多利亚州通过组建工资委员会确定最低工资的方法为英国和美国马萨诸塞州的最低工资制度提供了参考模式。英国1909年的《行业委员会法》确立了在英国实施以行业为基础的最低工资制度。英国的行业委员会模式对英国殖民地国家产生了深远的影响。虽然早在20世纪90年代初英国就废除了行业工资委员会并在1999年开始实施全国统一的法定最低工资标准,但时至今日,在亚非拉的一些前英国殖民地国家,最低工资标准的确定依然是行业委员会模式。

自最低工资制度产生以来,有关最低工资是否会对就业产生负面影响的争论一直持续不断。按照新古典经济学的理论,法定最低工资标准将会导致企业解雇工人并对企业生产经营产生不利影响,但针对最低工资负面就业效应而展开的大量实证研究却无法得出统一的结论。虽然最低工资负面就业效应的讨论并没有达成一致的结论,但最低工资制度利益相关者应该清楚的是:过高、过快提高的最低工资标准有可能对就业乃至整个经济的发展产生一定程度的负面影响。

随着经济和社会的发展以及公平和正义理念的广泛传播,最低工资制度的作用也被不断延伸,成为一些国家增加劳动者收入、解决收入不平等和贫困问题甚至是调整产业结构的政策工具。考虑到大多数国家建立了最低工资制度,最低工资制度已经成为一个全球性的政策工具。但是,正如国际劳工组织最低工资专家杰拉尔德·斯塔尔在其著作中指出的那样,最低工资的一个最基本的功能是为那些在劳动力市场处于弱势地位的低收入工人提供保护。① 最低工资制度也不应替代劳资集体谈判制度,因为劳资集体谈判的结果能够覆盖更多的劳动者,能够使更多的劳动者受益。西方发达国家的经验表明,劳资集体谈判是确保劳动者随着经济的发展和劳动生产率的提高而不断增加工资收入的有效工具。

经济全球化和区域经济一体化对各国的劳动力市场产生了深刻的影响。在全球供应链上,发展中国家代加工厂的劳动条件问题引发了世界范围内的广泛关注,也勾起了人们对19世纪和20世纪初发生在英美等国的血汗劳动和血汗工厂的回忆。国际劳工组织为此提出了体面劳动和公平全球化的概念并采取了一系列的行动。在各种舆论的强大压力下,有越来越多的跨国公司接受了企业社会责

① 杰拉尔德·斯塔尔:《最低工资——实践与问题的国际评述》,马小丽译,经济管理出版社1997年版,第17页。

任的理念,要求发展中国家的供应商和生产者保证生产条件符合劳工标准。除了全球供应链上的体面劳动问题,欧盟近些年来出现的有关最低工资标准适用范围以及建立欧盟统一最低工资标准的争论在一定程度上折射了欧盟政治经济一体化进程中低工资收入、收入不平等以及就业非正规化问题的严重性。在英国2016年公投决定退出欧盟以及来自中东欧国家的欧盟成员国与德法等发达国家不断产生各种分歧的背景下,要实现建立欧盟统一最低工资标准的目标绝非是一条平坦的道路。

第二章

最低工资标准的确定机制

由于政治体制、经济发展水平以及劳动关系成熟程度的不同,世界各国依据本国实际情况对最低工资标准的确定机制做出了不同安排。但从确定最低工资标准最终决策者的角度分析,可以将最低工资标准的确定机制分成四大类,即立法机关主导模式、政府主导模式、三方委员会主导模式以及劳资集体谈判。在这四大类机制中,作为社会伙伴的工会和雇主协会的地位和作用从弱到强。此外,鉴于独立人士在制定最低工资标准过程中所发挥的独特作用,有必要对独立人士的遴选标准以及他们在各种委员中的角色加以介绍和分析。

第一节 立法机关和政府主导模式

一、立法机关主导模式

所谓"立法机关主导模式"是指最低工资标准是由立法部门通过一定的立法程序最终加以确定。在这方面,美国是一个典型的例子。美国的联邦最低工资制度始于 1938 年,其法律基础是美国国会在 1938 年通过的《公平劳动标准法》(Fair Labor Standards Act,简称 FLSA)。由于 FLSA 主要涉及最低工资、法定劳动时间和加班费等问题①,因此,该法又被称为《工资小时法》。根据 FLSA 的规定,美国劳

---

① 根据 1938 年的 FLSA 的规定,每天法定劳动时间是 8 小时,每周是 4 小时;加班费是原工资的 1.5 倍。此外,FLSA 还规定严禁使用童工。

工部"工资与工作时间司"专门负责监督联邦最低工资标准的实施。

美国联邦工资标准的调整通常是以修订 FLSA 的形式加以完成。[①] 按照美国的立法程序,国会议员和政府均有权向国会提交有关提高联邦最低工资标准以及扩大联邦最低工资标准适用范围的立法建议。在收到立法提案后,国会专门委员会通过调查、听证等手段广泛听取社会各界的意见和建议并展开缜密的论证工作。立法提案最终交由众议院辩论,经过三读后,如果获得表决通过,法案送交参议院审议。众参两院审议通过的法律将交由美国总统签字,总统对众参两院审议通过的法案拥有否决权。

由于 FLSA 对联邦最低工资标准的调整频率没有做出任何规定,因此,美国联邦最低工资标准的调整间隔并不固定。例如,尼克松总统在 1974 年 4 月签署 FLSA 修正案之前,约翰逊总统执政期间制定的每小时 1.60 美元的联邦最低工资标准已经有 6 年没有变化。又如,2009 年开始实施的每小时 7.25 美元的联邦最低工资标准直到 2017 年依然有效,没有任何调整;而在卡特执政期间,联邦最低工资标准几乎是每年调整一次。实际上,美国联邦最低工资标准的调整经常会受到政治因素的干扰。一般而言,共和党政府和国会中的共和党议员对提高最低工资标准持反对态度或保留意见,而民主党政府和民主党议员则倾向较大幅度地提高联邦最低工资标准。美国时任总统奥巴马曾几次呼吁国会提高最低工资标准,均遭到国会中代表工商业者利益的共和党人的反对。2016 年美国总统大选期间,民主党参选人希拉里支持将联邦标准提高到每小时 12 美元,另一位民主党参选人桑德斯甚至主张将小时最低工资标准提高至 15 美元,但包括特朗普在内的共和党参选人则反对提高最低工资标准,认为继续提高工资水平,"美国将不能同其他国家和地区进行竞争",以及会出现"人的成本高于机器,加快机器取代人工的进程"的现象。[②]

一般情况下,在立法机关主导模式下,最低工资标准的确定不但复杂和冗长,而且缺乏灵活性,充满了代表不同利益集团之间的政治博弈。不过,由于博弈过程中呈现出协商性和妥协性,制定出的最低工资标准往往是平衡各方利益以及相互妥协的结果。特别需要指出的是,在立法机关主导模式下,美国联邦最低工资

---

① 除最低工资标准外,FLSA 修正案还对联邦最低工资标准的适用范围加以扩展。

② 参阅环球网:http://world.huanqiu.com/hot/2015 - 11/7971250.html。

标准的确定机制没有做出任何与雇主和工会组织展开协商的安排,涉嫌违反了国际劳工组织最低工资国际公约中有关确定最低工资标准必须与雇主和工人组织展开直接和全面协商的规定。①

除美国外,亚洲的菲律宾也曾在 20 世纪 50、60 年代采取由立法机关确定最低工资标准的机制。1951 年菲律宾国会通过了《建立最低工资和其他目标法》并规定最低工资标准为每天 1.75 比索,开启了由立法机关主导确定最低工资标准的模式。1965 年 4 月,也就是在 1951 年通过《建立最低工资和其他目标法》后的14 年,菲律宾国会第一次对 1951 年制定的法律做出修正并调整了最低工资水平。费迪南德·马科斯(Ferdinand Marcos)在 1965 年 12 月当选菲律宾总统后,对内实施各种社会和经济改革。在马科斯看来,由国会负责制定最低工资标准既不合理,也缺乏效率且被政治化,容易造成混乱。1974 年,马科斯颁布总统第 442 号令,规定在菲律宾由各地区隶属于劳动和就业部(DOLE)的委员会来负责制定地区最低工资标准。自此,菲律宾开始实施在全国工资与生产率委员会(the National Wages and Productivity Commission)的指导下,由各地区专门委员会制定最低工资标准的模式,并一直延续至今。

二、政府主导模式

"政府主导模式"是指,政府或隶属于政府的行政部门根据本国法律(例如宪法或最低工资法)的授权,负责制定和实施最低工资标准。政府通常以法令(decree)或条例(regulation)的形式颁布最低工资标准。一般情况下,在授予政府制定和实施最低工资标准权利的同时,大多数国家的法律还要求政府就最低工资问题与社会伙伴展开协商和对话。世界上目前只有玻利维亚、吉尔吉斯斯坦、巴巴多斯等为数不多的几个国家的法律没有强制要求政府必须与社会伙伴展开协商,政府可以自主确定最低工资标准。

由于最低工资水平的高低事关工人和雇主的利益,因此,在制定最低工资标准的过程中,政府理应认真倾听来自工人和雇主代表的观点和建议。工人和雇主代表的观点和建议还为政府提供了极具价值的信息,这一点对发展中国家尤其重要。在发展中国家,由于受到各种因素和条件的制约,与最低工资标准有关的高

---

① 参见国际劳工组织第 131 号公约第 1 条和第 4 条的规定。

质量宏微观数据较少;特别是在制定行业或职业最低工资标准过程中,发展中国家更是缺乏较为详细的行业和职业统计信息。在此背景条件下,政府与工会和雇主组织展开协商对话,一方面,将有助于了解工人的真实需求和企业的实际支付能力,为制定公平、合理且能够为各方都能接受的最低工资标准打下基础;另一方面,还有助于增强最低工资标准的合法性和有效性,减少雇主违反最低工资标准的现象。

用来倾听来自工人和雇主代表的观点和建议的方法有许多,例如举办听证会,或者在官方公报中宣布最低标准调整方案,社会各界从而可以提出自己的意见和建议。不过,就最低工资的确定机制而言,常用的方法则是政府与工会和雇主组织展开协商对话。由于各国国情不同,政府与社会伙伴展开协商的机制和程度也会有所差异。在有些国家,政府与工会和雇主组织的协商仅仅是按照程序征询意见,具有象征意义;换言之,在政府制定最低工资标准的过程中,工会和雇主的直接参与程度并不高,其意见和建议对政府的决策一般也不会产生实质性影响。例如,在英联邦国家非洲的塞舌尔,该国工会或雇主组织只能接受政府制定的最低工资标准,没有任何商量和讨论的余地。保加利亚的工会组织也曾指责政府与工会的对话和协商已经变成信息交流大会,而不是倾听工会的意见。而在另外一些国家,例如,法国和非洲法语国家,社会伙伴的建议对政府的最终决策具有重要影响。此外,有些国家的工会和雇主组织还以各种形式直接参与制定最低工资标准的整个过程,并在其中扮演极其重要的角色。

表2-1显示,在制定最低工资标准过程中,肯尼亚、坦桑尼亚、斯里兰卡等国政府协商或咨询的对象是常设的工资委员会(Wage Boards)。工资委员会是英国在20世纪初创建的一种主要用来制定行业工资标准的劳资集体协商机构。虽然工资委员会制度早在20世纪80年代就已经被英国政府废除,但英国前殖民地国家,特别是非洲以及南亚国家,由于深受英国统治时期劳动法规以及劳动力市场制度安排的影响,工资委员会在这些国家依然非常活跃,在确定工资、带薪休假等劳动条件方面发挥着重要作用。以非洲的肯尼亚为例。根据2007年开始实施的《劳动机构法》的规定,肯尼亚劳动部组建了两个全国性的工资委员会,包括一般工资委员会和农业部门工资委员会。这两个委员会的主要职责是对各行业和部门工资水平展开调查并基于调查结果撰写报告为政府提供参考。基于委员会撰写的分析报告和建议,肯尼亚政府劳动部按地区和职业制定全国的最低工资标准

并在政府公报中加以颁布。除了一般工资委员会和农业部门工资委员会两个全国性劳资协商组织外,2007年的《劳动机构法》还规定,经过与一般工资委员会协商,如果认为在某行业建立工资委员会将有助于改善该行业的劳动条件,劳动部可批准组建该行业的工资委员会。行业工资委员会可根据本行业的情况,通过劳资谈判确定工资水平。

表 2-1　各国政府咨询或协商对象

国　家	政府协商或咨询的对象	作　用
肯尼亚、坦桑尼亚、马拉维、毛里求斯、纳米比亚、斯里兰卡、孟加拉国、马来西亚	工资委员会(工资理事会)	向政府提供最低工资问题的建议
英国、日本、危地马拉、德国、爱尔兰,中国香港地区	最低工资委员会	根据政府授权,研究和制定最低工资标准并交由政府批准
法国、贝宁等非洲法语国家、保加利亚、匈牙利、立陶宛、拉脱维亚、葡萄牙、罗马尼亚、爱沙尼亚、波兰、立陶宛、拉脱维亚、斯洛文尼亚、西班牙	三方委员会或社会伙伴	雇主、工人组织与政府展开直接对话,提出意见和建议

资料来源:作者根据国际劳工组织2014年报告编制:ILO, *General Survey of the Reports on the Minimum Wage Fixing Convention*,1970(*No.* 131),*and the Minimum Wage Fixing Recommendations*,1970(*No.* 135),Geneva,ILO,2014.

亚洲的斯里兰卡目前共有43个按行业划分的工资委员会。这些委员会是政府根据1941年颁布的《工资委员会条例》并经过与工会和雇主协商后建立起来的行业劳资协商组织。行业工资委员会由政府代表、工会和雇主代表组成。与肯尼亚的做法不同的是,在斯里兰卡,虽然政府拥有最终决定和实施行业最低工资标准的权利,但各行业最低工资标准实际上是在政府主导下,由各行业工资委员会劳资双方协商确定。

在英国、日本、危地马拉等国和地区,政府成立了负责制定最低工资标准的专门委员会。专门委员会的主要职能是以报告的形式向政府提出最低工资标准的建议。对于专门委员会的建议,政府可以接受或拒绝。例如,在英国,"低收入委员会(Low Pay Commission)"负责向政府提出调整英国全国小时工资水平的建议。自1999年建立以来,低收入委员会每年向政府提出的最低工资标准均被政府接受,政府颁布后成为法定的全国最低工资标准。爱尔兰也采取了类似的方法。德国在 2015 年建立的最低工资委员会(Minimum Wage Commission)由工会和雇主代表以及专家学者组成,负责每年向德国政府提出最低工资标准调整的建议。在日本,基于"中央最低工资审议会"颁布的指导线并考虑本地区实际情况,日本地方最低工资审议会将组织有工会和雇主代表以及独立人士参加的协商。在劳资双方达成一致的情况下,地方最低工资审议会确定的最低工资标准将递交到地方主管劳动事务的部门审查批准。危地马拉政府将全国的经济活动划分为农业、非农业以及出口和来料加工三个部门并分别建立了三个最低工资委员会。三个部门的最低工资委员会负责向全国工资委员会(the National Wage Committee)提出有关最低工资标准的建议。经全国工资委员审议后,报告将提交给政府劳动与社会福利部。劳动与社会福利部批准后,将以法规的形式向全社会公布。

在法国,最低工资标准包括两部分:一是指数化自动调整部分,另外一部分是政府额外增加的幅度。一般情况下,对指数化自动调整的部门不会产生太大争议,但额外增加的部分,政府则需与法国全国集体谈判委员会(the National Collective Bargaining Commission)展开直接对话和协商。虽然法国政府可以拒绝全国集体谈判委员会的建议,但后者往往通过举行全国工人大罢工的形式表达不满和抗议。在非洲前法国殖民地国家,例如贝宁、喀麦隆、加蓬等国,按照规定,政府在制定最低工资标准过程中也需要与工会和雇主代表展开协商。在欧盟,除了没有法定最低工资标准的意大利、奥地利、丹麦、芬兰、瑞典五国外,其他成员国的最低工资制度都可以被划分成"政府主导模式"。各国政府在最低工资标准的确定过程中,均在不同程度上与社会伙伴展开直接对话,或通过三方委员会与工会和雇主代表进行协商。保加利亚、匈牙利、立陶宛、拉脱维亚、葡萄牙、罗马尼亚等国采取的是与三方委员会协商对话形式,而爱沙尼亚和斯洛文尼政府直接与社会伙伴展开对话。

必须指出的是,在政府主导模式下,无论政府与社会伙伴或各种委员会展开协商的结果如何,政府拥有最后的决策权。例如,在捷克、波兰、斯洛文尼亚以及西班牙,政府与社会伙伴或三方委员会展开的有关 2017 年最低工资标准的协商未能达成一致意见;最终,这四个国家的政府单方面确定并公布了本国的最低工资标准。

第二节 三方委员会主导模式与劳资集体谈判

一、三方委员会主导模式

"三方委员会主导模式"是指,按照法律授权,由政府、工会和雇主代表组成的专门委员会负责制定最低工资标准。在该模式下,政府只是通过其代表参与最低工资标准的三方协商,委员会的决定拥有约束力。在委员会的决定与政府的要求产生冲突的情况下,委员会拥有最后决定权。

关于委员会拥有的最后决定权,美洲国家哥斯达黎和洪都拉斯的最低工资确定机制特别能够彰显这一特征。根据哥斯达黎加第 832 号法令,全国工资理事会(the National Wages Council)负责制定全国最低工资标准(按技能水平划分)。全国工资理事会是常设且具有自治性的三方委员会。工资理事会每年都会组织一系列的调查研究和听证会,并在此基础上做出调整最低工资标准的决定。做出调整最低工资标准的决定后,理事会将与政府的劳动部进行沟通。在政府提出要求修改决议的情况下,如果理事会坚持已经做出的决定,政府无权拒绝批准该决议。在洪都拉斯,全国最低工资委员会(the National Minimum Wage Commission)是该国行业最低工资标准的制定者。在委员会各方代表就最低工资标准达成协议的情况下,最低工资委员会首先将方案以官方公告的形式加以宣布,目的是广泛征求社会各界意见;另一方面,政府也会收到最低工资委员会起草的有关最低工资标准的协议。最后,基于社会各方意见以及政府提出的建议,全国最低工资委员会将对起草的协议加以修正。修正后的协议具有约束力,政府不得再次提出修改要求。

墨西哥的最低工资标准确定机制也属于三方委员会主导模式,只不过墨西哥的三方委员会的独立性和自治性要比哥斯达黎加的全国工资理事会以及洪都拉斯的全国最低工资委员会更强。在墨西哥,负责制定全国职业和一般最低工资标准的三方机构是"全国最低工资理事会代表委员会(CONASAMI)"。该委员会做出的有关最低工资标准的决议具有约束力,无须上报给政府有关部门,直接通过政府公报的形式加以颁布。

亚洲的韩国和菲律宾的最低工资确定机制也属于三方委员会主导模式。在韩国,如果负责制定最低工资标准的最低工资委员会中有超过三分之二的委员不同意政府的建议,则韩国政府必须按照最低工资委员会制定的最低工资标准加以颁布和实施。菲律宾的地区最低工资标准是在全国工资与生产率委员会的指导下,由各地区工资委员会负责制定。

在三方委员会主导模式下,尽管政府只是参与协商讨论最低工资标准,但政府在最低工资标准的确定过程中,依然可以发挥重要作用。例如,当委员会中劳资双方产生矛盾和冲突时,政府代表可以展开协调工作,使委员会能够在规定期限之前就最低工资标准达成一致意见。政府代表还可以通过发言或对政府制定的中远期政策目标的解释来影响委员会中劳资代表的观点,目的是使委员会做出的决定或协议与政府制定的政策和目标相协调。在极端情况下,即三方委员会在一定期限内无法就确定新的最低工资标准达成共识或做出决定,按照有些国家的规定,政府将负责制定最低工资标准。例如,在美洲的哥伦比亚,如果常设专门委员会在 12 月 20 日前无法就下一年度的最低工资标准达成一致意见,政府有关部门将替代专门委员会制定下一年度的最低工资标准。

二、劳资集体谈判模式

无论是采取"立法机关主导模式"的国家,还是"政府主导模式"或"三方委员会主导模式"的国家,它们都具有一个共同的特征:各国法律明文规定在本国实施最低工资标准。从这个意义上讲,上述三种模式可被统称为"法定最低工资制度"。

根据国际劳工组织的统计,绝大多数国家采用的是法定最低工资制度,只有为数不多的一些欧洲国家没有采取法定的最低工资制度,包括欧盟的意大利、奥地利、丹麦、芬兰和瑞典以及瑞士和挪威等非欧盟成员国。虽然在法律层面没有规定实施最低工资制度,但这并不意味着这些国家没有最低工资标准。实际上,在这些国家,劳资集体谈判和集体协议是调节工资和其他工作条件的主要机制。

德国在 2015 年 1 月开始实施全国法定的最低工资标准,但在这之前,德国行业劳资集体谈判是确定劳动者工资水平、工资结构以及工资增长的主要方法。各行业制定的工资报酬可划分为三个级别,即最低等级、中等级别和最高等级。而最低等级规定的工资水平就等同于行业最低工资标准。[①] 在意大利,行业工资集

---

① 有关德国最低工资制度的讨论,参见本书第十三章。

体协议包含了雇主支付工资水平的底线。与欧盟其他国家不同,在法律层面,意大利的工资集体协议不具有延伸功能。不过,由于意大利劳动仲裁法庭对有关工资的劳资争议的裁决一般都会以行业集体协议的规定为依据,这在客观上改善了工资集体协议的覆盖率。除了私营部门劳资双方签订的集体协议,意大利政府还与代表公共部门的工会组织签订了工资集体协议,对公共事业部门雇员的工资结构和工资增长等问题做出规定。

北欧国家丹麦开展的劳资集体谈判除了涉及工资问题以外,还包括劳动时间、养老金等一系列内容。就工资问题而言,丹麦的行业劳资集体协议对"工资底线"和"最低工资"加以区分。"工资底线"是雇主支付新入职的年轻雇员的工资水平,其他雇员的工资则在此基础上根据受教育水平和技能水平的不同做出相应调整。"最低工资"是指,无论在何种情况下,雇主必须向雇员支付的工资水平。但在实际中,"工资底线"和"最低工资"水平并没有太大的差异。

在西方学者看来,德国、奥地利、意大利和丹麦的劳资集体谈判机制具有"分散型"的特点,其主要特征是:行业劳资集体谈判是基于本行业的实际情况对工资等问题展开协商,一般不存在国家层面的"指导线",因此,各行业最终协商和谈判的结果(例如,最低工资水平)存在一定程度的差异。芬兰和瑞典则被认为是"集中型"劳资集体谈判的国家。在瑞典,全国性的工会组织和雇主组织通过定期展开协商对工资水平及其增长等重要问题达成框架协议。框架协议为瑞典各行业或地区展开劳资集体谈判确定了目标。在芬兰,工会、雇主协会与政府签订的《全国收入政策总协议》是芬兰跨行业全国劳资集体谈判的基础,其制定的工资、就业等目标是各种劳资集体谈判的上限。

在缺少法定最低工资制度的情况下,通过劳资集体谈判和签署集体协议方法确定最低工资标准的一个基本前提是集体协议具有法定约束力。关于这一点,国际劳工组织有关最低工资的第135号建议书有明确的规定。集体协议条款的延伸性同样有重要的作用。在过去的几十年期间,西方发达国家工会发展的一个重要特征是工会会员率不断下降。如果法律没有对集体谈判协议的扩展做出规定,非工会雇员以及那些在没有成立工会的行业或部门工作的低收入劳动者的权益就有可能得不到有效的保护。

伴随着全球经济一体化的发展,一些发达国家的公司为了降低生产成本,将工程或生产活动外包(outsourcing)给发展中国家或经济发展水平较低的欧盟成员国公司。但这也引发了从事外包工程的员工(例如被波兰公司派到德国从事建筑工作的工人)适用哪个国家的最低工资标准的争论。根据修改后的德国《外派员工法》的规定,德国境内所有行业和部门的集体协议条款同样适用于那些其他国家的公司派驻德国工作的员工。德国的规定遭到了来自中东欧国家的强烈反对。

虽然在一些国家的内部有关建立法定全国统一的最低工资标准的呼声不断高涨,但实际的转变却遭遇到了很大的阻力。出于对工会权利和地位有可能遭到侵蚀的担心,有些工会组织,特别是那些具有较大影响力的全国性工会组织对建立全国统一最低工资标准持反对态度。例如,在2005年召开的德国工会会议上,采掘业、化工以及能源工会认为,建立全国法定最低工资标准"既无必要,也不适合,更不恰当"。在采掘业、化工以及能源工会代表看来,国家不考虑行业意愿,干预最低工资标准制定违反了集体谈判是确定工人薪酬最合适、最恰当方法的原则。与此同时,在德国工会会议上,来自餐饮、食品加工等传统低收入行业的工会组织则支持建立跨行业的法定最低工资标准。除了来自工会的反对,建立法定的全国统一最低工资标准的问题还被政治化和国际化。一般情况下,右翼或中间偏右政府反对建立全国统一最低工资标准,而具有工会背景的社会党执政的政府则偏向于建立法定的全国统一最低工资标准。法国政府曾经指责德国行业集体协议确定最低工资的方法不利于欧盟国家产业之间的公平竞争。由于德国政府根据《外派工人法》的规定,要求那些以德国为目的地从事跨国运输的外国运输企业也必须按照德国行业最低工资标准支付自己的员工,波兰和捷克等国将随即向欧盟委员会投诉德国政府,要求德国改变其规定。由于欧盟委员会的反对,德国劳动部部长在2015年1月宣布暂时停用该项规定。

第三节　独立人士的参与和作用

无论是工资委员会,还是最低工资委员会,或者各种形式的三方委员会,委员会中的委员除了来自政府、雇主和工人的代表外,通常还包括所谓的"独立人士"。关于"独立人士",国际劳工组织第30号建议书第一章第二节第2条第1款做出了如下阐述:

　　……工资确定机构还应包括一个或若干个独立人士。当雇主和雇员代表投票时，一旦出现赞成和反对票相等的局面，独立人士能够确保有效的决策。独立人士的选择应尽可能是在与工资确定机构中的雇主和雇员代表达成一致或咨询后加以确定。

　　按照第30号建议书的解释，独立人士参与制定最低工资标准的主要目的是使委员会能够最终做出决策，提高最低工资确定机制的效率。但在协商和劳资集体谈判的实践中，除了能够在投票阶段发挥关键作用外，独立人士还可发挥的作用包括：一方面，从专业角度或以实证研究结果为依据发表意见；另一方面，秉持中立立场，调解各方矛盾，折中各方建议，促使各方达成彼此都能够接受的决议。

　　鉴于独立人士在协商或谈判最低工资标准过程中所扮演的角色和发挥的作用，独立人士的资格问题就显得尤其重要。根据国际劳工组织第30号建议书的规定，独立人士"应具有能够完成其职责的资格且与有关行业或行业的某个部门没有任何可以对其公正性产生怀疑推测的利益关系"。在实践中，各国对委员会中独立委员的人数以及资格做出了不同的规定。

表2－2　独立委员的人数和背景

委员会名称	独立委员人数*	独立委员的背景
英国低收入委员会	2	著名教授，劳动经济学和劳动关系专家
德国最低工资委员会	2	具有学术背景的专家
日本中央最低工资审议会	7	学者或专业人士
韩国最低工资委员会	9	具有一定经验的劳资关系和劳动经济学方面的专家或教授
中国香港特别行政区最低工资委员会	3	在相关学术范畴具有知识或经验者
澳大利亚公平工作委员会"年度工资评估"专家小组	3	劳资关系、经济学、社会政策、工商业方面的专家或专业人士
南非就业条件委员会（ECC）	3	劳动关系、劳动经济学

　　*独立委员人数是指各国法律规定的最多人数。

　　资料来源：作者根据各国和地区法律资料汇编。

表 2－2 显示,在英国低收入委员会,独立委员的人数为 2 名,均为英国著名的劳动经济学或劳动关系方面的专家。根据英国低收入委员会网站的介绍,低收入委员会中现任独立委员是英国萨塞克斯大学的理查德·狄更斯(Richard Dickens)教授和谢菲尔德大学的萨拉·布朗(Sarah Brown)教授。两位教授均为英国著名的劳动经济学和最低工资问题研究专家。德国最低工资委员会以及日本中央最低工资审议会中的独立委员也是劳动关系或劳动经济学研究领域的学者或专家。

在韩国,独立委员被称作"公益人士",由韩国就业和劳动部部长任命,韩国总统批准。韩国最低工资委员会中的"公益人士"需满足下述条件之一:

(1)级别为第三等级或更高级别的公务员,且具有丰富的与劳动问题有关的知识和经验;

(2)在聘或曾经被聘的副教授或更高级别的教授,研究领域为劳动经济学、劳动关系、劳动法、社会学或社会福利;从事研究的时间为 5 年及以上;

(3)在政府承认的研究部门从事与劳动问题有关研究时间长达 10 年;若已获得劳动经济学等学科的博士学位,相关研究时间为 5 年;

(4)被就业和劳动部部长认可的具有相当知识和经历的人士。

按照规定,担任韩国最低工资委员会中常务委员的"公益人士"必须满足上述第一个或第二个条件。此外,最低工资委员会主席必须从"公益人士"中遴选。

根据中国香港特别行政区《最低工资条例》的规定,最低工资委员会中包括不超过 3 名在相关专业或领域具有深厚学术研究造诣的专家和学者。在澳大利亚,最低工资标准是由"公平工作委员会(Fair Work Commission,FWC)"中专门负责"年度工资评估"的专家小组负责制定。按照澳大利亚 2009 年制定的《公平工作法》,专家小组由一位主席和三位从事劳资关系、经济学、社会政策、工商业方面研究的专家或专业人士组成。在南非,负责制定行业最低工资标准的全国就业条件委员会(ECC)的独立委员包括 3 名从事劳动关系和劳动经济学方面研究的学者,就业条件委员会主席由独立委员担任。

以上介绍的几个国家,委员会中的独立委员基本上都是学者和专家。但在有些国家,委员会任命的独立委员却有着其他方面的背景。例如,在非洲的布基纳法索,负责制定跨行业最低工资标准的全国委员会,除了包括政府、工人和雇主代表外,还包括来自该国妇女联合会以及消费者协会的代表。在匈牙利,全国经社理事会(NGTT)还邀请了非政府组织(NGO)担任委员。

根据国际劳工组织第30号建议书以及第131号公约第4条第3款的有关规定,独立委员的遴选工作应与工人和雇主组织展开协商。2012年6月11日,韩国劳动组合总联盟(FKTU)和民主劳动组合总联盟(KCTU)向国际劳工组织递交了一份报告。报告投诉政府在组建最低工资委员会的过程中,完全没有和工会及雇主组织协商,单方面确定了9名独立委员的人选,明显违背了第131号公约的有关规定。日本工会总联合会(JTUC – RENGO)也曾对日本政府提出过类似的指责。

综上所述,由于代表不同的利益集团,在就最低工资标准问题展开协商或谈判的过程中,各方都会竭力维护自己所代表群体的观点和利益,产生矛盾以及冲突是经常发生的状况。面对矛盾和冲突,如果各方坚持己见,不做任何让步,协商或谈判极有可能无果而终。在某种程度上,协商谈判能否取得成功与协商谈判机制的设计有关。就委员结构而言,除了任命代表不同利益集团的委员外,独立人士的参与有助于拟合各方分歧,促成各方之间开展合作或达成妥协。在这个意义上,将独立人士纳入协商或谈判过程中是从技术层面为确保协商或谈判取得结果而做的技术性安排。但在另一个方面,独立人士在协调各方观点差异的过程中,也应充分考虑公众利益,而不是一味追求劳资双方都能够接受的协议。当然,独立人士所能发挥的作用也不能被无限夸大。在实践中,经常会发生独立人士调解无效,协商或谈判失败的结果。在委员会无法达成协议的情况下,按照有些国家的法律规定,政府将单方面确定最低工资水平,例如欧洲的捷克、波兰、斯洛文尼亚、西班牙以及美洲的哥伦比亚、厄瓜多尔和尼加拉瓜。

第四节 最低工资委员会的运作:以韩国为例

现以韩国为例,说明最低工资委员会的组成和运作。图2–1显示,韩国就业和劳动部在每年3月底之前向最低工资委员会提出制定下一年度最低工资标准的请求。收到就业和劳动部的书面请求后,按照韩国《最低工资法》的规定,最低工资委员会将召开全体委员大会。

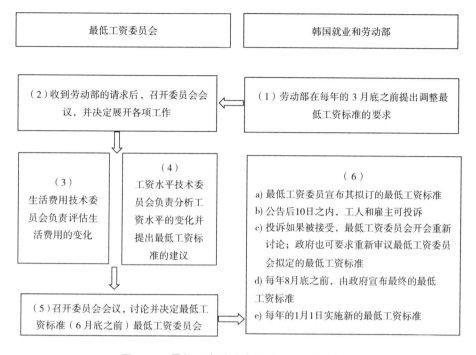

图 2-1 最低工资委员会的运作：以韩国为例

资料来源：韩国最低工资委员会网站；http://www.minimumwage.go.kr/eng.

最低工资委员会将有关工作分配给两个技术委员会，即负责计算和分析生活费用变化的技术委员会以及负责分析工资水平的技术委员会。基于对全国工资水平的分析以及生活费用委员会提出的统计分析数据，在每年的 6 月 29 日之前，工资水平技术委员会向最低工资委员会提出最低工资标准的调整方案。

在有关最低工资标准调整的方案向社会公布后的 10 日之内，任何工人或雇主代表都可以向最低工资委员会提出申诉。如果申诉被委员会接受，最低工资委员会将开会重新讨论最低工资标准的调整方案。另一方面，若政府不能接受委员会提出的下一年度的最低工资标准，政府可向最低工资委员会提出重新审议最低工资标准的请求。经过最低工资委员会讨论以及三分之二多数票通过，修改后的最低工资标准调整方案将再次提交给政府。按照韩国 1987 年《最低工资法》的规定，政府对修改后的最低工资标准不得提出再次修改的请求，并需在 8 月 5 日之前以总统令的形式向全国公布下一年度的全国最低工资标准。韩国政府颁布的是小时标准，日、周以及月最低工资标准可在法定劳动时间基础上加以换算。

韩国的最低工资委员会由 27 名委员组成，雇主、雇员、公益人士各占 9 人。

委员会主席为独立人士。除了委员外，还有 9 名政府任命的特别代表，主要来自政府财政和经济部等。按照规定，只有在至少三分之一的雇主和雇员代表出席的情况下，委员会做出的各种决策才有效。委员会还建立了 5 个分委员会，其中，计算和分析生活费用变动及其趋势委员会由统计专家组成，而负责分析研究工资水平并提出最低工资标准调整方案的委员会成员由 15 人组成，雇主、雇员、公益人士各 5 人。除了两个技术委员会外，最低工资委员会还包括营运委员会、公益人士委员会以及学术研究委员会。有关韩国当代最低工资制度发展的介绍，请参看本书第十二章。

本章小结

采取何种最低工资确定机制在很大程度上与各国历史、政治和经济制度以及劳动关系发展的特征有关。根据国际劳工组织最低工资国际公约的规定，无论采取何种方式制定最低工资标准，都必须与工会以及雇主组织展开全面和有效的协商，并在可能的情况下，将雇主和工会直接融入最低工资标准的确定进程。按照这一标准衡量，美国通过立法机构确定联邦最低工资标准的模式显然违反了最低工资国际公约的规定。此外，将协商当作一种例行程序，没有展开实质性对话和谈判，或者将协商变成信息通报和交流的做法，同样也不符合最低工资国际公约的规定。

意大利、奥地利等为数不多的几个欧洲国家没有法定最低工资制度。在这些国家，社会对话和劳资集体谈判具有悠久的历史，工会以及雇主组织的建设非常发达。虽然也出现过要求建立法定最低工资标准的呼声，但也存在不少阻力。世界上多数国家采取法定最低工资制度。实践表明，实施法定最低工资制度国家，劳资集体谈判同样也可以在保障低收入者基本权益方面发挥作用。劳资集体谈判协议规定的最低工资水平与法定最低工资标准经常会出现一定程度的差异。传统低收入行业的最低工资水平通常会与法定标准相同，而在那些平均收入水平较高和经营效益较好的部门，集体协议规定的最低工资水平往往会高于法定最低工资标准。鼓励劳资双方开展各层次、各级别的集体谈判在一定程度上将有助于进一步改善低收入劳动者的工资收入水平和劳动条件。

第三章

最低工资标准的类型和内容

本章将讨论最低工资标准的类型和内容,主要涉及最低工资标准的时间单位、计件最低工资、最低工资标准的覆盖范围以及最低工资标准应包括哪些收入项目。最低工资的计件标准、覆盖范围和计入最低工资标准中的收入项目问题较为复杂,各国的规定不尽相同,在实践中容易产生争议,因此,本章将重点加以讨论。此外,本章还将从最低工资标准的角度分析目前在国际劳工领域引发广泛关注的家政工作以及对家政工权益的保护问题。

第一节　最低工资标准的时间单位和计件最低工资

一、最低工资标准的时间单位

按时间单位,最低工资标准可划分为小时、日、周和月最低工资标准。纵观最低工资制度的历史,我们可以发现,早期的最低工资标准是指小时或日最低工资标准,原因很简单:当时在血汗工厂从事被雇佣劳动的非熟练工人、妇女和儿童的工资收入是按小时或每天支付。随着最低工资标准适用范围的不断扩大,除小时、日和周最低工资标准外,政府以及劳资工资集体谈判也开始对月最低工资标准做出规定。在一些国家,例如日本和巴西,最低工资与本国的社会救助和养老金水平建立了联动关系,而社会救助和养老金一般是按月发放,月最低工资标准也就成为这些国家最低工资标准的主要表达形式。

目前,只有为数不多的国家只颁布小时最低工资标准,而对月最低工资标准不做规定。例如,美国的联邦最低工资标准、英国的全国最低工资标准以及德国的全国最低工资标准均采用小时最低工资。当然,这些国家的低收入劳动者也可以通过法定劳动时间将小时标准换算成月最低工资标准。在美洲,哥斯达黎加全国薪酬委员会公布的职业最低工资水平是日标准;萨尔瓦多采用的也是日最低工资标准。位于南欧的马耳他采用周最低工资标准。世界上更多的国家则是将小时和月最低工资标准同时颁布。

由于在过去的几十年期间,非全日制用工等其他非正规就业规模不断扩大,小时最低工资标准也成为各国保障非正规就业者工资收入权利的一个重要工具。一个典型的例子是我国有关最低工资规定的变化。按照我国 1993 年颁布的《企业最低工资规定》,最低工资标准一般按月确定,也可按周、日或小时确定,从 1994 年到 2003 年,各省、直辖市和自治区颁布的最低工资标准均为月标准。原劳动与社会保障部 2003 年 12 月颁布的《最低工资规定》第 5 条规定,"最低工资标准一般采取月最低工资标准和小时最低工资标准的形式。月最低工资标准适用于全日制就业劳动者,小时最低工资标准适用于非全日制就业劳动者"。自此,我国地方政府每年都会同时颁布当地的月和小时最低工资标准。

与小时最低工资标准紧密相关的一个问题是如何确定劳动者的就业性质为非全日制工作。国际劳工组织第 175 号公约,即《非全日制工作公约》第 1 条规定:

就本公约而言:

(a)"非全日制工"一词系指被雇佣者正常工作小时数要低于可比的全日制劳动者的正常工作小时数;

(b)a 款所言的"正常工作小时数"可按周计算,也可按约定就业时期的平均工作小时数计算;

......

关于上述条款中的"全日制劳动者的正常工作小时数",有以下几点需要说明:第一,"全日制劳动者的正常工作小时数"一般是指由国家法律、法规制定的标准,故可将其称之为法定劳动时间。根据国际劳工组织 2013 年出版的《2012 年全球工作条件法律报告》[①],各国法定的每周工作小时在 35 - 60 小时之间;第二,在法定劳动时间的基础上,集体谈判协议或者企业劳资谈判可根据本行业或企业的

---

① ILO, *Working Conditions Laws Report* 2012: *A Global Review*, Geneva: ILO, 2013, pp. 3 - 20.

实际情况对正常工作小时数可以做出调整;第三,正常工作小时数不包括加班时间。为了限制加班时间,许多国家对每周"最多工作小时数"做出了规定。例如,欧盟的奥地利、意大利等国的法定劳动时间是每周40个小时,但包括加班时间在内的劳动时间每周不得超过48小时;拉丁美洲的阿根廷和哥伦比亚的法定劳动时间是每周48小时。但如果将加班时间计入在内,按照阿根廷的法律,每周工作时间最多为52个小时,哥伦比亚则规定不得超过60小时。

第175号公约对非全日制工作的小时临界值均未做出明确规定,批准该公约的成员国可根据本国实际情况做出具体规定。表3-1显示,各国法律对非全日制工作的界定方法归纳起来可以分为三种:第一种方法与第175号公约的规定类似,即将那些在单位时间内(通常是每周),正常工作小时数少于法定劳动时间的工作界定为非全日制工作,但没有明确给出划分的临界值。这种界定方法最大的一个好处是:一方面,行业集体协商谈判可以根据本行业的实际情况对每周正常工作时间以及非全日制工作的判断标准做出具体规定;另一方面,用人双方,即企业和雇员经过协商可以就工作时间和工资支付方式达成一致。

表3-1　非全日制工作的界定标准

非全日与全日制工作界定方法	国家
劳动时间少于法定劳动时间	阿尔及利亚、奥地利、比利时、保加利亚、法国、德国、匈牙利、爱尔兰、马达加斯加、马耳他、葡萄牙、塞尔维亚、意大利、毛里求斯、韩国、西班牙、瑞典、越南、土耳其、塞浦路斯、斯洛文尼亚、克罗地亚
非全日工作的劳动时间上限	巴西(每星期25小时)、多米尼加(每年1760小时)、厄瓜多尔(每天6小时,或每星期35小时)、塞舌尔(每星期25小时,或每星期3天)、新加坡(每星期35小时)、中国(平均每日工作不超过4小时)
占全日制劳动时间的比值(或百分比)	安哥拉(企业全日制正常工作时间的三分之二)、阿根廷(正常工作时间的三分之二)、智利(正常工作时间的三分之二)、马里(法定劳动小时的80%)、马来西亚(全日制工作小时的70%)、莫桑比克(正常工作小时的75%)、塞内加尔(法定工作小时的80%)、突尼斯(企业正常工作时间的70%)

资料来源:作者根据国际劳工组织报告编制;ILO, *Non - standard Employment Around the World：Understanding Challenges and Shaping Prospects*, Geneva：ILO, 2016, table 1. 1, p. 28.

表 3 - 1 所列的第二和第三种方法则是对非全日制工作的劳动时间上限做出了规定。例如,在我国,按照《劳动合同法》第 68 条的规定,"非全日制用工是指以小时计酬为主,劳动者在同一用人单位一般平均每日工作时间不超过四小时,每周工作时间累计不超过二十四小时的用工形式"。在厄瓜多尔,非全日制工作的工作时间每天不得超过 6 小时,周工作时间不得超过 35 小时。按照安哥拉的规定,安哥拉非全日制工作不得超过正常工作时间的三分之二,而在马来西亚,非全日制工作的劳动时间应低于全日制劳动时间的 70%。

在实践中,还有一些国家对从事非全日制工作的劳动时间的下限做出了规定。例如,在非洲的阿尔及利亚,非全日制工作的劳动时间不得低于法定劳动时间的 50%;在欧洲的丹麦,集体协议规定非全日制的每周工作时间不得低于 15 个小时,法国则规定,每周的工作时间不少于 24 小时。对非全日制工作的劳动时间下限做出规定有可能会造成"部分法律覆盖(partial legal coverage)"问题,即按照最低工资法律,非全日制工人适用于最低工资标准,但与劳动时间法律却将那些劳动时间低于法定标准的非全日制劳动者排除在外。"部分法律覆盖"有可能将那些每天或每周工作时间较少的劳动者置于非全日制就业的边缘地带,其权益,包括加班费、社会保险和福利等有可能会受到伤害。[①]

二、计件工资与最低工资标准

与计时工资制不同,计件工资制是以劳动者个人劳动成果(产出数量或完成任务数量)为基础的一种工资计算方式。一般而言,计件工资制度适用于那些重复性且劳动者本人对产出结果具有高度可控性的工作。在发展中国家,计件工资制在纺织、服装、鞋帽等行业使用较为广泛,而在发达国家,使用计件工资制的行业主要是农业部门。在农作物、水果以及蔬菜收获季节,农场主通常按照计件工资的方法计算季节工应得的工资收入。

除单位时间内产出数量这一因素外,影响劳动者计件工资收入的另外一个重要因素是计件工资单价。合理的计件单价对雇佣双方都会产生益处。如果计件单价过低,劳动者则需要工作较长的时间才能获得一定水平的收入,长期累积下

---

① 国际劳工组织那些每周工作时间少于 15 或 20 小时的就业称之为"边缘非全日制工作(marginal part-time jobs)",参见 ILO, *Non - standard Employment Around the World : Understanding Challenges and Shaping Prospects* , Geneva , ILO , 2016 , p. 27.

来,劳动者的健康和安全势必会受到伤害。尽管如此,在世界各国,依然存在一些雇主通过压低计件单价等手段来降低人工成本从而获得高额利润的现象,也由此产生了许多劳资纠纷。

纵观世界各国的最低工资规定和实践,对计件工资收入不应低于最低工资标准的规定并没有太大的争议。我国《最低工资规定》第 12 条明确规定:"实行计件工资或提成工资等工资形式的用人单位,在科学合理的劳动定额基础上,其支付劳动者的工资不得低于相应的最低工资标准"。在新西兰,实施计件工资制度的企业,其计件单价换算成小时工资后不得低于最低工资标准。英国和加拿大等西方发达国家也做出了同样的规定。在澳大利亚,"公平工作委员会"与园艺行业签订了允许该行业使用计件工资的协议。按照协议有关条款,园艺行业的计件单价换算成小时工资后,其水平应该使那些拥有"平均能力的雇员(average competent employee)"的小时收入超过最低工资标准的 15%。[①] 一些国家的工资集体谈判协议还将与计件工作有关的条款包括在内。例如,印度煤矿行业每年劳资双方签署的工资集体协议一般都会对该行业计件工作的劳动条件、劳动定额和计件单价做出明确规定。

在实践中,需要做一些简单的计算才能对计件工资收入是否符合最低工资标准的问题做出判断。现以美国为例加以说明。

案例 1:假设美国某企业实施计件工资制度,计件单价为 1.5 美元。在该企业工作的工人费雷罗每星期工作 40 个小时,劳动成果为 320 个单位的产品。费雷罗每周的工资收入为 480 美元(=1.5×320)。将 480 美元除以 40,费雷罗的小时工资为 12 美元,超过了 7.25 美元的联邦小时最低工资标准。

案例 2:在另外一家企业工作的约翰,每周工作 45 个小时。按照企业的计件单价和每周生产量计算,约翰每周的工资收入为 360 美元。将 360 美元除以 45,结果显示,约翰的小时工资为 8 美元,超过了 7.25 美元的联邦小时最低工资标准。但约翰获得的 360 美元是其在一周标准工作日中总共工作了 45 小时后才获得的收入,实际劳动时间超过了 40 小时的法定劳动时间。按照美国《公平劳动标准法》的规定,在标准工作日内加班的雇员,其加班期间的小时工资应该是正常小

---

① 资料来源:澳大利亚"公平工作委员会",https://www.fairwork.gov.au/pay/minimum-wages/piece-rates-and-commission-payments.

时工资的 1.5 倍。因此,约翰每周的工资收入合计为:380 美元(=360 +5 ×4)。

案例 3:史密斯在美国加利福尼亚州的一家企业工作。加州最低工资标准是每小时 28 美元(假设数字)。企业的计件单价为 100 美元,且按月支付工人工资。史密斯的月实际工作时数为 200.5 小时,没有午休时间,月产量为 55件。如果按照计件单价计算,史密斯的月工资收入应为 5500 美元;但如果按照加州 28 美元的小时最低工资标准计算,史密斯月工作收入则应为 5614 美元(=200.5 ×28)。显然,企业的计件单价过低,造成史密斯的月工资收入没有达到加州最低工资收入标准。按照规定,企业应向史密斯支付 114 美元(=5614 – 5500)的差额。

需要指出的是,在解决与计件工资收入有关的劳动争议过程中,劳动仲裁法庭一般会要求劳资双方出示劳动时间的详细记录。因此,无论是企业,还是企业雇员均有必要对每天和每周的劳动时间加以详细记录。

与上述几个简化的例子相比,现实中有关计件工资收入的劳动争议要复杂得多。例如,按照美国华盛顿州的法律,工人每工作 4 小时应至少休息 10 分钟。这一规定引发的问题是:在工作间歇期间(例如,午休),工人没有任何生产活动,因此也就不会有任何产出结果。于是,就产生了上小节谈到的所谓"部分法律覆盖"问题,即按照劳动时间的法律规定,工人拥有"休息权",其工作间歇时间应被视作工作时间,企业不得借此克扣工人工资;但按照计件工资制度,工人没有任何产出,企业也就不会支付工资。美国加利福尼亚州也曾面临类似的问题:位于洛杉矶的一家汽车修理厂采用计件工资制,即汽车修理工的工资收入与其一天内从事汽车修理的多寡有关。但是,由于该汽车修理厂并非每时每刻都有客户来厂要求修理汽车,汽车修理工在其一天的工作中肯定会有等待客户来厂修理汽车的时段。在等待客户期间,汽车修理厂老板要求修理工不得离开岗位,随时待命,或者帮着做一些零部件搬运的工作。2013 年加州高等法院对洛杉矶汽车修理厂一案做出裁决,要求企业除了支付工人计件工资外,还应向工人支付不低于最低工资标准的工资,用来弥补工人在等待期间的计件工资损失。

第二节　最低工资标准覆盖范围与次级最低工资标准

一、最低工资标准覆盖范围

国际劳工组织制定的《确定最低工资并特别考虑发展中国家建议书》(第135号建议书)第5条第1、2款规定:

(1)可通过确定一种普遍适用的单一最低工资,或确定一系列适用于各特定工人群体的最低工资,从而把最低工资制度应用于列入该公约第1条范围内的工资劳动者。

(2)基于单一的最低工资制度:(a)不必和不同地区或地带为承认生活费用的差异而确定不同最低工资标准的做法不相容。……。

考察世界各国制定的最低工资标准,按其覆盖本国区域范围,可分为全国和地区最低工资标准。在此基础上,又可将最低工资标准划分为全国或地区单一的最低工资标准以及全国或地区按行业或职业划分最低工资标准。

表3-2显示,制定全国单一最低工资标准的国家包括非洲的阿尔及利亚和贝宁、亚洲的韩国和越南、拉丁美洲的委内瑞拉和巴西以及中东的伊朗等国。欧盟28个成员国中绝大多数国家实施全国单一的最低工资标准。中国和日本以及北美的加拿大实施的是地区单一最低工资标准。需要说明的是,有些国家采取的是"双轨制',例如,在美国,除了联邦一级的最低工资标准外,还有各州制定的最低工资标准。从2000年开始,巴西除了制定全国最低工资标准外,各地区也被允许制定符合本地实际情况的最低工资标准。

表3-2还显示,制定全国行业或职业最低工资标准的国家,在非洲主要是前英国殖民地国家,包括南非、坦桑尼亚等国。英国曾经统治过的印度、斯里兰卡、巴基斯坦也是按照行业或职业划分全国最低工资标准。奥地利、意大利、芬兰、丹麦和瑞典五个欧盟国家则是通过行业劳资工资集体谈判确定行业或职业最低工

资标准。① 非洲的肯尼亚、马里、纳米比亚以及亚洲的菲律宾和欧洲的瑞士则按地区划分行业或职业最低工资标准。

表3-2 最低工资标准的分类:按覆盖范围划分

世界区域	全国单一标准	地区单一标准	行业或职业全国标准	行业或职业地区标准
非洲	阿尔及利亚、贝宁、加纳、加蓬、赞比亚、津巴布韦、布基纳法索、卢旺达、尼日利亚		南非、喀麦隆、尼日尔、突尼斯、坦桑尼亚、乌干达	肯尼亚、马里、纳米比亚
亚洲及太平洋	韩国、老挝、蒙古、尼泊尔、新西兰、泰国、越南	中国、日本、印度尼西亚	印度、斯里兰卡、巴基斯坦、马来西亚	菲律宾
欧洲及独联体	亚美尼亚、英国、俄罗斯、土耳其、塞尔维亚、匈牙利、法国、荷兰、保加利亚、葡萄牙、西班牙、卢森堡、捷克、爱尔兰		奥地利、芬兰、意大利、瑞典、丹麦	瑞士
美洲和加勒比地区	美国、巴哈马、玻利维亚、巴西、巴拉圭、秘鲁、委内瑞拉	加拿大	阿根廷、哥斯达黎加、多米尼加、萨尔瓦多、牙买加、墨西哥	
中东（阿拉伯国家）	伊朗、约旦、黎巴嫩、阿拉伯联合酋长国		科威特、叙利亚	

说明:由于篇幅限制,表中只列出了各类别中的主要国家。

资料来源:作者根据国际劳工组织报告编制,ILO, *General Survey of the Reports on the Minimum Wage Fixing Convention*, 1970(*No.* 131), *and the Minimum Wage Fixing Recommendations*, 1970(*No.* 135), Geneva:ILO, 2014, pp. 49 - 66.

从最低工资制度发展的历史考察,早期的最低工资标准是按职业和行业划分的。随着经济社会的发展,一些国家采取制定全国统一最低工资标准的制度安排。在全国范围内采取统一的最低工资标准,一方面,满足了一些组织如工会的

----

① 欧盟国家塞浦路斯为售货员、护士助理、清洁工、保安等职业制定了全国最低工资标准。

强烈要求,即每位劳动者都享有同等最低工资水平的权利;另一方面,减少了制度运行成本,包括与最低工资有关的劳动监察成本。此外,制定全国统一最低工资标准还有利于政府从宏观层面进行管理并使最低工资标准的制定与政府宏观经济政策加以协调。

实施全国统一最低工资标准所面临的主要挑战是:对那些经济发达地区而言,全国最低工资标准可能会偏低,而对那些经济发展水平较低的地区而言,全国标准有利于改善本地区低收入劳动者的工资收入水平,但对经济效益较差的企业势必会带来较大的压力。为解决这一问题,一些国家,特别是那些领土面积较大的国家,例如美国和巴西,采取了"双轨制",即地区有权制定符合本地区实际情况的最低工资标准,但不得低于全国统一的标准。在阿根廷,全国最低工资标准不适用于农业工人。阿根廷农业工人的最低工资标准是以省份为基础加以确定。

制定(全国或地区)行业或职业最低工资标准在一定程度上解决了全国单一最低工资标准存在的问题,但该方法往往会导致出现最低工资标准过多的问题,制度运行成本较高,且各行业互相攀比,国家也难以展开有效的协调和管理。例如,印度目前采取的是按行业和职业确定最低工资标准的方法,每年需要花费大量的人力和资金展开三方协商。三方协商不仅要确定行业以及职业的最低工资标准,还要对行业内部的工资结构精心安排。印度每年颁布的最低工资标准有一千多个,准确数字更是无法统计。雇主和雇员为了维护自己的权益,需要花费大量的时间去了解各行业和职业的最低工资标准。数目繁多的最低工资标准也为劳动监管部门核查最低工资标准实施情况的工作带来了巨大的挑战。

一些国家试图对本国的行业或职业最低工资制度实施改革。例如,拉丁美洲的哥斯达黎加早在 20 世纪 30 年代就建立以地区为主的行业和职业最低工资标准。1987 年该国最低工资标准共有 520 个;后经过改革,从 1997 年起,分别按非熟练、半熟练和特殊类别工人以及教育水平划分 23 个最低工资标准。欧盟成员爱尔兰在 2000 年放弃了过去按行业和职业制定最低工资标准的做法,采用全国统一的最低工资标准。同印度一样,南非的最低工资标准不但种类繁多,且在地区、行业和职业之间存在较大差距。因此,呼吁建立全国统一最低工资标准的呼声在南非不断高涨。2017 年 2 月 7 日,南非国家经济发展和劳工委员会就 20 兰特的小时最低工资标准达成一致意见并签订了协议。协议规定,每小时 20 兰特的最低工资标准的实施时间取决于对原有法律的修改进程,但无论如何都不应迟于 2018 年 5 月 1 日。政府将与社会伙伴共同努力,力争国民议会尽快通过全国最低工资法。

二、次级最低工资标准

许多国家在制定全国或地区最低工资标准时,通常还会根据劳动者年龄(青少年劳动者)、企业规模大小以及劳动能力(智障人士和身体残疾)制定低于普通标准的最低工资水平,一般将其称之为次级最低工资标准(sub-minimum wages)。

关于按照年龄制定次级最低工资标准,英国和荷兰两国针对青年劳动者制定的次级最低工资标准最为典型。根据英国政府公布的最低工资标准,自 2017 年 4 月起,年龄 25 岁及以上劳动者的小时最低工资标准为 7.5 英镑,年龄在 21 - 24 岁的小时最低工资标准为 7.05 英镑,18 - 20 岁的小时最低工资标准为 5.6 英镑,年龄在 18 岁以下的小时最低工资标准为 4.05 英镑,学徒工小时最低工资标准为 3.5 英镑。按照英国政府的规定,年龄为 19 岁的学徒工,或年龄超过 19 岁但正处于第一年学徒时期的劳动者适用学徒最低工资标准。荷兰 2017 年 1 月开始实施的全国最低工资标准是 1551.6 欧元,但年龄为 22 岁及以下的劳动者的最低工资需在 1551.6 欧元的基础上按比例递减。

表 3 - 3　荷兰青年劳动者的月最低工资水平

年龄(岁)	支付比率(%)	月最低工资标准(欧元)
23 及以上	100	1551.6
22	85.0	1318.9
21	72.5	1124.9
20	61.5	954.2
19	52.5	814.6
18	45.5	706.0
17	39.5	612.9
16	34.5	535.3
15	30.0	465.5

资料来源:作者根据"WageIndicator. Org"有关资料编制。

在荷兰,法定最低工作年龄为 15 岁。表 3 - 3 显示,年龄为 15 岁的青少年劳动者的最低工资标准是 23 岁及以上劳动者最低工资标准的 30%。随着年龄的增加,最低工资标准的支付比例也会上升。关于为青少年制定较低最低工资标准,荷兰政府给出的理由颇具代表性:对年轻劳动者制定较低最低工资水平将有助于在鼓励青少年完成正规教育和促进青年就业水平两个目标之间寻找某种平衡。如果最低工资标准较高,则有可能会鼓励青年人辍学并开始在劳动力市场寻找工作。最低工资水平被提高到不适当的水平,将会导致劳动力市场对年轻劳动力需求的减少,对青年就业水平造成某种程度的伤害,而产生这一可能结果的主要原因是:年轻人的生产率与较高的最低工资标准并不相匹配。当然,工会组织强烈反对荷兰政府的解释和提出的理由表示,并将有关问题提交到国际劳工组织专家委员会讨论。

在美国的纽约州和明尼苏达州,最低工资标准与企业规模大小有关。按照明尼苏达州 2017 年的规定,大型企业,即年销售收入在 50 万美元以上的企业,支付雇员的最低工资为每小时 9.5 美元,而年销售收入在 50 万美元以下的小型企业,其雇员的最低工资标准为每小时 7.75 美元。在纽约州的纽约市,小型企业,即雇员人数为 10 人及以下的小时最低工资标准为 10.5 美元;如果企业雇佣人数超过 10 人,则雇主应付小时最低工资标准为 11 美元。

根据国际劳工组织的数据,目前,世界人口中有 10 亿人拥有某种程度的残疾,占世界总人口的 15%,而在这 10 亿残疾人口中,有 80% 的人处于工作年龄。联合国《残疾人权利工业》第 27 条明确要求缔约国确认残疾人在与其他人平等的基础上享有工作权,包括有机会在开放、具有包容性和对残疾人不构成障碍的劳动力市场和工作环境中,为谋生自由选择或接受工作的权利。国际劳工组织第 159 号公约,即《残疾人职业康复和就业公约》以及相应建议书(第 168 号)要求成员国采取措施促进残疾人的就业机会并确保就业和工资标准同样适用于残疾劳动者。

尽管联合国、国际劳工组织以及各国的法律都对保护残疾工人的权利做出了规定,但在现实中,各国对残疾工人适用最低工资标准的规定依然存在差别。新西兰政府规定,在雇主和雇员双方同意的情况下,雇主可向劳动监管部门提出申请,要求对残疾人士不执行最低工资标准。新西兰劳工监管部门将根据实际情况,做出雇主是否可以免于向残疾工人支付最低工资的规定。在英国,按照规定,全国最低工资标准同样适用于残疾劳动者。在法国,向残疾劳动者支付低于全国最低工资标准被视作是一种歧视行为,将按有关法律的规定受到处罚。为鼓励企业雇佣残疾人士,法国政府还规定,企业可根据其雇佣的残疾工人对工作的影响程度向政府申请补贴。

在澳大利亚,根据"公平工作申述专员公署"的规定,残疾工人的最低工资水平可根据其残疾程度做出相应比例的减少,但减少幅度需由持证合格专业人士做出评估。例如,如果专业评估结果认为某残疾工人的生产能力相当于普通工人能力的70%,则该残疾工人的最低工资标准为全国标准的70%。在美国,按照法律的规定,雇主可向美国政府劳工部提出申请,要求对本企业雇佣的残疾工人执行次级最低工资标准。例如,正常情况下,生产需要一小时完成,则按照美国现行联邦最低工资标准,雇主需支付7.25美元的小时最低工资标准。如果残疾工人需要三小时完成,则该残疾人士的最低标准为2.42美元。美国劳工部审查批准后,将向有关企业颁发证明书。

中国香港地区也对残疾雇员的生产力评估做出了制度上的安排。按照香港《最低工资条例》的规定,启动生产力评估的权利属于残疾雇员,而非雇主,这意味着,如果残疾雇员没有选择《最低工资条例》的特殊安排,即申请对自己的生产力展开评估,则雇主仍需按照法定最低工资标准支付。而另一方面,如果残疾雇员选择展开评估,该雇员在评估之前与雇主签订试用协议。在适用期间,雇主支付残疾雇员的工资不得低于法定最低工资标准的50%。生产力评估程序执行完后,雇主将根据评估结果,以相应比例计算应支付的最低工资。

第三节 最低工资标准的组成部分

在实施最低工资标准的过程中,一个非常容易引起争议的问题是:雇主应付最低工资应计入劳动者的哪些收入项目。例如,基本工资是最低工资收入的核心部分,除此之外,劳动者的奖金、各种补贴、加班费、小费以及非现金支付(payment in kind)是否应该计入最低工资收入?此外还有一项就是雇员依法应缴纳的社会保险支出。在我国,除上海和北京的最低工资法规明确规定劳动者个人应缴纳的各项社会保险费和住房公积金不作为最低工资标准的组成部分,其他省份和直辖市对此没有做出明确规定。

关于上述问题,我们无法从最低工资国际公约中找到答案。最低工资国际公约,包括第 26 号、99 号和 131 公约及其相应的建议书中对此没有做出任何规定或给出解释。在这里需要指出的是,有关最低工资标准的组成部分的规定涉及如何理解"工资"一词的含义,但国际劳工大会制定的《保护工资公约》和《同工同酬公约》对"工资"的解释存在明显差异,并不统一。

国际劳工组织第 95 号公约,即《保护工资公约》第 1 条对"工资"的定义是:

在本公约中,"工资"一词系指不论名称或计算方式如何,由一位雇主对一位受雇者,为其已完成和将要完成的工作或已提供货将要提供的服务,可以货币结算并由共同协议或国家法律或条例予以确定而凭书面或口头雇佣合同支付的报酬或收入。

国际劳动组织第 100 号公约,即《对男女工人同等价值的工作赋予同等报酬公约》(简称《男女同工同酬》公约)第 1 条 a 款规定:

就本公约而言:

a、"报酬"一词,系指通常的、基本的或最低的工资或薪金,以及雇主因雇用工人而直接或间接向其支付的其他任何现金报酬或实物报酬;

……

按照第 95 号公约的解释,"工资"一词与"报酬"以及"收入"是同义的,可以互换使用;但根据第 100 号公约的解释,"工资"只是劳动"报酬"的一部分。在实践中,各国对"工资""报酬"以及"收入"的定义和解释不尽相同。

表 3 - 4   不计入最低工资的收入项目

国　　家	不计入最低工资的收入项目
阿根廷、智利、肯尼亚、伊朗、巴拿马、罗马尼亚、柬埔寨	非货币收入(payment in kind)
亚美尼亚	奖金和激励工资以及额外工资
阿塞拜疆	奖　金
巴哈马	小费、奖金
几内亚比绍共和国	小费、奖金和有害健康工作条件补贴

续表 3 - 4

国家	不计入最低工资的收入项目
洪都拉斯	代理收入、交通补贴和社会福利收入
以色列	家庭补贴、年长劳动者奖金、轮班津贴、年底双薪
斯洛伐克	法定节假日工作补贴、夜班以及特殊工作环境补贴

资料来源:作者根据国际劳工组织报告编制,ILO, *General Survey of the Reports on the Minimum Wage Fixing Convention*,1970(*No.* 131),*and the Minimum Wage Fixing Recommendations*, 1970(*No.* 135),Geneva:ILO,2014,pp. 20 - 26.

表 3 - 4 列出了一些国家对哪些项目不应计入最低工资所做的规定。首先是非现金支付问题。① 表 3 - 4 显示,阿根廷、智利等国明确规定,雇主应付的最低工资不应包括非货币收入,如免费住宿、午饭以及免费交通工具等。在西班牙,法律明令禁止雇主将非货币收入付纳入最低工资,但非最低工资收入者的工资中可包含不超过 30% 的非货币收入。在瑞士,法律规定,雇主为家政工人提供的一顿免费午餐换算成价值不得超过 30 瑞士法郎。而在非洲的乍得和塞内加尔,一顿免费午餐的价值等同于一小时的最低工资收入。在加拿大的安大略省,当地劳动部门对 2017 年免费午餐和住宿的折合价值(加元)做出如下规定:②

(1)免费住房(每天):单间,31. 70;非单人间:15. 85;非单人间(家政工人):免费

(2)免费午餐:午餐折合单价,2. 55;每周折合总值不超过 53. 55

(3)免费午餐和住房(每周):单间及午餐,85. 25;非单间及午餐,69. 40;非单间及午餐(家政工人),53. 55

(4)免费住房(每周,适用于农作物收割工人):有房间打扫和清理服务的房间,99. 35;无房间打扫和清理服务的房间:73. 30

关于小费问题,需要区分两种情况:在旅馆和餐饮业,小费收入往往会成为雇员收入的主要来源;另外一种情况是,雇员获取小费是非经常性现象,具有偶发性。对于第二种情况,一些国家,如美洲的巴哈马和非洲的几内亚比绍规定,小费

---

① 国际劳工组织制定的《保护工资公约》没有禁止使用非货币收入,但与现金收入相比,非货币收入缺乏灵活性,雇员无法根据自己的喜好和需要做出不同的选择。

② 数据来源:加拿大安大略省劳动部网站,https://www. ontario. ca/document/your-guide-employment-standards-act/minimum-wage.

应从雇主应支付的最低工资中剔除。对于第一种情况,按照美国《公平劳动标准法》的规定,雇主可向雇员支付每小时 2.13 美元的最低工资。但是,如果包括小费在内的总收入低于联邦最低工资标准,则雇主需要补齐差额。法国的规定与美国类似,即最低工资可包括小费收入,但如果小费收入很低并造成总收入低于最低工资标准,则雇主需要补齐与最低工资标准的差额。加拿大魁北克省则规定,接受小费的雇员的最低工资标准要低于该省标准的 15%,如果发生其收入低于最低工资标准想现象,雇主有义务补齐差额。

最低工资是劳动者在法定劳动时间内获得的最低报酬,据此,最低工资收入者的加班加点费不应计入雇主应付的最低工资。关于奖金,表 3 - 4 显示,亚美尼亚、阿塞拜疆、以色列等国均将其排除在最低工资的组成部分之外。在我国,根据《最低工资规定》第 12 条的规定,加班费以及各种补贴包括夜班费和特殊工作环境补贴不包括在企业应付的最低工资之中。各地则在《最低工资规定》的基础上结合本地情况也做出了相应规定。

关于个人缴纳的社会保险费用是否应计入最低工资,从目前本书作者掌握的资料来看,各国对此并没有做出规定。① 大多数情况下,最低工资收入者需自己负责缴纳各种法定的社会保险,如健康和养老金保险等。不过,德国政府对从事"微型工作(minijobs)"的劳动者做出了特殊安排。所谓"微型工作"是指那些月收入不超过 400 欧元(2003 年的标准)的工作。从事"微型工作"的劳动者一般为"边缘非全日就业",主要包括那些失去工作但依然找不到正式工作的劳动者以及从事第二职业的人。按照德国政府的规定,从事"微型工作"的劳动者免缴各种法定社会保险费用,包括健康、养老险以及个人收入所得税等。雇主为员工缴纳一定比例的费用,其余由国家补贴,从而使"微型工作"劳动者能够享受最基本的医疗和养老保险。

我国的《最低工资规定》对最低工资是否包括个人应缴纳的各种社会保险费用没有专门做出说明。原劳动和社会保障部颁布的《最低工资规定》以及《关于非全日制用工若干问题的意见》中曾要求各地在制定小时最低工资标准时,需考虑个人应缴纳的社会保险费。按照北京人力和社会保障局的规定,全日制从业人员

---

① 国际劳工组织第 135 号建议书第三条将"社会保险福利"列入制定最低标准时应考虑的因素之一。

的月和小时最低工资标准不包括劳动者个人应缴纳的各项社会保险费和住房公积金,企业需另行支付,而非全日制从业人员的小时最低工资标准包括用人单位及劳动者本人应缴纳的养老、医疗、失业保险费。上海则规定,最低工资标准不包括个人依法缴纳的社会保险费和住房公积金。

第四节　家政工的最低工资标准

家政工作(domestic work)的问题以及对家政工(domestic worker)劳动权益的保护已成为劳工领域的一个热点话题。国际劳动组织在 2011 年通过的《家政工公约》对家政工作以及家政工做出了如下的定义:

(a)"家政工作"是指在一个家庭或若干个家庭从事的工作;

(b)"家政工"是指任何从事家政工作且具有就业关系的人;

(c)……

长期以来,家政工处在劳工世界的边缘地带,其工作价值常常被低估,劳动权益得不到有效保障。为此,国际劳工组织《家政工公约》第 11 条规定:"如果最低工资覆盖家政工人,成员国应采取措施确保家政工人能够享受最低工资覆盖,且其收入应建立在没有性别歧视的基础上。"

西班牙政府在 2011 年 11 月颁布旨在规范家政工作劳动关系以及维护家政工合法权益的第 1620 号法令。按照该法令,家政工每星期的法定工作时间不得超过 40 小时,家政工同样适用最低工资标准,其工资水平与家政工的劳动时数有关。此外,该法令还规定,包括住房和饮食在内的非货币支付不得超过被雇佣者工资总收入的 30%。在亚洲的菲律宾,政府在 2013 年颁布了《家政工法》。根据《家政工法》的规定,在国家首都区(马尼拉)从事家政工作的劳动者的月最低工资为 2500 比索,特许城市的最低工资标准为 2000 比索,其他中小城市的家政工的最低工资为每月 1500 比索。《家政工法》还赋予地区工资委员会负责调整家政工人最低工资标准的权利。虽然瑞士没有法定的全国最低工资标准,但根据瑞士法律,政府可通过制定全国标准就业合同(SEC)对那些缺乏劳动集体协议的行业和职业建立工作条件标准。瑞士联邦政府在 2011 年颁布了家政工的最低工资标准。在非洲的纳米比亚,成立于2012年的纳米比亚工资委员会专门负责对家政工人的最低工资标准提出建议。

纵览各国对家政工最低工资标准的规定方法,可分为两种:第一种方法是将家政工纳入全国最低工资的适用范围;第二种方法是对家政工的最低工资标准做出规定。智利、葡萄牙和特立尼达和多巴哥采取的是第一种方法。从2011年开始,智利的所有家政工将适用全国最低工资标准,而在此之前,按照规定,家政工的最低工资标准是全国最低工资标准的75%。葡萄牙以及特立尼达和多巴哥分别在2004年和2005年建立了全国最低工资标准,按照规定,该标准同样适用于从事家政工作的劳动者。美国也在2013年正式将家政工纳入联邦最低工资标准的覆盖范围;第二种方法是通过建立行业或职业最低工资标准将家中纳入最低工资制度的保护范围。例如,在阿根廷,按照规定,全国最低工资标准不适用家政工,但阿根廷的劳动与社会保障部以条例的形式规定了5类家政工的最低工资标准。南非从2002年开始将家政部门纳入需要制定最低工资标准的行业(部门编码为SD7),并按A和B两个区以及周工作总时数长短(每周工作27小时为临界值)来确定小时、每周和每月的最低工资标准。为补偿家政工因工作时数少而造成工资收入的减少,每周工作总时数低于27小时(包括27)的最低工资水平要高于那些每周工作28小时及以上的家政工的水平。①

尽管一些国家加强了对家政工劳动权益的保护,但在全球的家政工群体中,依然有42.5%的劳动者虽然工资很低但却得不到法律的有效保护,没有被纳入最低工资标准的适用范围。图3-1列出了全球各地区最低工资标准覆盖从事家政工作的劳动群体幅度。

图3-1显示,独联体和拉丁美洲以及加勒比地区的国家对家政工最低工资收入的保护力度最大,其次是欧美发达国家和非洲。覆盖比率最低的是中东阿拉伯国家,只有1%,而在亚洲,最低工资标准覆盖的比率也只有12%,换言之,在亚洲国家的家政工作部门,有88%的劳动者没有受到最低工资制度的保护。亚洲的日本和韩国得最低工资制度没有将家政工纳入最低工资标准的适用范围。在中国的香港地区,《最低工资条例》将家政工称之为"家庭佣工",包括家务助理、护理员、司机、园丁、船工或其他私人佣工。按照香港《最低工资条例》第7条规定,

---

① 按照规定,南非家政工的每周工作总时数不得超过45小时。

受雇于某家庭,且免费居住在雇主家中的家庭佣工不适用最低工资标准。不过,由于许多来自菲律宾和印尼的外籍家庭佣工(foreign domestic help,FDH)的工作条件问题受到了世界关注,香港的劳工和福利局制定了针对外籍家庭佣工的"规定最低工资(minimum allowable wage)"。2016年10月1日开始执行的"规定最低工资"是每月4310港元。按照规定,雇主需为外籍佣工提供免费住处和膳食。如不提供膳食,还需向佣工支付一定数额的膳食补贴。

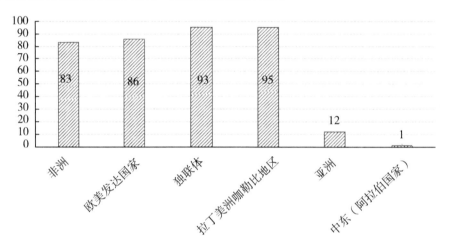

图3-1　最低工资标准覆盖家政工群体的幅度(%)

资料来源:ILO,*Domestic Workers Across the World:Global and Regional Statistics and the Extent of Legal Protection*,Geneva,ILO,2013.

需要指出的是,对家政工人权益的保护,除了最低工资收入外,家政工的劳动时间、休息时间以及带薪休假等问题同样非常重要。有兴趣的读者可进一步参考国际劳工组织制定的《家政工公约》以及国际劳动组织有关家政工作的研究报告。

本章小结

最低工资按其时间单位可分为小时、天、周以及月标准。综合考察各国颁布的实际最低工资标准,小时和月最低工资标准最为常用。实际上,基于法定的劳动时间,各种时间单位的最低工资标准之间可以互换使用。关于计件最低工资标准,在实践中是一个容易产生劳动争议的问题。有些雇主试图通过提高定额和压低计件单价来变相减少雇主应付的最低工资。另一方面,雇主是否应向雇员支付其法定间歇以及等待下一个生产任务开始期间的工资问题,也成为西方发达国家劳动争议的一个热点问题。

明确最低工资的组成部分对有效实现最低工资制度保护低收入劳动者权益的目标具有重要意义。按照各国的规定,最低工资是劳动者在法定劳动时间的最低收入,加班费不应计入最低工资,雇主需按规定额外支付劳动者的加班费。关于小费,从各国的实践来看,一些国家禁止将消费纳入最低工资,而有些国家则规定,雇主应支付小费总收入与最低工资标准之间的差额。不过,在实践中,要真正实现这一要求具有一定的挑战性。

实施全国单一的最低工资标准有助于减少最低工资制度的运行成本并改善劳动监察的效率,同时还能够与政府制定的宏观经济政策相协调。在实践中,一些国家采取双轨制,在国家标准的基础上,各地区被授予根据本地实际情况制定本地最低工资标准的权利,这一做法在一定程度上解决了全国单一最低工资标准不能有效地反映地区之间在经济发展程度方面存在的差距。

从最低工资制度产生的历史考察,早期的最低工资标准是按行业或职业或职业划分的。在当代,依然有不少国家采取部门或职业最低工资的确定方法。虽然该方法能够反映各部门之间在经济效益和劳动生产率方法的差距,但该方法也存在最低工资标准过多,增加了制度运行成本,并且难以展开有效协调和管理等问题。

次级最低工资标准最主要的划分标准是按照年龄。对青少年实施较低的最低工资标准,一方面,反映了政府对较高最低工资标准有可能对青少年就业带来的负面影响的担心,另一方面,实施较低的最低工资标准被认为还有助于减少辍学现象。此外,为了维护残疾人的合法权益,各国也做出了相应规定。家政工的最低工资标准是当今劳动世界的一个热点话题。西方发达国家、非洲以及拉丁美洲国家通过制度安排对家政工的保护力度较大,相比之下,在亚洲和中东地区,将家政工纳入最低工资标准适用范围的国家不多,在维护家政工劳动权益方面需要做出更多的努力。

第四章

最低工资标准的调整及执行

在实施最低工资制度的过程中,最低工资标准的调整是一个颇具挑战性的问题。国际劳工组织有关最低工资的第135号建议书明确要求各国根据生活费用以及其他经济条件的变化对最低工资标准展开调整。通过调整最低工资标准,一方面,可以降低物价水平上涨对最低工资收入者实际购买力的负面影响;另一方面,调整最低工资有助于使低收入劳动者的工资收入伴随经济发展和劳动生产率的提高而不断增加。但过于频繁和大幅度调整最低工资标准有可能对市场物价水平、企业生产经营以及劳动者的就业水平造成负面影响。只有通过社会协商,适时、适当调整最低工资标准,才能使最低工资在维护低收入劳动者权益方面的功能发挥真正的作用。

最低工资标准的有效实施事关最低工资制度能否实现其设计目标。按照最低工资国际公约以及各国法律的规定,最低工资标准具有法律约束力,被纳入适用范围的企业必须按照规定执行。为改善最低工资标准的执行情况,有必要加强最低工资标准的宣传和培训并强化劳动监察工作。社会伙伴的参与和监督也有助于改善最低工资标准的执行水平。

第一节 最低工资标准的调整与参考因素

一、最低工资标准的调整

与其他劳动标准相比,最低工资标准存在一个明显的不同之处:就业、法定劳动时间、产假等规定在一个相对较长的时期可以维持不变,但最低工资标准如果未能随生活费用以及经济条件的变化而展开相应调整,那么,制定最低工资标准的最基本目的,即维护低收入者及其家庭基本生活水平的作用也就难以实现。

在最低工资标准不变的条件下,食品等基本生活必需物品价格的上涨将会导致货币工资收入实际购买力的下降,进而对最低工资收入者及其家庭的生活水平造成负面影响。调整最低工资标准要达到的一个最基本目标就是维持最低工资收入实际购买力不变,确保低收入劳动者及其家庭的生活不会因为物价上涨而受到影响或变得恶化。

按照当代社会公平与正义的理念以及创造体面劳动的要求,同其他劳动者一样,最低工资收入者有权分享经济发展的果实,其工资水平应伴随着经济的发展和劳动生产率的改善而不断提高。此外,在一些国家,最低工资标准的调整还成为实现既定社会经济发展目标的宏观政策工具,在缩小收入不平等、减少贫困以及通过提高工资收入促进消费从而拉动国内经济增长等方面发挥着重要的作用。

另一方面,工资是企业生产成本的重要组成部分,最低工资标准的提高对企业同样会产生一定程度的影响。无论是在经济理论层面,还是在调整最低工资标准的实践中,有关提高最低工资标准是否会导致企业减少雇佣数量进而造成失业问题是一个争论不休的问题。根据新古典经济学的解释,最低工资制度将会对劳动市场的就业水平造成负面影响;但大量的实证分析研究并没有就此得出一致的结论。尽管如此,世界许多国家特别是发达国家政府在是否调整最低工资以及调整幅度问题上,依然显得格外谨慎小心。

国际劳工组织在其编制的《最低工资政策手册》中提出,调整最低工资标准应考虑两条主线:一方面,需要在"劳动者及其家庭需要"和"经济因素"两者之间寻找某种程度的平衡;另外一方面,最低工资标准的调整要以"以事实为基础"。[①]所谓"以事实为基础",是指政府与工会和雇主组织首先就影响最低工资标准调整的主要因素达成一致,并以此为基础开展相关指标数据的搜集工作。实际上,这两条主线相互关联,互相支撑。由于对"劳动者及其家庭需要"和"经济因素"的理解因人而异,不同时代更是具有不同含义,因此,为了能够有效地在两者之间寻找平衡,就需要协商共同确定具有可操作性的量化指标以及搜集相关的统计数据。在缺少量化指标和可靠数据的基础上讨论最低工资标准调整问题只会导致

---

① ILO, *Minimum Wage Policy Guide*, Geneva: ILO, 2015, pp. 43 - 44.

无休止的争论,使劳资双方无法达成一致意见。

各国对最低工资标准的调整、调整参考因素以及调整频率与其采用的最低工资制度有关。有些国家的法律对最低工资标准的调整频率做出了明确规定,而有些国家对调整最低工资没有做出任何规定。在法律明确规定最低工资标准调整频率的国家,多数是每年调整一次。世界各国的经验表明,只有通过社会协商,适时、适当调整最低工资标准,才能使最低工资在维护低收入劳动权益方面的功能发挥真正的作用。

二、最低工资标准调整的参考因素

按照国际劳工组织第 131 号公约,即《确定最低工资并特别考虑发展中国家公约》第 3 条的规定,最低工资标准需考虑以下重要因素:(1)工人及家庭的需要、工资的一般水平、生活费用、社会保障津贴以及其他社会群体的生活标准;(2)经济因素,包括经济发展的需要、生产率水平以及实现并维持高水平就业的愿望。第 131 号公约所列影响最低工资标准的各项因素并非互相独立,而是具有某种程度的关联性。例如,工人及家庭的需要与生活费用、社会保障津贴有关;经济发展与劳动生产率和就业水平有关。需要特别指出的是,在发展中国家,特别是在那些最不发达国家,由于存在大量绝对贫困人口,工人和家庭的需要一般是指满足工人和家庭的生存需要;而发达国家的贫困现象则以相对贫困为主,其他社会群体的生活标准也就成为最低工资标准的重要参考因素。

国际劳工组织第 131 号公约并没有对"确定最低工资的因素"和"调整最低工资标准的因素"做出区分,因此,上述所列各项指标同样也是各国在调整最低工资标准时应考虑的主要因素。不过,如果在每一次的调整过程都将上述因素纳入考虑范围,往往会造成劳资双方在协商过程中失去了讨论重点和无休止的争论,从而对最低工资标准调整工作的效率造成不利影响。实际上,如果我们考察上述指标就可以发现,在一定时期,工人及家庭需要、社会保证津贴以及其他社会群体生活标准变化不是很大,具有某种程度的稳定性,而生活费用和经济因素包括经济发展、生产率以及就业水平则具有较强的动态性,换言之,在给定的时期,生活费用、经济发展等因素的变化才是最低工资标准调整的基本动因。此外,若考虑到影响最低工资标准调整的各因素之间存在一定程度的相关性以及某些指标难以测度等问题,也可以选择一些指标作为重点因素加以考虑。例如,经济发展水平

(通常使用人均 GDP 增长率)与平均工资、企业支付能力、劳动生产率以及就业水平存在较强的相关性,因此,人均 GDP 的增长变化可作为重点考虑因素。

(一)生活费用的变化

纵览各国的最低工资制度,无论是国家或是地区一级的最低工资标准调整,还是行业或职业最低工资标准调整,生活费用的变化是必须考虑的因素之一。从统计分析的角度看,测度生活费用的变化,可以使用生活费用指数(cost-of-living index,COLI)或消费物价指数(CPI)。生活费用指数是消费者为维持某一效用水平所需消费商品和服务的最小支出在两个不同时期的比值。"效用水平"通常是指对生活的满意程度,或一定的生活标准。根据微观经济学价格变动替代效应理论,当物价发生变化时,理性的消费者应改变商品或服务的购买组合,通过支出最小化来实现效用最大化。虽然有经济学理论作为基础,但在实践中,生活费用指数的编制非常困难,编制该指数是否可行也存在较大的争议,这也是为什么生活费用指数常被称为"理论指数"的重要原因之一。与生活费用指数不同的是,CPI 是度量消费商品以及服务项目的价格随时间而变化的相对数,反映了由于价格变动导致不同时期购买相同商品和服务的支出的变化(上涨或下降)以及程度。CPI 的含义和测度内容能够为更多的人接受,编制该指数的方法也较为成熟,目前世界各国普遍使用 CPI 指标。

CPI 的变动在多大程度上可以反映最低工资收入者生活标准的变化是一个值得探讨的问题。国际劳工组织、世界货币基金组织等国际机构联合编写的《消费价格指数手册》提出,如果试图将 CPI 当作 COLI 使用,则需要满足以下三个条件:(1)效用或福利维持在一定水平不变;(2)消费者偏好组合维持在一定水平不变;(3)物质和社会环境维持在一定水平不变。[①] 一般认为,将最低工资标准的调整与 CPI 变化建立关联,或将最低工资标准的调整指数化,其主要目的是维持最低工资收入的购买力不变。但是,工资收入购买力不变并不意味着工资收入者的生活标准也不会产生任何变化。

将最低工资调整幅度与 CPI 建立关联的方法主要有两种:第一种方法是在官方编制的 CPI 数据基础上综合考虑其他因素,通过三方协商(或劳资谈判)来确定最低工资标准的调整幅度;另外一种方法是将最低工资标准调整指数化,即根据官方

[①] ILO et al. ,*Consumer Price Index Manual* ,*Theory and Practice* ,Geneva,ILO,2004,p. 10.

公布的 CPI 及其变化,并基于一定的计算公式使最低工资标准自动调整。关于第二种方法,以法国为例,其年度最低工资标准的调整幅度一般按照如下公式计算。

$$\Delta MW_t = \Delta CPI + 0.5 \times \Delta hwage$$

根据上面的公式,法国全国最低工资标准的年度调整幅度与 CPI 变化以及蓝领工人小时工资水平的变化有关。表示 t 年份最低工资标准上涨的幅度,表示 CPI 从 $t-2$ 年 11 月至 $t-1$ 年 11 月份期间的平均变化幅度。公式右边第二项为蓝领工人从 $t-2$ 年 9 月至 $t-1$ 年 9 月期间的小时平均工资变化幅度,0.5 为缩减系数。蓝领工人小时工资来源于法国劳动部公布的季度劳动力市场调查数据。需要说明的是,按照规定,只有当 CPI 变动幅度达到了 2%,或者超过了 2%,最低工资标准自动调整机制才会启动。除了自动调整,法国政府还可根据经济形势等因素的变化提出额外调整幅度。

除法国外,根据欧洲改善生活和工作条件基金会(EUROFOUND)的报告[1],欧洲的卢森堡、比利时等国在 2017 年也采取了最低工资标准调整指数化机制。卢森堡是欧盟中最低工资水平最高的国家,其最低工资标准的调整与 CPI 联动,当 CPI 上涨幅度达到 2.5% 时,最低工资标准将自动调整。在比利时,与最低工资标准联动的 CPI 被称作"健康指数(health index)",该指数不包括烟酒、汽油等商品。当"健康指数"变动幅度达到 2% 时,最低工资标准自动调整机制将被启动。

在南非,部门最低工资的调整幅度与物价指数建立了关联。按照规定,最低工资年增长率与 CPI(不包括业主等值租金,即所谓的 EORE)联动,计算公式为:$\Delta MW_t = \Delta CPI + 1.5\%$。表 4-1 列出了南非劳动部公布的餐饮和旅馆部门(雇员人数为 10 人或低于 10 人)的月、周和小时最低工资标准。

表 4-1　南非餐饮和旅馆部门的最低工资标准的调整

单位:兰特

2016.7.1-2017.6.30			2017.7.1-2018.6.30			2018.7.1-2019.6.30		
月标准	周标准	小时标准	月标准	周标准	小时标准	月标准	周标准	小时标准
2959.25	689.97	15.17	3193.12	736.92	16.36	CPI(EORE)+1.5%		

资料来源:南非劳动部网站,http://www.labour.gov.za/DOL.

---

[1]　EUROFOUND, *Statutory Minimum Wages in the EU* 2017, Dublin:Irlend,2017,p.9.

例如,2017 年 4 月南非政府统计局公布的 CPI(EORE)同比涨幅为 6.4%,所以,2017 年 7 月至 2018 年 6 月 30 日执行的月最低工资标准为:2959.35 + 2959.35 (6.4% + 1.5%) = 3193.12。2018 年 7 月 1 日至 2019 年 6 月 30 日的年度最低工资标准调整幅度以此类推。

将最低工资标准的调整与 CPI 建立关联,一方面,可以在一定程度上维持最低工资收入的实际购买力,另一方面还可以简化最低工资标准调整程序,提高最低工资制度运行效率,并减少劳资双方对调整幅度的争议。最低工资增长指数化还有助于防止将最低工资调整问题政治化,例如在大选之前,政府或政党出于政治目的,大幅度提高最低工资标准的行为。

但是,将最低工资标准的调整与 CPI 物价水平建立关联,也会产生一些问题。CPI 是反映居民消费一篮子商品和服务的价格水平变动的相对指标。如果将工资调整与 CPI 建立关联,或工资调整指数化,从理论上讲,编制 CPI 所选择的一篮子商品和服务项目就应该被局限在工薪族(即工资是其收入主要来源的劳动者)通常消费的商品种类和使用的服务项目。但在实际工作中要完全做到这一点并非容易。同样,在调整最低工资标准时,应考察低收入者所消费商品和购买服务的价格变化。但到目前为止,世界上还没有任何国家编制低收入者的消费物价指数。为减少争议和提高编制 CPI 的质量,有些国家还成立了包括工会代表、雇主代表以及独立人士(一般为统计专家)组成的咨询委员会,为编制 CPI 提供咨询并提出建议。尽管如此,在社会伙伴或劳资双方展开最低工资调整的协商过程中,关于 CPI 中包含的一篮子商品和服务项目以及相应权重依然是一个热点话题,容易产生争议。2006 年 5 月 26 日,印度中央工会(CITU)向国际劳工组织提交报告,指控在调整最低工资的过程中,尽管受到工会的强烈反对,但政府仍然一意孤行,强行推出新的产业工人消费者物价指数。CITU 认为,印度政府劳工统计局在编制消费者物价指数过程中,程序缺乏透明性,且涉嫌操纵有关数据。因此,针对产业工人的新物价指数未能真实地反映通胀或物价上涨水平,无法获得人民的信任。印度政府坚决否认有关在编制新的产业工人生活物价指数过程中工作不规范、程序缺乏透明性以及涉嫌操纵统计数据的指控。

将最低工资标准调整与 CPI 建立关联还有可能造成工资物价螺旋上升(wage price spiral)现象,即宏观经济学理论中的成本推动型的通货膨胀(cost-push inflation）。按照经济学家的解释①,由于工资是产品生产成本中的重要组成部分,在劳动生产率保持不变的条件下,工资的增加会造成生产成本增加,商品物价也会随之上升,而商品物价上涨损害了最低工资收入者的实际购买力,最低工资将再度被调整,循环往复,形成恶性循环。在这方面,一个典型的实例是委内瑞拉。委内瑞拉的经济增长自 2013 年起几乎陷入停滞状态,并成为世界上通货膨胀最严重的国家之一。迫于通胀压力,委内瑞拉政府在 2014 年四次提高全国最低工资标准,在 2017 年上半年三次调整全国最低工资水平。与此同时,委内瑞拉政府还通过发放"社会主义食品券"的方式来弥补最低工资购买力的下降。最低工资标准的不断上调实际上已经成为委内瑞拉政治和经济危机的一个缩影。

需要说明的是:除了工资上涨,其他因素,例如生产的原材料价格上涨也有可能造成通货膨胀。更为关键的是,尽管人们经常将 CPI 的变化解读为通货膨胀率,但实际上,CPI 只能部分反映通货膨胀的水平。CPI 只包括居民消费的一篮子商品和使用的服务项目,而有关资本货物价格、原材料价格、进出口商品价格等内容,CPI 则无法反映。因此,要综合反映一个国家的通货膨胀情况,除了 CPI 外,还应考虑生产者价格指数、进出口物价指数等。

世界许多国家对最低工资调整指数化秉持一种谨慎的态度。虽然法律明确规定最低工资标准的调整需考虑物价变化因素,但在实际调整过程中,除了考虑物价这一因素外,还综合考察其他因素,包括经济发展状况、失业率等因素。

（二）工资一般水平的变化

国际劳工组织第 131 号公约将"工资一般水平"列为影响最低工资标准的因素之一。这里所言的"工资一般水平",如果从统计角度考察,可以使用"平均工资"或"中位数工资"来表示。平均工资这一统计指标在实际工作中经常被使用,主要是因为通俗易懂,能够为更多人接受,且各国官方统计部门一般都会定期公布本国的平均工资水平;但该指标存在的最大问题是:指标数值容易受工资数据中极值影响。中位数工资反映的是位于工资分布中间位置(50%)的工资水平,一般不会受到工资数据中极端数据的影响。在数据可得的情况下,中位数工资应该成为首选。② 由于工资分布一般呈现右偏,中位数工资一般要低于平均工资水平。

---

① 工会方面对经济学家的解释并不完全认同,他们认为,政府应该采取其他措施来减少通货膨胀水平,而不是通过压低低收入者的工资水平。

② 有些国家,特别是发展中国家的官方统计部门一般只公布平均工资水平。

　　第131号公约没有明确"工资一般水平"是全国平均水平,还是指行业、职业或某特定劳动群体的平均工资水平。在上一小节中介绍的法国调整最低工资标准使用的数学公式中,除了CPI外,还包括"蓝领工人小时工资"指标。使用蓝领工人小时平均工资作为可比工资,主要是因为在法国最低工资收入者中,蓝领工人占绝大部分。在法国政府看来,将蓝领工人作为比较对象是一个合理的选择。为了获得统计数据,劳资双方首先需要明确哪些职业属于蓝领阶层。法国官方统计部门每年都要展开专门针对蓝领工人工作条件的抽样调查。

　　与法国类似,荷兰也将最低工资调整指数化。荷兰每年两次调整最低工资标准,影响最低工资调整幅度的主要有两个因素:公共事业和私营部门劳资集体协议中规定的工资水平以及实际工资变动情况。与法国的做法不同,荷兰调整最低工资标准所使用的"可比工资"是全国劳资集体协议中规定的工资水平的加权平均数。

　　一些国家还对本国最低工资与全国平均工资的比例做出了规定。例如,阿塞拜疆政府设定了最低工资与平均工资的比值达到60%的目标;白俄罗斯则规定最低工资标准不得低于平均工资水平的三分之一。在波黑共和国,按照规定,最低工资标准不应低于平均工资水平的55%,黑山共和国则规定不得低于平均工资水平的30%。其他国家,包括塞尔维亚、斯洛文尼亚、乌克兰、匈牙利、新西兰等,虽然没有明确最低工资标准与平均工资的比率,但按照规定,最低工资标准的调整需要考虑全国平均工资水平。

　　在行业最低工资标准调整的谈判中,其他行业或其他行业"可比职业"的工资标准往往会成为行业劳资谈判的参考,但有可能造成互相攀比以及工会和雇主代表之间的激烈争论。在劳资双方的争论中,雇主代表经常提出的问题包括本行业的劳动生产率水平以及本行业生产经营状况和企业支付能力。由于对劳动生产率的测度没有统一标准,往往又会形成进一步的争论。

　　在协商讨论最低工资标准调整的过程中,是否坚持"可比原则"在一定程度上反映出了最低工资制定者对最低工资制度作用的认知。如果认为最低工资应达到"体面工资"水平,或将提高最低工资标准作为实现国家宏观经济政策的一种工具,如减少收入不平等、通过增加劳动者收入提高消费水平从而促进经济增长等目标,则通常选择全国平均工资作为比较基础。如果将最低工资发挥的作用局限在为低收入劳动者提供一种收入安全保护网,保障其维持基本生活所需费用而不是改变劳动力市场工资收入结构,那么,将蓝领工人或其他可比劳动群体的平均工资作为参考是一种符合逻辑的做法。

(三)经济发展水平

在调整国家或地区最低工资标准过程中,经济发展水平也是经常被考虑的参考依据之一。按照当代社会公平与正义的理念,与其他劳动者一样,低收入劳动者也应分享经济发展果实,通过提高最低工资标准改善劳动力市场低端劳动者的收入、促进体面劳动并缩小工资收入不平等水平。另一方面,通过提高低收入阶层的工资收入,促进消费从而有助于实现内需推动型(demand - driven)的经济增长。

衡量经济发展水平的常用统计指标是人均 GDP。南美的巴西和哥斯达黎加明确将人均 GDP 的增长与最低工资标准的调整幅度建立关联。巴西全国最低工资标准调整幅度与人均 GDP 的关系是:

$$\Delta MW_t = \Delta CPI_{t-1} + \Delta GDP_{t-2}$$

ΔMW_t 表示最低工资标准在 t 年的调整幅度;ΔCPI_{T-1} 表示上一年度物价累计增长幅度;ΔCPI_{T-2} 表示前年 GDP 的增长率。之所以使用前一年的增长率,主要是考虑到每一年经济增长变化对整个国民经济造成的影响具有某种程度的时滞效应。从 2003 年到 2010 年,巴西劳工党的卢拉执政期间,巴西经济有了较快的发展,新增就业岗位 1300 万,失业率降到历史最低点。[①] 在此背景条件下,卢拉政府积极推行以消除贫困,缩小贫富差距为核心的社会政策,强调经济与社会的协调发展。在卢拉执政期间,巴西最低工资标准从 200 雷亚尔逐年增加到 510 雷亚尔,为缩小巴西贫富差距做出了贡献。

哥斯达黎加最低工资标准调整与人均 GDP 关联的一般公式是:

$$\Delta MW = (预期 CPI 变动 + 1\%) + (20\% - 40\%) \times 人均 GDF 的变化率$$

按照哥斯达黎加法律的规定,在实际操作中,如果发生下述情况,则上述公式将不再适用:(1)CPI 的实际变动程度超过了政府规定的临界值,即预期 CPI 变动和 1% 调整因子的总和;(2)失业率超过 8% 并连续四个季度经济增长造成负面影响;(3)外汇汇率波动幅度超过 15%。

其他国家虽然没有指定明确的计算公式,但一般都会根据经济发展状况对是

---

① 资料来源:http://news. 163. com/10/1101/23/6KEMGQ2T00014JB6. html。

否调整最低工资以及调整幅度做出规定。例如,2008 年爆发全球金融危机后,我国当时的劳动与社会保障部曾建议各省市在 2009 年暂停调整最低工资标准。自 2009 年以后,全国主要省份和直辖市又开始了新一轮较大幅度提高最低工资标准的工作。虽然按照我国 2003 年出台的《最低工资规定》,最低工资标准每两年至少调整一次,但实际上,全国的地区最低工资标准是每年调整一次。在希腊,受债务危机影响,欧盟委员会在 2011 年督促希腊政府降低最低工资标准以提升就业水平。2012 年希腊议会在 2012 年 2 月通过了削减养老金和降低最低工资标准的法案。按照法案的规定,2012 希腊最低工资标准将在 2011 年的基础上减少 22%。① 另外一个比较典型的例子是荷兰。受经济繁荣的影响,荷兰 20 世纪 70 年代初开始实施一年两次调整最低工资标准的制度,并赋予社会事务部开展结构性调整最低工资标准的权利。但是,自 20 世纪 80 年代初开始,荷兰经济增长开始放缓并持续受到通货膨胀和失业率增加的困扰(即所谓的“荷兰病”)。当时执政的荷兰基民盟吕德·吕贝尔斯(Ruud Lubbers)政府采取了一系列的经济紧缩措施,包括严格限制最低工资标准的调整幅度,并制定了针对年轻劳动力的次级最低工资标准。1984 年荷兰议会通过了政府提出的一项临时法律,将最低工资标准降低 3%。此后,荷兰的最低工资标准一直被冻结在 1984 年的水平,直到 1990 年。

乌干达实行全国统一的最低工资制度,1984 年的最低工资标准是每月 6000 乌干达先令(约合 2.3 美元),但该标准截止到 2016 年从未调整过。虽然最低工资咨询委员会在 1995 年曾向政府推出将月最低工资标准提高到 58000 乌干达先令(约合 25 美元)的建议,但并没有被政府采纳。乌干达政府对此的解释是:在调整最低工资之前,有必要展开广泛调查,包括不同行业和地区的就业形势、工资增长趋势以及生活费用的变化。如果不去考虑这些因素而盲目提高最低工资水平有可能对宏观经济发展带来不利影响,破坏乌干达宏观经济结构。国际劳工组织对乌干达最低工资制度存在的问题表现出了极大的关注和担忧,强烈要求乌干达政府采取有效措施,在三方协商的基础上制定和调整最低工资标准。

前面谈到,衡量经济发展水平的常用统计指标是人均 GDP,而人均 GDP 也常被用来作为宏观劳动生产率的替代指标使用。国际劳工组织编辑出版的《劳动力

① 资料来源:http://news. 163. com/12/0229/06/7RDMBS1B00014JB5. html。

市场关键指标》(Key Indicators of the Labor Market,简称 KILM)给出的计算宏观劳动生产率的指标包括三个。三个指标的分子均为 GDP,使用的分母有三个:全国人口数、全国劳动人口数、全国劳动小时总数。按照西方经济学理论,雇主是按照劳动者的边际生产率支付工人工资。因此,从理论上讲,用小时 GDP 衡量的劳动生产率与劳动生产率的定义最为接近,反映劳动生产率的准确度最高,但在统计实践中要获得比较精准的劳动小时总数具有一定的难度。此外,就行业或部门劳动生产率而言,测度指标应该是行业人均增加值或小时增加值两个指标。但对某些行业和部门来说,劳动生产率的计算却存在一些困难,例如,如何有效的衡量教育部门的增加值指标。

第二节 最低工资标准的调整频率

表4－2列出了一些国家法定的或实际规定的最低工资标准调整频率。根据表4－2,荷兰、塞尔维亚等国的最低工资标准是每年调整两次。前面曾经介绍过,在荷兰,虽然法律规定最低工资标准每年调整两次,即每年的 1 月和 7 月份,但是政府有权根据经济发展等方面的状况做出冻结最低工资调整的规定。在波兰,预期 CPI 的变动幅度若低于 5% ,则年度调整一次;如果超过 5% ,则年度调整两次。

按照我国《最低工资规定》第 10 条的规定,最低工资标准每两年至少调整一次。乌克兰的最低工资标准每年至少调整一次。最低工资标准年度调整一次是许多国家的规定,例如英国、德国、法国、澳大利亚、越南等国。在波黑,法律规定的调整频率是每年一次,但如果生活费用指数的变动连续 3 个月超过 5% ,则最低工资标准调整指数化机制将被启动。在墨西哥,法定调整频率是每年一次,但如果工会或雇主协会提出要求,且政府认为理由正当,可随时调整最低高工资标准。按照规定,洪都拉斯每年调整一次最低工资标准,但如果通货膨胀率在前 6 个月的变化幅度超过 12% ,经过与工会和雇主协会协商,政府有权在年中对最低工资标准进行调整。

虽然阿根廷的法律对最低工资调整的频率并没有做出具体的规定,但如果负责制定最低工资标准的"就业、劳动生产率和最低工资调整全国委员会(National council of employment,productivity and minimum adjustable wage)"中的政府、工会和雇主代表任何一方提出请求,则该委员将随时启动最低工资标准调整的协商工作。美国联邦最低工资标准的制定和调整是以国会立法的形式加以确定。根据美国国会2007年制定的《公平最低工资法》(Fair Minimum Wage Act)①的规定,分三个阶段逐步将联邦标准提高到2009年的每小时7.25美元。但每小时7.25美元的标准直到2017年依然维持不变,国会没有做任何调整。

表4-2 最低工资标准的调整频率

国 家	法定或实际调整频率	有关说明
荷兰、黑山共和国、尼加拉瓜、塞尔维亚、哥斯达黎加、波兰、罗马尼亚、突尼斯、乌拉圭	一年两次	在波兰,如果预测的CPI变动幅度低于5%,则年度调整一次;如果超过5%,则年度调整两次
英国、澳大利亚、玻利维亚、巴西、哥伦比亚、克罗地亚、厄瓜多尔、法国、匈牙利、韩国、拉脱维亚、墨西哥、斯洛伐克、斯洛文尼亚、拉脱维亚、马耳他、葡萄牙、西班牙、越南、土耳其、印度尼西亚、墨西哥、波黑共和国、洪都拉斯、德国	年度调整一次	(1)波黑共和国最低工资标准每年调整一次,但如果生活费用指数的变动连续3月超过5%,则启动最低工资调整指数化机制 (2)墨西哥法律规定是年度调整一次,但政府如果认为有必要可随时调整 (3)洪都拉斯法定的调整是每年一次,但如果上半年的通货膨胀率超过12%,则社会伙伴有权在年中提出调整最低工资标准
阿根廷、哥斯达黎加、美国、马达加斯加、日本、黎巴嫩、中非共和国、尼日尔、坦桑尼亚	法律没有具体规定	在阿根廷,如果"就业、劳动生产率和最低工资调整全国委员会"中的政府或工会以及雇主代表提出请求,该委员会将及时启动最低工资标准的调整工作

资料来源:作者根据国际劳工组织报告中的表格内容缩编,ILO,*General Survey of the Reports on the Minimum Wage Fixing Convention*,1970(*No.131*),*and the Minimum Wage Fixing Recommendations*,1970(*No.135*),Geneva:ILO,2014,pp.134-138.

纵观世界各国最低工资标准调整的实践,可以得出这样的观察结果:一般情况下,无论是否有法律规定,大多数国家对最低工资标准的调整是每年一次。存在两种极端情况:一种是在一年内多次调整,例如,委内瑞拉在2014年四次提高

---

① 《公平最低工资法》是对1938年的《公平劳动标准法》的修正法案。

全国最低工资标准,2017 年上半年三次调整全国最低工资水平,其背景是国内发生了政治与经济危机。另外一种极端是最低工资标准长期不做调整,例如非洲的乌干达在 1984 年制定的最低工资标准直到 2016 年从未调整过;美国的联邦每小时 7.25 美元的最低工资标准从 2009 年到 2017 年从未调整。

最低工资标准的调整频率与最低工资标准的确定机制有关。当最低工资标准由国家最高立法机关负责制定,例如,美国的联邦最低工资制度,最低工资标准调整次数就要少一些;如果最低工资标准是由专门委员会来确定或将最低工资标准调整指数化,则调整频率相对就要高一些。

如何在维持最低工资标准的"稳定"和"变化"之间寻找一种能够为各方都能接受的平衡是各国在实施最低工资制度过程中必须重视的一个问题。最低工资标准在一定时期内保持相对稳定,一方面,可以减少制定最低工资制度的成本,另一方面,相对稳定的最低工资标准还可以减少企业薪酬管理费用,使企业能够更好地对企业人工费用的变化做出合理预期。此外,相对稳定的最低工资标准还可以使雇主和工人能够容易了解和掌握当前实施的最低工资标准,避免由于最低工资标准频繁调整而带来的信息混乱和不确定性,从而提高实施最低工资标准的效率。

国际劳工组织认为,当物价水平较为稳定或波动幅度不大的情况下,最低工资每年调整一次的做法比较适当。① 无论出于何种原因,过于频繁地调整最低工资标准都有可能对市场物价水平、企业生产经营和劳动者的就业水平造成某种程度的冲击。

第三节　最低工资标准的法律效力

一、最低工资标准的法律效力

最低工资标准一旦确定和颁布实施,对于那些被纳入适用范围的雇主和雇员

---

① ILO, *Minimum Wage Policy Guide*, Geneva: ILO, 2015, p. 44.

而言均具有法律约束力。国际劳工组织第 131 号公约第 2 条第 1、2 款规定：

1. 最低工资标准应具有法律效力，并不得予以降低，不执行最低工资标准者，不论是一人还是多人，应受到适当的惩罚或其他制裁；

2. 在遵守本条例第一款规定的前提下，集体谈判的自由应予以充分尊重。

关于第 2 款的规定，根据国际劳工组织的解释，应将其理解为：将最低工资标准赋予法律效力并不意味着要求所有国家都建立法定最低工资制度。通过劳资集体谈判确定最低工资标准同样是一种有效的方法，应当予以尊重。

世界许多国家，包括美国、澳大利亚、印度尼西亚等国，在其制定的与最低工资有关的法律中对最低工资标准的法律约束效力做出了明确规定；有些国家虽然在法律中没有做出明确规定，但要求负责最低工资标准执行的部门对违反最低工资标准的企业或个人进行惩罚。例如，韩国《最低工资法》第 28 条规定：任何未按规定支付最低工资标准的个人可被判处最高不超过 3 年的监禁。除韩国外，印度、巴基斯坦、墨西哥等国的法律也规定了刑罚措施。在非洲的毛里求斯，如果企业违反最低工资标准规定的次数累计达到三次，相关企业或将受到刑罚。关于刑罚措施，在国际劳动组织审议建立第 131 号公约的过程中，雇主组织反对采取刑罚措施，而工会组织的代表则认为，在发展中国家，为确保企业不违反最低工资标准的规定，刑罚是唯一的和有效的威慑方法。

世界各国最常用的惩罚措施是要求违法企业缴纳罚金。除罚款外，一些国家和地区还采取了其他措施。例如，按照中国香港行政特区《最低工资条例》第 15 条规定，任何雇佣合约，如果"看来是终绝或减少本条例赋予雇员的任何全体、利益或保障的，即属无效"。在拉丁美洲的尼加拉瓜，如果企业数次违反最低工资标准的规定，政府劳动部将责令违法企业暂停企业的生产和运营。在匈牙利，违反最低工资标准规定的企业将被禁止获得任何国家补贴。在意大利，不执行劳动法庭裁决的企业将丧失获得国家减免企业社会保险支出的资格。葡萄牙、英国和以色列等国还通过在网上公布违法企业或公司黑名单的做法以示警诫。

除刑罚和缴纳罚款外，世界各国法律还要求违法雇主在规定期限内补发支付工资低于最低工资标准的差额。印度、巴巴多斯和菲律宾等国规定，工人可向政府指定的行政机构部门提出追索要求（claim for recovery）。在我国，《最低工资规定》第 13 条明确规定，负责劳动保障的部门除了要求违法企业按其所欠工资的 1－3 倍支付劳动者赔偿金外，还应责令违法企业限期补发劳动者工资。在洪都拉斯,违法雇主除了必须补齐支付差额,还需向工人支付赔偿金。按照马达加斯加、斯洛伐克等国的规定,工人可向劳动监管部门投诉,要求雇主支付差额。关于最低工资追索问题而产生的争议,大多数国家是通过劳动法院或仲裁机构加以解决。但在实践中,经常会出现由于劳动法庭或仲裁机构积压了大量待审案件以及被告人滥用上诉权利导致劳资争议审理变得冗长和缺乏效率的现象,拖延了问题的解决。因此,国际劳工组织第 131 号建议书第 14 条第 3 款要求各国"简化法律规定和程序,简化其他合适的手段,以便于工人切实有效地运用最低工资立法所赋予他们的权利,包括因工资偿付过少而取回应得部分的权利"。

为了切实有效地贯彻执行最低工资标准,"事后惩罚"可以起到警示作用,在一定程度上可以遏制违反最低工资标准规定的现象。除此之外,还有必要采取"事前预防"措施,防患于未然。加强最低工资标准的宣传工作,增强企业守法意识和劳动者自我维权意识是各国经常采用的预防措施。工会和雇主组织代表参与制定最低工资标准在一定程度上也可以改善和提高最低工资标准的执行水平,主要原因是:通过将社会伙伴融入到最低工资标准的制定过程中,可以培育工会和雇主组织的社会责任感,增强最低工资标准的合理性和合法性,使雇主组织的会员企业更容易接受和执行业已制定的最低工资标准。

最低工资制度的复杂程度对最低工资标准能否得到有效执行也会产生一定程度的影响。单一最低工资标准(例如,全国统一最低工资标准)不但使政府能够以更加清晰和明了的方式加以宣传,还可以使雇主和工人易于了解正在实施的法定最低工资标准。若最低工资标准种类繁多,政府和有关部门的宣传工作会变得异常复杂,且影响其宣传的有效性。面对成百甚至是上千种的最低工资标准,雇主和工人要想准确地了解和掌握自己应付和应得的最低工资水平将会变得十分困难,更不利于劳动监管部门对最低工资标准的实施展开有效的核查和监察。

由于在实践中依然存在违反最低工资标准规定的各种现象,特别是当经济发展不景气和失业率较高的情况下,违规问题就会变得更为突出,因此,政府或最低工资标准制定机关有必要定期了解和评估最低工资标准的执行情况并分析原因,为采取必要的措施如加强劳动监管提供客观依据。通过下述三种方法获得的信息将有助于政府或最低工资制定机关评估最低工资标准的执行情况。

第一种方法是计算"违规率(non-compliance rate)"。该指标是基于各种劳动市场调查数据,计算工资收入水平低于法定最低工资标准的工人人数的比率。除计算综合指标外(即以全体劳动者为总体),还可按不同地区、年龄、性别和部门计算分类指标。通过分析"违规率"的大小,可为政府的最低工资制定机关提供重要的信息,包括最低工资标准执行的总体情况以及在不同部门的分布等。

表4-3 最低工资标准违规率(%):以拉丁美洲国家为例

国 家	全 国	城 市	农 村
智 利	8.9	7.9	16.9
哥斯达黎加	27.6	21.6	35.1
秘 鲁	32.9	29.7	53.1
乌拉圭	9.4	6.7	13.3

资料来源:A. Marinakis, "Non - compliance with Minimum Wage Laws in Latin America:The Importance of Institutional Factors", *International Labor Review*, Vol. 155, Issue 1, 2016, p. 149.

表4-3列出了2011年拉丁美洲国家智利、哥斯达黎加、秘鲁和乌拉圭的最低工资标准违规率。表4-3显示,秘鲁和哥斯达黎加的全国总违规率分别为32.9%和27.6%,远远高出智利和乌拉圭的8.9%和9.4%的水平。此外,这四个国家呈现出一个共同的特点:农村的最低工资标准违规率要高于城市的水平。显然,为了提高最低工资标准的执行效率,农村是加强管理和监督的重点对象。

第二种方法是通过展开现场随机抽查,了解企业执行最低工资标准的情况。由于是随机抽查,基于随机现场抽查获得的信息只能反映部分企业执行最低工资的情况。第三种方法是统计和分析与最低工资有关的劳动争议案件数量。由于并非所有未获得最低工资收入的劳动者都会提出劳动争议仲裁的请求,通过该方法获得的信息也只能部分反映企业执行最低工资标准的情况。

第一种方法虽然具有指标覆盖面较广,易于理解等特点,但存在的最大问题是:"违规率"指标数值的准确程度与劳动力市场调查工资收入数据的精准程度密切相关。在各种劳动力市场调查中,如何准确获取被调查者的工资收入信息是一个极具挑战性的工作。如果工资数据不准确,违规率指标的数值就有可能会夸大或低估违反最低工资标准规定的规模。此外,与贫困研究中经常使用的指标"贫困发生率(poverty headcount)"一样,违规率本身只能反映有多少人(以相对数表示)的工资水平低于最低工资标准,但不能反映低于最低工资标准的程度。① 关于第二和第三种方法存在的问题,上面已经谈到,两种方法搜集的信息只能反映部分企业执行最低工资标准的情况,并不全面。据此,以上三种方法应该综合使用,或结合国情创造出更有效的方法。例如,中东国家阿拉伯联合酋长国要求所有企业自 2009 年起都必须通过银行或其他类型的金融机构支付本国和外籍劳动的工资。基于银行以及其他金融机构的数据实际上为阿拉伯联合酋长国的劳动部建立了一个庞大的工资数据库,成为政府通过电子手段识别和监管违反最低工资标准的现象提供了强大数据支撑。

综上所述,最低工资标准具有法律效力,雇主或企业必须按规定执行。在实践中,最低工资标准的执行情况会受到多种因素的影响。由于最低工资制度和劳动监察管理体制较为健全,在西方发达国家,违反最低工资标准的现象相对较少。而在发展中国家,由于体制建设不完善、雇主守法意识不强以及劳动者缺乏自我维权意识以及非正规经济规模较大等原因,雇主违反或变相违反最低工资规定的现象时有发生,且规模较大。因此,就发展中国家而言,有必要采取综合治理的方法,加大劳动监管的投入和力度,确保最低工资标准能够得到有效实施。

二、"告知义务"与最低工资标准的执行

根据国际劳工组织第 135 号建议书的要求,在颁布最低工资标准后,政府或最低工资制定机关应该以需要保护的工人能够听懂的语言和方言介绍最低工资标准的规定,并根据文盲的需要,对介绍方法做出调整。

绝大多数的国家是将最低工资标准以及适用范围和条件刊登在政府公报上告知本国民众。由于使用政府公报的方法并不一定能够确保所有劳动者特别是那些低收入劳动者能够及时获得最低工资标准的信息,因此,除了政府公报,匈牙利、爱尔兰、巴基斯坦和波兰等国还通过各种大众媒体制作政府公益广告以及印刷手册等方法对最低工资标准加以广泛宣传。一些国家还建立了专门网站,向社会详细介绍最低工资制度、最低工资标准的制定过程以及对违反最低工资标准行为的惩罚。有些国家还对低收入群体、少数族群和青年劳动者展开有针对性的宣

---

① "贫困发生率"只反映了有多少家庭的收入水平低于贫困线标准,但它不能反映家庭收入与贫困线的差距程度。

78

传工作并建立求助热线,鼓励劳动者投诉。

在英国开始正式实施全国法定最低工资标准之前的几个月①,英国政府用于宣传法定最低工资标准的费用就达到了 450 万英镑。除此之外,英国政府还组织了对少数族群和年轻人的宣传活动。除了使用大众媒体以及印刷宣传手册和建立帮助热线外,英国税务及海关总署(HM Revenue and Customs)每年还会以信函的方式将新的全国最低工资标准告知 150 万纳税雇主和企业,并要求雇主和企业遵守全国最低工资标准的规定。

按照一些国家的规定,雇主有义务以各种有效的方法"告知"雇员法定的或行业最低工资标准。关于雇主的"告知"义务,国际劳工组织 1949 年制定的《工资保护公约》(第 95 号公约)第 14 条做了如下规定:

如有必要,应采取有效措施保证以恰当和通俗易懂的方式通知工人:

(a)在他们就业前,或有如何变动之时,他们的工资条件如何;

(b)在每次发放工资时,在工资构成细节易有变动的范围内,说明在该付酬时期,其工资的构成细节。

在日本、韩国以及非洲的坦桑尼亚,政府要求企业以张贴告示的方法将最低工资标准告知本企业雇员。美国、南非、喀麦隆、中非以及尼加拉瓜等国要求企业将最低工资标准文件摆放在合适的位置,以备工人或工会查询。在韩国,按照《最低工资法》第 11 条的规定,雇主未将与最低工资标准有关的信息摆放在工人易于发现的位置是一种"忽略行为",将会受到劳工事务部门不超过 100 万韩元的罚款。为此而产生的任何争议,雇主可向行政部门申辩;若无法达成一致,案件交由法庭审理。

如果政府或雇主通过上述各种手段履行了"告知义务",那么,一个需要回答的问题是:劳动者是否知晓最低工资标准在多大程度上可以有助于改善最低工资标准的执行水平? 显然,这是一个实证问题。国际劳工组织专家李(Lee)和麦肯(McCann)②应用统计和经济计量模型方法分析了坦桑尼亚工人对最低工资、法定劳动时间的了解程度及其对工资水平的影响。李和麦肯的分析是基于国际劳工组织和欧洲改善生活和工作条件基金会(the European Foundation for the Improve-

① 英国开始正式实施法定的全国最低工资标准的时间是 1999 年 4 月 1 日。
② Lee,S. and D. McCann, "The Impact of Labor Regulations:Measuring the Effectiveness of Legal Norms in a Developing Country", *working paper*, ILO, 2009.

ment of Living and Working Conditions)在 2009 年联合开展的问卷调查。在调查问卷中,涉及最低工资标准的问题是:

"你是否意识到绝大多数工人有权获得规定的最低工资收入(目前最低工资标准是: —)?"

回答结果表明,与青少年和低学历劳动者相比,成年劳动者、高学历劳动者更有可能了解最低工资标准。而性别、地区、书面就业合同以及集体工资协议等因素对劳动者是否了解最低工资标准没有显著影响。除了描述性统计分析,李和麦肯还使用 Logistic 模型分析了对最低工资标准的了解是否有助于减少工资收入低于最低工资标准的现象。结果显示,与知晓最低标准的工人相比,那些不了解最低工资标准的工人,其工资收入水平更有可能低于最低工资标准。

李和麦肯的分析结果涉及经济计量学中经常讨论的一个问题,即自变量的内生性问题。拥有较高的技能水平和受教育水平的劳动者更有可能知晓最低工资标准,且他们从事收入较高工作的机会也会增加。由此可以推断:学历较高的劳动者的工资收入水平高于最低工资标准的可能性也就越大。换言之,李和麦肯的分析方法并不能完全识别"知晓最低工资标准"在多大程度上可以改善最低工资标准的执行水平,需要展开更进一步的实证分析研究。

第四节　劳动监察与最低工资制度的执行

一、劳动监察及其功能

自 1833 年英国政府首次任命专门负责监察成年和童工长时间劳动问题的专员以来,劳动监察已成为世界各国劳动行政管理的核心职能。[①] 国际劳工组织认为,劳动监察是一项公共职能,无论劳动监察的组织形式如何,其主要目的是为了确保与劳动有关的各项法律法规能够得到有效的实施,从而实现体面劳动。

劳动监察具有法定性、行政性和强制性等特征。劳动监察的法定性是指:劳

---

① 按照国际劳工组织 1978 年通过的《劳动行政管理公约》(第 150 号公约),劳动行政管理是指国家劳动政策领域内的公共行政管理活动。

动监察的主体、权限由法律法规直接规定,执法权限和执法行为均受法律约束。劳动监察的行政性说明,劳动监察是劳动行政管理中的一项公共职能,是政府协调劳动关系和规范劳动力市场的一个重要工具。由于劳动监察是依照法律而建立起来的行政执法行为,因此,劳动监察部门具有法定的检察权、调查权、纠正权和处罚权。在企业或个人不履行处理和处罚决定的情况下,劳动监管部门可申请法院强制执行。

劳动监察可分为综合性和专项性监察两种。前者是指对劳动时间、工资、工作环境、职业安全与健康等方面的综合监察;后者是指就某个问题,如执行最低工资标准的情况而展开的专门监察。无论是何种监察工作,为了有效地实施劳动监察,有必要通过网络技术建立信息和数据共享机制,加强与社会其他部门,如社会保障、税务、金融等部门的协调以及合作。

传统上,劳动监察部门主要是基于个人、工会或其他组织的投诉和举报而展开调查和处理工作。但随着社会经济的发展以及劳动力市场发生的深刻变化,预防性措施已成为劳动监管部门降低违法风险和培育遵纪守法意识和文化的有效工具。一方面,通过加强对雇主的宣传、教育和培训,提高雇主自觉遵守劳动法规的自觉性,使雇主认识到遵守劳动法规与自身利益的一致性,降低个人、企业乃至整个社会的经济损失程度。另一方面,通过宣传和提供法律咨询,使工人了解如何通过合法手段来维护自己的权益。

预防性措施除了包括对雇主和工人展开宣传和教育以及提供咨询外,还可以采取激励措施和企业自我评估方法。例如,根据西班牙第 404 号皇家律令的规定,积极采取措施降低工伤事故的企业可以按比例减少企业应交的工伤保险费。在比利时,如果企业按规定为雇员缴纳各种社会保险费用,企业可以要求减少应交税款。关于自我评估方法,欧盟国家以及拉丁美洲和亚洲的部分国家的劳动监管部门建立了企业风险自我评估机制。例如,泰国的劳动监管部门为中小型企业设立了自我报告制度。按照规定,中小企业需回答监管部门设计的与工作条件有关的 19 个问题。调查问卷需由雇主和工人代表共同签署,以确保雇主填写的内容与实际情况相符合。

在劳动监管资源(监察员数量、经费等)受限的情况下,劳动监察部门,尤其是发展中国家的劳动执法部门应将惩处和预防违法行为的措施有机地结合在一起使用,同时强调监察工作的重点,例如将工资、工时和职业安全和健康问题列入优先监察事项。此外,新兴行业的兴起、非正规就业规模的迅速扩大以及外包和全球供应链的形成和发展都为传统的劳动监管工作带来了巨大挑战。在此背景下,劳动监管也应本着与时俱进的精神,创新劳动监察手段,综合使用各种监管方法,并与工会、雇主组织、司法部门和媒体等展开有效合作,以适应劳动力市场和劳动关系发生的巨大变化。

表4-4　劳动监察部门与社会伙伴的合作

国　　家	劳动监察部门与社会伙伴的合作
西班牙	三方委员会为西班牙劳动和社会保障监察部门提供建议,起草行动文件以及制定重点劳动监察项目等
瑞　典	劳动监察部门向雇主和雇员发出信函,解释即将展开的劳动监察的目的和内容,并征询雇主和雇员的建议。在受到建议后,劳动监察部门对监察计划做出修改。
波　兰	与雇主协会共同举办讨论会,研究和分析违反劳工标准的潜在风险和需要采取的相应措施
荷　兰	发起"不一样政府"的宣传活动,鼓励监察员和社会伙伴的交流和信息分享

资料来源:Ruiz, M. , *Labour Inspection in Europe*:*Challenges and Achievements in Selected Countries*,*Including in Times of Crisis*,Geneva:ILO,2009,pp. 28 - 29.

表4-4列出了西班牙、瑞典、波兰和荷兰四国的劳动监察部门与社会伙伴展开的合作内容。在西班牙,成立于2006年的三方咨询委员会为西班牙劳动和社会保障监察部门提供各种咨询,涉及制定重点监察内容以及规划劳动监察资源的投入和监察员培训等内容。在瑞典,劳动监察部门为了提高监察效率,在展开监察工作之前,一般会向雇主和雇员发出信函,解释即将展开监察的目的和内容并要求雇主和雇员提出建议。在收到建议后,劳动监察部门将会充分考虑雇主和雇员的建议,并对监察计划做出相应的调整。波兰和荷兰两国的监察部门也与雇主和工会组织展开了不同形式的合作。

国际劳工组织有关劳动监察的国际公约为世界各国建立劳动监察制度和劳动监察制度的运行提供了参考标准。1947年国际劳工组织第30届大会上通过的《工商业劳动监察公约》(第81号公约)对劳动监察的范围、机构设置、劳动监察的方式以及对违法行为的处罚措施都做出了相应规定。《工商业劳动监察公约》以及1969年的《劳动监察(农业)公约》(第129号公约)及其相应建议书为劳动监察制度奠定了基础。1995年国际劳工大会制定的《关于1947年劳动监察公约的议定书》将保护范围扩大到交通、教育、邮政以及公共事业等部门。[①] 除劳动监察公约外,国际劳工组织还定期发表调查报告,介绍各国劳动监察工作的经验以及存在的问题,对成员国规范本国劳动监察制度和提高监察水平具有重要的参考价值。

二、劳动监察与最低工资制度的执行

国际劳工组织第131号公约第5条规定,"为保证最低工资全部规定的有效实施,应采取恰当的措施,例如建立一种适宜的监察制度,并配合采取其他的措施"。国际劳动组织第135号建议书则要求"雇佣一批数量充足,训练有素的监察员,授以完成其职责所必须的权利和便利"。此外,按照国际劳工组织第30号建议书第4条第2款的规定,监察员应该在雇主和雇员中间展开调查,以确认有效的最低工资标准是否实际上得到了支付并采取经授权的步骤来处理违反最低工资标准的行为。

大多数国家的法律将监督最低工资标准执行的职责赋予劳动监察部门。[②] 按照法律的有关规定,劳动监察部门拥有广泛的权利,包括未经事先告知就可以直接进入工作场所展开检查。为了查证,如有必要,劳动监察部门还可以要求被检查单位出示各种相关文件和证明。例如,在新西兰和哥伦比亚等国,法律要求雇主和工人有义务向劳动监察部门提供必要的信息。除了检查和调查的权利,阿尔巴尼亚、布基纳法索、尼泊尔以及荷兰等国的劳动监管部门还可以对违反最低工资标准的行为依法做出处罚。

按照有些国家的法律,工会拥有监督最低工资标准和其他劳动法规实施的权利。例如,在我国,根据《工会法》和《劳动保障监察条例》的规定和有关文件精神,工会作为工人利益的代表,有权对企业是否遵守劳动法规进行监督。在实践中,我国的地方各级劳动保障监察部门可以从工会组织中聘请监督员,负责发现

---

① 《关于1947年劳动监察公约的议定书》并未详细描述劳动监察适用的行业和部门;在为第82届国际劳工大会准备的预备报告中提出了交通、教育、邮政以及公共事业等可能涉及的部门。

② 在英国,负责监督全国最低工资标准执行的部门是英国税务及海关总署(Her Majesty's Revenue and Customs);在澳大利亚,负责监督单位是公平工作申诉专员公署(the Office of the Fair Work Ombudsman)。

和举报违反最低工资标准以及其他劳动法规的行为。与我国的规定相类似,安哥拉、古巴以及白俄罗斯和乌克兰等国的工会组织也被赋予监督劳动法规实施情况的权利。根据菲律宾的法律要求,在劳动监管部门展开调查的过程中,工会代表必须全程参加。欧洲的挪威和爱尔兰则规定,工会有权核查雇主支付工人的工资水平和其他劳动条件。

在巴西,劳动监管属于"垂直型"管理体制,即地区劳动监管部门(SRTE)直接对巴西劳动和就业部负责。巴西劳动和就业部负责制定政策并协调各地区的劳动监管工作。除了地区劳动监管部门,巴西政府还建立了巴西全国"劳动监察合作委员会(Commission for the Collaboration with Labor Inspection,CCIT)"。建立监察合作委员会的目的是强化工会组织在劳动监管中的作用,使工会组织能够积极参与宏观层面的年度劳工监察计划的制定工作,共同对违反最低工资标准和其他劳动法规的现象展开评估并提出相应的监察对策。

在有些国家,劳动监管还与最低工资的宣传活动结合在一起使用。例如,哥斯达黎加政府曾经在2010年展开全国性的运动,通过大众媒体和咨询等手段大力宣传法定的最低工资标准并在全国开展了最低工资标准执行情况的专项劳动监察。在调查过程中,政府为监察员配备了电子设备,用来储存和上传收集到的相关信息。在英国,负责监督最低工资标准执行的税务及海关总署每年都会在其寄发给雇主的信函中告知年度新的最低工资标准。

需要指出的是:无论是在发达国家,还是在发展中国家,劳动监察传统上的监管对象是正规经济部门。但是,伴随着非正规经济以及非正规就业规模在发展中国家的不断扩大,如何针对大量的小型企业和个人企业展开有效的劳动监察无疑是一个巨大的挑战。此外,由于人口老龄化和家庭结构的变化,家政工作的规模也有不断扩大的趋势。如何在监察员自由进入工作场所的权利和尊重家庭隐私原则之间寻找适当平衡是处理违法家政劳动过程中所面临的棘手问题。对其他弱势群体,例如劳务派遣员工、农民工、移民以及出口加工区工人基本权益的保障性监督也是发展中国家劳动监管部门应该重点关注的领域。除了面临新的劳动监察领域的问题,在发展中国家,劳动监察工作还经常会受到人力、物力和经费的制约。在劳动监察资源受限的条件下,通过改革创新监察方法和手段提高劳动监察的效率对切实保障劳动标准的有效实施和维护劳动者的合法权益具有重要意义。

本章小结

最低工资标准调整是最低工资制度的一个重要内容。适时、适当调整最低工资标准,一方面可以使最低工资在维护低收入劳动者权益方面发挥真正的作用;另一方面,有助于减少提高最低工资标准有可能对经济发展和劳动力市场就业水平造成的负面影响。

一般情况下,在调整最低工资标准过程中,政府和社会伙伴需要在"工人和家庭的需要"和"经济因素"两个方面寻找平衡或妥协,在共同协商的基础上确定影响最低工资标准调整的主要因素,并以劳动力市场的调查数据为依托展开最低工资调整的三方协商。由于影响最低工资标准调整的众多因素相互之间存在一定程度的关联性,为了提高最低工资制度的效率,减少不必要的制度运行成本,有必要选择一些关键且可测度的指标,如消费物价指数 CPI、全国、地区或行业平均(或中位)工资水平以及人均 GDP 增长速度等作为主要因素加以讨论。

将最低工资标准与 CPI 建立关联被认为有助于维持最低工资收入者的实际购买力不变。在实践中,有些国家采取了最低工资标准指数化的方法,当 CPI 上涨到一定幅度,最低工资标准将自动调整。但是,实施最低工资标准指数化的一个潜在风险就是有可能产生工资物价螺旋上升的现象,对企业的生产经营以及劳动者的生活造成一定程度的冲击。

在实践中,平均工资和人均 GDP 的水平以及增长是影响最低工资标准调整的另外两个重要因素。虽然平均工资水平容易受到工资数据中的极端数值的影响,但由于其通俗易懂,能够被更多的人接受,因此,平均工资水平这一指标经常被使用。平均工资水平与经济发展密切相关。一般情况下,经济发展越快,平均工资水平也就越高,增长速度也会较快。如果调整最低工资标准的目标定位是为低收入劳动者提供一种保障其基本生活水平的安全网,则可以选择蓝领工人或其他可比劳动群体的平均工资作为参考。如果将最低工资标准的调整作为实现某种社会经济政策的一种工具,多数情况下会选择全国平均工资水平作为比较对象。

　　大多数国家的最低工资标准是每年调整一次,但也存在两种极端情况:过于频繁调整最低工资标准或最低工资标准长期被冻结。发生极端现象的国家往往是出现了严重的社会经济问题,通货膨胀问题严重;或者,在一些国家,例如美国,最低工资调整被高度政治化。最低工资标准制定者需要在最低工资标准的"稳定"与"变化"之间寻找一种平衡和妥协。过于频繁或长期冻结最低工资标准的调整都将会对最低工资收入者的生活带来负面影响。

　　无论是通过法定程序确定最低工资标准,还是通过行业劳资集体谈判确定最低工资标准,最低工资标准一旦确定和颁布实施,对于那些被纳入适用范围的雇主和雇员而言均具有法律约束力。由于具有法律效力,违反最低工资标准的雇主或个人应该受到惩罚。纵观世界各国的规定,罚款是各国常用的惩罚方法。除了罚款,有些国家还规定了刑罚等措施。为了遏制违法现象,惩罚的力度应该具有足够的威慑力并能起到警示他人的效果。

　　惩罚是为了有效执行最低工资标准而采取的一种"硬措施(hard measure)",是在为违法行为发生后采取的制裁措施。除了"硬措施"外,还应重视预防措施在最低工资标准执行过程中所能发挥的作用。可供选择的预防措施包括:广泛宣传最低工资制度的重要意义和目的;通过教育和培训等手段培养企业守法意识和社会责任感以及雇员的维权意识;采取激励机制(例如减税)鼓励雇主遵守劳动法规以及展开企业违法风险自我评估等。实践表明,惩防并举,将监督、制裁机制与预防措施有机结合有助于改善和提高最低工资标准的执行水平。

　　劳动监察是劳动行政管理的基石,也是确保最低工资标准得到有效实施的重要制度安排。国际劳工组织有关劳动监察的国际公约为世界各国建立和完善本国的劳动监察制度提供了参考标准。新型产业的兴起以及非正规就业规模的不断扩大为劳动监管工作带来了巨大挑战。除了面临新的劳动监察领域问题,发展中国家的劳动监察还经常会受到劳动监察资源短缺的困扰,对劳动监察效率造成了负面影响。在此背景条件下,通过改革创新监察方法和手段,并充分发挥社会伙伴监督职能作用,对提高劳动监察效率和切实保障劳动标准的有效实施具有重要意义。

第五章

国际劳工组织与最低工资国际公约

国际劳工组织是根据第一次世界大战结束后签订的《凡尔赛和约》而建立起来的国际性组织,是联合国中唯一具有三方协商性质的专业机构。制定国际劳工标准并监督成员国执行国际劳工标准是国际劳工组织的重要功能。在近100年的历史中,国际劳工组织制定了为数众多的国际劳工公约和相应的建议书,其中与最低工资有关的公约有 3 个。最低工资国际公约为促进最低工资制度在世界各国的应用和发展发挥了重要作用。

本章第一节介绍国际劳工组织的创立及其背景以及国际劳工组织的发展历程;第二节介绍国际劳工标准的制定和监督机制。第三节分析最低工资国际公约,即第 26 号、99 号和第 131 号公约和相应建议书的有关规定。

第一节　国际劳工组织的创立与发展

一、国际劳工组织的创立及其背景

国际劳工组织是根据第一次世界大战结束后签订的《凡尔赛和约》而建立起来的国际性组织,其宗旨是:促进劳动者的权利、鼓励体面工作的机会、增强社会保护以及加深有关工作问题的社会对话。自 1919 年成立到现在,国际劳工组织已经有近 100 年的历史。截至 2016 年,总共有 187 个联合国成员国加入了国际劳工组织。在联合国专业机构中,国际劳工组织是唯一具有三方协商性质的国际性组织,其主要机构和活动均由政府、工会以及雇主组织代表组成,三方代表享有平等的地位和独立的投票权。

1919 年 1 月 18 日，时任法兰西第三共和国总理乔治·克列孟梭（Georges Clemenceau）被推举为巴黎和会主席。在巴黎和会第二次预备会上，克列孟梭宣布成立"国际劳工立法委员会"（Commission on International Labor Legislation），专门讨论如何改善劳工就业条件以及为实现此目标而建立的国际性机构的组织形式和功能。国际劳工立法委员会中的委员不但有来自政府方面的代表，还有代表工会和雇主的委员。美国、英国、法国、意大利、日本和比利时各选派两名代表，古巴、波兰和捷克斯洛伐克各派一名代表。委员会主席是美国人塞缪尔·龚帕斯（Samuel Gompers）。龚帕斯是 20 世纪初美国著名的工会领袖，美国劳工联合会（the American Federation of Labor，简称"劳联"）的创始人和第一任主席。① 另外一位来自美国的委员是美国航运委员会（American Shipping Board）主席 A. N. 赫尔利（A. N. Hurley）。来自英国的两位委员包括著名政治家和工联主义者乔治·巴尼斯（George Barnes）以及马尔科姆·德莱文涅爵士（Sir Malcolm Delevingne）。在这里，之所以专门列出了英国代表团成员的名字，是因为国际劳工立法委员会起草的委员会工作报告是在英国代表团方案的基础上加以修订完成的。英国代表团秘书长爱德华·费伦（Edward Phelan）②以及后来成为国际劳工局干事长（1932 – 1938 年）的英国人哈罗德·巴特勒（Harold Butler）是英国方案的主要撰写人。

在国际劳工立法委员会讨论创建国际劳工组织的过程中，龚帕斯反对未来的国际劳工组织参与政治活动，认为其主要功能应该是加强工会和集体谈判的力量。与此相反，来自欧洲大陆的代表则主张，国际劳工组织应该参与政治，并代表工会参与一系列的政治和经济改革。在欧洲工团主义者和社会民主党人士看来，政府有可能与雇主合谋来共同对付工会，国际劳工组织应该由社会主义者领导，

---

① 成立于 1886 年的美国劳工联合会是美国熟练工人的行业工会组织，1955 年与美国产业工会联合会（简称"产联"）合并。龚帕斯反对采取激进的革命手段，主张通过罢工和劳资谈判等手段改善工人劳动条件。在塞缪尔·龚帕斯担任劳联主席期间，美国劳工联合会的规模和声势急速壮大。

② 爱德华·费伦（1888 – 1967），爱尔兰人。1916 年在英国利物浦大学毕业后开始为英国政府工作。第一届国际劳工大会后，作为一名国际公务员开始在国际劳工组织工作，曾担任国际劳工局助理干事长、副干事长、代理总干事长和总干事长（1941 – 1948）。2009 年，国际劳工组织组织编写了《爱德华·费伦与国际劳工组织：一位国际社会活动家的生活和观点》一书，作为对费伦的纪念。

并使之成为阶级斗争的阵地。尽管双方存在严重分歧,但作为委员会主席的龚帕斯总能够凭借着"非凡能力和长期经验,使得其主持的,需要讨论众多复杂问题的每一次会议都能够取得成功"。①

根据当时参加国际劳工立法委员会讨论的英国代表团秘书长爱德华·费伦回忆,委员会在讨论成员国参加国际劳工组织会议的三方代表人数、结构及其投票权分配的过程中产生了较大争议。按照英国代表团原先提出的方案,每个成员国参加年度国际劳工大会的代表团成员包括政府、雇主和工会各自委派的一名代表;政府拥有 2 票的投票权,而雇主和工会各拥有 1 票投票权。英国代表团提出的方案遭到了美国和法国的强烈反对。经过投票表决,委员会以 8 票赞成、7 票反对的微弱优势通过了所谓的 2∶1∶1 和 1∶1∶1 原则,即各国出席国际劳工大会的代表团由 2 名政府代表、1 名雇主代表和 1 名工会代表组成,政府、雇主和工会分别拥有 1 票投票权。

关于国际劳工立法问题,当时有两种选择:一是将国际劳动大会上讨论通过的劳动保护协议以大会决议的方式提出;另外一种选择是将大会通过的劳动保护协议以国际劳工公约的形式颁布。显然,大会决议很有可能会流于形式,对维护劳动者的权益难以产生实质性效果,而未经主权国家批准强制执行国际劳工公约又势必会遭到成员国政府和立法机关的强烈反对。此外,英美法三国希望制定的国际劳工标准适用于所有成员国,而来自古巴、捷克和波兰的代表则担心执行国际劳工标准有可能会使本国在竞争中处于不利地位。经过激烈讨论,各国代表最终达成如下妥协方案:任何国际劳工公约均需具有三方协商性质的国际劳工大会讨论并经三分之二的投票赞成才能通过。国际劳工公约通过后,成员国代表团应将有关公约提交给本国政府或立法机构,并由本国政府或立法机关在 12 至 18 月的期限内决定是否批准相关公约。

国际劳工立法委员会总共召开了 35 次会议并在 1919 年 3 月 24 日向巴黎和会正式递交了委员会撰写的报告。在讨论委员会报告的过程中,一些国家认为,应该以"劳动宪章"的名义强调一些重要劳工原则;但在英国代表团看来,这些国家提出的原则都是些"草率的即兴作品"。最后,经过讨论和修改,"国际劳工立法

① 引自 ILO,*Edward Phelan and the ILO:The life and Views of an International Social Actor*,Geneva:ILO,2009,p. 157.

委员会"的工作报告在 1919 年 4 月 11 日举行的大会上得到批准,并成为《凡尔赛和约》的一部分。

《凡尔赛和约》第 13 部是针对劳工的条款,被后人称之为《国际劳动宪章》,包括两篇内容,即"劳工组织"和"一般原则"。第一篇"劳工组织"共有 4 章(387 - 426 条),分别就国际劳工组织的形式、结构、程序以及会员国资格等问题做出了规定。按照第 388 条的规定,"永久性的组织应该包括:(1)由成员国代表参加的全体大会;(2)理事会领导下的国际劳工局"。根据第 392 条的规定,国际劳工局设立在国际联盟所在地并隶属于国际联盟。第二篇"一般原则"列出了 9 项劳工基本原则,包括"劳动不应被仅仅视作是一种商品或商业物品""每天 8 小时或每星期 48 小时工作时间标准"等。

根据《凡尔赛和约》第 13 部第一篇附件的要求,美国、英国、法国、意大利、日本、比利时和瑞士 7 个国家负责筹备在美国首都华盛顿召开第一届国际劳工大会。来自 40 个国家和地区的政府官员、工会和雇主代表参加了 1919 年 10 月 29 日至 11 月 29 日在华盛顿泛美协和大厦召开的国际劳工大会。当时的中国北洋政府指派常驻华盛顿的外交官出席了大会。时任美国劳工部长威廉·威尔逊(William Wilson)担任会议主席,总秘书长是英国的哈罗德·巴特勒。第一届国际劳工大会取得的重要成果包括:(1)推荐法国社会主义者艾伯特·托马斯(Albert Thomas)为国际劳工局局长;(2)通过了 6 项国际劳工公约,包括《(工业)工作小时公约》(第 1 号公约)、《失业公约》(第 2 号公约)、《保护生育公约》(第 3 号公约)、《(妇女)夜间工作公约》(第 4 号公约)、《(工业)最低年龄公约》(第 5 号公约)以及第 6 号公约《(工业)年轻人夜间工作公约》。

在第一届国际劳工大会后的次年夏季,作为国际劳工组织总秘书处的国际劳工局(International Labor Office)在瑞士日内瓦成立,正式开启了国际劳工组织的工作。国际劳工组织的创建是世界劳动关系史上的一个重大事件,具有深刻的时代背景和社会基础。

始于 18 世纪 60 年代的英国工业革命虽然创造了巨大的生产力,为英国、欧洲大陆国家以及北美国家的经济带来了繁荣,但同时也使社会矛盾日益加剧和深化。资本家通过低工资、超长劳动时间、增加劳动强度和雇佣童工等手段获取高额利润,"血汗工厂"是对那个年代劳动者恶劣工作条件和高强度劳动的生动写照。也正是在此背景条件下,在当时的欧洲和北美工业化国家,劳资矛盾日益升温,工人和雇主之间的冲突不断。工人对资本家的抗争也从个人和无组织的行为变成有组织的斗争,即通过组建工会和发动罢工等活动来提高工人的工资水平和改善工作条件,要求实现8小时工作制。

主张建立国际组织来处理劳资关系问题和制定国际劳工标准的理念可以追溯到19世纪。在这方面,一些著名的社会改革者、工会运动家和具有人道主义情怀的企业家,例如空想社会主义者和工厂主罗伯特·欧文以及在法国经营企业的瑞士人丹尼尔·罗格朗(Daniel Legrand)均有所论述。欧文、欣德利和罗格朗等具有人文主义思想的雇主提出的主张和建议,一方面,是同情劳工的悲惨遭遇,并出于人道主义的动机希望改善劳工状况;另一方面,作为企业家,他们深刻意识到,要使企业的生存和发展不被来自其他国家低成本竞争的威胁所削弱,各国就必须通过努力和协商,制定并遵守统一的劳工标准。

有关在世界范围内建立劳工标准的呼吁在19世纪末和20世纪初变得更加强烈并出现了一些具体行动。1901年,"国际法律保护工人协会"(International Association of Legal Protection of Workers)在瑞士巴塞尔成立。从1905年至1906年,在由瑞士政府主持的技术和外交会议上,通过了妇女夜间工作和减少火柴生产使用白磷的两个国际公约。

在工会方面,美国劳工联合会1914年在费城举行的年会上通过了一份决议,要求战争结束时召开由各国工会代表参加的世界劳工代表会议并讨论为保证工人的利益而需要采取的行动。在1916年召开的协约国工会会议上,来自法国、英国、比利时和意大利的工会要求未来的和平条约应当包括一些保障工人利益的条款,并通过建立一个国际委员会来负责监督条款的执行情况。1917年在瑞士伯尔尼举行的中欧和中立国家工会会议也提出了类似要求。

1917年11月7日,俄国工人阶级在布尔什维克党的领导下发动了武装起义,推翻了资产阶级临时政府,建立了苏维埃政权。发生在俄国的十月革命引起了英国、欧洲大陆国家和美国的极大震惊和恐慌,他们担心如果不缓和劳资矛盾势必将会造成社会动荡不安,产生革命,威胁到资本主义制度的存在。正如《凡尔赛和约》第13部第一篇序言中指出的那样:

……劳工的状况是如此的不公正,包括苦难和大规模的贫困人群,以至于产生

了动荡不安,对世界和平以及和谐造成了威胁,因此,急需改善这种状况……①

第一次世界大战从各个层面加深了工人阶级的苦难,人们意识到,"战后的和平绝不仅仅是恢复到1914年的状况。必须创建一个新的秩序,确保和平,并对每个劳动者的付出给予相应的回报"。② 第一次世界大战结束后在巴黎举行的和平会议为建立"新秩序"带来了机会,在英国、美国和法国的主导下,参加巴黎和会的国家最终签订了《凡尔赛和约》,并使《国际劳动宪章》成为和约的一部分。

二、国际劳工组织的主要发展历程

(一)早期历史

国际劳工局第一任干事长是法国人阿尔伯特·托马斯(Albert Thomas)。在托马斯的领导下,国际劳工组织在创立不到两年的时间内通过了16项国际劳工公约和18项国际劳工建议书。一些成员国的政府对此提出了质疑,认为国际劳工公约过于繁杂。他们对国际劳工组织庞大预算支出表示不满,认为国际劳工大会的报告对成员国政府提出的批评过于严厉,缺少建设性。此外,根据国际法院(International Court of Justice)的裁决,国际劳工组织制定的劳工标准还应该延伸到各成员国的农业部门。这一裁决在国际劳工组织成员国之间引起了极大的争议。

国际劳工组织在1926年成立了一个由专家组成的专门委员会,负责监督成员国执行国际劳工标准的情况。在审阅各成员国年度报告的基础上,专门委员会撰写国际劳工标准执行情况的总结报告,并在国际劳工大会上宣读和讨论。

(二)大萧条以及二战期间

英国人哈罗德·巴特勒于1932年接替阿尔伯特·托马斯,成为国际劳工组织的第二任干事长。美国的大萧条和世界范围内的经济危机所带来的失业问题以及第二次世界大战的爆发,使得国际劳工组织面临更加艰巨的任务和挑战。在巴特勒担任干事长期间,国际劳工组织针对产业部门,例如纺织、采煤等行业的劳动标准问题展开了大量工作。1938年巴特勒辞去国际劳工组织的工作,回到英国并在英国的牛津大学以及后来的英国战时内阁担任职务。接替巴特勒工作的是

---

① 《凡尔赛和约》第十三部第一篇序言(英文版)。

② Bruce, K., *The Global Evolution of Industrial Relations – Events, Ideas and the IIRA*, Geneva: ILO, 2009, p. 203.

美国人约翰·温奈特(John Winant)。第二次世界大战爆发后的 1940 年,为安全起见,国际劳工局迁到了加拿大的蒙特利尔。1941 年,爱尔兰人爱德华·费伦担任国际劳工组织总干事,直到 1948 年。爱德华·费伦为巴黎和会期间制定《国际劳动宪章》做出了重要贡献。1944 年,来自 41 个国家的代表参加了在美国费城召开的国际劳工大会,并通过了《费城宣言》(Declaration of Philadelphia)。《费城宣言》被视作是国际劳工组织最重要的纲领性文件,是《国际劳工组织章程》的重要组成部分。在爱德华·费伦担任总干事长期间,国际劳工大会还通过了第 87 号公约,即《结社自由和组织权利保护公约》。二战结束后的 1946 年,在巴黎召开的国际劳工大会删除了《国际劳工组织章程》中有关国际劳工组织与国际联盟关系的条款,增加了国际劳工组织隶属于联合国的条款。

(三)二战以后时期

1948 年,来自美国的大卫·莫尔斯(David Morse)当选为国际劳工组织总干事。在莫尔斯任职的 22 年期间,国际劳工组织成员国的规模大幅度扩充,原先欧洲殖民地国家纷纷独立并陆续加入了国际劳工组织。来自发展中国家的成员国总数超过了发达国家的总数,成为国际劳工组织中一股不可忽视的力量。另一方面,国际劳工组织还积极组织开展与成员国的技术合作项目并在全世界建立了国际劳工组织的分支机构。① 1960 年,国际劳工组织在日内瓦建立了国际劳工研究所;1969 年在意大利的都灵建立了国际培训中心。

在国际劳工组织成立 50 周年之际的 1969 年,挪威诺贝尔委员会将和平奖颁发给了国际劳工组织,以表彰其在国际劳工领域"培育正义"所做出的杰出贡献。在颁奖演说中,挪威诺贝尔委员会指出,"很少有国际性组织像国际劳工组织那样,能够成功地将该组织最基本的道德理念转换成实际行动,且范围是如此之广泛。"②

从 1970 年至 1973 年,担任国际劳工组织总干事长的是英国人维尔弗雷德·因克斯(Wilfred Jenks),其继任者是法国的弗朗西斯·勃朗夏(Francis Blanchard)

---

① 国际劳工组织与成员国之间展开的技术合作,并非是向成员国提供生产技术,它主要是指通过政策咨询、培训以及提供资金等方式与成员国针对促进就业、改善劳工条件等劳动力市场问题合作开展的项目。

② 挪威诺贝尔委员会网站:http://www.nobelprize.org/nobel_prizes/peace/laureates/1969/press.html,Award Ceremony Speech.

以及来自比利时的迈克尔·汉森讷(Michel Hansenne)。因克斯担任总干事长期间,国际劳工组织进一步完善了国际劳工标准的监督机制,而勃朗夏则进一步提升了国际劳工组织对发展中国家的技术合作水平。汉森讷则强调社会公平与正义在社会经济活动中的重要性,并对国际劳工局日内瓦总部的机构设置进行了改革。

来自智利的胡安·索马维亚担任总干事长期间(1999－2012 年),国际劳工组织提出了体面劳动的概念,并通过制定"体面劳动日程"积极加以落实。2008年6月在日内瓦召开的国际劳工大会发表了《关于争取公平全球化的社会正义宣言》。该宣言是国际劳工组织历史上第三个关于原则和政策的宣言,被认为是对国际劳工组织建立之初的理念在当代经济全球化背景条件下的一种诠释。① 在宣言中,国际劳工组织提出了"公平全球化"的理念,呼吁关注经济全球化对劳工权益的影响,主张通过社会对话、社会保护、就业创造以及遵守劳工标准来实现"体面劳动"的目标。此外,索马维亚还积极推动国际劳工组织的理念与联合国千年发展目标相对接,在消除工作贫困、就业歧视以及创造绿色就业等方面做出了不懈的努力。在 2012 年国际劳工组织举行的第 314 次理事会会议上,来自英国的盖伊·莱德(Guy Rider)接替索马维亚,当选为国际劳工组织新一任的总干事长。

第二节　国际劳工标准

一、国际劳工标准与国际劳工公约

制定国际劳工标准并监督成员国执行国际劳工标准是国际劳工组织的重要功能之一。国际劳工组织制定的国际劳工标准主要采取国际劳工公约和国际劳工建议书两种形式。按照国际劳工组织的定义,国际劳工公约属于成员国政府或议会批准后才能生效的国际条约。会员国政府或立法机构批准某项公约,或者说,一旦加入某项公约,就会产生相应的义务和具有国际法上的约束力而且会受

---

① 另外两个关于原则和政策的重要宣言是:1944 年的《费城宣言》,1998 年的《关于工作中的基本原则和权利宣言》。

到国际劳工组织的监督。国际劳工标准的另外一种形式,即国际劳工建议书则不具有国际法层面的约束力。国际劳工建议书的功能主要有两个方面:第一,对国际劳工公约的具体操作加以较为详细的说明;第二,虽然没有加入某项国际劳工公约,但在制定本国劳工标准以及政府、工会和雇主展开社会对话过程中可参考国际劳工建议书中有关规定。

国际劳工组织制定的国际劳工标准具有以下两个主要特征:第一,普适性,即国际劳工公约中规定的劳工标准旨在适用所有成员国国家。第二,灵活性。灵活性是国际劳工标准普适性的"代价"。考虑到各国在经济和社会发展水平、劳动力市场发展的成熟程度以及劳动力市场规制等方面存在较大差异,国际劳工标准需要具有相当程度的灵活性。就国际劳工标准本身而言,制定的标准不能太高,否则大多数成员国无法执行。当然,国际劳工标准如果太低,也会使国际劳工标准失去其在促进公平与正义以及促使各国改善劳工生活和工作条件方面应该发挥的积极作用。从国际劳工标准所采取的形式来看,采取国际劳工公约和国际劳工建议书两种形式为成员国提供了灵活选择的机会。国际劳工标准的灵活性还表现在:国际劳工公约只做出原则性规定,为成员国将其转化成本国立法提供灵活调整空间。例如,有关最低工资的国际公约并没有规定具体的最低工资水平,只是要求加入最低工资国际公约的成员国建立最低工资制度并按照本国经济发展的实际情况确立最低工资标准。此外,某些国际劳工公约还包含灵活性条款,允许一些国家,例如发展中国家,在过渡阶段采用较低的劳工标准,或者允许成员国在批准某项公约时排除某些经济活动部门或工人种类适用该公约。① 按照规定,成员国在申请适用"灵活性条款"的时候,需要向总干事长宣示,在执行"灵活性条款"的过程中将与本国工会和雇主组织展开充分协商。

鉴于有些国际劳工标准制定时间较早,无法反映当代社会公平与正义的理念以及企业可持续发展的诉求,国际劳工组织会根据大多数成员国提出的要求对有关国际劳工标准进行修订。修订后的一些国际劳工公约实际上替代了旧的公约。例如,1973 年国际劳工大会通过的《最低年龄公约》(第 138 号)取代了在此之前国际劳工组织制定的工业(第 5 号公约)、农业(第 10 号公约)、非工业部门(第 33

---

① 较早制定的国际劳工公约会明确指出那些国家不适用于公约的某些条款,但这一做法现在很少使用。有关国际劳工标准"灵活性"的各种表现,参见 ILO, *Handbook of Procedures Relating to International Labor Conventions and Recommendations*, Geneva:ILO,2012,pp. 6 – 7.

号公约)以及矿山井下(第 123 号公约)最低年龄国际公约。需要说明的是,在成员国已经加入修订前的某项公约的情况下,如果该成员国又批准加入了修订后的公约,则自动视为对原有公约的立即解约。如果会员国只批准了原有公约并没有批准修订后的公约,则原有公约的规定对该成员国依然有效,不能视作解约。

国际劳工组织制定国际劳工标准的程序较为复杂,有兴趣的读者可参考国际劳工组织网站的相关内容。这里要强调的是:按照《国际劳工组织章程》第 23 条的规定,国际劳工公约须交由出席国际劳工大会的政府、工会以及雇主代表充分讨论并经出席大会的三分之二多数表决同意才能通过。[①] 国际劳工大会通过的国际劳工公约只有在得到了两个以上的成员国家批准后的 12 个月后方可生效。[②]在大会表决通过后,成员国有义务在 12 个月内,特殊情况下不超过 18 个月的时间内,将国际劳工公约递交给本国政府或立法机关,决定是否批准该国际劳工公约,或者展开相应的国内立法行动。成员国一旦批准加入国际劳工公约,则该国际劳工公约对成员国具有法律上的约束力。如果成员国没有批准某国际劳工公约,成员国有义务定期向理事会递交报告,解释该公约是否对本国的相关立法产生了影响,并说明阻碍或推迟批准该国际劳工公约的各种障碍。

二、国际劳工公约的种类以及核心劳工公约

根据国际劳工标准数据库(NATLEX)的统计,截至 2017 年,国际劳工组织制定了 189 项国际劳工公约和 204 项国际劳工建议书。国际劳工公约覆盖范围非常广泛,包括自由结社、三方协商、就业条件、工作条件、职业健康与安全、社会保障等 23 个类别。在 NATLEX 中,国际劳工公约被划分成三大类:基本公约(核心公约)、治理公约(优先公约)以及技术性公约。基本公约有 8 项,治理公约有 4项,其余属于技术性公约。

国际劳工组织 1998 年 6 月在日内瓦召开的第 86 届国际劳工大会通过了《关于工作中的基本原则和权利宣言》(以下简称 1998 年《宣言》)。1998 年的《宣言》

① 国际劳工标准制定过程的"三方协商性"是国际劳工法与其他国际法的明显区别。此外,一般的国际法主要是调整国与国之间的关系,而国际劳工公约则是以调整成员国国内劳资关系为主要目标。
② 国际劳工大会制定的国际劳工公约可以被撤销。例如,到 1999 年末,只有阿根廷和西班牙两个国家批准了 1931 年制定的《(煤矿)工作小时公约》。因此,2000 年 5 月召开的国际劳工大会决定撤销该公约。

指出,"即使尚未批准有关公约,仅从作为国际劳工组织成员国这一事实出发,所有成员国都有义务真诚地并根据《国际劳工组织章程》的要求,尊重、促进和实现关于作为这些公约之主题的基本权利的各项原则,它们是:(1)结社自由和有效承认集体谈判权利;(2)消除一切形式的强迫或强制劳动;(3)有效废除童工;(4)消除就业与职业歧视。"

根据1998年《宣言》中列出的四项基本权力和原则,国际劳工组织理事会在1998年将7项公约列为基本公约,2000年又增加了一项公约。这8项公约也被称之为核心公约,包括(按照制定的时间顺序编号):(1)《强迫劳动公约》(第29号公约);(2)《结社自由和保护组织权公约》(第87号公约);(3)《组织权利和集体谈判权利公约》(第98号公约);(4)《同酬公约》(第100号公约);(5)《废除强迫劳动公约》(第105号公约);(6)《(就业和职业)歧视公约》(第111号公约);(7)《最低年龄公约》(第138号公约);(8)《关于禁止和立即行动消除最有害的童工形式公约》(第182号公约)。①

NATLEX数据显示,截至2017年5月,共有140个国家加入了所有核心公约,其中包括欧盟国家。中国批准了其中的4项,美国批准了其中的2项,还有8个国际劳工组织成员国没有加入任何一项基本公约。按照187个成员国计算,如果每个成员国都批准了8项基本公约,批准的总件数应该是1496。根据NATLEX数据库,截至2017年5月,批准全部或部分基本公约的总件数为1367。换言之,还差129项的批准才能实现所有成员国都加入8项基本公约的目标。

关于治理公约。国际劳工组织理事会根据2008年国际劳工大会发表的《关于争取公平全球化的社会正义宣言》,将以下4项公约列为治理公约(优先公约),包括(按照制定的时间顺序编号):(1)《劳动监察公约》(第81号公约);(2)《就业政策公约》(第122号公约);(3)《(农业)劳动监察公约》(第129号公约);(4)《(国际劳工标准)三方协商公约》(第144号公约)。除了基本公约和治理公约,国际劳工组织制定的其他公约被统称为技术性公约。关于技术性公约,由于种类繁多,这里不再详述。有兴趣和需要的读者可参考国际劳工标准和建议数据库(NATLEX)。

---

① 国内对国际劳工公约名称的翻译并不统一。本书所使用的国际劳工公约的名称均出自国际劳工组织北京局1994年出版的《国际劳工公约和建议书》第一、第二和第三卷的目录。

三、国际劳工标准实施监督机制

国际劳工组织建立了若干机制来监督成员国执行国际劳工标准的情况。国际劳工标准实施监督的三大机制包括:定期监督(regular supervision)、申诉(representation)和控诉(complains)。

定期监督机制是指:要求已经批准国际劳工公约的成员国政府定期向国际劳工组织递交公约执行情况报告。例如,成员国每3年应递交本国在法律和司法实践中实施8项基本国际劳工公约以及4项治理公约情况的报告。每隔5年,成员国政府需递交实施其他公约的进展情况报告。在特殊情况下,国际劳工组织有可能要求成员国在更短的期间间隔递交公约实施报告。成员国政府在将报告递交给国际劳工组织之前,还必须将报告送交本国工会和雇主组织讨论。本国工会和雇主组织在阅读报告后,可在报告中附加自己的评论和建议。

国际劳工组织在1926年专门建立了"公约与建议书应用专家委员会(Committee of Experts on the Application of Conventions and Recommendations)"。专家委员会由资历较深且在本国和国际上具有一定名望的20名法律专家组成。在国际劳工大会召开之前,专家委员会通常都会发表年度报告。报告的第二部分是针对某个国家的"评论(observation)"。所谓"评论"是指专家委员会针对"观察"到的问题而发表的点评,而"观察"到的问题主要来自两方面提供的信息:成员国政府的报告以及工会和雇主组织针对本国在实施国际劳工标准过程中是否违反了相关国际劳工公约的规定向专家委员会提交的陈述报告。专家委员会在报告中针对某一国际劳工公约条款适用范围和含义的"评论"没有法律效力,只具有参考意义。按照《国际劳工组织章程》第37条的规定,国际法院是唯一有资格对国际劳工公约做出权威解释(interpretation)的机构。

专家委员会在每年12月份需向国际劳工大会常设三方委员会,即"国际劳工大会劳工标准实施委员会"(the Conference Committee on the Application of Standards)递交年度报告。标准实施委员会将选择一些重大问题加以讨论;所涉及的成员国将被要求派代表出席会议并对有关问题加以解释和说明。这一安排有助于政府、工会和雇主组织借助直接对话这一平台共同讨论国际劳工标准实施过程中存在的问题以及解决问题的方法。

关于申诉机制。《国际劳工组织章程》第24条和第25条规定,成员国工会和雇主组织有权向理事会申诉,指控本国未遵守已批准的国际劳工公约的有关规定。一旦申诉被受理,理事会将建立由政府、工会和雇主各一名代表组成的专门委员会开展调查。调查结论以及建议将以报告的形式提交给理事会。在国际劳工组织出版的一份手册中介绍了希腊工会投诉希腊政府的一个案例。① 希腊政府于 1955 年批准加入第 81 号关于劳工监察的国际劳工公约。按照公约的规定,成员国劳动监察部门应该置于中央政府的统一监督和管理之下。希腊在 1994 年通过的一项法律却将劳动监察管理“去中心化”,劳动监察权交由希腊各州监督和管理。希腊劳工部公务员协会联合会(FAMIT)向国际劳工组织投诉希腊政府违反了第 81 号公约的有关规定。经过调查核实,三方委员会得出结论,要求希腊政府采取措施,以拟补其过失。结果,希腊政府在 1998 年恢复了中央政府对劳动监管的监督和管理权。

《国际劳工组织章程》第 26 条至第 34 条规定了控诉程序。按照规定,控诉是指:(1)成员国政府指控另外一个成员国没有遵守业已批准的国际公约;(2)国际劳动大会代表指控某成员国没有遵守业已批准的国家公约;(3)国际劳工组织理事会指控某成员国没有遵守业已批准的某项国际公约。在接到“指控”后,理事会需要做出是否建立由 3 名独立人士组成的调查委员会的决定。调查委员会负责展开全面和深入的调查。由于建立调查委员会是国际劳工组织最高级别的调查程序,通常情况下,只有在被指控的成员国持续和严重违反国际劳工公约且多次拒绝采取行动处理相关问题的情况下,理事会才会决定建立调查委员会。调查委员会在调查认定后,将要求被指控的成员国在规定的时间内采取行动和措施。如果被指控的成员国未能在规定时间内采取行动和制定补救措施,根据《国际劳工组织章程》第 33 条的规定,“理事会可以向国际劳工大会提出采取行动的建议,该行动应该是睿智的应急措施,以确保得到遵守”。例如,根据 1996 年对缅甸政府的“控诉”,调查委员通过调查取证发现,在缅甸,强迫劳动现象非常普遍且已成为有组织的活动,严重违反了《强迫劳动公约》(第 29 号)的有关规定。1999 年召开的国际劳工大会做出了暂停与缅甸政府展开技术合作项目的决议案,并暂停缅甸参与国际劳工组织各项活动。鉴于缅甸政府对调查委员会提出的补救措施没有

---

① 参见 ILO,*Handbook of Procedures Relating to International Labor Conventions and Recommendations*,Geneva:ILO,2012,p. 107.

采取任何实质性的行动,2000 年召开的国际劳工大会决定对缅甸政府采取限制性措施,包括建议成员国重新评估与缅甸政府的关系等。这是国际劳工组织历史上第一次启动第 33 条规定的执行程序。

除了上述的三种机制外,国际劳工组织在 1951 年设置了专门负责有关自由结社申诉案件的委员会(CFA)。与上述三种监督机制不同的是,成员国无论是否加入了《自由结社和保护组织权利公约》(第 87 号)和《组织权利和集体谈判权利公约》(第 98 号),均可成为被指控的对象。CFA 隶属于理事会,除了由独立人士担任主席外,还包括来自政府、工会和雇主协会的代表各一名。一旦决定受理申诉,CFA 将展开调查并根据调查结果提出建议,要求被指控的成员国政府采取补救措施。

第三节　最低工资国际公约

一、概述

在众多的国际劳工公约中,专门针对最低工资问题而制定的国际劳工公约总共有三个。最早的一个,即第 26 号公约《制定最低工资确定办法公约》以及《制定最低工资确定办法建议书》(第 30 号)是在 1928 年举行的国际劳工大会上通过并于 1930 年正式生效。① 国际劳工大会在 1951 年通过了第二个最低工资公约和相应建议书,即第 99 号公约《确定(农业)最低工资办法公约》和《确定(农业)最低工资办法建议书》(第 89 号)。第三个最低工资国际公约和建议书是 1970 年的《确定最低工资并特别考虑发展中国家公约》(第 131 号公约)和《确定最低工资并特别考虑发展中国家建议书》(第 35 号)。

表 5 - 1 显示,有关最低工资的三个国际公约到目前为止全部有效,成员国可以申请加入三个公约中的任何一个。截至 2017 年 5 月,已经有 105 个成员国加入了第 26 号公约,54 个成员国批准了第 99 号公约,加入第 131 号公约的国家有 53

---

① 第 26 号公约实际上是经过国际劳工大会两次会议(1927 和 1928 年)的讨论才获得通过。这一安排,在国际劳工标准制定程序上被称之为"双讨论(double discussions)"。.

个。从统计数据来看,第 26 号公约覆盖的国家明显超过了第 99 号和第 131 号公约。批准第 99 号公约的国家既包括发达国家,也有发展中国家。

表 5 - 1　最低工资国际公约及成员国批准概览

内　容	第 26 号公约	第 99 号公约	第 131 号公约
批准时间	1928 年	1951 年	1970 年
生效时间	1930 年 6 月 10 日	1953 年 8 月 23 日	1972 年 4 月 29 日
公约状态	有效	有效	有效
成员国批准件数 其中:	105	54	53
亚洲及太平洋地区	11	6	6
阿拉伯国家	3	1	4
非　洲	41	19	11
欧　洲	23	16	19
美　洲	27	12	13

注释:成员国批准最低工资国际公约的件数统计截止到 2017 年 5 月 30 日。
资料来源:作者根据国际劳工组织 NATLEX 数据库资料计算和编制。

由于制定第 131 号公约的初衷是针对发展中国家,因此,批准第 131 号公约的绝大多数成员国是发展中国家。有 5 个发达国家批准加入了第 131 号公约,它们是:法国、日本、荷兰、葡萄牙和西班牙。需要说明的是:总共有 19 个国家全部加入了上述三个公约,美国没有批准其中的任何一个公约,中国加入的是第 26 号公约。亚洲国家马来西亚直到 2016 年 6 月才批准加入第 131 号公约。英国于 1929 年批准加入了第 26 号公约,但在 1985 年宣布退出该公约。英国政府声称:英国政府关心的是将就业机会最大化,特别是为年轻人创造更多的就业,为此,需要维持政策的灵活性。但第 26 号公约的条款限制采取灵活性政策,因此,该条约的条款不再适合英国。尽管遭到英国工会联合会(TUC)的强烈反对,英国政府还是于 1985 年 7 月 25 日宣布退出第 26 号公约。

二、第 26 号公约和相应建议书

第 26 号公约是国际劳工组织最早制定的一部关于最低工资的国际劳工公约。在公约被批准和生效之前,世界上只有为数不多的一些国家包括澳大利亚、法国、挪威和英国以及美国的马萨诸塞州等以不同的形式(例如通过法定的劳动仲裁机构、行业工资委员会等)规定一些行业或部门的雇主必须向劳动者或某些劳动者支付最低工资水平。因此,国际劳工组织在起草第 26 号最低工资公约的过程中可供参考的实际经验和案例并不多,在审议过程中也产生了较多争议。无论如何,在很大程度上,第 26 号公约(以下简称"公约")承载着 20 世纪第一个 20 年的时代烙印。

公约第 1 条第 1 款规定:

凡批准本公约的国际劳工组织会员国,承允制定或维持一种办法,以便能为那些在无从用集体协议或其他方法有效规定工资且工资特别低廉的若干种行业或其部分(特别在家中工作的行业)中工作的工人,确定最低工资率。

根据上述规定,成员国"制定或维持"确定最低工资方法应该被理解为需要同时满足两个条件:第一,缺乏有效使用集体协议方法确定工资;第二,工资水平特别低。实际上,根据公约第 1 条第 1 款的规定也可以做出这样的推论:若某行业或行业的某些部门存在集体协议或其他方法能够有效地确定工人的工资,则没有必要制定最低工资标准。此外,公约还特别列出了"在家中工作的行业",反映了当时以家庭为单位从事各种加工工作的劳动者受到工厂主和中间人盘剥的"血汗制度"引起了国际社会的广泛关注。

公约第 1 条第 2 款规定,"本公约中'行业'一词包括制造业和商业"。公约第 2 条规定:

凡批准本公约的会员国,在与有关行业或其部门的工会和雇主组织,如果存在的话,协商后自主确定,在何种行业或其部门,特别是在何种在家中工作的行业或其部门,应该适用第一条所指的确定最低工资办法。

除了与工会和雇主组织协商确定在哪些行业或部门适用制定最低工资标准外,公约第 3 条第 2 款还规定,工会和雇主组织参与确定最低工资标准的方式和程度需由国家法律或条例予以确定。在与公约相对应的《最低工资确定办法建议书》(第 30 号)第一章第二节第 2 条第 1 款提出如下建议:

为确保可能制定的最低工资率更具权威性,一般的政策是,所涉及的雇主和工人,通过等同代表人数或平等的投票权力,应该共同直接参与与工资确定机构的审议和决定活动;在任何情况下,如果陈述权给予一方,另一方应该拥有同样地位的陈述权。工资确定机构还应包括一名或若干独立人士,其投票能够在雇主和雇员代表出现票数相同的情况下,确保达成有效的决定……。

关于最低工资标准的约束力,公约第 3 条第 2 款(3)规定:"凡经确定的最低工资率,对有关雇主和工人均具有约束效力,不得以个人协议或集体协议予以减低,除非集体协议经由主管机关通案或专案核准"。为确保已经制定的最低工资标准得到有效实施,公约第4条第1和第2款分别规定:(1)公约批准成员国应建立必要的监察和惩罚制度;(2)适用最低工资标准的工人,若其工资低于最低工资水平,应享有经由司法或其他合法程序在国家法律或条例规定的期限内追还其被短付数额的权利。

需要指出的是,第26号公约以及建议书对最低工资这一概念本身没有给出任何定义,这就给成员国在实施公约过程中自主解释和确定最低工资应该包括哪些内容留下了很大空间,也成为工会和雇主代表在讨论最低工资标准过程中一个极具争议性的问题。

关于制定最低工资标准时应考虑哪些主要因素,第26号公约没有做出任何规定,这在很大程度上反映了审议第26号公约过程中,工会和雇主组织对该问题存在较大的争议。尽管如此,第30号建议书第一章第三节给出了如下建议:

为确定最低工资率,在任何情况下,工资确定机构都应考虑能够使有关工人获得适当生活标准的必要性。有鉴于此,应该主要关注行业中有充分组织性且达成了有效集体协议的类似工人的工资率;或者,在没有这样的参考标准的情况下,应主要关注全国或某一地区普遍的一般工资水平。

如果在工资确定机关中的工人和雇主有此愿望,应该制定有关条款,复查由工资确定机关制定的最低工资率。

在上述建议中,"适当生活标准"一词的表达似乎非常泛泛,不具体,但如果结合下文,则可以看出:"适当生活标准"与"行业中有充分组织性且达成了有效集体协议的类似工人"有关。在缺少类似工人的参考标准的情况下,"适当生活标准"的确定还可以参考全国或地区的一般工资水平。此外,上述建议中所言的"复查(review)"是指,如果工人和雇主代表对最低工资标准提出异议并经双方同意,可以对已经制定的最低工资水平加以重新讨论。显然,这种重新讨论和我们现在所言的定期调整最低工资水平有着很大的差别。

三、第99号公约和相应建议书

在20世纪20年代,农业生产在各国的经济中占有举足轻重的位置。但1928年通过的第26号公约却未将农业部门纳入该公约的适用范围之内。为了弥补这一不足,国际劳工组织在1951年6月28日召开的第34届国际劳工组织大会上通过了《确定(农业)最低工资办法公约》(第99号公约)和《确定(农业)最低工资办法建议书》(第89号)。

制定第99号公约(以下简称"公约")的主要目的是防止农业部门极端低工资现象的出现,并使农业工人维持适当的生活水平。在国际劳工局起草的一份报告中指出,"通常认为,农业部门的工资水平要比工业部门的工资水平低很多"。[①]因此,公约第1条第1款明确要求,批准该公约的成员国"创建或维持恰当的办法,以便能够为那些被农业部门雇佣的工人以及从事相关职业的工人制定最低工资率"。

公约第1条第2款规定,主管机关需与工会和雇主组织共同协商确定对哪些职业或类型的工人应用最低工资确定办法。按照公约第3条的规定,主管机关需在预先与工会和雇主组织展开协商的基础上自由决定最低工资的确定办法。工会和雇主组织代表应该参与最低工资标准的制定,但参与或征求工会和雇主组织意见的方式以及程度取决各国的法律或条例的规定。最低工资标准一旦确定,对雇主和工人具有约束力,不应被递减(abatement)。不过,公约也规定了例外:"如果有必要,作为个案,主管部门可以做出例外规定,以避免体力和脑力残疾人士就业机会的缩减"。此外,考虑到农业部门的工资支付存在一些习惯性做法,或根据农业工人自己的要求,公约允许各国法律、集体协议或劳动仲裁规定以实物补贴的形式支付工人部分最低工资。

与第26号公约一样,第99号公约对制定最低工资标准时可参考的因素没有做出规定,但第89号建议书建议将"生活费用""所提供劳务的公平和合理价值""农业部门集体谈判协议中类似或具有可比性的工资水平"以及"其他行业拥有可比技术工人的一般工资水平"作为农业部门制定最低工资标准时需要考虑的主要因素。

关于劳动监察,根据第89号建议书第9条的规定,成员国"需要雇佣足够的合格监察员,并赋予他们类似于1947年《劳动监察公约》中规定的权力",以确保最低工资标准得到有效实施,并对违反最低工资标准规定的雇主采取惩罚措施。

---

① 参见 ILO, *Minimum Wage Fixing Machinery in Agriculture*, *Report VII(I)*, *ILC*, *33rd Session*, Geneva: ILO, 1949, p. 7.

四、第 131 号公约和相应建议书

虽然第 26 号和第 99 号公约在保护弱势劳动群体的基本权益方面发挥了重要作用,但其适用范围只包括工业、商业和农业三个部门,无法反映二战后产业结构的变化以及社会发展和公平正义的主流理念。另一方面,鉴于在许多发展中国家,最低工资制度不但是实施社会保护的重要手段,而且还变成了实现宏观经济政策的重要工具,国际劳工组织认为有必要强调平衡"社会保护"和"经济发展"两个目标的必要性和重要性,避免过高的最低工资标准对劳动力市场就业造成冲击以及为企业经营带来负面影响。此外,自第 26 号公约生效以来,世界各国在制定和实施最低工资制度方面积累了大量经验,为国际劳工组织补充和扩展较早制定的最低工资国际公约打下了坚实的基础。在此背景条件下,1970 年 6 月 22 日召开的国际劳工大会上通过了《确定最低工资并特别考虑发展中国家公约》(第 131 号)和相应的建议书(第 135 号)。①

表 5-2　最低工资三个国际公约和相应建议书的主要内容比较

内　容	第 26 号公约	第 99 号公约	第 131 号公约
主要义务	创建或维持确定最低工资的方法	创建或维持恰当的确定最低工资的方法	建立最低工资制度
适用范围	工业和商业中缺乏有效使用集体协议方法确定工资;工资水平特别低	农业部门雇佣的工人以及相关职业	雇佣条件适合覆盖范围的一切工资劳动者
工会和雇主组织的作用	(1)与工会和雇主组织协商,确定哪些行业或行业部门适用最低工资确定办法;(2)国家法律和条例决定工会和雇主组织参与最低工资标准制定的方式和程度	(1)与工会和雇主组织协商,确定农业部门哪些职业或类型的工人适用最低工资确定办法;(2)国家法律和条例决定工会和雇主组织参与最低工资标准制定的方式和程度	全面、直接参与最低工资标准的制定和实施

---

① 第 131 号公约第 6 条规定:"本公约不应视为是对现有公约(指第 26 号和第 99 号公约 - 作者注)的修订"。实际上,第 131 号公约序言中将 131 号公约视作是对现有公约的补充。

续表 5 - 2

内　容	第 26 号公约	第 99 号公约	第 131 号公约
确定最低工资标准时的参考因素	-	-	√
最低工资的调整	-	-	√

资料来源:作者根据最低工资三个国际公约和相应建议书的有关规定编制。

表 5 - 2 对最低工资三个国际公约和相应建议书的主要内容加以比较。与前两个公约相比,第 131 号公约对批准该公约的成员国义务、公约适用范围等方面的规定有了较大变化,同时还增加了确定最低工资标准时的参考因素以及最低工资调整等内容。

公约(指第 131 号公约,以下同)第 1 条第 1 款规定,

凡批准本公约的国际劳工组织会员国,承诺建立一种最低工资制度,其范围包括雇佣条件适合于该范围的一切工资劳动者。

要求成员国建立最低工资制度(system of minimum wage)的文字在第 26 号和第 99 号公约中并没有出现过。第 26 号和第 99 号公约虽然强调,成员国应该"创建或维持"一种能够确定最低工资的方法(machinery)①,但并没有明确要求成员国在实践中必须实施这种方法。根据这一理解,可以做出如下推论:第 26 号和第 99 号公约本身并不能保证工人在实际中获得最低工资的权力。国际劳工组织的一份调查报告中给出了如下评论:

建立最低工资制度……是第 131 号公约的一个主要创新,因为它不但包括建立最低工资的确定方法,而且它还包括方法的实施,从而确保工人获得他们所需

---

① 根据牛津英语大字典的解释,单词 *machinery* 的一个含义是:*the organization or structure of something or for doing something*;《英汉大词典》对 *machinery* 一词的翻译是:机构、系统;(为进行某事或达到某种效果而采用的)方法。在国际劳工组织一份针对最低工资问题的调查报告中,对 *machinery*、*method* 和 *system* 三个用词的含义做了分析。参见 ILO, *Minimum Wages:Wage Fixing Machinery, Application and Supervision*, Geneva:ILO,1992, pp. 13 - 14.

要的社会保护。①

第 131 号公约及其建议书的重点内容包括以下几个方面：（1）最低工资标准的适用范围尽可能的广泛；（2）在确定和实施最低工资制度过程中，雇主和工会享有同等权力，全面直接参与讨论；（3）在确定最低工资标准的过程中，不但要考虑工人及其家庭的需要，还应考虑经济发展水平、劳动生产率等因素；（4）随时调整最低工资标准，从而使之能够反映生活费用和其他经济条件的变化；（5）采取适当措施确保最低工资的规定得到有效实施。

正如前面介绍的那样，第 26 号公约原则上只适用于工业和商业，第 99 号公约则是针对农业部门。第 131 号公约将其使用范围扩大到所有符合条件的劳动者，这不仅仅是在适用范围上的扩大，更重要的是，它反映了当代最低工资制度的一个基本理念，即所有劳动者都有权获得体面和富有成果的劳动并获得相应的报酬。

根据第 135 号建议书，在"可能和适当照顾本国实践和条件的情况下"，确定最低工资水平时需要考虑的因素主要包括：（1）工人和家庭的需要；（2）全国总的工资水平；（3）生活费用及其变动情况；（4）社会保障津贴；（5）其他社会群体的相应生活标准；（6）经济方面的因素，包括经济发展的需要，劳动生产率水平以及实现并保持高就业水平的愿望。

上面列出的 6 条因素实际上是对工会和雇主代表所提建议的一种融合：第 1－5 条主要反映了工会方面的要求，而最后一条，即经济因素则反映了雇主对过高最低工资标准有可能影响就业的担心。按照第 135 号建议书，确定最低工资标准时需考虑的各种因素是指"可能和适当照顾本国实践和条件的情况下"，因此，各国在实践中拥有一定程度的灵活性，可根据本国实际情况和条件，具体决定需要考虑哪些因素。

关于最低工资的形式，第 135 号建议书提出的建议是：可以采取普遍使用的单一最低工资，也可以确定一系列适用特定工人群体的最低工资。建议书第四章还列出了确定最低工资的方法，包括：（1）法规；（2）主管当局决定；（3）工资委员会或工资理事会决定；（4）通过劳资调解法院或劳动法庭；（5）使集体协议的规定

---

① 参见 ILO, *General Survey of the Reports on the Minimum Wage Fixing Convention*, 1970 (*No. 131*), *and the Minimum Wage Fixing Recommendations*, 1970 (*No. 135*), Geneva: ILO, 2014, para. 60, p. 30.

产生法律效力。

在上述确定最低工资的几种方法中,"法规"是指通过立法机关确定最低工资标准。另外一个亮点是将"使集体协议的规定产生法律效力"列为确定最低工资的一种方法。这意味着,第 131 公约并没有要求所有国家都必须建立法定的最低工资制度,通过行业集体谈判确定最低工资标准并使之具有法律约束力的实践并没有违反 131 号公约的规定。

在较早制定的两个最低工资国际公约中,对通过集体谈判确定最低工资标准是否有效并没有做出明确的规定。第 26 号公约有关"制定或维持"确定最低工资方法的适用条件实际上暗含了否定集体谈判作为最低工资确定方法的意思。当然,第 26 号公约也规定了例外,即经过主管当局通案或专案核准,集体协议规定的最低工资标准有效。第 99 号公约第 2 条的措辞则表明,工资集体协议可以包含对最低工资的确定。

关于最低工资标准的调整。第 131 号公约和相应建议书规定,应定期或在必要的情况下,对最低工资标准展开调整以反映生活费用和其他经济条件变化的建议。在这方面,第 131 号公约与第 26 号公约存在明显不同。第 26 号公约没有对最低工资标准的调整做出任何规定,只是在建议书中提出了"如果在工资确定机关中的工人和雇主有此愿望,应该制定有关条款,复查由工资确定机关制定的最低工资率"的建议。第 99 号公约同样对最低工资的调整没有做出任何规定,但在建议书中要求"在适当的间隔对最低工资进行调整"。

关于劳动监察。第 131 号公约第 5 条规定:"为保证有关最低工资的全部规定的有效实施,应采取恰当的措施,例如建立一种适宜的监察制度,并配合采取其他必要措施"。第 135 号建议书则建议"雇佣一批数量充足、训练有素的监察员,授以完成其职责所必需的权利和便利"并"对违反最低工资规定的行为给予恰当的制裁"。

尽管与第 26 号和第 99 号公约相比,第 131 号公约在条款内容以及详细程度上有了较大的扩展,基本上反映了当代各国最低工资制度的实践,但许多国家由于已经加入了第 26 号公约或第 99 号公约,认为没有必要花费巨大的人力和物力审议是否加入第 131 号公约。此外,国际劳工组织在 2014 年发布的最低工资国际公约调查报告中列举了一些国家批准加入第 131 号公约所面临的障碍。① 第一，第 131 号公约有关最低工资标准的制定需要考虑劳动者个人和家庭的需要。土耳其政府认为，该规定与本国的法律规定不符，无法批准加入该公约；第二，第 131 号公约有关最低工资标准覆盖范围的规定。根据毛里求斯政府的报告，有 20% 的劳动者没有被纳入最低工资标准的覆盖范围，短期内无法达到第 131 号公约的有关要求，需与工会和雇主组织展开协商讨论。柬埔寨和马里也提出了类似问题；第三，经济发展和扩大就业的需要。为发展经济和吸引外资，埃塞俄比亚政府正在努力使工资确定具有"灵活性"，而不是创造"刚性"最低工资。此外，埃塞俄比亚政府还认为，由于实施最低工资制度有可能对就业造成伤害，在不久的将来不会批准加入第 131 号公约；第四，工会和雇主组织的反对。奥地利工会和雇主组织认为，通过行业集体谈判确定最低工资标准的制度在奥地利运行良好，不需要改变目前的最低工资制度，因此，奥地利不会考虑加入第 131 号公约。

本章小结

国际劳工组织是世界上成立最早的国际组织之一。三方协商原则始终贯穿于国际劳工组织的建立和整个工作之中，包括国际劳工大会的召开和理事会的运作以及国际劳工标准的起草和批准等。针对国际政治和经济在过去几十年期间发生的巨大变化，特别是全球经济一体化的快速发展和绿色经济的兴起，国际劳工组织分别制定了《关于工作中的基本原则和权利宣言》和《关于争取公平全球化的社会正义宣言》。基于两个宣言，国际劳工组织在过去的 20 多年期间，通过采取各种措施，积极推动和促进体面劳动、绿色就业以及全球经济一体化下强化对劳动者就业和工作条件的保护。

制定和监督各成员国执行国际劳工标准是国际劳工组织的重要功能之一。国际劳工公约和国际劳工建议书是国际劳工标准的两个重要组成部分。在种类

① 参见 ILO, *General Survey of the Reports on the Minimum Wage Fixing Convention*, 1970 (*No. 131*), *and the Minimum Wage Fixing Recommendations*, 1970 (*No. 135*), Geneva: ILO, 2014, para. 60, p. 30.

繁多的国际劳工标准中,有关最低工资的国际公约和建议书的制定时间较早且具有鲜明的时代特征。随着社会公平与正义理念的不断深化以及成员国最低工资制度的日益丰富,公约中有关最低工资标准的适用范围也从最早的仅仅适用于工业和商业两个部门扩展到覆盖所有行业。虽然成员国的具体规定有着较大的差异,但各国的实践表明,有越来越多的部门和从事各种职业的劳动者被纳入最低工资制度的保护范围之内,在这个意义上,可以说最低工资标准具有普适性。

关于最低工资的三个国际公约和相应的建议书,有两点需要特别关注:第一,公约对最低工资这一概念的内涵和外延没有加以任何定义。实际上,国际劳工组织的所有正式文件还未出现过有关最低工资的定义。到目前为止,不存在国际上统一和为各方所接受的有关最低工资的定义;在实践中,各国对最低工资的理解具有一定程度的差异;第二,按照最低工资国际公约的规定,无论采取何种方式制定最低工资标准,工会以及雇主代表都应该参与制定、调整乃至监督最低工资标准实施的工作。工会和雇主代表的参与不但对制定公平合理的最低工资水平以及提高最低工资标准的执行效力起着至关重要的作用,而且也是判断最低工资国际公约缔约国是否履行其义务的一个重要指标。

第六章

与最低工资国际公约有关的案例

　　国际劳工组织"公约与建议书应用专家委员会"每年在国际劳工大会召开之前都会发表年度报告。年度报告第一册由两部分组成:总报告(general report)和针对某些国家是否履行已加入国际劳工公约义务的观察与评论(observations)。年度报告第二册内容为调查综述(general survey)。本章所举案例主要来自专家委员会在 2008 - 2017 年期间发布的年度报告第一册第二部分的内容。本章第一节介绍与第 26 号公约有关的案例,第二节介绍的是第 131 号公约案例。由于年度报告涉及第 99 号公约的内容较少,因此本章没有列出与之有关的案例。

第一节　第 26 号公约案例

一、土耳其

　　横跨欧亚大陆的土耳其于 1975 年批准加入国际劳工组织第 26 号公约,目前是经济合作与发展组织(OECD)成员国,并正在与欧盟委员会展开加入欧盟的谈判。从 1969 年至 1974 年,土耳其实施的是以地区为基础的最低工资标准,后由于协调和监督存在诸多问题,从 1989 年开始采用全国统一的最低工资标准。按照规定,土耳其最低工资标准每两年至少调整一次,16 岁及以下的劳动者适用较低的最低工资标准。隶属于土耳其劳动与社会保障部的"最低工资确定委员会"负责制定全国最低工资标准。"最低工资确定委员会"由 15 人组成,包括 5 名公共部门代表、土耳其工会联合会(TURK - IS)和来自土耳其雇主联合会(TISK)代表各 5 名。

TISK 曾向国际劳工组织提交报告,认为土耳其的最低工资制度违反了第 26 号公约的规定。在报告中,TISK 反对将以家庭为基础的行业(home - based trades)纳入全国最低工资标准适用范围,其主要原因是:以家庭为基础的生产大多采用计件工资制度,而计件工资最低标准的计算非常困难,几乎不可能;也很难判断以家庭为基础的工作是属于自我雇佣(self - employed),还是属于就业关系。TISK 认为,解决非正规就业问题的关键是政府采取减税政策和减少官僚主义,并对正规部门实施更多的激励措施。TISK 在报告中还指出,定期调整最低工资标准,除考虑通胀水平外,还应考虑经济危机、市场波动、生产率下降以及是否会造成失业率增加等重要因素。TISK 建议,应将适用较低最低工资标准的年龄从目前的 16 岁提高到 20 岁,目的是解决年轻人失业率较高的问题。

与此同时,TURK - IS 也向国际劳工组织投诉,认为土耳其的最低工资水平根本无法满足人道的生活标准,并指责政府和雇主常以经济形势为借口,试图将最低工资标准保持在极低的水平。TURK - IS 指出,在过去的四年期间,土耳其经济累计增长了 35%,但最低工资收入者并没有从中分享经济增长果实。基于土耳其社会保障研究机构的统计调查数据,TURK - IS 指出:在土耳其,每 5 个在正规部门就业的劳动者就有 3 个劳动者是最低工资收入者。目前的最低工资标准是饥饿标准(hunger level)的 60%,与贫困标准的比值是 0.2,这意味着,最低工资收入者的家庭每个月只能过上 19 天的健康生活,享受 6 天的体面生活。关于将以家庭为基础的行业纳入全国最低工资标准适用范围,TURK - IS 认为,这将有助于解决目前非正规就业存在的问题,改善对非正规就业人员的收入保护。

专家委员会的评论:针对 TISK 和 TURK - IS 的投诉,土耳其政府迟迟未做答复,专家委员多次要求土耳其政府回应土耳其工会和雇主组织提出的问题。

二、印度

印度是发展中国家中较早建立最低工资制度的国家之一。早在 1948 年,印度就通过了《最低工资法》并于 1955 年加入了国际劳工组织第 26 号公约。根据印度的《最低工资法》,中央政府和邦政府均有权制定最低工资标准,但在制定最低工资标准之前需要和具有三方性质的咨询委员会展开协商。按照目前印度的最低工资制度,印度中央政府负责制定国有企业以及国家战略行业如铁路、港口、石油和采矿等企业的最低工资标准,地方政府负责制定其他类型企业的最低工标准。由于中央和地方政府制定的最低工资标准是按行业(职业)、地区和工人技术水平(熟练工和非熟练工)划分,因此,每年印度中央政府和地方政府颁布的最低工资标准合计加起来会超过 1000 个,堪称是世界上最低工资标准最多的国家。

2006 年 5 月 26 日,印度中央工会(CITU)向国际劳工组织提交报告,指控在调整最低工资的过程中,尽管受到工会的强烈反对,但政府仍然一意孤行,强行推出新的产业工人消费者物价指数。CITU 认为,印度政府劳工统计局在编制消费者物价指数过程中,程序缺乏透明性,且涉嫌操纵有关数据。因此,针对产业工人的新物价指数无法真实地反映通胀或物价上涨水平,无法获得人民的信任。在报告中,CITU 指出,1978 年和 1980 年分别建立的两个物价指数评估委员会曾建议,在编制物价指数过程中,需有社会伙伴的参与。遗憾的是,物价指数审查委员会的建议并没有得到实现。CITU 坚持认为,政府在编制物价指数过程中,应该对基期年份的选择、家计调查和抽样方法以及指数编制方法展开彻底的研讨。

针对中央工会的指控,印度政府做出了回应。第一,在编制新的产业工人消费者物价指数过程中,政府与不同利益相关者包括工会展开了广泛协商。在试点调查过程中,有关部门还针对被调查市场的选择、被调查商品和劳务以及价格搜集日期等问题向许多工会咨询过;第二,工会对政府涉嫌操纵统计数据的指控是不实指控。在对商品和劳务价格的搜集过程中,一切程序和方法都透明公开,所有数据有案备查。此外,在 2005 年 9 月,"物价和生活费用统计技术咨询委员会(The Technical Advisory Committee on Statistics of Prices and Cost of Living, TAC on SPCL)"新增了 3 位来自中央工会和雇主协会方面的代表,并在 2006 年 2 月召开的会议上就改善和提高编制物价指数质量问题展开过讨论;第三,关于中央工会建议成立新的物价指数评估委员会问题。政府方面已经开始着手准备重新任命物价指数评估委员会委员的工作。政府坚决否认中央工会在编制新的产业工人生活物价指数过程中工作不规范、程序缺乏透明性以及涉嫌操纵统计数据的指控。

专家委员会的评论:专家委员会对印度政府为定期调整最低工资标准而对编制物价指数所做出的努力表示赞赏。"统计和生活物价及成本技术咨询委员会"任命来自中央工会和雇主协会各三名代表,说明该委员会已经具有三方性。专家委员会希望,"物价和生活费用统计技术咨询委员会"能够充分听取并采纳所有委员的意见和建议。

三、毛里求斯

毛里求斯是非洲东部的岛国,位于印度洋西南角。1968 年脱离英国独立后,经济发展较为稳定。经过数十年积累,经济结构调整以及 20 世纪 80 至 90 年代的"经济腾飞",毛里求斯已发展成为非洲表现最好的经济体,2016 年的人均 GDP 为9800 美元,接近中等收入国家水平。①

毛里求斯于 1928 年批准加入国际劳工组织第 26 号公约。2014 年 8 月,毛里求斯私营部门工人联合会(CTSP)向国际劳工组织投诉,指控政府违反了第 26 号公约的规定。

在给国际劳工组织的投诉报告中,CTSP 指出,毛里求斯在 2013 年修改了2008 年制定的《就业关系法》。根据修改后的《就业关系法》第 95(1A)条规定,如果企业或行业签订的集体协议的有关条款覆盖了本国《薪酬条例》的相关规定,则《薪酬条例》对该企业或行业将不再适用。换言之,只有在集体协议没有涉及条例有关规定的情况下,该条例对企业或行业才有效。政府每年都会对《薪酬条例》加以修改,根据行业以及工人工作年限的不同,颁布不同的最低工资标准和薪酬增长幅度。CTSP 认为,由于《薪酬条例》中颁布的最低工资标准通常要高于集体协议制定的标准,因此,第 95(1A)条的规定实际上剥夺了工人享有最低工资保护的权利。在报告中,CTSP 坚持认为,《就业关系法》第 95(1A)条应该被解读为:集体协议制定的最低工资标准和薪酬增长幅度不应低于《薪酬条例》的有关规定。此外,按照《就业关系法》第 57(2)条的规定,集体协议不应包含降低《薪酬条例》规定的最低工资标准和工人薪酬增长幅度的内容。CTSP 指责政府将第 57(2)解释为:该条规定只适用于劳资集体谈判期间,并不适用于签订集体协议之后。

针对 CTSP 的指控,毛里求斯政府做出如下回应:第一,修改 2008 年《就业关系法》并新增第 95(1)条的理由是:集体协议一旦签署,它将优先于《薪酬条例》,这将有助于促进劳资集体谈判;第二,政府对第 57(2)条的解释符合国际劳工组织理事会编辑出版的《结社自由委员会的决定和原则汇编》(Digest of Decisions and Principles of the Freedom of Association Committee)第 940 页和第 1045 页的内

---

① 资料来源:中华人民共和国驻毛里求斯大使馆网站,网址:http://mu. mofcom. gov. cn/article/ddgk/zwjingji/201706/20170602594586. shtml。

容,即"对集体协议共同遵守的承诺是集体谈判权利的一个重要因素,为构建稳定和坚实的劳动关系,应该坚守此原则";以及"在法律对私营企业总工资的增加做出了规定且在集体协议中制定了相应标准的条件下,未经劳资双方同意,公共当局不能为解决工人购买力降低问题而对有关条款做出修改"。政府还认为,2008年制定的《就业关系法》第52条是一种补救措施。

专家委员会的评论:专家委员会注意到了毛里求斯政府作对 CTSP 投诉所做出的回应。但专家委员会认为,毛里求斯政府的解释比较牵强,特别是所引用的《结社自由委员会的决定和原则汇编》的有关内容与 CTSP 的指控缺乏关联性。专家委员会希望毛里求斯工会和政府继续展开协商,从而确保最低工资标准的制定和实施更加有效。

四、乌干达

按照世界银行的统计,位于非洲东部的乌干达 2015 年的人均 GDP 为 615 美元,属于低收入国家。此外,根据联合国开发计划署 UNDP 发表的《2016 人类发展报告》,乌干达人类发展指数 HDI 在 2015 年为 0.493,被列入"低人类发展水平(low human development)"。尽管如此,从动态角度去考察,在过去的几十年中,乌干达在社会经济发展方面依然取得了一定程度的进步。例如,1990 年,乌干达的HDI 仅为 0.309,与 2015 年水平相比低了 1.84 个点。从 1999 年至 2009 年,乌干达的 GDP 年均增长速度为 7.22%;虽然从 2010 年开始,经济增长速度有所减缓,但截至 2016 年,乌干达的 GDP 年均增长速度依然达到 5.35%。①

乌干达实行全国统一的最低工资制度并于 1963 年批准加入了国际劳工组织第 26 号公约。根据 1964 年通过的乌干达《最低工资咨询委员会和工资理事会法》,最低工资咨询委员会负责向政府提出最低工资标准的建议,最后由政府批准颁布执行。但是,截止到 2016 年,乌干达 1984 年制定的每月 6000 乌干达先令(约合 2.3 美元)的最低工资标准从未调整过。虽然最低工资咨询委员会在 1995 年曾经建议将月最低工资标准提高到 58000 乌干达先令(约合 25 美元),但并没有被政府采纳;自 1995 后,最低工资咨询委员会和工资理事会基本上停止了运作,名存实亡。

---

① 本书作者按照世界银行网站列出的乌干达历年 GDP 统计数据计算。

国际劳工组织对乌干达最低工资制度存在的问题表现出了极大的关注和担忧。从 2010 年起,劳工标准专家委员会几乎在每年的报告中都要求乌干达政府解释最低工资咨询委员会停止运作以及冻结最低工资标准调整的原因,并强烈要求乌干达政府采取有效措施,恢复工资咨询委员会以及工资理事会的工作,并在三方协商的基础上制定和调整最低工资标准。专家委员会特别指出:

第 26 号公约的一个基本目标是确保工人的最低工资能够保证劳动者及其家庭的体面生活标准。考虑到生活费用和其他经济条件的变化,需要定期对最低工资做出评估。如果不这样做,上述基本目标也就难以得到真正实现。……当薪酬支付的最低标准严重缩水,最终使其与工人的实际需要变得毫无关系,那么,确定最低工资标准就会变成一种形式,没有任何实质意义。

鉴于问题的严重性,根据《国际劳工组织章程》第 22 条和第 35 的规定,国际劳工标准应用委员会在 2014 年 6 月召开的国际劳工大会期间组织召开了专门会议,就乌干达违反第 26 号公约第 1 至第 4 条规定的问题展开讨论。会上,来自乌干达的工会代表指责政府的做法不但侵犯了国家宪法赋予乌干达公民享有尊严生活的权利,而且也是对联合国 1948 年制定的《世界人权宣言》的一种公然践踏。乌干达工会代表在发言中指出,尽管政府在国家发展规划中将最低工资制度列为是实现"富有成果就业(gainful employment)"的关键步骤,但由于最低工资制度在乌干达已经变得名存实亡,劳动者特别是那些在非正规就业部门就业的工人受到资方剥削和歧视程度变得更为深重。在三个典型的低收入行业,即农业、家政以及采矿部门的就业群体中,女性所占比例为 50%。政府长期冻结最低工资调整使得那些在低收入行业工作的乌干达女性劳动者深受其害,薪酬水平无法得到改善。乌干达是世界上最为贫困的国家之一,存在大量贫困人口,国家社会保障制度主要是针对在正规部门从事工作的劳动者。对那些在非正规部门就业的劳动者来说,工资是它们以及家庭收入的唯一来源,由于最低工资制度在乌干达缺乏有效的运行,社会底层和最弱势群体的苦难进一步加深。

来自刚果、尼日利亚、肯尼亚和巴西的工会代表对乌干达工会代表的发言表示支持。国际劳工组织理事会的工会代表也对乌干达政府表示强烈谴责。另一方面,国际劳工组织理事会的雇主组织代表在发言中建议乌干达政府尽快向国际劳工组织提出请求,派遣国际劳工组织最低工资问题专家前往乌干达,从技术层面帮助乌干达解决最低工资制度方面存在的问题。雇主代表希望乌干达政府能够采取切实有效措施,在与社会伙伴充分协商的基础上,恢复最低工资咨询委员会和工资理事会的运作。此外,国际雇主组织(IOE)和乌干达雇主联盟还在2014年8月21日向国际劳工组织递交一份报告,要求乌干达政府利用乌干达经济增长较快的有利局面尽早全面履行第26号公约。

按照程序,来自乌干达政府的代表在会上也做了发言。政府代表强调,在调整最低工资之前,有必要展开广泛调查,包括不同行业和地区的就业形势、工资增长趋势以及生活费用的变化。如果不去考虑这些因素而盲目提高最低工资水平有可能对宏观经济发展带来不利影响,破坏乌干达宏观经济结构的稳定性。政府代表指出,有关部门以就重启最低工资咨询委员会运作准备了一份文件,政府有可能会在2014年9月之前批准该文件。一旦得到批准,最低工资咨询委员会将在6个月内向政府提交建议调整最低工资标准的报告。政府打算在2015年6月调整最低工资标准。政府代表在发言中表示,乌干达政府愿意接受国际劳工组织在资金和技术方面的支持,完善最低工资的确定和调整程序,使工人、雇主和政府三方都从中受益。

尽管乌干达政府代表在2014年6月国际劳工标准应用委员会组织的专门讨论会提出了本国政府重启最低工资咨询委员运作和调整最低工资标准的计划,但在其后的几年期间,乌干达的最低工资标准依然没有实现重新调整。在此背景下,专家委员在2015年和2017年的年度报告中,强烈要求乌干达政府对此做出详细解释。

五、委内瑞拉

委内瑞拉位于南美洲北部,全称为委内瑞拉玻利瓦尔共和国,是世界上重要的石油生产国和出口国。根据世界银行的统计数据,2013年委内瑞拉的人均GDP为12237美元,属于中等偏上收入国家。激进左翼的查韦斯1999年当选总统后,抛弃了过去政府采取的发展主义经济增长模式,奉行国有化政策并加强国家对经济的干预。为实现“玻利瓦尔革命”和“21世纪社会主义”,查韦斯政府采取了一系列亲贫(pro - poor)的社会经济改革措施,通过提高最低工资标准和收入再分配政策,减少贫困现象和收入不平等水平。然而,自查韦斯接班人马杜罗担任总统以来,受世界石油价格下跌以及政治动乱的影响,委内瑞拉的经济增长自2013年起几乎陷入停滞状态,并成为是世界上通货膨胀最严重的国家之一。迫于通胀压力,委内瑞拉政府在 2014 年四次提高全国最低工资标准,在 2017 年上半年三次调整全国最低工资水平。与此同时,委内瑞拉政府还通过发放"社会主义食品券"的方式来弥补最低工资购买力的下降。

虽然委内瑞拉早在 1944 年就批准加入了国际劳工组织第 26 号公约,但直到35 年后,即 1989 年才开始制定最低工资标准。1991 年开始实施的《劳动法》赋予全国三方委员会年度调整最低工资标准的权利。全国三方委员会由政府、委内瑞拉总商会和商业及生产协会(FEDECAMARAS)和委内瑞拉工会联盟(CTV)代表组成。

从 2010 年起至 2017 年,委内瑞拉的名字多次出现在专家委员会撰写的年度报告中,焦点问题是其调整最低工资标准的程序是否违反了第 26 号公约的有关规定。专家委员会强烈要求委内瑞拉政府做出最大的努力,在平等的基础上,与最具代表性的工会和雇主组织展开全面对话和协商。

FEDECAMARAS 在 2009 年 8 月和 2011 年 9 月向国际劳工组织递交报告,指控政府在过去的 10 年期间未按照规定召开全国三方委员会会议协商讨论最低工资调整问题。FEDECAMARAS 指出,劳动和社会保障部曾向工会和雇主组织发出协商邀请函,但在邀请函中要求针对最低工资标准调整的书面建议需在收到邀请函后的 15 日之内提出。在 FEDECAMARAS 看来,政府并非是真心实意地想展开协商讨论最低工资调整问题,明显违反了第 26 号公约的有关规定。

2011 年 8 月和 2012 年 8 月,委内瑞拉独立工会联盟(ASI)向国际劳工组织递交投诉报告,指控政府在制定劳动政策过程中忽视雇主和工会代表建议的企图非常明显。ASI 在报告中指出,委内瑞拉的有关法律并没有对影响最低工资标准的因素做出明确规定,而且对政府的权力也没有做出任何限制。尽管政府大幅度提高全国最低工资标准,但最低工资标准的购买力依然赶不上物价上涨幅度。按照ASI 自己的计算,在委内瑞拉,有 21.1% 的劳动者是最低工资收入者,最低工资购买力的下降使最低工资收入者及其家庭的生活受到严重影响。

2013 年 7 月,国际雇主组织(IOE)和 FEDECAMARAS 联名向国际劳工组织提交报告,指控委内瑞拉政府违反了第 26 号公约第 1-3 条的规定。报告指出,2012年 4 月 30 日开始实施修改后的《劳动者和工人基本法》,但该法删除了与全国三方委员会协商确定最低工资标准的条款,这意味着,政府可以自己选择各种社会组织和社会经济机构针对最低工资问题展开协商。IOE 和 FEDECAMARAS 再次强调,自 2002 年起,最低工资标准由政府单方面确定,并没有开展任何真诚的社会对话。政府单方面确定最低工资标准的做法不但未履行第 26 号公约的有关规定,也违反了 1976 年《(国际劳工标准)三方协商公约》。

针对雇主和工会的指控,委内瑞拉政府做出了回应,要点如下:第一,根据委内瑞拉玻利瓦尔共和国宪法第 91 条的规定,国家有责任每年对公共和私营企业部门的最低工资标准进行调整;第二,1999 年修宪国民大会中的工人代表指责全国三方委员会缺乏效率和代表性,强烈要求最低工资标准的确定与个人政治利益脱钩。新的《劳动者和工人基本法》没有提到全国三方协商委员会,取而代之的是不同的社会组织和社会经济机构。自 2000 年起,政府在年度调整最低工资标准过程中都会按照第 26 号公约第 3 条的规定,在平等的基础上与社会、经济、雇主和工人组织展开广泛协商;第三,政府在每年的一月份分别向 5 个工会联盟、32 个工会联合会以及 5 个重要的雇主组织提出咨询,同时还要求中央银行以及财政部准备年度报告。此外,劳动部还通过网站专门收集工人和雇主代表的意见。在了解各方意见和建议的基础上,一个由总统任命的委员会负责撰写总结报告。根据该报告,总统将以总统政令的形式颁布新的最低工资标准;(4)政府仅用了五年的时间就建立了全国统一的最低工资标准,消除了最低工资标准在各地区、行业上的差异,并将最低工资适用范围扩展到那些在非正规经济部门工作的劳动者。

鉴于问题的严重性,根据《国际劳工组织章程》第 22 条和第 35 条的规定,在2014 年 6 月召开的国际劳工大会期间,国际劳工标准应用委员会就委内瑞拉最低工资问题展开专门讨论。来自委内瑞拉的工会和雇主组织代表、国际劳工组织理事会工会和雇主组织的代表以及中国等成员国代表在会上做了发言。委内瑞拉政府代表则为政府做了辩护。

由于国际劳工组织理事会中的雇主代表团认为委内瑞拉的最低工资问题迟迟未能得到有效解决,依据《国际劳工组织章程》第 26 的规定,在 2015 年召开的国际劳工代表大会上,雇主代表团向理事会"控诉(complaint)"委内瑞拉政府未遵守第 26 号条约的规定。理事会收到了雇主代表团的控诉书,但还未做出最终裁决。

第二节　第 131 号公约案例

一、韩国

按照韩国 2008 年修改后的《最低工资法》的规定,由 27 人组成的最低工资委员会(Minimum Wage Council)负责商讨每年的最低工资标准并将讨论结果上交给韩国就业和劳动部。在 27 人组成的最低工资委员会中,工会和雇主组织各有 9 名代表;独立人士,即所谓的公益委员(public interest members)在委员会成员中占有 9 个名额。

2012 年 6 月 11 日,韩国劳动组合总联盟(the Federation of Korean Trade Unions,FKTU)和民主劳动组合总联盟(the Korean Confederation of Trade Unions,KCTU)向国际劳工组织递交报告,投诉韩国政府在组建最低工资委员会的过程中,没有和工会以及雇主组织协商,单方面确定独立委员人选,明显违背了第 131 号公约第 4 条第 3 款的有关规定。

第 131 号公约第 4 条第 3 款(b)的内容是:

公认有资格代表国家整体利益的人士,其任命需经与有关的、有代表性的雇主组织和工人组织(如存在此组织)充分协商,而此种协商应符合国家法律或惯例。

在报告中,韩国两大工会组织指出,虽然韩国的《最低工资法》并没有规定独立委员产生的办法,但直到 2008 年之前,最低工资委员会一般都会遵循经济与社会发展委员(ESDC)任命独立委员的模式,由工会和雇主组织推荐,总统最后加以确认和任命。考虑到秉持中立立场的独立人士在劳资双方展开的最低工资问题谈判过程中起着至关重要的作用,两大工会组织认为,被任命的独立委员的背景应该多元化,不应来自同一所大学。

针对 FKTU 和 KCTU 对政府的指控,韩国政府做出了回应,认为工会组织的有关陈述是基于对第 131 号公约第 4 条第 3 款(b)的错误解释。在一份向国际劳工组织提交的解释报告中,韩国政府称,公约中规定的协商是指国家的法律做出了相关要求或在实践中有此做法。韩国政府提醒有关各方注意:纵观第 131 号公约的起草过程,正是由于许多成员国对不受限制的协商表现出了极大的担忧,才使得公约做出了"此协商应该符合国家法律或惯例"的规定,从而为各国的实践提供了灵活性。因此,公约第 4 条第 3 款(b)不应被解释为,尽管国家法律没有做出规定或在实践中没有此种做法,公约缔约国在任命独立委员之前也有义务与工会和雇主组织展开充分协商。韩国政府在报告中还引述韩国《最低工资法》的有关条款,证明本国法律并没有规定,在任命独立委员之前政府需要和工会以及雇主组织展开协商。此外,按照韩国政府的说法,工会组织所言的协商从来也不是政府在实践中任命独立委员程序的一部分。

关于工会组织提出的独立委员背景多元化的问题,政府认为,由于需要独立委员在最低工资委员会讨论最低工资标准过程中发挥居中调停作用,从而使工会和雇主组织双方能够形成某种程度的妥协,因此,由政府任命的独立委员的专业背景和独立性就显得格外重要。政府方面认为,如果工会和雇主组织拥有推荐独立委员的权力,那么,独立委员的独立性和公平性将会受到极大破坏。

专家委员会的评论:专家委员会注意到了 FKTU 和 KCTU 的陈述以及韩国政府对此做出的回应。同时,专家委员会也注意到,根据第 131 号公约的规定,只有在本国法律明确要求或实践中存在明显惯例的情况下,对最低工资确定机构中独立委员的任命需要与雇主和工人代表展开充分协商。在这个问题上,专家委员会在 1992 年撰写的有关最低工资报告中的第 222 段也做出了相同表述。此外,专家委员会还指出,根据第 131 号公约第 4 条第 3 款(b)的规定,任命代表国家总体利益人士的关键资格是其专业能力和公平性。关于这一点,在与第 131 号公约相对应的建议书,即第 135 号建议书中也提出了"合适且具有一定资格"的要求。

基于韩国政府的解释,即韩国法律并没有规定对独立委员的任命需要和工会和雇主组织展开协商,而且协商在实践中从来也不是政府任命独立委员程序的一部分. 对此,专家委员会认为:韩国最低工资委员会委员的遴选过程以及工作程序符合第 131 号公约的有关规定。

二、日本

日本在 1971 年批准加入国际劳工组织第 26 号和第 131 号公约。与其他发达国家相比,日本加入最低工资国际公约的时间较晚,其中一个重要的原因是:在 20 世纪 60 年代,企业(雇主)之间签订集体协议是日本确定最低工资标准的主要方式。在雇主展开协商和签订集体协议的过程中,工会代表被排除在外,明显违背了最低工资国际公约中关于在制定最低工资标准过程中需要展开三方协商的规定。在国际劳工组织的压力下,日本在 1968 年对《最低工资法》做出修订,确立了以中央和地方最低工资审议会作为制定最低工资标准主要机构的制度安排。

2007 年,日本再次对《最低工资法》进行了大幅度修改。按照修改后的《最低工资法》,以地区为基础确定最低工资标准成为日本最低工资制度的主要形式。隶属于日本厚生劳动省的"中央最低工资审议会"每年都会颁布全国最低工资调整指导线。在"中央最低工资审议会"颁布年度调整指导线后,各地区(都道府县)的最低工资审议会将展开三方协商,并经各地区主管劳动事务部门的批准最终确定(小时)最低工资标准的调整幅度。

2011 年 9 月 25 日,日本全国劳动组合总联合(ZENROREN,简称"全劳联")向国际劳工组织递交了一份报告,投诉日本政府违反了第 131 号公约第 3 条和日本《最低工资法》的规定。报告的主要内容包括:(1)制定的最低工资标准较低;(2)确定最低工资标准的计算方法不公平;(3)最低工资标准在日本不同地区之间的差距不断扩大;(4)最低工资审议会对全劳联代表的歧视。

第 131 号公约第 3 条的规定是:

在可能和适当照顾本国实践和条件的情况下,确定最低工资水平时应考虑的因素包括:(a)工人及其家庭的需要,同时考虑本国工资的一般水平、生活费用、社会保障津贴以及其他社会群体相应的生活标准;(b)经济方面的因素,包括经济发展的需要,生产率水平,实现并保持高水平就业的愿望。

2007 年修改后的《最低工资法》规定,日本各地区(都道府县)在制定最低工资标准时应该考虑本地区的生活水平和平均工资水平。全劳联认为,根据第 131号公约第 3 条以及日本《最低工资法》的有关规定,生活费用是确定最低工资标准时需要考虑的因素之一,但目前日本的最低工资收入不足以满足劳动者个人及其家庭的需要。有些地区的最低工资标准甚至低于政府的社会救助标准,例如,东京都和高知县的月最低工资标准分别为 111,183 和 85,679 日元,而在同期,两地的社会救助标准分别为 141,680 和 112,056 日元。

关于第二个问题,全劳联称,政府通过玩弄数字来误导公众。例如,在比较最低工资标准和社会救助水平时,政府使用的月平均劳动时间是 178.8 小时。在全劳联看来,月平均劳动时间 178.8 小时这一数字明显超过了所有行业全职劳动者的平均劳动时间。

全劳联在报告中指出,自 2007 年修改《最低工资法》后,最低工资标准在日本不同地区存在明显差距,导致许多在农村劳动的青年人流动到城市寻找工作,使得农村面临严重的劳动力短缺问题。基于全劳联展开的一份调查结果,埼玉、岩手、静冈和长崎的生活费用基本相同,全劳联认为,没有必要在这些地区确定不同的最低工资标准。因此,全劳联呼吁建立全国统一的最低工资标准。

关于最低工资审议会对全劳联的歧视问题。全劳联在报告中称,在选举审议会工会代表的过程中,只有那些受到日本劳动组合总联合会(RENGO,简称"联合")支持的候选代表才能够顺利当选,全劳联推荐的代表则被有计划、有组织地排除在外。

针对全劳联在报告中提出的问题,日本政府做出了如下回复:第一,关于某些地区的最低工资标准低于当地政府社会救助标准问题。据查,共有 9 个县存在全劳联提出的现象。其中,6 个县已经根据政府的要求采取了措施并使问题得到了解决;剩余的 3 个县正在商讨通过提高最低工资标准来解决当地社会救助水平高于最低工资标准的问题;第二,关于政府将 178.8 小时作为月平均劳动时间的问题。最低工资标准与政府社会救助水平相比较时使用 178.8 小时作为参考月份的平均劳动时间不是政府方面的决定,它是由中央最低工资审议会中包括工会代表参加的全体委员讨论通过后做出的决定;第三,关于地区最低工资差距问题。政府认为,考虑到不同地区在生活费用以及企业支付能力上存在一定的差异,因此,按地区制定最低工资标准是一种必然的选择。中央最低工资委员会每年颁布的最低工资调整指导线为各地区调整最低工资水平提供一般的指导,具体调整幅度应由各地区最低工资审议会和当地负责劳动事务的部门来决定;第四,关于最低工资审议会对全劳联的歧视问题。政府称,到目前为止,对最低工资审议会委员的任命均按日本的《最低工资法》第 23 条和《最低工资命令》第 3 条规定的有关程序进行。

专家委员会的评论:专家委员会注意到了全劳联的报告以及日本政府对此所做的回应。专家委员会在进一步做出评论之前,要求日本政府以及全劳联提供以下几个方面的详细信息:(1)已经采取的或准备采取的旨在确保最低工资标准高于政府社会救助水平的措施;(2)官方或学者分析日本的最低工资制度,即以都道府县为基础确定最低工资标准利弊得失的详细报告;(3)为了加强最低工资审议会中各方代表的作用,政府方面是否已经考虑从不同工会联合会中遴选工会代表的可能性。

三、荷兰

按照《最低工资和最低假日补贴法》的规定,荷兰实行全国统一的最低工资标准,其月最低工资分为成年和青年标准两种。年龄在 15 – 22 岁的劳动者适用于青年标准。青年标准又按年龄的不同被划分成不同档次:年龄为 22 岁的劳动者,其最低工资标准是成年标准的 85%;21 岁的最低工资标准是成年标准的 72.5%;年龄为 20 和 19 岁的最低工资标准分别为成年人标准的 61.5% 和 52.5%;18 – 15 岁的最低工资标准与成年最低工资标准折算的比率分别为:45.5%、39.5%、34.5% 和 30%。

荷兰工会联合会(FNV)向国际劳工组织递交报告,投诉荷兰政府按年龄划分不同最低工资标准的做法没有正当性,违反了第 131 号公约第 1 条的规定。

第 131 号公约第 1 条的内容是:

1. 凡批准本公约的国际劳工组织成员国,承诺建立一种最低工资制度,其范围包括雇佣条件适合于该范围的一切工资劳动者群体。

2.……

3. 凡批准本公约的成员国,应在依照国际劳工组织章程第 22 条提交的关于实施本公约的第一次报告中,列举根据本条规定可能未包括在该范围内的工资劳动者群体,陈述其理由,并应在以后的报告中说明该国法律和实践对这些未列入该范围的群体所作规定的状况,并说明在任何程度上已经或建议对这些群体实施本公约。

针对工会组织的指控,荷兰政府做出了回应。在一份递交给国际劳工组织的报告中,荷兰政府指出,对年轻劳动者制定较低的最低工资水平将有助于在政府业已制定的两个政策目标之间寻找一种平衡。政府制定的两个政策目标是:鼓励正在接受正规教育的年轻人尽可能完成学业和促进青年人的就业水平。关于第一个政策目标,政府秉持的观点是:如果最低工资标准较高,则有可能会鼓励青年人辍学并开始在劳动力市场寻找工作。关于第二个政策目标,政府认为,如果年轻人的最低工资水平被提高到不适当的水平,则有可能导致劳动力市场对年轻劳动力需求的减少,从而对这一群体的就业水平造成某种程度的伤害。产生这一可能结果的主要原因是:年轻人的生产率与较高的最低工资标准并不相匹配。

荷兰政府对 FNV 的回应受到了荷兰产业和雇主联盟(VNO - NCW)和国际雇主协会(IOE)的全面肯定。为此,FNV 在 2012 年 8 月 30 再次向国际劳工组织递交了一份报告。在报告中,FNV 指出,年龄在 18 - 22 岁的青年劳动者中,有三分之一的人组成了独立的家庭。2012 年成年人的月最低工资标准是 1446 欧元,按照规定,年龄在 18 岁的劳动者的最低工资水平仅为 658 欧元。那些年龄在21 - 22 岁的劳动的状况则更加窘迫。虽然政府的政策是为了减少辍学率,但 FNV 在报告中认为,年轻人为了获得进入劳动力市场的资格,即使存在较高工资的诱惑,但他们一般不会轻而易举地辍学。至于取消年轻人与成年人在最低工资标准方面的差异将会导致失业率增加的看法,FNV 认为,没有研究能够证实存在这种因果关系。此外,FNV 还认为,传统上认为年轻人的生产率较低的说法已经过时,年轻劳动者能够和成年人一样,充满活力和掌握新技能。

专家委员会的评论:专家委员会注意到了荷兰政府、雇主协会与荷兰工会组织截然相反的观点。专家委员会认为,虽然一般的看法是,年轻人的生产率要低于成年人水平,但这种说法在很多情况下并不适用。特别是对那些年龄在 18 - 23 岁之间的青年劳动群体而言,客观事实并没有显示它们的劳动生产率要低于成年人。根据同工同酬的原则,劳动者的薪酬水平应该与客观指标建立关联,例如,已完成的工作数量和质量,而不是基于老一套的有关年龄和劳动生产率关系的假设。因此,专家委员会要求荷兰政府与各利益相关者,基于同工同酬这一最高原则,展开广泛讨论,共同探讨对年轻劳动者实施差别化最低工资标准的利弊得失。

四、葡萄牙

葡萄牙实行全国统一的最低工资标准。与欧盟经济发展水平较高的国家相比较,葡萄牙的最低工资水平较低。2017 年葡萄牙的全国最低工资标准是每月 557 欧元,比同期法国和比利时每月 1480.27 欧元和 1531.93 欧元的水平相差将近两倍。

葡萄牙工人总联合会(CGTP)和总工会(UGT)分别向国际劳工组织递交报告,投诉葡萄牙政府违反了第 131 号公约第 3 条和第 4 条第 2 款的有关规定。第 131 号公约第 3 条的内容,我们在上面介绍日本的案例中已经做过介绍。第 131 号公约第 4 条第 2 款的内容是:

关于制定、实施和修改上述办法,应做出规定和有关的雇主组织和工人组织充分协商,如不存在这类组织,则和有关的雇主代表和工人代表协商。

CGTP 在报告指出,通过对话和协商,政府、雇主和工会组织在 2006 年签订了中期最低工资增长协议。从 2007 年至 2010 年,葡萄牙最低工资收入者的购买力呈现上升趋势。根据 2011 年 12 月 31 日颁布的第 143 号法令,2011 年全国的月最低工资标准为 485 欧元,目标是将 2012 年的最低工资标准提高到 500 欧元。但按照 CGTP 的说法,政府方面并没有按照法令的规定与社会伙伴(工会和雇主组织)就 2012 年最低工资标准调整问题展开专门协商。

CGTP 认为,政府借口葡萄牙发生了经济危机而没有调整 2012 年最低工资标准的做法造成了严重后果,不但使最低工资收入者的购买力下降,而且还使许多低收入者在 2007 至 2010 年期间由于购买力上升而积累的收入付之东流。工会谴责政府的行为,并指出,政府有义务保护那些低收入者,况且提高最低工资收入可以增加国内需求从而有助于改善经济发展水平。

除了指控政府没有按照规定调整 2012 年的最低工资标准以外,UGT 在报告中还对 2011 年的最低工资标准提出了质疑。UGT 称,485 欧元的月最低工资标准是政府根据欧盟委员、欧洲央行以及国际货币基金组织联合发布的一份备忘录中为葡萄牙设定的经济政策条件而确定的。按照葡萄牙的劳动法,最低工资标准应该是在"社会对话常设委员会"组织三方协商讨论并达成一致后,以法规的形式加以颁布,但政府并没有按照第 143 号法令的规定在 2011 年 5 月和 9 月与工会和雇主组织展开专门协商。实际上,政府只是在工会的压力下,才将 2012 年最低工资标准调整问题列入 2011 年 5 月举行的三方协商对话之中。按照 UGT 的说法,在三方协商对话中,政府只是通知与会代表,政府打算将 2012 年的最低工资标准维持在 2011 年的水平,并没有展开进一步讨论。

UGT 在报告中强调,经济危机导致葡萄牙的贫困人口和社会排斥现象不断增加。在这一背景条件下,政府更应该遵守第 131 号公约的有关规定,在制定最低工资标准时考虑工人及其家庭的需要。UGT 认为,提高最低工资标准是经济复苏和维持就业水平的一个关键因素。

针对两大工会组织对政府的指控,葡萄牙政府做出了回应。政府认为,葡萄牙劳动力市场非常脆弱,国内高失业率,特别是高居不下的长期失业率是提高最低工资水平的主要障碍。另外需要考虑的一个因素是:在新入职的青年劳动力中,有很大一部分人是最低工资收入者。政府还引述了由葡萄牙一所大学的学者所做的研究成果。该研究成果显示:自2006年以来,最低工资标准的增加对葡萄牙的就业带来了负面影响,尤其是对那些弱势群体的影响更为严重。此外,按照葡萄牙政府与欧盟委员会、欧洲央行以及国际货币基金组织在2011年5月份签署的一项财政救助协议,只有在葡萄牙经济回暖的情况下,才能提高最低工资标准,否则无法获得救助。政府在称,尽管存在诸多困难和挑战,但政府还是建议"社会对话常设委员会"考虑在2013年调整最低工资标准。

专家委员会的评论:专家委员会充分意识到葡萄牙当前正面临的严重经济问题以及学者所得出的近几年最低工资调整对就业造成负面影响的研究结论。尽管如此,专家委员会还是提醒葡萄牙政府注意,1970年的最低工资建议书(第135号)特别强调:"在制定战胜贫困和确保满足所有工人及其家庭需要的政策时,最低工资的确定是一个要素"。根据第131号公约第3条的规定,确定最低工资水平时,除了要考虑经济因素,例如政府的就业政策目标,还应考虑生活费用、社会保障福利以及其他群体的生活水平。此外,根据2009年6月国际劳工大会上通过的"全球就业公约(Global Jobs Pact)",成员国政府应该将最低工资制度作为一个选项,使其在减少贫困、不平等以及提升国内需求和促进经济稳定等方面发挥作用。

专家委员会认为,在社会伙伴协商的基础上制定公平最低工资标准不但是"体面工作计划"的一项核心内容,而且它也有助于实现国际劳工组织孜孜不倦所追求的目标,即实现社会和平与正义。专家委员会再次强调:与社会伙伴展开平等和充分的协商以及社会伙伴直接参与制定最低工资标准的原则在任何情况下都应得到遵守。经济危机和实施经济紧缩政策不应成为政府规避履行上述原则的理由。专家委员会希望,在"社会对话常设委员会"的框架下,葡萄牙政府能够与工会和雇主代表针对最低工资调整问题展开有效的协商。在协商过程中,经济政策目标和工人以及家庭的需要应放在同等重要的位置。

五、玻利维亚

玻利维亚是位于南美洲中部的内陆国家,其全称为多民族玻利维亚国。玻利维亚政府于1977年批准加入了国际劳工组织第131号公约。玻利维亚实行全国统一的最低工资标准,由政府经过与雇主和工会协商制定并通过最高法令的形式加以颁布实施。自 2006 年 1 月莫拉莱斯就任总统以来,玻利维亚政府摒弃新自由主义经济政策,加强国家对经济的干预,对油气资源实行国有化;与此同时,政府还通过提高最低工资标准和收入再分配政策等政策工具减少收入不平等和贫困现象。但是,莫拉莱斯政府采取的经济政策以及亲工会的做法遭到了私营企业的强烈反对。玻利维亚私营业主联合会(CEPB)与国际雇主组织(IOE)在 2013 年、2015 年和 2016 年联合向国际劳工组织提交报告,投诉玻利维亚政府违反了国际劳工组织第 131 号公约第 1 条、第 3 条和第 4 条的规定。

在报告中,CEPB 和 IOE 指出,玻利维亚政府在确定提高全国最低工资标准的过程中只考虑了物价水平上涨因素,但对经济发展水平、劳动生产率状况以及创造更高和更好的体面就业率、企业可持续发展、吸引投资等重要因素并没有做出评估。此外,CEPB 和 IOE 还指责政府在 2006 年至 2016 年期间,有计划地将雇主代表排除在外,只邀请代表工人的玻利维亚工人中央委员会(COB)参与最低工资调整的协商讨论会。

针对 CEPB 和 IOE 的指控,玻利维亚政府做出了回应。关于调整最低工资标准时考虑的因素,政府指出,在确定最低工资标准的过程中,政府充分考虑了本国社会经济发展状况,如经济增长水平、失业率高低、市场波动以及生活费用的变化。关于与劳资双方展开协商问题,政府承认,调整最低工资标准之前,政府只与工会组织 COB 展开了讨论。

专家委员会的评论:基于 CEPB 和 IOE 的指控和玻利维亚政府的回应,专家委员会强调以下两点:第一,按照第 131 号公约以及第 135 号建议书的有关规定,在确定最低工资标准时,在可能和适当的情况下,除了应该考虑"工人及其家庭的需要,还应考虑本国工资的一般水平、生活费用、社会保障津贴以及其他社会群体相应的生活标准";需考虑的经济因素,包括"经济发展的需要,生产率水平,实现并保持高水平就业的愿望"。专家委员会希望玻利维亚政府采取有效措施履行公约的有关规定;第二,根据第 131 号公约第 4 条第 2 款的规定,"关于制定、实施以及修改最低工资标准,应做出规定,与有关的雇主代表和工人代表充分协商"。基于该条款,专家委员会强烈要求玻利维亚政府采取切实有效的措施确保公约有关条款得到实施,尤其是解决与雇主组织充分协商的问题。

六、巴西

巴西联邦共和国,通称巴西,是南美洲最大的国家。2004 年,时任总统卢拉提

出了一揽子刺激经济和解决社会问题的新政策。在卢拉的领导下,巴西经济经历
了腾飞式的发展,成为全球第七大经济体和金砖五国之一。巴西政府通过调整最
低工资水平和社会保障金,使 3000 万巴西人成功脱贫。根据巴西劳动和社会保
障部最新公布的数据显示,从 2002 年至 2016 年,巴西最低工资标准从每月的 496
雷亚尔提高到 880 雷亚尔,上涨幅度为 77% ,4830 万最低工资收入者由此受益。
但是,受国际大宗商品价格下跌的影响,在卢拉继任者罗塞夫执政期间,巴西经济
增长开始大幅度下滑,陷入经济衰退之中。巴西的经济危机以及贪污腐败问题已
经引发巴西国内一系列政治危机和社会经济问题。

　　巴西于 1983 年批准加入了国际劳工组织第 131 号公约。巴西的最低工资制
度实施双轨制,即巴西全国最低工资标准和州最低工资标准。按照规定,巴西各
州有权根据实际情况制定本州的最低工资标准,但各州制定的最低工资标准不得
低于全国最低工资标准。除了全国和地区最低工资标准外,行业工资集体谈判也
可以确定本行业的最低工资标准。2013 年 7 月,国际雇主组织(IOE)与巴西全国
工业联合会(CNI)联名向国际劳工组织提交报告,投诉巴西政府违反了第 131 号
公约第 3、4 条的有关规定。

　　IOE 和 CNI 指出,2011 年通过的 12. 328 号法规定了经济部门私人企业 2011
－2015 年调整最低工资标准时应该考虑的主要因素,但 12. 328 号法却将劳动生
产率这一重要因素排除在外。IOE 和 CNI 认为,为满足政府平衡社会保障预算赤
字的政策目标,私人企业面临着巨大的压力:一方面,企业应缴纳的雇员社会保险
支出不断增加;另一方面,已经签订的集体协议几乎都包含私营企业调整工人工
资的条款。在成千上万的小城镇,由于最低工资标准上涨,生产成本正在上升。
在报告中,IOE 和 CNI 还指责 12. 328 号法所做的规定是一场政治秀,社会伙伴并
没有被邀请参与对该法的协商和讨论。

　　针对 IOE 和 CNI 的指控,巴西政府的回应是:三方协商是巴西制定最低工资
标准和展开集体谈判的基础。在最低工资标准调整的过程中,巴西各级政府邀请
雇主组织参加了多场由政府举办的协商讨论会。巴西政府坚持认为,逐渐调整最
低工资标准有助于实现体面劳动。

　　专家委员会的评论:专家委员会要求巴西政府提供更加详细的信息,说明与
雇主和工人代表针对私人企业调整最低工资标准时需要考虑的因素而展开协商
的机制和具体内容。专家委员会提醒巴西政府,第 131 号公约签约国的一个最基

本的职责是：最低工资确定机制的建立与实施均需在平等基础上与雇主和工人代表展开协商对话。

本章小结

在国际劳工组织制定的 189 项国际劳工公约中，除 8 项核心公约、4 项优先公约外，其余均属于技术性公约。与最低工资有关的第 26 号、99 号和 131 号公约属于技术性公约。由于最低工资国际公约只是对最低工资制度的原则、实施以及监督做出原则规定，而各国由于历史、文化以及经济社会发展水平的不同以及对公约条款理解的不同，在实际执行公约的过程中必然会产生各种问题。按照《国际劳工组织章程》第 19、22、23 和 35 条的规定和授权，"公约与建议书应用专家委员会"每年都会针对成员国在履行业已批准的国际劳工公约过程中存在的各种问题提出评论。

通过本章介绍的有关案例，我们可以看出，绝大多数案例与成员国工会组织投诉本国政府的问题有关。投诉主要涉及第 131 号公约第 2、3、4 条以及第 26 号公约第 2、3 条的有关规定。投诉的主要内容包括在制定最低工资标准过程中是否与社会伙伴展开了有效协商、最低工资标准适用范围以及调整最低工资标准的参考因素等。雇主组织投诉政府的内容主要包括：政府是否与雇主组织展开协商对话讨论以及在调整最低工资标准过程中是否考虑劳动生产率的高低以及最低工资水平对就业的影响。除来自工会和雇主组织的投诉，"公约与建议书应用专家委员会"也会根据自己的观察对成员国在实施国际劳工标准过程中存在的问题提出评论和建议。

专家委员会年度报告已成为监督各成员国实施国际劳工标准的重要工具之一，但它在多大程度上可以使成员国政府采取切实有效措施解决问题是一个值得探讨的问题。实际上，专家委员会报告以及在报告中提出的评论是在舆论层面施加压力，促使成员国政府采取措施解决问题。一些专家将国际劳工标准视为"软法"，即不能运用强制力保证实施但有实际效力的行为规则。由于实施国际劳工标准的主体是主权国家，而法律制度的安排与实施是属于主权范围内的权利，因此,国际劳工组织对违反国际劳工标准原则的国家采取强制性惩罚措施势必困难重重。在国际劳工组织的历史上,很少采取强制性措施对成员国实施制裁。就最低工资国际标准而言,一个最严重的案例是国际雇主组织对委内瑞拉政府违反第26号公约而提起的"控告",但该"控告"目前为止并无结论,正在由国际劳工组织理事会审查之中。

第七章

最低工资统计分析方法

从广义分析的角度看,最低工资统计分析应该成为最低工资制度的一部分。对最低工资展开统计分析,一方面,可以为政府和社会伙伴协商调整最低工资标准提供大量有用的信息;另一方面,最低工资统计分析结果在一定程度上还可以反映最低工资标准的执行效力,为劳动监察部门采取有针对性的监管措施奠定基础。

世界上绝大多数国家制定的最低工资是年度最低工资水平。然而,就统计分析而言,某一个年份的最低工资标准只是一个孤零零的数字,无法反映最低工资水平的高低和发展变化以及与其他工资指标的关系。因此,有必要从横纵两个维度,对最低工资的相对水平展开统计分析,从而获得更多具有实质性的信息。此外,最低工资收入者的年龄、性别、受教育水平和职业等结构信息,对政府具有重要的参考价值。政府有关部门可以依据相关信息制定积极且有针对性的劳动力市场政策并采取各种职业培训,提高低收入劳动者的生产率和获得高收入职业的能力。

本章将讨论以下几个问题:(1)最低工资相对水平分析;(2)跨地区和国家之间的最低工资标准比较分析;(3)最低工资收入者规模和结构分析;(4)"违约率(non – compliance)"和相关指标的计算。

第一节　最低工资相对水平分析

关于最低工资相对水平的分析,国际上最常用的方法是运用经济统计中相对数的概念,将最低工资标准与劳动力市场中的平均或者中位数工资(median wages)加以比较。最低工资相对水平的分析还包括使用最低工资时间数列,考察最低工资标准的增长速度。除此之外,还可以展开跨地区和国家之间最低工资标准的比较分析。[①]

一、凯茨指数(**Kaitz Index**)

1970 年,美国经济学家海曼·凯茨(Hyman Kaitz)在美国劳工统计局出版的学术期刊上发表了题为《过去的经验:全国最低工资》的论文。[②] 在文中,凯茨使用 1954 – 1968 年的时间序列数据分析了美国最低工资标准对青年人就业造成的影响。后人将凯茨提出的最低工资相对水平的计算公式称为"凯茨指数"。

$$凯茨指数 = \sum \frac{E_i}{E_t}\left\{\left(\frac{MW_i}{AW_i}\right)(C_i) + \left(\frac{MW_i}{AW_i}\right)(C_i^*)\right\}$$

其中,E_i 表示第 i 个非农行业的就业水平;E_t 表示非农行业总就业水平;MW_i 表示第 i 个非农行业的小时最低工资水平;AW_i 表示第 i 个非农行业小时平均工资收入;C_i 表示第 i 个非农行业的最低工资覆盖率;MW_i^* 表示,根据联邦或各州最低工资法案,新增受最低工资制度保护的劳动者的最低工资水平(在第 i 个非农行业);C_i^* 表示新增受最低工资制度保护的劳动者的最低工资覆盖率。

计算凯茨指数的核心内容是对行业最低工资与行业平均工资的比值进行加权:首先将最低工资标准在各行业的覆盖率作为权数进行加权,并计算加权平均数,然后使用各行业就业水平在非农行业就业总水平中的份额再次进行加权。加权比值汇总后的数值反映了非农行业最低工资标准与平均工资的比值,即凯茨指数。

凯茨指数的计算较为复杂,但也正因为比较复杂,所以该指标包含了较多信息。除了最低工资水平外,还包含了最低工资标准在各行业的覆盖率以及行业平均工资两个指标。此外,根据凯茨指数的计算公式,非农行业最低工资相对水平是基于对各行业最低工资相对水平加权汇总后获得的数值,其计算过程本身就包含了各行业最低工资相对水平的数据,为分析最低工资相对水平在不同部门之间

[①] 本章第二节将阐述最低工资标准在不同地区和国家之间的比较分析方法。

[②] Kaitz,H. ,"Experience of the Past:the National Minimum", *U. S. Department of Labor*,*Bureau of Labor Statistics*,*Bulletin* 1657,1970,pp. 30 – 54.

的差异提供了丰富信息。

计算凯茨指数需要较多的劳动力市场统计数据,特别是行业工资收入、就业以及最低工资覆盖率等方面的信息。在很大程度上,凯茨指数公式反映了美国的背景。在美国,劳动力市场的统计工作较为完善,按职业和行业区分的劳动者工资水平以及就业水平数据不但非常详尽而且对外公开使用。然而,对其他国家,特别是发展中国家而言,要想获得全面、详细和高质量的劳动力市场数据则较为困难。特别是最低工资标准的覆盖率,即使是在劳动力市场调查内容非常全面的美国,该指标也往往只能给出估算数值。凯茨指数后被简化为:

$$简化的凯茨指数 = \frac{最低工资标准}{平均(中位)工资水平} \times 100$$

简化后,凯茨指数的计算没有使用任何权数。简化后的凯茨指数常被用来反映"最低工资效力(bite of minimum wages)"的大小,是最低工资政策分析和学术研究中常用指标之一。

平均工资或中位数工资反映了工资收入分布的集中趋势,即劳动力市场中等工资收入水平。由于工资收入分布一般呈现正偏态分布,平均工资值超过中位数工资水平,因此,以后者作为分母计算的凯茨指数要高于平均工资作为分母的计算数值。若其他条件不变,伴随着最低工资水平的调整,最低工资标准与中等工资收入水平的差距将会减少,凯茨指数相应增加;这也意味着,受最低工资制度保护的潜在劳动者规模也会上升。[1]

采用平均工资的一个最大优点是:该指标比较简单、容易被理解,数据可得性强,各国统计部门一般都会颁布平均工资数据。但是,平均工资指标存在的最大问题是该指标数值容易受极端数值的影响。举例来说,受技术创新影响,拥有较高学历和高技术水平的劳动者的工资收入有了较大幅度的提高,但与此同时,劳动力市场中低端劳动者的收入没有任何变化,其结果会造成整个劳动力市场工资收入差距扩大,平均工资水平提高。在最低工资标准不变的情况下,凯茨指数就会相应下降。与平均工资相比,中位数工资则不受极端数值的影响。中位数工资

---

[1] 由于中位数工资是工资收入分布位于中间位置的工资水平,因此,劳动力市场中有50%劳动者的工资低于中位数工资水平。理论上,最低工资标准越接近中位数工资水平,受最低工资制度影响的劳动者规模就会变大,最低工资收入者在整个就业群体中的比例也会逐渐接近50%。相反,如果最低工资标准偏离中位数工资水平的幅度变大,受最低工资制度影响的劳动者规模和相应比例将会缩小。

的概念是:将劳动力市场中的工资收入从小到大排队,位于中间位置的工资水平就是中位数工资。考虑到各地区或各国的工资分布状况存在较大差距,为了使凯茨指数的比较分析具有可比性,最好使用中位数工资,目的是避免高估或低估最低工资相对水平在不同地区或国家之间的差距。

为正确计算和应用凯茨指数,还应注意以下几个问题:

第一,世界各国的最低工资制度不尽相同:有些国家采取全国统一的最低工资标准,有些国家实施以省、州或邦为基础的最低工资制度,其他国家则采取行业或职业最低工资标准。就计算最低工资的时间单位而言,有月、周和小时最低工资标准。因此,在计算凯茨指数时,应该首先明确最低工资标准的形式和时间单位;

第二,除需明确最低工资标准的形式和时间单位外,还应注意平均(中位)工资的统计范围。以我国为例,最低工资标准的相对水平一般是与社会平均工资做比较。国家统计局以及地方统计部门在 2008 年前公布的社会平均工资水平只包括国有企业、集体企业和三资企业,私营企业没有被纳入计算范围。考虑到现阶段我国私有企业工资一般会低于国有和三资企业工资水平的特点,若社会平均工资的计算包括私营企业工资,在最低工资标准不变的条件下,凯茨指数也会相应变大。根据我国现行的最低工资制度,满足一定条件的劳动者均在最低工资标准的覆盖范围之内,与雇佣劳动者的企业性质没有关系。考虑到这一点,将最低工资标准与包含私有企业工资在内的社会平均(中位)工资相比较符合分子和分母口径一致的要求。

第三,企业支付给工人的工资总额,除了基本工资外,还包括加班费、奖金和各种补贴等内容。根据世界大多数国家的规定,最低工资不应包含加班费、奖金和各种补贴。从分子和分母口径一致的角度,平均(中位)工资也应按照劳动者的基本工资计算。不过,即使是在西方发达国家,要取得劳动者的基本工资统计数据也绝非是件容易的工作。尽管如此,在计算和比较分析凯茨指数时,还是应该考虑工资结构对其产生的影响。

需要指出的是,单独使用凯茨指数并不能完全说明最低工资标准对低收入劳动者的影响程度,应结合最低工资标准实际覆盖率、低收入劳动者的消费结构、物价水平以及失业率等方面加以综合分析研究。另一方面,分析凯茨指数大小对企业生产经营和雇佣水平造成的影响时,应结合企业劳动力成本结构、员工劳动生产率以及企业执行最低工资标准的力度等方面综合加以考察。

一些发展中国家的政府、政党和工会组织出于各种目的,片面强调世界其他国家特别是发达国家的最低工资相对水平。然而,根据本书前几章的分析,最低工资标准的确定和调整会受到各种因素的影响,且各国、各地区的经济发展水平不同,劳动者的受教育程度和劳动生产率也存在较大差异。不考虑本国实际情况,一味追求和提高最低工资相对水平有可能会对劳动力市场的就业和企业经营带来不利影响。此外,即使是在发达国家,最低工资的相对水平也绝非是整齐划一,而是有高低之分。根据经合组织(OECD)的统计数据,在2015年,法国最低工资标准是法国全职工人(full-time workers)中位数工资的62%,德国是48%,英国是49%,美国和日本的数字分别为36%和40%。若与平均工资相比,美国的数字会更低,只有25%。[①]

二、最低工资标准以及最低工资相对水平的动态变化分析

定期调整最低工资标准是各国最低工资制度的重要组成部分。伴随着最低工资标准的调整,名义最低工资标准会不断提高,但实际最低工资标准的变化方向与物价水平涨跌幅度有关。基于最低工资标准的时间序列数据,可以分析一定时期内名义和实际最低工资的变化方向和程度,包括定基增长、环比增长以及平均增长速度。

$$最低工资定基增长速度 = \left(\frac{报告期最低工资标准}{基期最低工资水平} - 1 \right) \times 100\%$$

$$最低工资环比增长速度 = \left(\frac{本期最低工资标准}{上期最低工资标准} - 1 \right) \times 100\%$$

无论是计算定基增长,还是环比增长速度,首先遇到的问题是使用名义最低工资还是实际最低工资标准的问题。如果使用名义最低工资标准,增长速度反映的是不同年份之间最低工资标准在水平上的变化速度;若采用实际最低工资标准,增长速度反映的是扣除物价水平变动后最低工资标准的变化速度。如果物价水平上涨水平超过了名义最低工资标准的增长速度,则实际最低工资标准的环比增长速度是负数,即实际最低工资标准呈现下降趋势。另外一个需要重视的问题

---

① 资料来源:OECD,https://www.oecd-ilibrary.org/employment/data/earnings/minimum-wages-relative-to-median-wages_data - 0310 - en.

是基期的选择。以最低工资标准过低的年份作为基期而计算出来的增长速度不具有代表性,甚至会掩盖一定时期内最低工资标准动态发展变化的真实情况。

在环比最低工资增长速度的基础上,还可使用几何平均数计算若干年份最低工资标准的平均增长速度。需要指出的是:(1)根据几何平均数的计算公式,平均增长速度只考虑了报告期和基期的最低工资水平,没有反映中间年份最低工资标准高低起伏变化,因此,在分析最低工资标准平均增长速度的过程中应结合计算期中间年份的环比增长速度加以补充说明;(2)平均增长速度分析应结合最低工资标准绝对水平变动加以分析。具体分析方法可参考有关经济统计方面的教科书。

除了对最低工资标准的增长速度展开分析,还可以对凯茨指数的变化程度加以分析研究。考虑到凯茨指数本质上是一个结构相对数,凯茨指数的增加或减少反映了最低工资标准相对水平的变化幅度。例如,假设2014年某地区最低工资标准相当于该地区劳动力市场平均(中位)工资水平的34%,该数字在2015年上升到40%,则2015年与2014年相比,最低工资标准的相对水平增加了6个百分点。最低工资标准与平均(中位)工资水平的差距减少是造成凯茨指数值增加的主要原因。在最低工资被调整的情况下,最低工资标准与平均(中位)工资水平差距的减少将使受最低工资标准保护的"潜在"劳动人群规模增加。在这里,之所以使用"潜在"一词,是因为:在现实中,由于各种原因(如企业违反最低工资标准的规定),总会有一些劳动者虽然被纳入了最低工资标准的覆盖范围,但他们实际得到的工资收入却低于最低工资标准。因此,受最低工资标准影响的"潜在"劳动人群与实际受到最低工资标准影响的劳动人群在规模上存在一定差距。

第二节 跨地区和国家之间最低工资标准比较分析

将某个地区(例如我国的某个省份)或国家的最低工资标准与其他地区或国家加以对比是最低工资相对水平分析的常用方法之一。与上面谈到的凯茨指数和运用时间序列展开最低工资增长速度的分析不同,最低工资标准在不同地区或国家之间的比较属于空间上的对比分析。最低工资标准在空间上的对比分析应考虑地区或国家之间物价水平差异对最低工资实际购买力造成的影响。

一、最低工资标准在我国不同地区的比较分析

最低工资标准在我国是以省和直辖市为基础制定的。除了经济发展水平、劳动生产率等因素外,各地区物价水平的差异必然会对各省市最低工资水平的高低产生影响。某些省份制定的最低工资标准虽然较低,但若考虑到当地较低的物价水平,则这些省份的最低工资实际购买力有可能超过那些最低工资标准和物价水平都高的省份。换言之,相等金额的货币工资收入在不同地区的实际购买能力并不相同,而物价水平差异往往是造成实际购买力差异的主要原因。

虽然各省市统计部门每年都要公布居民消费物价指数,但居民消费物价指数反映的是当地报告期物价水平与基期年份相比的物价变动水平,它不能被用来修正地区间最低工资收入差距。一种可供选择的方法是使用居民消费价格空间指数作为折算系数。计算居民消费价格空间指数的基本步骤是:选取一个具有代表性的城市,例如北京作为参考城市;然后将其他省市具有代表性的消费品和服务价格与参考城市相对应的商品和服务价格加以比较;最后计算各省市消费品和服务价格相对水平的加权平均数,其权数是各类消费品和服务支出份额。

我国目前没有官方公布的居民消费价格空间指数。国内一些学者为了分析地区间收入差距,探讨了编制居民消费价格空间指数的各种方法。下面我们使用张宏艳和姚双花[1]的计算结果,说明如何使用居民消费价格空间指数对各地区最低工资标准进行修正。

表7-1中的第2列是2010年我国一些省份以及北京、上海和天津实施的月最低工资标准。第3列是张宏艳和姚双花两位学者计算的当年居民消费价格空间指数,参考城市是北京。第4列是修正后的最低工资标准。

表7-1第5列和第6列给出了修正后和修正前各省和直辖市与北京最低工资标准的差距。结果显示,居民消费价格空间指数越小,修正后的最低工资标准的变化幅度就越大。吉林、安徽和江西三省2010年的最低工资标准要低于北京,但由于这三省的物价水平均低于北京,修正后,吉林、安徽和江西三省的最低工资

---

① 张宏艳、姚双花:《我国区际收入差距问题分析基于购买力平价》,《北京工商大学学报(社会科学版)》2014年第3期,第108-115页。

水平反而超过了北京的标准。广东省的物价水平要高于北京,调整后,北京与广东的差距有所减少。

表 7-1　使用居民消费价格空间指数调整 2010 年各省市最低工资标准

地　区	2010 年月最低工资标准(元)	空间物价指数	修正后最低工资标准(元)	修正后与北京的差距(元)	修正前与北京的差距(元)
	(2)	(3)	(4) = (2)/(3)	(5) = (4) - 800	(6) = (2) - 800
北　京	800	1.00	800	—	—
天　津	920	0.89	1034	234	120
河　北	900	0.78	1154	354	100
山　西	850	0.77	1104	304	50
内蒙古	900	0.82	1098	298	100
辽　宁	900	0.81	1111	311	100
吉　林	680	0.82	829	29	-120
黑龙江	880	0.82	1073	273	80
上　海	1120	1.00	1120	320	320
江　苏	960	0.92	1043	243	160
浙　江	1100	0.99	1111	311	300
安　徽	720	0.83	867	67	-80
福　建	900	0.88	1023	223	100
江　西	720	0.79	911	111	-80
山　东	920	0.83	1108	308	120
河　南	800	0.78	1026	226	0
湖　北	900	0.84	1071	271	100
湖　南	850	0.83	1024	224	50
广　东	1030	1.01	1020	220	230

资料来源:作者计算和编制。

　　由于没有官方发布的权威数据,上面的分析只是为了介绍如何使用居民消费价格空间指数来调整地区间的最低工资标准差距,从而使不同地区的比较更加客观。需要说明的是:居民消费价格空间指数能否客观地反映物价水平在各省市的不同,一个重要的影响因素是选择的消费品和服务在参加比较的省市具有相同的代表性和重要性。考虑到消费者偏好和消费结构在我国各地区存在较大差异的事实,要满足这一条件显然非常困难。从技术层面,在编制居民消费价格空间指数时选择"一揽子商品和劳务"时,各省市可以存在差异,但应尽量确保其带来的效用和对生活的满意度基本相同。

二、最低工资标准的国际比较分析

最低工资标准在做国际比较分析时,一种简单的方法是将以本国货币表示的最低工资标准按照现行汇率换算成美元。将各国最低工资标准换算成美元虽然统一了最低工资标准的货币单位,但却无法反映最低工资收入的实际购买能力在各国之间的异同。此外,外汇市场的汇率波动会对最低工资标准在不同国家之间的差距程度产生与真实情况偏离较大的影响。例如,如果英镑对美元的汇率升值,则按照美元表示的英国最低工资标准将会提高;相反,如果英镑贬值,以美元表示的英国最低工资标准则会降低。因此,使用汇率将各国最低工资标准换算成参考货币(例如美元)并加以比较有可能会夸大或低估最低工资标准在不同国家之间的差异程度。

为解决这一问题,我们可以采取购买力平价(PPP)作为换算因子来调整各国最低工资标准。采用购买力平价作为换算因子,可以"一箭双雕":一方面,可以统一最低工资标准的货币单位;另一方面,它还可以在一定程度上消除物价水平的不同对各国最低工资标准差距所造成的影响。

购买力平价本质上也是一种汇率,只不过这种汇率是基于各国不同价格水平计算出来的货币之间等值系数。购买力平价由现在隶属于世界银行的"国际比较项目(ICP)"委员会负责编制。"国际比较项目"始于20世纪70年代初,每6年开展一次,2017年开展新一轮的国际比较项目。参与国家从最初的10个经济体到2011年国际比较项目的199个国家和地区,覆盖了亚洲、欧洲、北美洲、南美洲、非洲和大洋洲。参与国际比较项目的国家负责提供按照支出法计算的国内生产总值中所包含的一系列最终产品的价格和支出统计资料。

2015 年世界银行在一份报告中公布了 2011 年国际比较项目的成果。[①] 如果按照类别(category)划分,2011 年国际比较项目编制的购买力平价 PPP 美元(美元作为参考货币)与各国货币换算因子共有 26 个,包括国内生产总值、实际个人消费、教育、健康、固定资本形成总值等购买力平价换算因子。考虑到最低工资收入是低收入劳动者个人和家庭消费的基础,换算最低工资标准时应该采用家庭个人消费支出(individual consumption expenditure by family)购买力换算因子。根据 2011 年国际比较项目报告的解释,家庭个人消费覆盖了 110 种商品和劳务。

表 7-2 列出了金砖 5 国以及美国、法国和英国在 2011 年个人和家庭消费支出平价购买力、各国对美元汇率、基于 PPPs 和汇率推导出的物价指数以及本币[②]和调整后的最低工资标准。表中第 5 列显示,金砖五国的物价指数要低于美国,说明金砖五国消费品和服务的价格水平比美国低,而英国和法国的物价指数要高于美国,表示两国各自的消费品和服务总体物价水平比美国高。通过比较使用汇率和购买力平价调整的最低工资标准,可以发现,按 PPPs 计算,金砖五国的最低工资标准与美国的差距明显要比按照汇率计算的差距要小。而英国和法国的情况正好相反,使用购买平价指数调整后,美国与英国和法国的最低工资标准的差距明显减少。

表 7-2 按 PPP 和汇率折算的各国月最低工资标准(2011 年)

国 别	货币单位	2011PPPs (US $ = 1)	汇率 (US $ = 1)	物价指数	最低工资 (本币)	最低工资 (美元)	最低工资 (PPPs)
		(3)	(4)	(5) = (3)/(4)	(6)	(7) = (6)/(4)	(8) = (6)/(3)
美 国	美元	1	1	100	1257	1257	1257
法 国	欧元	0.88	0.719	122	1365	1898	1551
英 国	英镑	0.756	0.624	121	1054	1689	1394
中 国	人民币	3.696	6.461	57	1160	180	314
印 度	卢比	14.975	46.67	32	2990	64	200

① Word Bank, *Purchasing Power Parities and the Real Size of World Economies: a Comprehensive Report of the* 2011th *International Comparison Program*, Washington: the World Bank, 2015.
② 数据来源:以本币表示的各国最低工资标准来自 ILO 全球工资数据库,ILO 将各国最低工资统一换算成月标准;http://www.ilo.org/travail/areasofwork/wages - and - income/WCMS _142568/lang - - en/index.htm.

国　别	货币单位	2011PPPs (US $ = 1)	汇率 (US $ = 1)	物价指数	最低工资 (本币)	最低工资 (美元)	最低工资 (PPPs)
		(3)	(4)	(5) = (3)/(4)	(6)	(7) = (6)/(4)	(8) = (6)/(3)
俄　国	卢布	16.769	29.352	57	4611	157	275
巴　西	雷亚尔	1.659	1.673	99	545	326	329
南　非	兰特	5.068	7.261	70	2159	297	426

说明:(1)第 3 列中 PPPs 表示个人和家庭消费支出平均购买力,比较国家为美国;(2)第 6 列来自 ILO 全球工资数据库。

资料来源:作者计算和编制。

若使用 2011 年购买力平价调整 2011 年之后各国的最低工资标准,可计算现价平价购买力(current PPPs)。方法是:通过使用各国年度消费者物价指数(CPI)对 2011 年平价购买力水平加以外推修正计算报告期的购买力平价估计值。具体方法,可参考世界银行 2015 年出版的报告。

第三节　最低工资收入者的规模和结构分析

最低工资制度瞄准的是劳动力市场低收入人群。作为低收入劳动群体的一部分,最低工资收入者的规模以及人口特征(年龄、性别、受教育水平、种族等)、从事职业和所属行业等方面的信息为政府科学制定最低工资标准以及开展旨在提高低收入劳动者生产率和就业能力的各种培训项目提供了重要参考依据。

最低工资收入者的规模和结构分析需要翔实和高质量的劳动力市场调查数据。例如,美国劳工统计局(Bureau of Labor Statistics,BLS)每个月都要展开"当前人口调查(Current Population Survey,CPS)"。CPS 调查涉及全美 50 个州以及哥伦比亚特区 6 万个家庭。除了采集就业和失业等方面信息外,美国国家劳工统计局还从 6 万户家庭中抽出四分之一的家庭作为全日(full - time)和非全日(part - time)就业工资收入水平的调查对象。

基于 CPS 的工资收入调查数据,美国劳工统计局每年都要颁布《最低工资收入特征》的分析报告。报告对上一年度最低工资收入者的年龄、性别、种族、州和地区、职业、产业、受教育水平、婚姻状况等内容展开了详细分析。由于篇幅限制，表7-3只列出了美国劳工统计局在2016年的报告中所列出的劳动者年龄和性别特征。

表7-3　2015年美国最低工资收入者的规模、年龄以及性别特征

劳动者特征		按小时工资支付（千人）	最低工资收入者（千人）	低于最低工资标准的人数（千人）	最低工资收入者的比重（%）	低于最低工资标准的比重（%）
		(2)	(3)	(4)	(5)=(3)/(2)	(6)=(4)/(2)
年龄	16-24岁	15562 (19.89)	475 (54.60)	678 (40.09)	3.05	4.36
	24岁以上	62670 (80.11)	395 (45.40)	1013 (59.91)	0.63	1.62
性别	男性	38732 (49.51)	330 (37.93)	629 (37.20)	0.85	1.62
	女性	39500 (50.49)	540 (62.07)	1062 (62.80)	1.37	2.69

说明：第2列括弧中的数字表示按小时工资支付的劳动群体的年龄和性别结构；第3列括弧中的数字，表示最低工资收入者的年龄和性别结构；第4列括弧中的数字，表示工资收入水平低于最低工资标准的劳动者群体的年龄和性别结构。

资料来源：Bureau of Labor Statistics, U. S. Department of Labor: Characteristics of minimum wage workers, 2015, BLS Report, No. 1061, 2016.

表7-3中的第2列数字是全美在2015年按小时工资支付的劳动者人数（按年龄和性别划分）；第3列是小时工资收入等于联邦最低工资标准（从2009年7月开始，美国联邦小时最低工资标准为7.09美元，自此没有做任何调整）的劳动者人数；第4列是小时工资收入低于联邦最低工资标准的人数；表7-3最后两列反映的是：在按小时工资支付的劳动群体中，最低工资收入者和低于最低工资标准的工人所占比例。

表7-3显示，在按小时支付工资的16-24岁青少年劳动群体中，最低工资收入者的比例为3.05%，超过了另外一个年龄组的水平（0.63%）。在最低工资收入群体中，16-24岁劳动者的比重高达54.60%，24岁以上的最低工资收入者的比重为45.40%。从性别角度考察，在按小时工资支付的劳动者群体中，女性最低

工资收入者和未达到最低工资标准的女性劳动者的规模和比重明显超过男性。就规模而言,在2015年,女性最低工资收入者为54万人,而男性为33万人。工资低于最低工资标准的女性劳动者在2015年达到100多万,而在同期,工资水平低于最低工资标准的男性劳动者总共有63万。在比重方面,女性最低工资者的人数在按小时支付工资的全部女性劳动者中的比重为1.37%,男性相应的比重为0.85%;与此同时,男性劳动者工资收入未达到最低工资标准的比重为1.62%,而女性则达到2.69%。

以上分析显示,在美国,与其他年龄组和男性相比,年龄在16-24岁之间的青少年劳动者和女性劳动者更有可能是最低工资收入者。在低于最低工资标准的劳动群体中,16-24岁之间的青少年劳动者和女性所占比重也比其他年龄组和男性的比重要高。因此,从政策和劳动监察两个层面,青少年和女性应该是最低工资制定者重点关注的对象。

需要说明的是:美国劳工统计局有关最低工资收入者的统计数字是基于联邦小时最低工标准,通过对被调查者报告的小时收入(不包括加班费、小费和佣金在内的)加以判断的结果。但是,被调查者报告的小时工资收入如果低于联邦最低工资标准并不一定意味着雇佣企业违反了联邦法律,主要原因是:(1)有些劳动者不在联邦最低工资标准保护的适用范围之内;(2)根据美国劳动统计局2015年的统计数字,在16岁以上的被雇佣劳动者中,按小时工资支付的劳动者比例达到58.5%,而剩下的42.5%是按照月或其他时间单位支付。在将月工资按法定劳动时间换算成小时工资的过程中,存在计算误差的可能性。如果考虑出现第二种情况的可能性,则表7-3中第3-6列给出的有关数字也有可能存在误差。

第四节 "违约率"和相关指标的计算

最低工资标准能否得到有效实施,不仅事关能否实现最低工资制度的政策目标,同时也是政府劳动行政部门完善和加强最低工资监察工作的基础。与最低工资收入问题有关的劳资争议数量以及在劳动监察过程中发现或处罚的企业违反最低工资标准规定的案件数量可作为分析最低工资标准实施情况的重要参考指标。从统计分析的角度,国际上常用的指标是计算"违规率(non-compliance)"。

"违规率"表示工资水平未达到最低工资标准的劳动者人数在最低工资制度所覆盖的劳动者群体中所占比重。最低工资"违约率"指标的一个最大优点是比较直观,易懂。除计算总体指标外,还可按地区、年龄、性别和部门等计算分类指标。

$$NC = \frac{1}{N} \sum_{i=1}^{N} I(w_i < MW)$$

公式中,NC 表示"违规率"。N 表示最低工资标准覆盖群体人数,$I(\ )$ 为指示函数(indicator function):如果第 i 个工人的工资水平低于最低工资标准,则 $I=1$;否则,$I=0$。

"违规率"指标数值的精准程度与劳动力市场调查中工资收入数据质量密切相关。如果通过劳动力市场调查获得的工资收入数据不准确,"违规率"指标的数值就有可能会夸大或低估企业违反最低工资标准现象的规模。除此之外,统计调查部门在换算工资收入(例如,将月工资换算成小时工资,或将小时工资换算成月工资)过程由于各种原因产生的计算误差也会影响"违规率"指标数值的精准程度。

虽然最低工资"违规率"比较通俗易懂,但该指标本身并不能说明劳动者工资收入低于最低工资标准的程度。例如,比较某国 A、B 两个地区的最低工资"违约率"。假设 A、B 两个地区各有四名工人,月最低工资标准为 150 美元。

表 7－4　地区之间最低工资"违规率"的比较:一个假设的例子

地　区	工人月工资(美元)				违约率
A	100	100	150	150	50%
B	124	124	150	150	50%

表 7－4 说明,A 和 B 两个地区的违约率均为 50%。但是,如果仔细考察表中的数字就会发现:A 地区工资水平低于最低工资标准的程度要比 B 地区严重。显然,使用"违规率"指标无法反映上述情况。可使用下面公式计算劳动者工资低于最低工资标准的程度。

$$TG = \sum_{i=1}^{n} (w_i - MW)$$

TG 指标度量的是劳动力市场中工资收入低于最低工资标准的差距。表示第 i 个劳动者的工资收入,最低工资标准用 MW 表示。TG 指标数值还表明:如果要求补发支付工资低于最低工资标准的差额,企业需要支付差额总值。差额总值规模的大小对国家和地区宏观经济运行结果如消费支出、物价水平以及就业水平等具有一定程度的潜在影响。

若将 *TG* 指标数值除以工资收入低于最低工资标准的总人数,则可得到人均差距指标。此外,还可以将人均差距标准化处理,即将人均差距除以最低工资标准。标准化的人均差距是一个相对数指标,可以用来在不同地区之间或国际间进行比较分析。

本章小结

本章从四个方面介绍了国际上常用的最低工资统计分析方法。毫无疑问,凯茨指数是最低工资政策分析报告和学术研究中最常用的指标。但是,要正确地理解和运用凯茨指数则需要注意一些问题,例如平均工资和中位数工资的使用等。最低工资标准的增长速度同样也是最低工资统计分析常用的指标之一。为了反映最低工资收入真实购买力的变化,需要分析实际最低工资标准的动态变化。此外,在展开地区之间或国际之间最低工资标准的对比过程中,需要考虑各地区和各国物价水平差异对最低工资标准购买力的影响。

最低工资收入者的结构分析可以为最低工资制定机关分析最低工资收入者的结构特征提供重要信息,是政府制定有针对性的劳动力市场政策和各种培训项目的现实基础。为了实现最低工资制度设计的目标,有必要对最低工资标准的执行情况展开分析。本章从统计分析的角度介绍了最低工资标准"违约率"的计算方法,并指出了该指标的优缺点以及一些解决办法。

最低工资统计分析的基础是劳动力市场调查数据。在这方面,与发达国家相比,发展中国家从事的劳动力市场调查,无论是规模、深度以及数据质量,都需进一步扩展和完善。发展中国家政府应提高对劳动力市场展开调查重要性的认识。此外,政府有关部门搜集到的劳动力市场调查数据应该对外公开使用,创建数据共享机制。劳动力市场调查数据对外公开使用,将有助于研究机构和学者对政府劳动力市场政策的效果展开评估,为政府完善最低工资政策提供参考。同时,劳动力市场调查数据对外公开使用将有助于发现数据中存在的问题,并作为反馈,为统计部门进一步完善劳动力市场调查和改进统计调查方法提供有益参考。

第二编 02

第八章

最低工资制度就业效应：理论分析与实证研究
方法

自最低工资制度产生以来，争议最大的一个问题就是最低工资对就业会造成何种影响。按照新古典经济学"教科书"的解释，最低工资制度将会对就业产生负面影响。倡导自由市场经济的经济学家、政治家、各种社会组织都将"教科书"的解释视作一个经典案例和理论上的佐证来反对政府对劳动力市场工资确定的干预。然而，在现实世界中，劳动力市场的运行要比"教科书"的诠释复杂得多。这也预示着，基于理论层面对最低工资就业效应所做的分析将无法给出单一和确定的答案。本章将首先使用经典劳动力供需模型对最低工资制度的就业效应展开分析，然后介绍两部门模型和劳动力市场买方独家垄断模型。本章还将讨论最低工资制度就业效应的实证分析方法。

第一节 最低工资就业效应的理论解释

一、经典的劳动供需模型："教科书"的解释

运用新古典经济学理论阐述最低工资制度的就业效应始于诺贝尔经济学奖获得者乔治·斯蒂格勒（George J. Stigler）。1946 年，斯蒂格勒在《美国经济评论》发表了题为《最低工资制度经济学》的论文。[①] 在论文中，斯蒂格勒并没有使用高深的数学方程式，而是运用能够为更多读者接受的语言以及简单的表格论述了最

---

① Stigler, G. , "The Economics of Minimum Wage Legislation", *The American Economic Review*, Vol. 36, No. 3, 1946, pp. 358 – 365.

低工资制度对就业、收入分配以及贫困造成的影响。斯蒂格勒的分析,不仅为后人的研究奠定了理论分析框架,也为后人的研究指明了方向。

按照新古典经济理论,劳动力供应和需求共同决定劳动力市场的均衡工资水平,其基本假设是劳动力市场具有完全竞争的性质。完全竞争的劳动力市场所具有的特征包括:(1)同质性:劳动力市场的同质性意味着劳动力市场拥有大量、没有任何差别的劳动力买者和卖者。例如,劳动者的技能和受教育水平等个人特征完全相同,不存在任何差异;(2)自由流动性:劳动者可以自由流动,而且流动成本为零,没有任何制度性障碍;(3)信息完全性:信息完全性意味着整个劳动力市场是透明的,劳动力买卖双方对各自情况完全了解且获得对方信息不需要支付任何成本。在以上三个基本假设条件下,新古典经济学理论认为,当劳动供应和劳动需求相等时,劳动力市场就达到了一种均衡状态。

当劳动力市场处于均衡状态时,劳动力市场中的就业达到了均衡就业水平,其对应的劳动力价格即为均衡工资。在均衡工资水平下,想工作的人都会参与到劳动力市场中,从事被雇佣工作。然而,即使是在均衡状态,劳动力市场依然存在失业现象,只不过这种失业状态要么是源于劳动者自己的选择,或是因为劳动力市场在运行过程中劳动供求双方产生的摩擦造成的。前者被称之为自愿失业,后者是摩擦性失业。之所以会发生自愿失业现象,是因为:在预算约束条件下,每个劳动者心中都有自己的保留工资水平。如果均衡工资超过自己的保留工资水平,劳动者将会选择参与劳动力市场活动;相反,如果均衡工资低于自己的保留工资水平,劳动者将会放弃从事或寻找被雇佣工作而去从事能够给自己带来更大效用的闲暇(leisure)活动。经济学中所说的闲暇并非一般意义上的休闲和娱乐,而是泛指从事非被雇佣的其他活动。

按照新古典经济学理论在均衡状态下,完全竞争劳动力市场中的劳动力资源得到了有效配置:一方面,劳动者获得了"劳动者剩余(worker surplus)";另一方面,企业获得了"生产者剩余(producer surplus)"。这意味着,劳动者和企业都得到了各自应有而且是最优的回报。但是,如果政府通过最低工资法规强行要求企业支付劳动者工资水平的底线高于均衡工资水平,则劳动力市场就会产生非自愿失业现象。非自愿失业人群包括两部分:被企业解雇的工人是其中一部分;剩下的是那些以前从事闲暇活动而现在受到较高工资水平诱使而重新返回劳动力市场寻找工作却找不到工作的人。在这里,有以下三点需要特别加以说明:第一,在被解雇的劳动者中,有些人的保留工资可能会低于均衡工资水平,这意味着,这些劳动者虽然愿意接受较低的劳动力市场价格,但依然失业,没有工作;在新古典经济学看来,这显然是一种无谓损失(deadweight loss)或福利净损失(welfare loss);第二,返回劳动力市场寻找工作却找不到工作的规模与劳动供应的工资弹性水平有关。劳动供应的工资弹性越高,受较高工资水平诱使重新返回劳动力市场寻找工作却找不到工作的人数就越多;第三,在被企业解雇和返回劳动力市场寻找工作的人群中,有些人在长期可能会变成"泄了气的工人(discouraged workers)",即放弃在劳动力市场继续寻找工作的努力而选择从事非雇佣的闲暇工作。①

在最低工资标准高于均衡工资水平的情况下,企业为什么会解雇工人? 重新返回劳动力市场的劳动者为什么找不到工作? 新古典经济学劳动需求理论对此给出的解释是:在完全竞争劳动力市场,企业获得最大利润的必要条件是劳动边际产品价值等于企业支付的单位工资水平。所谓劳动边际产品价值就是劳动边际产品与产品单位销售价格的乘积。根据劳动边际产品递减规律,为了获得最大利润,企业必须根据市场工资水平的变化而增加或减少劳动使用数量。换言之,企业的劳动需求曲线应该是一条向右下方倾斜的曲线。如果将所有企业的劳动需求加以汇总,我们就可以得到向右下方倾斜的行业和整个劳动力市场的需求曲线。按照这一思路,政府或劳资集体谈判制定的最低工资标准如果高于均衡工资,则无论是单个企业,还是行业或者整个劳动力市场,劳动雇佣水平都会下降。在这里,如果我们将"劳动雇佣水平"理解为雇佣工人人数,那么,高于均衡工资水平的最低工资标准将会导致企业解雇现有工人和停止招聘新工人。

设劳动需求函数为:

$$L = f(r, w, Q[p(r, w)]) \quad\quad (1)$$

公式表明,劳动需求是一个复合函数:劳动需求水平受资本价格 r、工资水平 w 和产出水平 Q 的影响;其中,产出水平又是产品价格的函数,而产品价格又会受到资本价格和工资水平影响。我们最感兴趣的问题是:假设资本价格不变,工资变动对劳动需求所产生的影响。在西方高级劳动经济学教科书中,工资变化引发劳动需求的总变动又被称之为"无条件劳动需求"的变动。"无条件劳动需求"

---

① 在各国的失业率统计中,因为种种原因而放弃在劳动力市场工作寻找工作的劳动者不被纳入失业率的计算范围。这也意味着,各国统计的失业规模要比新古典经济框架下所阐述的失业规模要小。

(unconditional labor demand)是指:基于企业利润最大化的劳动需求是企业支付工资水平的函数。如果劳动力市场和产品市场均为完全竞争市场,劳动边际产品价值等于单位工资水平时的企业劳动力需求就是企业的"无条件劳动需求"水平。与"无条件劳动需求"相对应,"条件劳动需求"(conditional labor demand)是指,假定产出水平一定,且企业生产需要劳动和资本两种要素,则企业劳动需求水平由工资和资本的相对价格决定。在企业产出水平一定条件下,使企业生产成本最小的劳动需求就是"条件劳动需求"。

假设最低工资标准高于均衡工资水平,劳动需求的变化可使用下式表示:

$$\frac{\mathrm{d}L}{\mathrm{d}w} = \frac{\partial f}{\partial w} + \frac{\partial f}{\partial Q}\frac{\partial Q}{\partial P}\frac{\partial P}{\partial w} \tag{2}$$

公式(2)是对劳动需求函数全微分并加以整理的结果。在这里,劳动需求变化是由于最低工资标准偏离(高于)均衡工资造成的。公式右边第一项是替代效应,即工资相对资本价格的提高导致企业减少雇佣水平的程度。公式(2)右边第二项是工资对产品价格函数偏导、产品价格对生产函数偏导、生产水平对劳动需求函数偏导数的乘积,它反映了"规模效应"导致企业减少雇佣水平的程度。三项偏导数的乘积还说明了"规模效应"的一般传导机制:企业支付工人工资水平的提高导致产品价格上升,产品价格上升又会减少产品市场对企业产品的需求,企业生产规模将会缩小,从而引发企业降低雇佣水平。[①]

重要的问题是:替代效应和规模效应的大小会受到那些因素的影响? 为了回答这个问题,下面借用哈默梅什(Hamermeshi)在其撰写的具有广泛影响的专著《劳动需求》[②]中给出的劳动需求总弹性公式:

$$\varepsilon_{LL} = -[1-s]\sigma - s\varepsilon_{pp} \tag{3}$$

公式(3)中,ε_{LL}表示劳动需求总弹性。右边第一项表示替代效应对劳动需求总弹性的影响,第二项表示规模效应对劳动需求总弹性的影响。在公式(3)中,$\delta = \sigma$表示资本对劳动的替代弹性;s表示人工费用(企业工资总支出)在生产总成本中的比例,ε_{pp}表示产品需求的价格弹性。σ和s的计算公式分别为:

---

① 在完全竞争条件下,规模效应的传导机制是:提高工资将导致企业生产的边际成本上升。由于企业只是产品市场价格的"执行者",无法改变产品销售价格,边际成本的提高将促使企业缩减产出水平。而劳动需求是一种派生需求,产出水平的减少将会导致企业减少雇佣水平。

② Hamermesh, D. , *Labor Demand*, New Jersey:Princeton University Press,1993,pp. 21 – 28.

$$\sigma = \frac{din\left(\dfrac{K}{L}\right)}{din\left(\dfrac{w}{T}\right)} \quad 和 \quad s = \frac{wL}{QP}。$$

资本对劳动的替代弹性反映了在技术水平一定的条件下,工资相对资本价格的变动而导致资本和劳动使用结构的变化:如果劳动力价格与资本价格比例上涨1%,则资本与劳动比率将会上涨 σ%。按照新古典经济学的一般分析方法,资本只有在长期才可以变动。因此,工资上涨而导致资本替代劳动的效应在理论上应该是长期内才可以显现;而规模效应则主要在短期内实现。[1]

按照马歇尔"派生需求定律",无论是替代效应还是规模效应,其对劳动需求变动的影响程度,除了与两种生产要素之间的替代弹性以及产品需求价格弹性大小有关外,还与人工费用在成本中所占比例的大小有关。以规模效应为例,在产品需求价格弹性一定的条件下,人工费占总成本的比例越高,规模效应对劳动需求变动的影响程度就越大。另一方面,如果人工费用在总成本中所占比例较高,企业在长期内使用资本来替代劳动的程度就会受到限制,因此,替代效应对劳动需求变动的影响就较低。

以上,基于新古典经济学完全竞争条件下的供求模型,我们从理论层面解释了最低工资制度对劳动需求造成的负面影响及其程度。在分析过程中,有一个重要的暗含假设,即最低工资制度覆盖整个劳动力市场且所有企业都按照最低工资标准支付劳动者。在下面的小节中,基于新古典经济学劳动供需模型,我们将放宽这一暗含假设,进一步分析最低工资制度的就业效应。

二、劳动力供需模型的扩展:两部门模型

按照最低工资制度的覆盖范围,两部门模型将整个劳动市场分成两个部门:覆盖部门和非覆盖部门。在实施最低工资标准之前,覆盖部门和非覆盖部门均为完全竞争的劳动力市场,因此拥有相同的均衡工资水平。假设按照最低工资制度的规定,覆盖部门的企业必须支付高于均衡工资水平的最低工资,而非覆盖部门的工资依然维持在均衡工资水平,按照新古典经济学劳动供需模型分析,最低工

---

① Kaufman, B. E. and J. L. Hotchkiss, *The Economics of Labor Markets*, Mason, OH: Thomson South – Western, 2006, p. 255.

资制度覆盖部门的企业将会减少雇佣数量,导致一部分劳动者失去自己的工作。

如果劳动者在两部门之间可以自由流动且没有任何流动成本,根据两部门模型的预测,从覆盖部门失去工作的劳动者可以有三种去向:第一,愿意接受较低的工资水平,到非覆盖部门寻找工作;第二,那些保留工资高于非覆盖部门均衡工资水平的失业者,有一部分人将继续在覆盖部门寻找工作,等待工作机会;第三,由于长期找不到工作,一部分人将放弃寻找工作的努力,退出劳动力市场,从事"闲暇"活动,成为"自愿失业者"。

由于来自覆盖部门的部分失业者流动到非覆盖部门劳动力市场寻找工作,导致非覆盖部门的劳动供应超过该部门的劳动需求,其结果是:非覆盖部门的均衡工资水平下降,但雇佣水平上升,超过原均衡就业水平。如果我们进一步假设两部门的劳动者可以互相替代,那么,一部分在非覆盖部门工作的劳动者也有可能会辞去在非覆盖部门的工作转到覆盖部门寻找较高工资水平的工作,造成覆盖部门劳动力市场的失业水平进一步提高。最低工资制度带来的劳动者在覆盖部门和非覆盖部门的流动将会一直持续到两部门工资达到相同水平。

综合以上分析,在两部门模型的理论框架下,最低工资制度对整个劳动力市场就业的影响程度主要与下列因素有关:第一,覆盖部门和非覆盖部门的规模大小;第二,覆盖部门和非覆盖部门劳动需求工资弹性的大小;第三,覆盖部门失业者和非覆盖部门劳动者的劳动供应弹性大小以及他们的保留工资水平。

通过基于两部门模型分析最低工资制度的就业效应,我们可以看出,非覆盖部门实际上是覆盖部门失业者的"缓冲地带",它为那些受到最低工资制度影响而失去工作的劳动者提供了再就业机会。当然,非覆盖部门能够吸纳多少来自覆盖部门的失业者,在很大程度上与非覆盖部门劳动力市场的规模以及非覆盖部门的劳动需求弹性大小有关。此外,劳动者能够自由流动以及覆盖部门和非覆盖部门劳动者彼此之间具有可替代性也是非覆盖部门发挥"缓冲"作用的重要条件。

斯蒂格勒认为,"对于那些由于受到最低工资制度影响而被解雇的劳动者而言,最好的情况是流动到最低工资制度没有覆盖的部门从事工资较低的工作"。[①]美国著名劳动经济学家韦尔奇(Welch)和明赛尔(Mincer)在 20 世纪 70 年代为两

---

① Stigler,G.,"The Economics of Minimum Wage Legislation",*The American Economic Review*, Vol. 36,No. 3,1946,pp. 358 - 359.

部门模型理论的发展做出了重要贡献。基于两部门模型,韦尔奇[1]运用数理分析方法探讨了最低工资制度对两部门就业产生的效应。明赛尔[2]在其发表的论文中,融入了排队理论,进一步深化了韦尔奇的分析。需要说明的是,在1978年美国国会修改《公平劳动标准法》之前,美国联邦最低工资标准并没有覆盖所有在私营部门从事非农业工作的普通劳动者。实际上,在20世纪50年代的美国,只有50%在私营部门从事非农业的普通劳动者适用于美国联邦最低工资标准。因此,两部门模型理论的提出具有美国的历史背景。

尽管两部门模型具有美国的历史背景,但基于两部门模型分析最低工资制度就业效应的方法在当代依然具有一定的参考价值。进入21世纪,包括美国在内的绝大多数国家制定的最低工资标准几乎覆盖了所有非公共部门和在非公共部门从事工作的低收入劳动者。然而,在世界各国特别是发展中国家的实践中,依然有些企业违反最低工资法规,通过直接或间接(通过变相手段)方法,支付劳动者低于最低工资标准的薪酬水平。在发展中国家,违反最低工资制度的现象主要发生在所谓的"非正规部门"。关于"非正规部门"比较权威的定义,有兴趣的读者可参考国际劳动组织(ILO)在1993年通过的《关于非正规部门就业统计的决议》。非正规部门创造的就业岗位在发展中国家的劳动力市场占有相当大的比重。根据国际劳工组织的统计[3],在发展中国家的就业总量中,非正规部门就业所占比例达到了四分之三。在发展中国家,与"正规部门"相比较,较为恶劣的工作条件以及缺乏劳动保护往往和非正规部门的就业质量联系到一起,包括支付较低的工资水平、拖欠工人工资以及任意解雇工人等。更为严重的是,受到各种因素的影响(例如,劳动监管部门缺乏充足的经费预算以及非正规部门经济具有一定程度的流动性和隐蔽性等),发展中国家的劳动监管部门往往很难对非正规部门的企业实施有效监管。考虑到发展中国家非正规部门的规模以及非正规部门创造的就业机会,即使非正规部门雇主违反政府最低工资制度规定,向劳动者支付低于最低工资标准的工资,劳动监管部门也很难采取实质性的惩罚措施。

---

[1] Welch, F., "Minimum Wage Legislation in the United States", *Economic Inquiry*, Vol. 12, No. 3,1974,pp. 285 – 318.

[2] Mincer, J., "Unemployment Effects of Minimum Wages", *Journal of Political Economy*, Vol. 84, No. 4,1976,pp. s87 – s105.

[3] http://www.ilo.org/global/topics/employment – promotion/informal – economy/lang – – en/index. htm.

考虑到发展中国家的就业结构特征以及劳动监管的现实,在分析最低工资制度对发展中国家的就业所造成的影响时,可以考虑将"正规部门"视作为两部门模型中的"覆盖部门",将"非正规部门"视作"非覆盖部门",并以此为基础进一步分析最低工资制度对劳动力在两部门之间的流动以及对两部门就业和工资水平所造成的影响。

三、劳动力买方垄断模型:最低工资可以增加就业水平?

前两小节讨论所涉及的最基本假设是劳动力市场拥有大量劳动力卖方和买方。但是,如果我们放宽劳动力买方具有完全竞争性的假定,假设劳动力买方具有非完全竞争特征,同时保留劳动力卖方具有完全竞争性,那么,最低工资制度对劳动力市场的就业水平又会产生怎样的效果? 斯蒂格勒在其发表的《最低工资制度经济学》一文中指出:

> 如果雇主对一定素质水平的劳动者的工资确定拥有显著程度的控制能力,那么,通过一定的技巧而设定的最低工资标准就有可能提升劳动者的就业和工资水平……[1]

按照斯蒂格勒的观点,最低工资制度可能对就业水平发挥正面作用的条件是:第一,雇主不是劳动力市场均衡工资水平的"执行者",换言之,劳动市场的买方不具有完全竞争性,而是具有某种程度的垄断性;第二,制定适当的最低工资水平。

考虑一种极端的情况:在某一特定的劳动力市场,劳动力的买方只有一个企业:例如,在某个偏远的城镇,煤矿企业(或石油采掘企业)是该城镇唯一的劳动需求者。在这种情况下,劳动者所面临的劳动力市场被称之为"买方独家垄断"(monopsony)。与完全竞争的劳动力买方不同,买方独家垄断者(monopsonist)可以根据自己的需要确定劳动者的工资水平。由于垄断企业是利润最大化的追求者,因此,垄断企业确定最佳雇佣水平的必要条件同样是劳动边际收益等于劳动边际成本。但与完全竞争劳动力市场不同的是,在买方独家垄断的劳动力市场,劳动边际成本并不等于企业支付的工资水平。

---

[1] Stigler, G. , "The Economics of Minimum Wage Legislation", *American Economic Review*, Vol. 36 , No. 3 , 1946 , p. 360.

$$MC_L = w\left(1 + \frac{1}{\varepsilon_{ss}}\right) \tag{4}$$

公式(4)中,MC_L 表示劳动的边际成本,w 表示单位工资水平,表示劳动供应的工资弹性,且 $\varepsilon_{ss} > 0$。在完全竞争劳动力市场,企业所面对的劳动供应曲线是一条水平线,意味着劳动供给具有完全工资弹性($\varepsilon_{ss} = \infty$)。所以,企业劳动边际成本等于企业支付的单位工资水平。但是,在买方独家垄断劳动力市场,企业劳动边际成本将会大于企业支付的工资水平。

在买方独家垄断劳动力市场之所以会发生 $MC_L > w$ 的情况,是因为:买方独家垄断企业所面临的劳动供应曲线向右上方倾斜,这意味着,买方独家垄断企业只有支付较高的工资水平才能够吸引到更多的劳动者为其工作。如果假设买方独家垄断企业采取的是非歧视政策,即除了对新增加员工支付较高水平的工资外,还将以前雇佣的员工的工资水平提高到新增加员工的工资水平,则买方垄断企业的劳动边际成本就会大于企业支付的工资水平,即,$MC_L > w$。

追求利润最大化的买方独家垄断企业按照劳动边际产品收益等于劳动边际成本原则确定的雇佣水平为 E,低于完全竞争劳动力市场的均衡雇佣水平 E。雇佣水平 E 所对应的劳动边际产品收益 MRP_L,其值要大于垄断企业实际支付劳动者的工资水平 w,两者之间的垂直距离说明劳动者被垄断企业"剥削"的程度。[①]

$$\frac{MRP_L - w_a}{w_a} = \frac{1}{\varepsilon_{ss}} \tag{5}$$

公式(5)显示,劳动者"被剥削"的程度与劳动供应的工资弹性大小有关。劳动供应的工资弹性值越小,则买方独家垄断企业"剥削"劳动者的程度就越大。在一个极端的情况下,当劳动供应曲线为一条垂直线,即 $\varepsilon_{ss} = 0$ 时,劳动者被"剥削"的程度趋向无穷。

假设政府有关部门对买方独家垄断劳动力市场运行机制以及劳动供需状况一清二楚,且制定最低工资标准的终极目标是在提高劳动者收入的同时使买方独家垄断企业增加雇佣数量(相对于雇佣水平 E),可以证明,政府制定的最低工资标准应该在之间。[②] 这里,w_a 表示在没有最低工资标准规定的条件下,买方独家

---

① 参见,Boeri, T. and J. Van Ours, *The Economics of Imperfect Labor Market*, Princeton, NJ: Princeton University Press, 2008, p. 36.

② 同上。

垄断企业实际支付工人的工资水平,其利润最大化时所对应的雇佣水平为 E;表示劳动边际产品收益等于劳动边际成本条件下买方独家垄断企业应该支付工人的工资水平,其相对应的雇佣水平也为 E。① 若政府制定的最低工资标准落入区间 $[w_a, w_b]$,一方面,相对于买方独家垄断企业原先支付的工资水平,劳动者增加了收入,而增加的工资收入实际上是来自被买方独家垄断企业"剥削"的收入;另一方面,相对于利润最大化条件下买方独家垄断企业的雇佣水平 E,劳动者的就业水平也得到了改善。但是,如果政府制定的最低工资水平超过 w_b,则买方独家垄断企业的雇佣水平将会低于 E。

　　以上从理论分析的角度阐述了斯蒂格勒在其论文中提到的"通过一定的技巧而设定的最低工资标准就有可能提升劳动者的就业和工资水平"的观点。不过,需要指出的是,面临政府制定的最低工资标准,买方独家垄断企业能够长期维持原先雇佣水平不变甚至是增加雇佣水平的前提条件是:在执行政府制定的最低工资标准之前,买方独家垄断企业生产的产品也具有垄断性。产品垄断获得的超额利润将被用来填补因执行政府的最低工资标准带来的人工费用上涨而造成的损失。如果不是这样,企业将难以长期维持,甚至有可能企业破产,从而造成企业所有的劳动者失去工作。

　　在西方国家,买方独家垄断在资本主义发展初期具有一定的规模。例如,在英国工业革命时期,英国中部的许多城镇以煤炭开采业为主,大部分劳动者被煤炭企业所雇佣。我国在 20 世纪 50、60 年代中央计划经济背景下,东北和西北地区涌现了不少新建的中小型工业城市。在这些新建立的中小城市中,往往只有一个大型国有企业,容纳了城镇中绝大部分的劳动者。但是,伴随着经济的发展和产业结构调整,至少在西方发达国家,很难发现纯粹的买方独家垄断。实际上,即使在现实中某一城镇只有一个企业,但与过去不同的是,由于交通运输手段的改善和多样化,城镇中的劳动者完全可以选择到其他地区工作。劳动者的流动在一定程度上削弱了买方独家垄断对劳动力市场结果的操控程度。

　　如果在一个劳动力市场存在若干个企业,这些企业通过共谋或联合(卡特尔)达到控制劳动雇佣水平和工资的目的,上述分析方法和结论同样适用。此外,由

---

　　①　雇用水平 E 对应于不同的工资水平,说明在劳动力买方垄断的劳动力市场中,买方垄断者不具有劳动力需求曲线。

于存在工作搜寻成本，即使是在一个拥有许多雇主的劳动力市场，虽然每个雇主相对于整个劳动力市场的规模而言非常小，但同样可以获得某种程度的买方垄断力量。买方独家垄断的分析方法也适用于不同职业的劳动力市场研究。例如，在某一城市，如果医院为数不多，那么，对护士职业需求在某种程度上就存在买方（医院）垄断的现象。又如，在许多中小城市，快餐店如肯德基和麦当劳吸收了当地大量低技能劳动者和灵活就业者，因此，肯德基和麦当劳快餐店也存在某种程度的买方垄断。在劳动力买方存在垄断现象的同时，劳动力卖方也存在垄断的情况下，例如，工会对其会员就业水平和工资水平的严格控制，理论上无法明确给出劳动力买卖垄断对劳动力市场就业水平和工资水平造成的影响，它取决于垄断双方讨价还价能力的强弱。

四、小结和评述

基于经典的劳动力市场供需模型给出的答案是：最低工资制度对就业会产生负面作用。两部门模型在本质上试图解释的问题是：如果最低工资对就业产生负面作用，其负面作用在什么情况会被削弱。两部门模型对此问题的答案是：由于劳动力市场被分割成最低工资覆盖部门和非覆盖部门，那些在覆盖部门被解雇的劳动者可以流动到最低工资制度没有覆盖到的部门，这样，在一定程度上有助于减少整个劳动力市场的失业水平。

劳动力买方独家垄断模型认为，如果政府能够技巧性地确定最低工资水平，则最低工资制度将会对买方独家垄断劳动力市场的就业产生正面影响。在极端情况下，最低工资制度甚至可以使买方独家垄断企业的雇用水平达到完全竞争的劳动力市场的均衡就业水平。在这个意思上，最低工资制度所发挥的作用，不仅仅局限在能够提高劳动者的收入，还可以铲除劳动力买方独家垄断对就业市场造成的扭曲。

对于那些反对最低工资制度的人或组织来说，在应用经典劳动供需模型说明最低工资工资制度就业效应时，他们所言的负面效应往往是：最低工资制度将会减少企业的雇佣人数，扩大劳动力市场失业规模。考虑到现实劳动力市场中的劳动者并非是同质群体，而是具有异质特征，一个同样重要并且需要回答的问题是：如果最低工资制度对就业产生负面作用，那么，企业中哪一类劳动者最有可能被解雇？在一般情况下，年轻人和非熟练工都是低收入者，而最低工资制度设置的初衷就是为了提高低收入劳动者的收入水平。因此,如果最低工资制度会导致企业解雇工人的话,那么年轻人和非熟练工都将会是优先考虑的对象。当然,被解雇的规模与其他类型的劳动者以及资本对年轻人和非熟练工的替代程度有关。

最低工资制度对就业产生的负面作用会造成劳动力市场失业总体规模有大幅度的扩大吗?答案是:不一定。当企业受到最低工资制度的影响而考虑减少雇佣水平时,可以有以下几种选择:(1)解雇工人;(2)停止招聘新员工;(3)不解雇工人,但减少现有员工的工作时间。第一种选择会对劳动力市场失业群体的规模造成影响,但如果考虑到最低工资制度非覆盖部门发挥的"缓冲和吸收作用",其最终影响程度不一定会很大。若企业做出了第二种选择,虽然停止招聘新员工,但却保持了企业原有的雇佣水平。如果企业采取的是第三种选择,则说明企业在做出调整劳动需求的决策过程中,除了考虑劳动者基本工资水平变化这一因素外,还要考虑雇佣员工所花费的固定用工成本,即企业招聘新员工时,需要支付招聘和培训费用以及企业解雇员工时按照国家劳动法的规定必须要支付的补偿费用等。这些都是企业雇佣员工必须要支付的用工成本。考虑到企业用工所花费的固定成本,企业有可能会通过缩短工时或减少超时工作来应对工资水平的上涨而不是解雇工人。

总之,应用新古典经济学理论来解释最低工资就业效应无法给出单一和肯定的答案。我们在关注最低工资制度就业效应理论解释的同时,还应该关注现实世界中劳动力市场的运行,从实证分析角度考察最低工资制度的实施对劳动力市场就业造成的实质性影响。下一节将讨论如何应用数量分析方法分析最低工资制度对就业产生的影响。

第二节 最低工资制度就业效应实证
分析:一般方程与变量选择

应用数量方法研究最低工资制度就业效应的主要目的是从实证角度分析最低工资制度是否会对就业造成"伤害"。尽管使用数量分析方法研究最低工资制度就业效应的模型有许多,例如,横截面数据模型、时间序列和面板数据模型等,但我们可以使用下列经济计量模型作为一般的表达式。

$$Y = f(MW, X_1, X_2, \cdots X_k) + \varepsilon \tag{6}$$

公式(6)中的因变量 Y 是反映劳动力市场中劳动者就业状况的综合指标,解释变量 MW 测量的是最低工资标准, ε 代表随机扰动项。如果将最低工资标准视作是一个外生变量,则采用各种经济计量模型估计出的最低工资变量系数说明了最低工资标准变化对就业造成的影响。显然,影响劳动者就业水平的因素,除了最低工资标准外,还应考虑其他因素 $X_1, X_2, \cdots X_k$ 变化的影响,例如经济周期等。公式(6)是分析最低工资就业效应经济计量模型的一般表达式,在具体的实证分析中,它可以是简单线性回归模型,也可以是对数线性回归模型。

以下我们分别就公式(6)中的因变量、最低工资标准 MW 以及其他解释变量的选择问题加以讨论。

一、因变量 Y 的选择问题

在早期的最低工资制度就业效应的实证研究中,一般使用失业率作为因变量。如果使用失业率作为因变量,则实证研究结果说明的是最低工资标准变化对失业造成的影响。但问题是:在控制其他外生变量的条件下,最低工资标准的调整对就业水平的负面影响(按照经典的劳动供需模型的解释)能够通过失业率这一指标的变化得到准确地反映吗?为了回答这一问题,我们首先要回顾官方公布的失业率数字是如何计算的。从统计方法角度,失业率可以被分成登记失业率和调查失业率。我国官方统计部门报告的是城镇登记失业率,而国际上通常使用调查失业率指标。

按照中国国家统计局的定义,[①]城镇登记失业人员和登记失业率是指:

城镇登记失业人员:指有非农业户口,在一定的劳动年龄内(16 周岁至退休年龄),有劳动能力,无业而要求就业,并在当地劳动保障部门进行失业登记的人员;

城镇登记失业率:城镇登记失业人员与城镇单位就业人员(扣除使用的农村劳动力、聘用的离退休人员、港澳台及外方人员)、城镇单位中的不在岗职工、城镇私营业主、个体户主、城镇私营企业和个体就业人员、城镇登记失业人员之和

---

① http://www. stats. gov. cn/tjsj/zbjs/201310/t20131029_449543. html.

的比。

按照上述定义统计的失业率存在很大的局限性,无法全面、准确地反映城镇劳动力市场的失业状况。其主要原因有:第一,在城市工作的农民工群体中的失业人员没有被纳入统计范围;第二,由于种种原因(例如,就业期间没有按照规定缴纳失业保险,或失业者心理上感觉到压力),城镇户籍失业者中总会有一部分人没有到当地社会保障部门登记。按照我国目前的失业统计规定,这些人也就不会被纳入统计范围。一个值得注意的现象是:我国官方公布的登记失业率长期以来变化很小,甚至连续几年没有变化。根据国家统计局网站上公布的数据,我国城镇失业率从2005年到2014年维持在4.0%–4.2%之间。从2010年到2014年期间,每年的登记失业率都是4.1%。如果使用这些年份的失业率作为因变量分析最低工资制度对失业造成的影响,即使是使用最简单的最小二乘法方法估计,也很难获得统计上显著的估计。

西方发达国家以及许多发展中国家采用的是调查失业率。调查失业率是基于劳动力市场调查数据计算的失业水平相对指标。按照国际劳工组织的定义,失业率这一统计指标中所指的失业者必须同时满足以下三个条件:(1)目前处于没有工作的状态;(2)在过去的四个星期内寻找过工作;(3)一旦有了工作机会,可以马上或很快从事该项工作。

国际劳工组织的失业定义与我们一般人通常将"失业就是没有工作"的理解有一定的差距。按照国际劳工组织的定义,假设在某一时期,有3%的劳动者因最低工资标准的提高而被企业解雇,但该劳动力市场的失业率并不一定会上升3%,原因是:在那些被调查的失业者中,总会有些人在被调查之前的四个星期内没有找过工作,或者总会有些人,因为种种原因,即使有了工作机会,也无法很快就去从事这份工作。当然,失业率的上升幅度也有可能超过3%:最低工资标准的提高有可能使以前"自愿失业"群体中的一部分人回到劳动力市场寻找工作但却找不到工作,这些人也会被纳入失业统计中。但这些人的失业状态并非是企业解雇造成的。

通过以上分析,我们可以看到:无论是调查失业率,还是登记失业率,都无法准确地反映最低工资制度以及其他因素对失业水平造成的影响。面对这一问题,使用绝对或相对就业指标是一种较好的选择。就业指标数值的变化能够比较接近反映最低工资制度对劳动者工作机会带来的"伤害"程度。① 就业水平相对指标是指就业人数在劳动年龄人口中的比重。在具体研究过程中可以根据研究内容对就业人数指标所涉及的范围加以限定,如研究最低工资制度对青年劳动者就业的影响,应该使用青年就业人数的绝对或相对指标。

按照新古典经济学理论,企业对劳动的需求是指对劳动投入的需求,而衡量劳动投入比较精准的指标应该是"雇员-小时数",即企业雇员在一天或一周等时间单位内实际工作的时间。上一节曾经指出,当企业面临减少雇佣水平的压力的时候(如经济周期或最低工资标准的提高),考虑到用工的固定成本,企业有可能减少现有劳动者的工作时间,而不是解雇工人。换言之,如果最低工资对就业产生负面作用,它的一种表现形式可能是劳动者工作时间的变化。因此,研究最低工资标准调整对雇员劳动时间变化的影响也应该是最低工资就业效应实证分析的重要内容之一。不过,分析最低工资标准变化对雇员劳动时间变化的影响,需要基于大样本且可靠的微观调查数据,包括住户调查数据和企业调查数据。企业调查数据提供的雇员劳动时间一般要比住户调查数据更为可靠和准确,这是因为企业调查数据来自被调查企业的人事管理数据库。但在发展中国家,获得可靠的住户调查数据和企业调查数据有一定的难度,因此,开展相关研究,首先需要克服数据可得性方面存在的障碍。

二、最低工资变量的选择

在西方国家,早期有关最低工资制度就业效应的实证研究多采用最低工资标准的绝对数值,即名义或真实最低工资标准。自凯茨在其论文中提出了被后人称为的"凯茨指数"后,有越来越多的实证研究采用简化后的"凯茨指数",即将最低工资标准与劳动力市场的平均或中位数工资水平相比较。如果将最低工资标准视为非熟练劳动者(或年轻工人)的工资水平,而平均工资或者中位数工资代表了劳动力市场中熟练工人(或成年工人)的工资水平,则凯茨指数实质上反映了劳动力市场异质劳动力群体之间的劳动力价格之比。按照新古典经济学分析框架,不同种类劳动要素投入的相对价格发生变化时,企业将会考虑减少雇佣非熟练工人

---

① 有关讨论,参见:Brown, C., Gilroy, C. and A. Kohen, "The Effects of the Minimum Wage on Unemployment", *Journal of Economic Literature*, Vol. 20, Issue 2, 1982, pp. 497 – 499.

而由熟练工人或资本替代。因此,在研究最低工资制度对就业效应的影响时,选择凯茨指数作为测量最低工资标准的指标具有微观经济理论基础。[①]

按照凯茨指数计算公式,如果最低工资标准没有被调整,凯茨指数的变化完全是由于平均工资或中位数工资变化造成的,这意味着最低工资收入者(没有被调整)的最低工资水平相对于劳动力市场平均工资水平降低了。如果最低工资被调整,但平均工资或中位数工资没有变化,则凯茨指数的变化完全是由于最低工资标准变化造成的。当然,这是两种比较特殊的情况,更多的情况是最低工资和平均工资或中位数工资同时发生变化,导致凯茨指数变大或变小。无论是上述哪一种情况,凯茨指数的变化均说明最低工资相对水平的增加或减少。

采用凯茨指数分析最低工资对一个国家不同地区造成的就业影响时具有一个明显的优势:由于各地区工资收入分布不同,使得平均工资或中位数工资在各地区间存在差异,即使该国采用全国统一最低工资标准,我们依然可以计算出不同地区的凯茨指数,并以此为基础进一步分析全国统一的最低工资标准对各地区就业产生的影响。

在实证分析中,西方有些学者还采用"受最低工资变化影响的劳动者比重"(fraction affected)、"最低工资收入者比重(fraction at)"以及"工资水平低于最低工资标准的劳动者比重(fraction below)"三个指标作为最低工资变量。第二和第三个指标的含义非常清楚,这里不做解释。关于第一个指标,"受最低工资变化影响的劳动者比重"的计算方法是:以 w_{t-1}^m、w_t^m 和 w_{t-1} 分别代表 $t-1$ 期和 t 期的最低工资标准以及劳动者在 $t-1$ 期的工资水平,符合条件 $w_{t-1} \in [w_t^m, w_{t-1}^m]$ 的劳动群体被视为受最低工资变化影响的劳动者,其在就业总人群中的比例即为"受最低工资变化影响的劳动者比重"。如果两个时期的最低工资水平相等,则"受最低工资变化影响的劳动者比重"取值为零。一般情况下,该变量取值大于零,数值大小与最低工资变化幅度以及调整最低工资标准之前的低工资收入分布状况有关。

与反映最低工资标准相对水平的凯茨指数不同,上述三个指标实际上反映的是最低工资调整及其幅度对低工资收入劳动者分布的影响。从这个意义上,我们可以将上述三个指标理解为是对"最低工资效力"(bite of minimum wages)的测

---

① 实际上,选择真实的最低工资标准也具有微观理论基础。因为本质上,新古典经济学中劳动供需函数反映的是真实工资水平与劳动供需水平之间的关系。

度:在低工资收入分布一定的条件下,最低工资被调整的幅度越大,受最低工资变化影响的劳动者的潜在规模和比例也就越大,这也意味着,最低工资调整对劳动力市场就业的影响也会相应扩大。"最低工资收入者比重"和"工资水平低于最低工资标准的劳动者比重"数值的大小在一定程度上反映了企业执行最低工资制度的程度以及国家劳动行政部门针对企业执行最低工资标准而展开的劳动监察的有效程度。

从政策分析角度,负责制定最低工资标准的政府有关部门、工会以及雇主组织最感兴趣的应该是最低工资的绝对标准对劳动力市场就业总水平的影响。凯茨指数和"最低工资效力"三个指标将最低工资标准及其调整与劳动力市场总体工资收入分布以及低工资收入分布结合到一起。这种结合,一方面,使我们能够从综合的角度实证分析最低工资制度的就业效应,但在另一方面,它也使相关的实证分析变得更加复杂和学术化。此外,凯茨指数和"最低工资制度效力"三个指标的计算对相关数据样本规模以及数据质量的要求也会变得更高。如果没有可靠和大样本的就业和工资收入调查数据,凯茨指数和"最低工资效力"三个指标的计算会非常困难。

从实证分析的角度,还应该区分名义和真实最低工资。应用时间数列模型分析最低工资就业效应时,使用真实最低工资标准可以确保不同时间点上的最低工资水平具有可比性。当使用横截面数据模型时,由于横截面数据是某一时间(如一年)各地区(如中国的各省、美国的各州)有关最低工资标准、就业水平等变量数值的集合,因此,可以使用名义最低工资标准。不过,在使用各地区最低工资标准的时候,要注意各地区最低工资所包含的内容是否具有可比性。以我国为例,目前,只有北京和上海两个直辖市明确规定,最低工资标准不包括劳动者个人应该缴纳的社会保险费用,但其他省市和直辖市均对此没有做出规定。

三、其他解释变量的选择

除最低工资标准外,还有许多其他因素也会影响劳动力市场的就业水平。关于方程式(1)中包含的其他变量,西方国家特别是美国的专家学者选择最多的是反映经济周期状况的系列指标,如 GDP 增长率(或者实际 GDP 增长与潜在 GDP 增长的差距)、失业率(或年轻人失业率、成年人失业率等分类指标)。在 GDP 快速增长的时期,企业由于生产规模扩大而导致劳动需求上升有可能减轻最低工对企业雇佣水平造成的压力。换言之,最低工资在经济繁荣时期对就业产生的效应有可能会很小,或者可能根本就无法观察到。而在经济衰退时期,最低工资制度的就业效应就有可能扩大。与 GDP 增长率一样,失业率同样是反映一个经济体经济周期状况的重要指标之一。尽管我们在上面讨论了官方失业率统计数字与现实失业状况存在差异,但无论如何,失业率依然在一定程度上反映了一定时期内经济发展水平对劳动力市场中企业劳动需求造成的影响。

反映经济周期状况的指标往往在时间上存在共同或相反的增长趋势。当经济增长较快时,失业率往往会变得较低。而当经济增长较快和失业率较低时,政府调整最低工资的次数和幅度往往也会提高。经济计量学将解释变量彼此之间存在相关关系的现象称之为多重共线性。采用面板数据模型将有助于减少多重共线性对模型参数估计和方差造成的影响。

最低工资制度对青年劳动者的就业影响是西方学者关注最多的问题。在各国相关的研究中,青年劳动者年龄的定义范围不尽相同。美国学者一般将 16 – 19 岁或者 14 – 24 岁定义为青年劳动者。年龄在 16 – 19 岁或者 16 – 24 岁之间的青年劳动者大多数是那些结束正规教育不久并初入职场的人。这些刚入职的年轻劳动者往往缺乏工作经验,技能水平不高而且工作流动性较大,因此,他们也是最有可能受到最低工资制度影响的群体。在众多有关最低工资制度对青年劳动者就业水平影响的实证研究中,除了最低工资变量、经济周期变量以外,还使用了诸如"青年劳动者在劳动总人口中的比例""青年劳动者与成年劳动人口的比值"等反映青年劳动力供应规模的相对指标。有的研究还加入了"平均学龄""参加政府就业培训的比例"等反映青年劳动者"质量"的替代指标。对此,有两种截然不同的看法。一种看法是:当最低工资标准高于均衡工资水平时,劳动力市场处于一种失衡状态,即劳动需求小于劳动供应。按照新古典经济学理论框架,当劳动需求小于劳动供应时,劳动力市场的就业水平应该由劳动需求数量来决定。基于此,公式(6)实际上是劳动需求方程,而非劳动供应方程。由此得出的结论是,在研究最低工资制度对青年就业水平影响的经济计量模型中,不应加入反映青年劳动力供应规模和反映青年劳动者"质量"的有关指标。对此,布朗等人(Brown et al.)①提出了不同看法是:公式(6)代表"劳动需求方程"的说法只适用于那些工资收入水平为最低工资标准的青年劳动者。在青年劳动者中,仍有一部分人的工资收入水平高于最低工资标准,而这部分人的工资水平是由劳动供应和需求两个方面决定的。在布朗等人看来,模型中应该包括反映青年劳动者供应规模的指标,因为只有这样,在控制青年劳动者规模对就业影响的条件下,才能找出最低工资制度对青年就业水平的影响程度。

以上探讨了实证分析最低工资就业效应过程中对因变量和解释变量的选择问题。下一节中将介绍基于横截面、时间序列和面板数据而展开的经济计量模型估计方法。在这里,我们引用美国著名最低工资制度问题专家卡特(Card)和库格尔(Krueger)在其著作中的一个重要论述作为下一节的"引子":

……我们无法确定加入的控制变量(解释变量 – 作者注)是否充分。一个暗含的假设是:在其他控制变量维持不变的条件下,如果最低工资标准也保持不变,则不同时间上的就业水平也会保持不变。遗憾的是,没有任何办法来检验这一假设是否有效……②

第三节　最低工资制度就业效应实证分析: 经济计量模型和自然实验方法

根据研究者拥有的数据类型,可以将最低工资制度就业效应分析的经济计量模型分成横截面数据模型、时间序列模型和面板数据模型。在下面的介绍中,由于版面限制,我们对涉及的某些经济计量学专业术语没有做解释,有需要的读者可以参考有关经济计量学教科书。

① Brown, C., Gilroy, C. and A. Kohen, "The Effects of the Minimum Wage on Unemployment", *Journal of Economic Literature*, Vol. 20, Issue 2, 1982, p. 501.

② Card, D. and A. B. Krueger, *Myth and Measurement: The New Economics of Minimum Wage*, Princeton, NJ: Princeton University Press, 1995, p. 183.

一、时间序列模型

基于时间序列,分析最低工资制度就业效应的经济计量模型的一般表达式为:

$$Y_t = f(MW_t, X_t^2, X_t^3, \cdots X_t^k) + e_t \tag{7}$$

公式中,变量下标 t 表示离散时间 $t = 1, 2, \cdots T$, ε_t 表示随机扰动项。与横截面数据模型相同,时间序列模型同样可以使用对数线性模型表示。对数线性模型中的最低工资变量的估计参数可以解释为最低工资的就业弹性。

使用时间序列模型分析最低工资制度就业效应的研究对象往往是一个国家的劳动力市场。政府负责制定最低工资标准的部门以及集体协商谈判两大主体(工会和雇主协会)最感兴趣的是最低工资标准及其调整对全国或地区就业总量水平的影响程度。根据两部门模型,那些在覆盖部门失去工作的劳动者可以流动到非覆盖部门从事被雇佣工作,而按照国际上通行的失业统计方法,那些因为在覆盖部门失去工作而流动到非覆盖部门的劳动者依然被纳入就业统计数字。此外,在某一地区因最低工资标准调整而被企业解雇的劳动者也可以流动到其他地区工作。因此,如果使用时间序列模型估计最低工资制度对就业产生的影响,就业总量发生的变化应该是该国劳动力市场各部门或各个地区就业水平此消彼长的综合变化结果。

在应用时间序列模型分析最低工资制度就业效应的过程中,经常遇到的问题有两个:第一,模型中是否应该加入最低工资的时滞变量;第二,模型中是否应该加入时间趋势变量。

第一个问题取决于研究者对最低工资调整和企业解雇工人是否存在较长时间差的理解。如果认为最低工资调整后,企业会马上解雇员工,则没有必要在时间序列模型中加入最低工资时滞变量;如果认为,最低工资调整后,即使不考虑雇佣工人花费的固定用工成本,企业也需要相当长的时间才能使用资本替代最低工资收入者的话,则模型中应该加入最低工资时滞变量。实际上,在模型中加入时滞变量与否是一个只有通过研究者在使用的数据和选择的模型的基础上,通过逐步回归方法才能得出的结论。

关于第二个问题。大多数经济时间序列中的变量都存在时间趋势。正是这种在时间维度上共同变化的趋势,有可能使我们对变量之间的因果关系做出错误判断。在某些情况下,因变量与一个解释变量存在很强的相关关系并非是因为这两个变量之间具有一种可以依据经济理论或经验判断做出符合逻辑解释的关系,而是因为二者都与另外一个因素存在很强的关系。这一现象就是所谓的"伪相关"。在时间序列模型中加入时间趋势变量,一方面,有助于消除出现这种"伪相关"的可能性,另一方面,它也有助于在控制时间趋势的条件下,使最低工资对就业造成影响的估计更加符合现实。例如,以青年就业人数与劳动力人口总数之比值作为因变量,研究真实最低工资水平调整对因变量的影响。如果我们在模型中加入时间趋势变量,其估计系数(如果统计上显著的话)反映了总劳动人口规模和结构(如人口老龄化,青年劳动力规模下降等)随时间发生的变化对因变量造成的影响,而最低工资变量的估计系数(如果显著的话)则表明,在控制时间趋势对因变量的影响条件下,最低工资调整对因变量变化造成的影响。

虽然经典的劳动供需模型预测最低工资制度将会对劳动力市场的就业水平造成伤害。但如果考虑到在实践中政府有关部门调整最低工资标准的机制和时机,我们可能会得出最低工资调整与就业水平变化互为因果关系的结论。例如,许多国家政府选择上调最低工资标准的时机往往与经济发展状况有关。一般情况下,政府更倾向于选择经济增长水平较高从而导致企业用工需求较高的时期宣布提高最低工资标准。在这种情况下,最低工资标准的调整会受到劳动力市场用工需求变化的影响。因变量和解释变量的双向因果关系会造成最低工资这一解释变量具有内生性。变量的内生性会使得基于时间序列分析最低工资制度就业效应的估计结果有偏。

处理内生变量的常用方法是使用工具变量。例如,基于 1973 - 1989 年合并后的美国各州横截面数据,纽瓦克(Neumark)和沃斯切(Wascher)[1]研究了最低工资相对水平对青年就业影响。除了使用凯茨指数,纽瓦克和沃斯切构建的模型中还加入了适龄青年(16 - 19 和 16 - 24 岁)中正在接受正规教育的比例(简称"在

① Neumark, D. and W. Wascher, "Employment Effects of Minimum Wages and Subminimum Wages: Panel Data on State Minimum Wage Laws", *Industrial and Labor Review*, Vol. 46, No. 1, 1992, pp. 55 - 81.

校率",enrollmentrate)这一变量。① 但是,"在校率"这一解释变量显然与模型中的因变量,即"青年就业人数与青年劳动力人口总数之比值"存在双向因果关系(simultaneous causality),这会导致变量"在校率"具有内生性,造成有偏和不一致的估计系数。为解决这一问题,纽瓦克和沃斯切使用了"学校费用支出水平""学生教师比率"和"法定的义务教育学龄"作为工具变量。

最后需要说明的是,使用普通最小二乘法估计时间序列模型的假设是:模型中所有变量都具有平稳性。对时间序列是否存在自相关的检测主要使用杜宾-沃森统计量。如果检测出自相关,可采用广义最小二乘法估计变量系数和标准差。在早期应用时间序列分析最低工资制度就业效应的研究中,一般采用上述方法。但是,随着时间序列估计技术的迅猛发展,时间序列变量的平稳性检验和协整分析已成为应用时间序列模型不可或缺的几个步骤。有兴趣的读者,可参考有关经济计量学教科书的介绍。

二、横截面数据模型和面板数据

横截面数据是特定时期各样本单位的数据集合。根据这一定义,如果我们搜集了2010年(或其他年份)我国各省和直辖市的最低工资标准、就业人数等变量数值,那么,该数据库就是横截面数据。基于横截面数据的经济计量模型一般表达式为:

$$Y_i = f(MW_i, X_i^2, X_i^3, \cdots X_i^k) + e_i \tag{8}$$

公式(7)是使用横截面数据分析最低工资就业效应的一般表达式。其中,下标i表示各地区,$i = 1, 2, \cdots, n$。MW_i是第i个地区的最低工资标准。除最低工资标准变量外,影响就业水平的因素还包括$X_i^2, X_i^3, \cdots X_i^k$。如果将线性模型左右两边的变量取对数,则有:

$$\log(Y_i) = \log(\beta_0) + \beta_1 \log(MW_i) + \beta_2 \log(X_i^2) + \cdots + \beta_k \log(X_i^k) + e_i \tag{9}$$

公式(9)被称之为双对数线性模型。分析最低工资就业效应时采用对数线性

① 卡特和库格尔认为,不应在模型中加入变量"在校率",因为最低工资对就业的影响在本质上反映的是劳动需求的最低工资弹性,而非劳动供应的最低工资弹性。此外,卡特和库格尔还认为,最低工资变量与"在校率"存在较强的相关关系,即最低工资水平上升会导致在校的青年人离开学校从事被雇佣的工作,造成"在校率"下降。参见:Card, D. and A. B. Krueger, *Myth and Measurement: The New Economics of Minimum Wage*, Princeton, NJ: Princeton University Press, 1995, pp. 210–215.

模型的一个最大好处就是,模型中解释变量的估计系数值表示最低工资变量对就业水平的弹性系数。例如,公式中最低工资变量的估计系数$\hat{\beta}_1$表示:最低工资标准每调整1%,相应地,就业水平将会发生$\hat{\beta}_1$%的变化。

一般情况下,基于横截面数据的经济计量模型可采用普通最小二乘法(OLS)估计参数。但是,如果考虑到横截面数据往往存在异方差性,在实践中往往采用加权最小二乘法。① 关于异方差诊断,经济计量经济学教科书介绍的常用检验方法包括:Goldfel – Quant 检验法、Park 检验法等。

需要说明是,基于横截面数据研究最低工资对不同地区就业水平的影响时往往会遇到样本量较小的问题。以中国大陆为例,目前实施最低工资制度的有23个省、4个直辖市和5个自治区。这意味着,某个年份的横截面数据库只包含32个样本的观察值。为了增加样本数,可以考虑将若干个年份的样本的数据合并到一起。合并到一起的数据可以有两种处理方法:第一,依然使用普通最小二乘法估计模型参数,但参数方差估计使用稳健估计方法;第二,使用面板数据模型估计技术。在最低工资就业效应的早期实证研究中,基本上使用的是第一种方法。使用第一种方法时,往往还加上时间趋势变量以及样本国家或地区的哑变量,以便控制因变量和解释变量在时间上发展的共同趋势以及国家或地区间存在的固定差异。

面板数据是同时在时间和横截面上取得的二维数据,是当下最流行的数据类型之一。面板数据模型的一般表达式为:

$$Y_{it} = f(MW_i, X_{it}^2, X_{it}^3, \cdots, X_{it}^k) + e_{it}$$

其中,下标i表示各地区,$i = 1, 2, \cdots, n$;t表示时间,$t = 1, 2, \cdots, T$。因变量和解释变量的含义与公式(7)相同。模型中的参数一般采用固定效应和随机效应两种估计方法。

基于各地区在不同年份的就业水平和最低工资标准等相关变量数值而建立的面板数据模型最好使用固定效应估计方法。主要原因是:随机效应估计方法的一个基本假设是:被观测单位是从总体中通过随机抽样的方法获得的,例如,住户调查数据就是从居民总体中通过分层抽样被选中居民家庭相关数据的集合。每个横截面单位不可观测变量的取值具有随机性,服从一定的统计分布。显然,基

---

① 使用对数模型,在某种程度上也可以消除横截面数据存在的异方差性。

于国家或地区总量指标而创建的面板数据无法满足这一假设。因此,使用面板数据分析最低工资制度对地区就业产生的效应时,应该选择使用固定效应估计方法。更为重要的是,基于固定效应估计方法得出的结论只适用于面板数据中包括的地区,不宜将估计结果外推到其他地区。

三、使用自然实验方法研究最低工资制度就业效应

美国著名劳动经济学家和最低工资制度问题专家卡特和库格尔在1994年第四期《美国经济评论》发表了题为《最低工资与就业:新泽西州和宾夕法尼亚州快餐业的案例分析》的论文。[1] 在论文中,两位学者应用自然实验(natural experiment)方法对美国新泽西州提高最低工资水平对餐饮业就业水平的影响进行了分析。

新泽西州和宾夕法尼亚州是美国东部两个相邻的州。新泽西州议会在1992年通过法律,将该州最低工资标准从1992年4月1日起,每小时4.25美元提高到5.05美元,但相邻的宾夕法尼亚州在同一时期并没有提高最低工资标准。在这种情况下,两个州快餐店雇主就像是被随机地分到了实验组(新泽西州)和控制组(宾夕法尼亚州)。通过收集和分析干预前后(即调整最低工资标准前后)实验组和控制组快餐业雇佣劳动数量的变化,说明最低工资调整对就业造成的因果效应。

如果设计得当,通过自然实验来研究变量之间的因果关系可以得到类似于随机实验的结果。此外,与随机实验相比较,从事自然实验的费用却很低。自然实验方法包含了反事实因果推论的思想框架。为探究新泽西州餐饮行业雇佣水平的变化是否是由于最低工资水平提高造成的,可以做出如下反事实假设:如果新泽西州没有提高最低工资水平,该州快餐业的雇佣水平如何。按照严格的反事实分析理论,无论是事实(新泽西州提高了最低工资水平)还是反事实(新泽西州没有提高最低工资水平)都应该同时发生在新泽西州。但事实上,新泽西州州议会不可能在1992年同时出现调整和不调整该州最低工资水平的状况。在这种情况下,卡特和库格尔将与新泽西州社会经济结构和发展水平十分类似但在同一时期

---

① Card, D. and A. B. Krueger, "Minimum Wages and Employment: A Case study of the Fast-food Industry in New Jersey and Pennsylvania", *The American Economic Review*, Vol. 84, No. 4, 1994, pp. 772 - 793.

却没有调整最低工资水平的宾夕法尼亚州作为反事实的研究对象。就快餐店行业而言,除了最低工资水平,影响新泽西州和宾夕法尼亚州快餐业雇佣水平的其他因素也十分接近。

基于搜集到的数据,卡特和库格尔使用双重差分(difference-in-difference)方法分析新泽西州提高最低工资标准后对该州快餐业就业水平的影响。数量分析过程简单介绍如下。

$$\Delta Y_i = Y_{i2} - Y_{i1} = \alpha(mw_{i2} - mw_{i1}) + \gamma(X_{i2} - X_{i1}) \qquad (10)$$

公式(10)中,Y 表示快餐业雇佣水平,mw 表示小时最低工资标准,X 表示影响快餐业雇佣水平的其他因素。下标 i 表示新泽西州,数字 1 表示新泽西州调整最低工资之前,2 代表调整最低工资之后。α 和 γ 为解释变量的系数。公式(10)表明,新泽西州快餐店雇佣水平在州议会调整最低工资水平之后的变化与最低工资调整和影响雇佣水平的其他因素的变化有关。

作为控制组,宾夕法尼亚州在同一时期并没有调整最低工资标准,因此,在同一时期影响宾夕法尼亚州快餐店雇佣水平的因素中没有最低工资调整的影响。两个州快餐店雇佣水平变化之差是:

$$\Delta Y_i - \Delta Y_i = \alpha(mw_{i2} - mw_{i1}) + \gamma(X_{i2} - X_{i1}) - \beta(X_{j2} - X_{j1}) \qquad (11)$$

其中,j 表示宾夕法尼亚州。由于假设影响宾夕法尼亚州快餐店雇佣水平的其他因素以及相应的估计系数与新泽西州完全相同,公式(11)就变成:

$$\Delta Y_i - \Delta Y_j = \alpha(nw_{i2} - nw_{i1}) \qquad (12)$$

根据卡特和库格尔的计算,$\alpha = 2.865$,其含义是:新泽西州的最低工资水平每增加一美元,该州快餐店的雇佣水平将会增加 2.875 个等价全职工作岗位(full-time equivalent)。[①]

最低工资的调整会增加快餐业雇佣水平的结论在劳动经济学学术界引起了不小的争议。其中有一个重要原因:根据经典的劳动供需模型,最低工资制度会对就业产生负面影响。由于快餐店工作员工绝大多数是年轻人,有关最低工资调整对快餐店雇佣水平正面影响的结果显然与当时大多数基于时间序列或横截面数据得出的最低工资对青年就业水平产生负面影响的分析结果产生了很大反差。卡特和库格尔的研究结果似乎从一个侧面验证了买方独家垄断理论所做出的预

---

① 等价全职工作岗位的计算方法是:全职工作,计数为 1;小时工,计数为 0.5。

测:如果将快餐业视作是拥有某种买方垄断力量的雇主,那么,适当的最低工资标准有可能导致快餐店增加雇佣水平。

本章小结

　　本章首先从理论层面分析了最低工资制度的就业效应。新古典经济学劳动供需理论预测最低工资制度对劳动者的就业会产生负面影响,而两部门模型则认为,被解雇的劳动者可以流动到最低工资制度没有覆盖到的部门寻找工作,这在一定程度上可能会减少整个劳动力市场的失业水平。根据劳动力买方独家垄断理论的分析,实施最低工资标准有可能会对买方独家垄断的劳动力市场中的就业产生正面影响。实际上,早在1946年,诺贝尔经济学奖获得者斯蒂格勒就在其发表的论文中指出,如果劳动市场买方不具有完全竞争性,而是有某种程度的垄断性,制定适当水平的最低工资不但会增加劳动者的工资收入还有可能提高就业水平。但是,真正引发学者对买方独家垄断条件下最低工资制度就业效应展开学术争论的是著名美国劳动经济学家卡特和库格尔在1994年发表的论文以及论文中得出的有关调整最低工资导致快餐业行业增加雇佣水平的结论。

　　除了劳动力买方独家垄断模型,基于"效率工资理论"同样可以得出最低工资制度会促进就业的作用。效率工资理论将劳动者工资水平与劳动者的生产率有机地结合到一起。根据效率工资理论,最低工资制度使劳动者工资水平有所提高,而工资水平的提高有助于改善劳动者健康条件以及增加劳动者工作的努力程度,从而劳动者的生产效率也会随之提高。按照新古典经济学的分析方法,劳动生产率的提高意味着劳动者在同样的时间里可以生产更多的产品,从而造成劳动需求曲线向右方移动:在劳动供给曲线不变的情况下,一个新的劳动力市场均衡点开始形成。在新的均衡点上,无论是均衡工资水平,还是就业水平均都要超过旧的均衡水平。

　　本章还介绍了最低工资就业效应的实证分析方法,主要包括变量的选择、模型估计以及自然实验方法等。经济计量模型和自然实验方法都可以用来分析评估政府干预劳动力市场对劳动者就业造成的影响,但自然实验分析方法具有简单和思路比较清晰的特点,容易被政策制定者接受。更为重要的是,自然实验分析不受统计分布、模型和预先设定理论框架的约束。相比较而言,经济计量分析方法较为复杂,需要考虑多重共线性、异方差性、内生性以及时间序列平稳性等诸多因素。可以预见,随着经济计量技术的不断发展,应用经济计量模型分析最低工资制度就业效应的方法将会变得越来越复杂。

对最低工资制度就业效应展开实证分析的主要目的,一方面,是验证有关理论;另一方面,也是最重要的,应该是基于数量分析结果对政府有关部门和劳资集体谈判调整最低工资标准对劳动力市场造成的影响展开评估并提出具有建设性的政策建议。从这个意义上讲,评价一个最低工资制度就业效应实证分析好坏的标准,不是在研究中采用了哪些复杂的经济计量方法,而是它在多大程度上反映了劳动力市场规制(在这里是指政府或集体谈判确定的最低工资标准)对劳动力市场实际运行的结果造成的影响,以及其分析结论是否能够被除了经济学家以外的更多人接受。遗憾的是,在过去几十年中,尽管世界各国学者使用各种数据和方法展开了大量有关最低工资制度就业效应的数量分析,但至今依然无法获得明确和统一的结论。下一章我们将介绍过去几十年中有关最低工资制度就业效应实证分析的结果。

第九章

最低工资就业效应的实证分析结果

最低工资就业效应的实证分析是最低工资问题研究的重要组成部分。基于实证分析得出的结论,一方面,可以验证理论是否与劳动力市场的实际运行结果相吻合;另一方面,实证分析结果在很大程度上是对政府或劳资双方通过最低工资制度干预劳动力市场所带来的结果的一种评估。实证分析结果还可以为政府、工会和雇主协会制定最低工资政策以及调整最低工资标准提供具有重要参考价值的事实依据。本章将首先介绍美国学术界在过去几十年期间展开最低工资就业效应实证分析的结果,然后介绍西方其他国家和一些发展中国家的实证分析结论。本章在最后还将讨论 Meta 方法在系统评价最低工资就业效应实证分析有效性方面的应用。

第一节　美国的实证分析结果

根据美国学者纽瓦克等人的研究[①],美国最早对最低工资就业效应展开实证分析可追溯到 1915 年。当时,美国劳工统计局(BLS)的两位专家使用调查数据分析了俄勒冈州自 1913 年 10 月开始实施的最低工资标准对该州女性劳动者就业

---

① Neumark, D., J. M. Ian Salas and W. Wascher, "Revisiting the Minimum Wage – Employment Debate: Throwing Out the Baby with the Bathwater?" *Industrial and Labor Relations? Review*, 67 (*supplement*), 2014, pp. 608 – 648.

产生的影响。① 1938 年美国国会通过《公平劳动标准法》后,美国劳工部开展了一系列调查研究,重点分析联邦最低工资标准对全美某些行业和地区的就业是否产生了影响。相关的调查研究一直持续到 20 世纪 50 年代,其研究成果成为 20 世纪 50 年代末到 60 年代初发生在两位著名经济学家莱斯特(Lester)和彼得森(Peterson)之间有关最低工资问题辩论的重要依据。

美国国会在 1977 年考虑修改《公平劳动标准法》,有民主党议员提出建议,要将联邦最低工资标准与物价水平挂钩并为青少年劳动者设立与成年劳动者不同的工资水平。但国会议员在最低工资是否会造成青年就业水平的减少以及最低工资能否消除贫困等问题上一直争论不休。经过投票表决,美国国会决定成立专门研究最低工资问题的"最低工资研究委员会(MWSC)"。在 1981 年 5 月发表的一份研究报告中,最低工资研究委员会用了一章的篇幅专门回顾 20 世纪 60、70年代美国学者针对最低工资制度就业效应展开的实证分析及其成果。委员会中的三位高级经济学家布朗(Brown)、吉尔罗伊(Gilroy)和科恩(Kohen)后来将这一章的主要内容在著名的学术期刊《经济文献杂志》上以论文形式发表。②

美国学者在 20 世纪 60、70 年代对最低工资制度就业效应展开的大量实证分析具有以下特征:第一,绝大部分的研究聚焦最低工资调整对青年劳动者、低收入行业或低收入地区(例如美国南部)就业的影响。将研究重点放在青少年和低收入行业中的劳动者,主要是因为青少年和低收入者既是美国联邦和州最低工资标准规定的潜在最大受益者,也是当企业面临减少雇佣水平压力时最先考虑的被解雇对象。第二,实证分析的研究数据以时间序列为主。与面板数据成为当代学术研究最流行的数据一样,在 20 世纪 60、70 年代,尤其是在 70 年代,时间序列是当时被广泛使用的数据类型。

布朗等学者在其论文中提出的主要观点是:

---

① 美国劳工统计局的两位专家分别采集了俄勒冈州 40 家零售商店从 1913 年 3 月到 4 月以及 1914 年 3 月到 4 月的雇佣水平和工资方面的信息。由于俄勒冈州是在 1913 年 10 月份开始实施最低工资标准,因此,基于收集到的数据,美国劳工统计局的两位专家通过对比分析来研究最低工资制度对 40 家零售店雇佣女性劳动者的影响。分析的结论是:总体而言,俄勒冈州最低工资标准的实施对女性零售店员的就业水平产生了积极影响,但零售店使用少年女性(其最低工资水平要比成年女性的标准低)来替代成年女性。

② Brown, C., Gilroy, C. and A. Kohen, "The Effects of the Minimum Wage on Unemployment", *Journal of Economic Literature*, Vol. 20, Issue 2, 1982, p. 508.

通常情况下,基于时间序列的研究结果表明:最低工资标准每提高10%将会减少1%到3%的青少年就业水平。……考虑到模型规定的不同给估计结果带来的差异,最好选择这一区间的最低数值。……最低工资对青年人(20—24岁)就业水平的影响是负面的,但是要小于对青少年就业水平的影响。……和理论层面的分析一样,最低工资对成年人的影响并不确定……

最低工资研究报告公布后,成立于1977年的最低工资委员会也就随之解散。在其后的几年期间,学术界对最低工资的实证研究热情有所下降。但到了20世纪80年代末和整个90年代又掀起了新一轮的研究最低工资制度就业效应的热潮。根据美国学者贝尔曼(Belman)和沃尔夫森(Wolfson)的统计[1],在1991年后的10年期间,与最低工资制度就业效应研究有关的论文在经济学术论文中所占比重上升了81%。在新一轮的研究热潮中,研究对象与早期研究基本相同,主要是青少年劳动者、低收入人群和低收入地区。模型中使用的因变量是反映研究对象就业水平的相对指标,最低工资变量为凯茨指数。但就使用的数据而言,大多数研究采用的是以美国各州为单位的重复横截面数据(repeated cross – section data)。美国学者研究数据主要来源于当前人口调查(Current Population Survey,CPS)。CPS是美国劳工统计局每个月对6万多个家庭展开抽样调查而建立的劳动力市场调查数据库。根据调查方案设计,被调查家庭采取样本轮换方式参与调查。样本轮换使得每个月被调查家庭都有所不同。[2] 从这个意义上讲,基于CPS建立的以美国各州为单位的数据是重复横截面数据,它与基于对同样家庭在不同时间展开连续调查而建立的面板数据不同。采用重复横截面数据的好处是:在模型中加入时间趋势变量和各州虚拟变量有助于控制各州经济变量在时间上的发展趋势以及各州之间存在的固定差异对因变量变化造成的影响。

新一轮的研究热潮被美国学者纽瓦克和沃斯切称之为“最低工资问题新研究”。[3] 在“最低工资问题新研究”中,纽瓦克和沃斯切(以下简称纽瓦克)为一方,卡特和库格尔(以下简称卡特)为另一方的学术争论尤其引人注目。卡特对纽瓦

---

[1] Belman, D. , and Paul J. Wolfson, "The New Minimum Wage Research", *Employment Research*, 21(2),2014,pp. 4 – 5.

[2] 有关CPS的详细介绍,参见美国劳工统计局网站http://www. bls. gov/cps.

[3] Neumark, D. and W. L. Wascher, *Minimum Wages*, Cambridge, Massachusetts: the MIT Press, 2008,p. 3.

克的研究方法大多持批评态度,其主要观点是:第一,以研究最低工资制度就业效应为目的而建立起的方程应该是劳动需求方程,因此,模型中不应加入反映劳动供应方面的变量;第二,由于劳动力市场平均工资和青少年工资水平均与各州经济发展状况呈现正相关关系,导致各州凯茨指数的计算数值与各州青少年工资水平呈负相关。基于这种关联,就可以推出"青少年劳动力需求与其工资水平成正相关"的结论。显然,这违背了新古典经济学中有关劳动需求的定律。①

与当时大多数研究采用经济计量模型的分析方法不同,卡特更倾向使用自然实验方法,其主要原因是:

……我们无法确定加入的控制变量是否充分……一个暗含的假设是:在其他控制变量维持不变的条件下,如果最低工资标准也保持不变,则不同时间上的就业水平也会保持不变。遗憾的是,没有任何办法来检验这一假设是否有效……②

在卡特看来,自然实验方法为验证上述假设提供了解决方法。更为重要的是,基于自然实验方法,卡特等人的研究得出了新泽西州提高最低工资标准增加了该州快餐业青少年就业水平的结论。实际上,在卡特等学者所做的其他几项研究中同样给出了最低工资标准对青少年就业不存在负面影响的结论。③

纽瓦克对基于自然实验方法得出的结论提出了以下几个方面的质疑:第一,自然实验中通过电话采访获得的数据是否可靠;第二,自然试验中,"控制组"选择是否可靠;第三,基于自然实然方法得出的结论是否能够反映最低工资制度对就业的长期影响。

施密特(Schmitt)对卡特和库格尔的研究成果能否推广到一般提出了质疑:

对卡特和库格尔研究……最能够让人确信的批评是:单一的案例研究很难推广到一般。即使最完美的实验也会有随机误差,而该随机误差会影响到单个实验。假设最低工资对就业真的能够产生规模很小的副作用:随机误差将会导致不同实验结果分布在假设的就业效应规模的周围,有些时候,产生的负就业效应会大于"真实"的水平,而有些时候,所产生的负就业效应会小于"真实"的水平。……卡

---

① Card, D. and A. B. Krueger, *Myth and Measurement*: *The New Economics of Minimum Wage*, Princeton, NJ: Princeton University Press, 1995, p. 215.

② 同上, p. 183。

③ 同上, pp. 7878 – 112, pp. 113 – 177; 以及 Katz, L. F. and A. B. Krueger, "The Effects of the Minimum Wage on the Fast – food Industry," *Industrial and Labor Relations Review*, Vol. 46, Issue 1, 1992, pp. 6 – 21.

特和库格尔的实验可能是完美无缺的,但其结果仍然只是各种可能结果分布中的一个……①

其他学者,如韦尔奇(Welch)②则对卡特使用自然实验方法研究最低工资制度就业效应的方法提出了强烈批评,认为是一个"不良示范,迫切需要我们考虑制定收集、分析和公布原始数据的标准"。哈默梅什(Hamermesh)③则认为,"即使是就论文本身的分析而言,卡特和库格尔提出的最强有力的证据也存在致命性的错误"。

在另一方面,以纽瓦克为代表的基于经济计量模型研究最低工资制度就业效应的学者是否给出了令人信服和统一的结论?

……即使我们将文献范围缩小到美国专门研究最低工资对青少年就业影响的有关论文,最低工资问题新研究系列论文中报告的弹性区间是 −1 左右到零以上。……无论如何,我们对相关研究成果一般看法是:支持最低工资将会减少低收入工人就业的研究成果在数量上占据优势。在这一章,我们所给出的和强调的是那些在我们看来是最具可信程度的研究成果,而这些研究的绝大多数结论是负面就业效应。此外,如果研究人员聚焦那些拥有最低技术水平,也就是那些最有可能直接受到最低工资增加影响的劳动者群体,那么,负就业效应的分析结果尤其强烈。④

以上引述的是纽瓦克和沃斯切在其著作《最低工资》提出的观点。为了得出上述结论,两位学者对大量的实证分析结果展开了仔细的研究,但最后给出的也只是"占据优势""绝大多数"和"尤其强烈"之类的说法。与早期研究相比,"最低工资问题新研究"无论是在数据可得性、数据类型以及模型估计技术方面,都占据一定优势,但令人感到遗憾的是,这似乎并没有使相关研究结论变得完全统一并令人确信无疑。

---

① Schmitt, J. , "Why Does the Minimum Wage Have No Discernible Effect on Employment?" *Center for Economic and Policy Research*, *Working Paper*, 2013, pp. 1−24.

② Welch, F. , "Myth and Measurement:The New Economics of the Minimum Wage:Comment", *Industrial and Labor Relations Review*, Vol. 48, No. 4, 1995, pp. 842−848.

③ Hamermesh, D. , 1995, "Myth and Measurement:The New Economics of the Minimum Wage: Comment", *Industrial and Labor Relations Review*, Vol. 48, No. 4 (July), 1995, pp. 830−834.

④ Neumark, D. and W. L. Wascher, *Minimum Wages*, Cambridge, Massachusetts: the MIT Press, 2008, p. 104.

进入 21 世纪,有关最低工资制度就业效应的研究还在持续,但没有产生像20世纪 90 年代那样激烈的学术争论。研究对象基本上没有什么太大的变化,但数据类型除了重复面板数据以外,面板数据模型成为更为流行的数据类型和估计技术。最低工资制度研究的领军人物卡特自 2000 年发表了题为《最低工资与就业:新泽西和宾夕法尼亚州快餐业的个案研究:答复》[1]后,就再也没有发表过最低工资方面的文章,而另一位代表性人物纽瓦克则继续最低工资方面的研究并连续发表了一些论文和著作。杜布等(Dube et al.)[2]、奥丽格瑞特等(Allegretto et al.)[3]以及萨比亚等(Sabia et al.,2012)[4]发表的有关最低工资就业效应的论文被认为是在 21 世纪头十几年期间比较具有代表性的研究成果。

表 9-1 美国 2001-2013 年最低工资就业效应论文的研究内容和结论

研究内容	使用的主要数据	文献数目	是否具有负面效应 (有/没有/不确定)
青少年劳动者(16-19)	当前人口调查(CPS)	23	9/5/9
其他年龄劳动者	当前人口调查(CPS)	11	4/3/4
饭店和旅馆业	企业调查数据	11	3/4/4
其他低收入行业	企业调查数据	8	3/5

资料来源:Belman,D. and P. J. Wolfson,*What does the minimum wage do?* Kalamazoo,Michigan:W. E. Upjohn Institute for Employment Research,2014,pp. 34-73.

美国学者贝尔曼和沃尔夫森在其著作中总结分析了从 2001-2013 年期间美

---

[1] Card,D. and A. B. Krueger,"Minimum Wages and Employment:A Case Study of the Fast—Food Industry in New Jersey and Pennsylvania:Reply",*The American Economic Review*,Vol. 90,No. 5,2000,pp. 1397-1420.

[2] Dube,A.,T. W. Lester and M. Reich. 2010. "Minimum Wage Effects Across State Borders:Estimates Using Contiguous Counties",*Review of Economics and Statistics*,Vol. 92,No. 4,2010,pp. 945-964.

[3] Allegretto,S. A.,A. Dube,and M. Reich. 2011. "Do Minimum Wages Really Reduce Teen Employment? Accounting for Heterogeneity and Selectivity in State Panel Data",*Industrial Relations*,Vol. 50,No. 2,2011,pp. 205-240.

[4] Sabia,J. J.,R. Burkhauser and B. Hansen,"Are the Effects of Minimum Wage Increases Always Small? New Evidence from a Case Study of New York State",*Industrial and Labor Relations Review*,Vol. 65,No. 2,2012,pp. 350-376.

国学者撰写的 50 多篇有关最低工资制度就业效应研究论文的主要内容和结论。[①]
从 2001 到 2013 年,在有关最低工资调整对青少年就业影响的 23 篇论文中,9 篇
论文的结论是负的就业效应,有 14 篇的结论是没有或不确定。有关其他年龄劳
动者的研究中,4 篇论文的结论是负面效应,有 7 篇论文的结论是不确定。在针对
餐饮、旅店等低收入行业的研究论文中,有 6 篇论文的结论是负面效应,9 篇论文
得出的结论是最低工资对各部门劳动者的就业没有产生负面作用。此外,贝尔曼
和沃尔夫森还对文献展开了 Meta 分析(有关 Meta 分析,见下节的讨论)。基于
Meta 分析结果,贝尔曼和沃尔夫森认为:"(最低工资)的就业效应太微弱,以至于
在动态的和变化的美国劳动力市场上无法产生具有意义的结果"。

第二节 其他国家的实证结果

自英国从 1999 年 4 月 1 日开始正式实施全国统一最低工资标准以来,英国学
者对英国最低工资制度的就业和收入分配效应展开了广泛的深入研究。英国学
者的研究在很大程度上受到了政府需要的驱动:负责为英国政府调整最低工资标
准提供政策建议的三方协商组织"低收入委员会(LPC)"每年都要发表一份报告,
分析在过去一年期间,英国最低工资标准及其调整对劳动力市场就业和收入分配
等问题造成的影响。为此,"低收入委员会"雇用了大量学者展开相关的研究。

基于新收入调查数据(NES)、劳动力调查数据(LFS)和企业年度调查数据
(ABI),斯图尔特(Stewart)[②]分析了 2000 年 6 月和 10 月调整成年和青年最低工资
水平对英国 140 个地区的就业水平是否产生影响。其数量分析方法包括两种:第
一,将就业水平相对指标与"低于调整之前最低工资标准的劳动者比例"展开回归
分析;第二,将不同地区分成"低工资"和"高工资"两类,然后将两类地区加以对
比,并采用双重差分办法分析调整最低工资标准对不同地区就业水平的影响。斯

① Belman, D. and P. J. Wolfson, *What Does The Minimum Wage Do*? Kalamazoo, Michigan: W. E. Upjohn Institute for Employment Research,2014.
② Stewart, M. B. ,"The Impact of the Introduction of the UK minimum Wage on the Employment Probabilities of Low Wage Workers", *Warwick Economic Research Papers*,2002,pp. 1 – 38.

图尔特的分析结果是:尽管英国最低工资标准对各地区工资收入分配产生显著影响,但对不同地区的就业增长并没有产生显著的负面效应。在另外发表的一篇论文中,斯图尔特同样得出了英国最低工资标准对低收入工人的就业和劳动时间没有产生负面影响的结论。①

曼奇等学者(Machin et al)②使用家庭护理行业的调查数据分析了英国最低工资制度对家庭护理行业就业水平的影响。由于家庭护理行业在英国是传统的低收入行业,因此,研究最低工资标准对该行业就业水平的影响显然具有重要意义。曼奇等学者估计的英国家庭护理行业就业最低工资弹性是负值且在统计上显著,估计区间为 0.08 到 0.38 之间。

狄更斯等学者(Dickens et al)③基于新收入调查数据和劳动力调查数据并使用双重差分方法探讨了最低工资标准调整对英国非全日工作的女性劳动者就业水平的影响,其结论是:英国全国统一的最低工资标准对女性非全日工作劳动者产生了显著的负面就业效应,而且当受到经济不景气冲击时,负面效应程度就会变得更加严重。

表 9 - 2   OECD 成员国各年龄组就业的最低工资弹性

按年龄分组	模型 I	模型 II	模型 III	模型 IV
青少年(15 - 19)	- 0.01	0.01	- 0.19**	- 0.15*
青年(20 - 24)	- 0.04	0.07	- 0.03	- 0.04
成年人(25 - 54)	- 0.06*	- 0.01	0.01	0.01
解释变量				
成人失业率	√	×	√	×

① Stewart, M. B., "The Employment Effects of National Minimum Wage," *Economic Journal*, Vol. 114, Issue494, 2004, pp. 110 - 116.

② Machin, S., A. Manning and L. Rahman, "Where the Minimum Wage Bites Hard: Introduction of Minimum Wages to a Low Wage Sector," *Journal of the European Economic Association*, Vol. 1, No. 1, 2003, pp. 154 - 180.

③ Dickens, R., R. Riley and D. Wilkinson, "A Re - examination of the Impact of the UK National Minimum Wage on Employment," *Economica*, Vol. 82, Issue 328, 2015, pp. 841 - 864.

按年龄分组	模型 I	模型 II	模型 III	模型 IV
实际与潜在 GDP 比率	×	√	×	√
自相关和多重共线性	×	×	√	√

说明:(1)由于篇幅限制,表 9-2 中没有列出所有的解释变量;(2)√表示模型中包括该解释变量,×表示模型中不包括该解释变量;(3) ＊＊和＊分别表示在 5% 和 10% 置信水平下显著。

资料来源:作者根据 OECD 报告第二章表 2.5 编制;参见:OECD, *Employment Outlook*, Paris:OECD,1998,P. 47。

经济合作与发展组织(OECD)在 1998 年发表的《就业展望 1998》报告中,第二章专门用来分析 OECD 国家最低工资的制度结构并采用经济计量模型分析了最低工资制度对该组织成员国不同劳动人群就业水平的影响。由于当时统计数据可得性的限制,模型估计使用的数据库中只包括了比利时、加拿大、法国、希腊、日本、荷兰、葡萄牙、西班牙和美国,共计 8 个国家,数据的时间维度是从 1975 年至 1996 年。虽然模型估计使用的是面板数据,但 OECD 专家并没有使用面板估计技术,而是采用了广义最小二乘法,以消除自相关和多重共线性。模型中加入了时间变量、国家虚拟变量以及时间变量和国家哑变量的交叉项。模型中的因变量是按年龄划分的不同劳动群体的就业相对指标,即各年龄组的就业水平与总人口的比值,最低工资变量采用的是凯茨指数。

表 9 - 2 显示,青少年组就业的最低工资弹性估计,只有模型 III 和 IV 在统计上显著。负的就业弹性说明,凯茨指数每增长 1%,青少年就业水平与总人口比值将会降低 0.19% 或 0.15%。模型 I 中青少年组的就业弹性估计值虽然为负数,但在统计上并不显著,模型 II 中相应的弹性为正数。在青年组中,模型 I、III 和 IV 中的弹性系数的估计为负数,但统计上并不显著。而在成年组,只有模型 I 的估计结果具有统计上显著的负效应。OECD 报告得出的结论是:最低工资调整对青少年就业影响与模型中解释变量的设定有关。

纽瓦克和沃斯切[①]同样对 OECD 国家最低工资制度对青少年和青年就业的影

[①] Neumark, D. and W. L. Wascher, "Minimum Wages, Labor Market Institutions, and Youth Employment:a Cross - national Analysis," *Industrial and Labor Relationships Review*, Vol. 57, No. 2, 2004, pp. 223 - 248.

响展开了面板数据分析。面板数据时间维度为 20 世纪 70 年代中期到 2000 年。与上述 OECD 专家的分析内容相比,纽瓦克和沃斯切的研究所包含的内容更加广泛。首先是对青少年和青年劳动者长短期就业的最低工资弹性数值的估计,其结果是:青少年和青年劳动短期就业弹性分别为 - 0.18 和 - 0.24;青少年和青年劳动者长期就业弹性(即最低工资时滞后变量的估计系数)分别为 - 0.13 和 - 0.16。其次,纽瓦克和沃斯切还分析了各国劳动标准的高低和对劳动者保护的强弱对青少年和青年就业最低工资弹性的影响。纽瓦克和沃斯切将被研究国家的劳动标准划分成高和低两类,同时,按照各国对劳动者保护程度的强弱将被研究国家分成高和低两类。按照这两种分类,每个国家都有两个维度:美国、英国、加拿大和日本被划在"低低"组;荷兰、希腊、澳大利亚和新西兰被划在了"高低"组。其他国家则属于"高高"和"低高"组。研究结果显示,最低工资调整对青少年和青年就业负面作用将会发生在那些"低劳动标准和低劳动保护"以及"高劳动标准和低劳动保护"的国家。根据这一研究发现,纽瓦克和沃斯切认为,最低工资产生负的就业效应的程度与劳动力市场的规制强度有关;在劳动力市场规制较少的经济体中,新古典经济学所预测的最低工资对就业产生负面作用应该最强。

在一项有关 OECD 最低工资就业效应的最新研究中,基于 1983 - 2013 年数据,斯特恩(Sturn)分析了最低工资制度对低技能劳动者和青年劳动者就业的影响。结果表明,在 OECD 国家,最低工资的平均就业弹性非常小,几乎等于零,且在统计上也无法得出最低工资制度对低技能和青年劳动者会产生显著负就业效应的结论。[①]

第三节 基于 Meta 方法的研究

在过去几十年期间,世界各国学者尤其是欧美学者对最低工资制度就业效应展开了大量实证分析研究。在阅读众多已经发表的文章或工作论文后,我们会发

---

① Sturn, S., "Do Minimum Wages lead to Job Losses? Evidence from OECD countries on Low - Skilled and Youth Employment", *Industrial and Labor Relationships Review*, Vol. 71, No. 3, pp. 647 - 675.

现,各国学者在研究对象、数据类型、样本数量、因变量和解释变量的设定以及数量分析方法等方面均有所不同。当然,更为重要的是,实证分析结果也不尽相同。

一般情况下,在对现有文献加以整理分析并试图对最低工资制度就业效应的实证分析结果做出综合性评价的过程中,通常采用的方法是叙述性综述(narrative review)。但是,正如美国学者斯坦利(Stanley)[1]指出的那样,对相关文献展开叙述性综述存在致命缺陷:任何一个研究人员几乎都可以找到一篇或数篇与自己预先设定的条件或思想观念相符合的学术论文或文献综述文章。布什曼(Bushmen)[2]则指出,由于没有客观判定标准,研究人员在使用叙述方法综述现有文献的时候,往往会呈现出一种选择性倾向:那些与研究者本人预知或确信的理论不同的文献将不会被纳入讨论范围内。具有选择性偏差的文献综述不但会误导文献综述的读者,甚至还有可能推导出错误的结论。

与通过叙述方式进行文献综述不同的是,Meta 分析是通过统计和计量模型方法对现有文献和报告的实证分析结果展开系统评价的一种方法。[3] 从这个意义上讲,基于 Meta 方法做出的文献综述具有"科学性"。需要说明的是:第一,研究人员使用 Meta 方法时需要遵循一套被大家认可的协议(protocol),即在开展 Meta 分析之前,研究人员必须明确研究目标、概念和步骤并使之公开透明以便有需要的读者重复验证研究结果;第二,使用 Meta 分析方法的核心目标应该是通过统计和计量模型方法评估现有文献研究结果的可靠性以及发现各种研究结果存在差异的主要原因并以此为基础得出综合性甚至是新的结论。

最先将 Meta 方法应用于最低工资制度就业效应研究的是卡特和库格尔两位教授。在 1995 年发表的题为《最低工资时间序列研究:Meta 分析》的论文中[4],基于美国学术期刊从 1970 年到 1991 年期间发表的 15 篇论文,卡特和库格尔系统分

---

[1]　Stanley,T. D. , " Wheat from Chaff: Meta – Analysis as Quantitative Literature Review ", *The Journal of Economic Perspectives* , Vol. 15 , No. 3 (Summer,2001) ,2001 , pp. 131 – 150.

[2]　Bushman,B. J. and G. L. Wells, " Narrative Impressions of Literature: The Availability Bias and the Corrective Properties of Meta – analytic Approaches, " *Personality and Social Psychology Bulletin* ,? Vol. 27 , Issue. 9 ,2001 , pp. 1123 – 1130.

[3]　Meta 分析方法在国内被称作"荟萃分析"或"合成分析"。为叙述方便,本节直接使用英文 Meta 一词。

[4]　Card,D. and A. B. Krueger, " Time – Series Minimum Wages Studies: A Meta – analysis " , *The American Economic Review* , Vol. 85 , No. 2 ,1995 , pp. 238 – 243.

析了美国最低工资制度就业效应时间序列的研究结果,其研究重点是对已经发表的15篇论文是否存在发表偏倚(publication bias)展开研究。在卡特和库格尔看来,发表偏倚的主要来源是:(1)一般而言,学术期刊更倾向于发表那些含有"研究变量在统计上显著"结论的论文;(2)受新古典经济学关于最低工资制度将减少就业水平理论的影响,学术期刊编辑以及论文外审专家更愿意接受那些通过实证分析得出"最低工资制度明显减少就业水平"结论的论文;而那些得出相反结论的论文则有可能被石沉大海;(3)同样受到新古典经济学理论的影响,论文作者在研究过程中会将"最低工资变量估计系数为负且统计上显著"作为选择模型和模型估计方法的指南;换言之,研究人员可以通过操纵建模和使用不同的估计技术,得出统计上显著的负就业效应的结论。

　　在卡特和库格尔系统分析的15篇论文中,最低工资的就业弹性均为负值,即论文的结论都是最低工资制度会减少就业水平。然而,通过对弹性估计值以及估计值标准误和样本数量展开的相关分析,卡特和库格尔发现,弹性估计值 t 检验值与样本数呈现负相关,而且弹性估计值基本上是其标准误的两倍。[①] 此外,基于Meta回归分析方法(MRA)同样得出了 t 检验值与样本数存在负相关的结论。针对上述这些现象,卡特和库格尔认为,产生原因有两种可能的解释:一是结构变化,即真实的最低工资就业效应随着时间的变化而不断减弱;另外一种解释是发表偏倚,即文献作者在研究过程为得出某一结论而不断选择模型以及对数据进行挖掘造成的。在卡特和库格尔看来,就其研究的文献而言,第二种原因是比较合理的解释。

　　传统上,Meta分析在医学和公共卫生领域使用最为广泛。虽然卡特和库格尔在劳动经济学领域使用Meta方法及其所做出的结论引起了极大的争议,但它却在一定程度上促进了Meta方法在劳动经济学和其他应用经济学领域的应用。在卡特和库格尔研究成果发表后,陆续又有一些学者使用Meta方法对最低工资就业效应实证研究成果展开了系统评估。

---

① 根据数理统计理论,一般情况下,样本数量越大,参数估计值的精度就越高,统计量 t 的数值也会越大。在经济计量模型分析中,如果某个变量参数估计值的 t 统计数值为 2 及以上,则基本上可以得出该变量参数估计结果在统计上显著的结论。

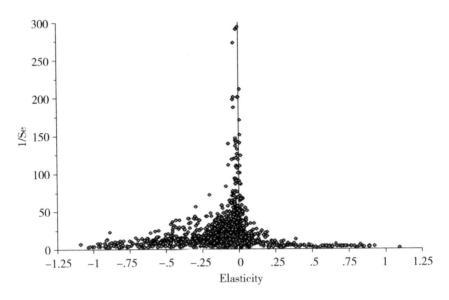

图9-1　漏斗图形:就业弹性与估计精度(样本数 n=1474)

资料来源:Doucouliagos, H. and T. D. Stanley, "Publication Selection Bias in Mini-mum – Wage Research? A Meta – Regression Analysis", *British Journal of Industrial Relations*,2009, Vol. 47, No. 2, p. 409.

　　德克拉格斯(Doucouliagos)和斯坦利[1]收集了从1972年到2007年之间以美国青少年为研究对象的64篇最低工资就业效应实证分析文献。基于收集到的文献,德克拉格斯和斯坦利汇总了1474个就业弹性估计数值并使用 Meta 方法展开了系统评价。其研究主要目的有两个:第一,是否存在发表偏倚;第二,在消除发表偏倚的影响后,最低工资对青少年就业是否产生负面影响。

　　德克拉格斯和斯坦利首先使用漏斗图法(funnel plot)分析是否存在发表偏倚。图9-1中的横轴代表最低工资就业弹性估计值,纵轴为估计值标准误差的倒数,用来衡量就业弹性估计的精准度。如果没有发表偏倚,就业弹性估计值(正数和负数)应该呈现随机分布,且对称分布在总体真实就业效应的左右两边,换言之,应该出现"倒漏斗"形状。观察图9-1可以发现,1474个就业弹性估计值没有呈现对称形状分布,而是偏向垂直线左半部,即负就业效应。图9-1还显示,大

---

　　[1]　Doucouliagos, H. and T. D. Stanley, "Publication Selection Bias in Minimum – Wage Research? A Meta – Regression Analysis," *British Journal of Industrial Relations*, Vol. 47, No. 2, 2009, pp. 406 – 428.

部分就业弹性估计值分布在图形底端,说明绝大多数研究人员估计就业弹性时使用的样本数量较小,从而导致效应量(effect size,即就业弹性)估计的统计效力较低。此外,图9-1还显示了另外一个重要内容:那些标准误差较小的就业弹性估计值大多数都紧密围绕在垂直线左右,有的甚至落在了垂直线上,说明较为精准的就业弹性估计值取值范围应该是在零左右,或者为零。

漏斗图为我们分析是否存在发表偏倚提供了一种简单和直观的判断方法,但并不完全准确,因为最低工资就业弹性估计值呈现非对称分布有可能是因为研究人员使用不同数据、模型或解释变量等原因造成的。因此,需要通过 Meta 回归来做进一步的检验。Meta 回归的基本方程式是:

$$t_i = \beta_0 + \beta_1 \frac{1}{se_i} + \varepsilon_i$$

上式中,t_i 表示第 i 个就业弹性估计值的 t 检验值,se_i 表示第 i 个就业弹性估计值的标准误,ε_i 表示随机误差。公式中截距 β_0 的估计值如果通过统计检验,则说明存在发表偏倚。β_1 的估计值表示在控制发表偏倚的情况下,是否存在显著的最低工资就业效应。

基于 Meta 回归分析,德克拉格斯和斯坦利验证了通过漏斗图分析得出的存在发表偏倚的结论。此外,斯坦利和德克拉格斯还使用更为复杂的 Meta 回归模型展开进一步的分析并得出如下结论:消除发表偏倚这一影响因素后,统计检验无法证明最低工资制度会对就业产生逆向作用。斯坦利和德克拉格斯认为需要考虑两种情况:第一,最低工资制度对美国的就业没有负面影响,其主要原因是:美国现实的劳动力市场条件与新古典经济学劳动供需模型的假设条件相差甚远。买方独家垄断以及效率工资理论可能更适用于解释美国的情况;第二,即使假设最低工资制度对美国具有负面影响,但影响程度非常有限,甚至根本就观测不到。在斯坦利和德克拉格斯看来,"即使负的就业效应存在,……-0.01 的就业弹性数值在政策层面没有什么意义……如果最低工资标准加倍,也仅仅是减少了 1% 的青少年就业"。

在一项研究内容更为广泛和复杂的 Meta 分析中,美国学者贝尔曼和沃尔夫森搜集了 80 篇以美国为主的最低工资就业效应实证分析文献。[①] 在这 80 篇文章

---

① Belman, D. and P. J. Wolfson, *What Does The Minimum Wage Do?* Kalamazoo, Michigan: W. E. Upjohn Institute for Employment Research, 2014.

中,只有23篇直接给出了就业弹性估计数值以及标准误差或者提供了可以计算就业弹性的信息。基于23篇文献,贝尔曼和沃尔夫森汇总了439个就业弹性的点估计值并以此为基础展开了系统评价。在控制发表偏倚以及其他因素(包括研究对象是年轻劳动者还是低收入行业的劳动者以及研究人员的特征等)的条件下,美国学者贝尔曼和沃尔夫森得出的结论是:最低工资对美国年轻人就业产生的负效应的估计在统计上并不显著,且估计值几乎接近于零。而对那些在餐饮业工作的劳动者而言,其就业弹性为 -0.05,但统计上并不显著。

伦纳德等学者(Leonard et al.)[1]使用 Meta 方法对英国16篇最低工资就业效应的实证研究文献展开系统评价。其研究结果表明:有关英国最低工资就业效应的实证研究文献不存在发表偏倚。不过,即使不存在发表偏倚,基于 Meta 回归分析依然无法得出英国最低工资标准的调整将会导致就业水平下降的结论。作者对为什么英国最低工资标准及其调整未对就业水平产生负面影响的解释是:第一,政策制定的内生性,即英国政府调整最低工资标准时会考虑将其对就业的冲击程度最小化;第二,生产率的提高、价格和利润上涨以及对工时的调整都会冲淡最低工资制度对就业有可能产生的负面效应;第三,新古典经济学完全竞争市场的假设与英国劳动力市场现实不相吻合,而效率工资理论则是一种比较符合现实的解释。

切赖索斯(Chletsos)和格迪斯(Giotis)[2]对来自18个国家(包括发展中国家如印度、南非和印度尼西亚等)的77篇研究最低工资就业效应的文献展开了 Meta 分析。研究结果表明,相关文献存在发表偏倚。在控制发表偏倚和其他因素条件下,最低工资对就业产生负面作用的估计并不显著。通过在 Meta 回归模型中加入调节变量(moderators),切赖索斯和格迪斯发现,数据类型、模型设定、研究对象等的不同是造成研究结论差异的主要原因。

---

[1] de Linde Leonard,M.,T. D. Stanley and H. Doucouliagos,"Does the UK MinimumWage Reduce Employment? A Meta - regression Analysis", *British Journal of Industrial Relations*, Vol. 52, No. 3,2014,pp. 499 - 520.

[2] Chletsos,M. and G. P. Giotis,"The Employment Effect of Minimum Wage Using 77 International Studies Since 1992:A Meta - analysis",*MPRA Working Paper*,2015,pp. 1 - 42.

本章小结

在过去的几十年中,世界各国学者对最低工资的就业效应展开了大量实证分析。在这其中,又以美国学者的研究占有重要地位。美国学者分析最低工资就业效应的内容以及使用的实证分析方法对其他国家学者的研究起到了引领作用。相比较而言,发展中国家学者展开研究的数量较少,相关文献较少。其中一个很重要的原因是:对发展中国家学者而言,在实证分析技术方面不存在任何障碍,最大的问题是很难获得可靠且覆盖面较广的劳动力调查数据以及住户调查数据。

通过上面几个小节的介绍,我们发现,美国和西方有关最低工资就业效应的研究重点是青少年和传统低收入行业(例如餐饮业、旅馆和养老院等)的劳动者。其原因非常的明显:低收入行业劳动者以及青少年所面对的是一个竞争性较强的劳动力市场。如果最低工资对就业产生负面效应的话,那么,这些劳动群体将会是最大的潜在受害者。但问题是,在劳动力市场的实际运行过程中,最低工资制度会减少就业水平吗? 关于这个问题,至少到目前为止,基于各国学者的实证研究依然无法给出统一并为大多数接受的答案。以纽瓦克为代表的劳动经济学家,坚持使用经济计量模型对最低工资就业效应展开分析并得出最低工资对美国青少年就业产生负面影响的结论。而以卡特为代表的一些劳动经济学家,则认为研究最低工资就业效应应该采用自然实验方法。正是通过自然实验方法,卡特等人得出了最低工资会提高青少年就业水平的结论。斯坦利则强调,Meta 分析方法为我们找出最低工资与就业的真实关系提供了一个"最好的希望"。

实际上,最低工资就业效应的实证分析产生不同的结果也很正常。从理论层面,对最低工资就业效应的解释包括新古典经济学的经典劳动模型、两部门模型以及劳动力买方独家垄断模型以及效率工资理论。经典劳动供需模型预测结果是负的就业效应,而买方独家垄断模型以及效率工资理论的预测是有可能提高就业水平,两部门模型则将非覆盖部门视作一个"缓冲区",那些在覆盖部门被解雇的劳动者可以流动到非覆盖部门工作。遗憾的是,在很多情况下,人们对最低工资就业效应的理论解释往往采用的是经典的劳动供需模型,却忽视了其他理论的解释。

或许,正像经典劳动供需模型预测结果那样,最低工资会对就业产生负面影响,但是考虑到现实劳动力市场的运作以及政府调整最低工资标准时机的选择,这种负面影响可能会很小,有时从数量分析的角度甚至无法观测到。企业的劳动需求是个异常复杂的问题。当政府或劳资协商谈判决定调整最低工资标准后,企业用工水平的调整会受到各种因素的影响。企业生产的产品在市场上的需求状况以及企业用工的固定成本等都是企业调整用工水平时需要考虑的重要因素,而企业对最低工资标准的不断调整在长期内会呈现一种适应性。另一方面,政府或劳动协商谈判对是否调整最低工资以及最低工资调整幅度与各国经济发展状况紧密相连。当然,不可否认的是,美国以及西方其他发达国家"科学"制定最低工资标准的机制在一定程度上起到了降低产生负面就业效应的风险:政府、工会、雇主协会以及专门委员会(如英国的低收入委员会)和学者所展开的大量有关最低工资问题的研究无疑为政府以及劳资双方调整最低工资的决策提供了重要的参考价值。

可以预见,有关最低工资就业效应的理论和实证讨论依然会持续下去。但是,对政府或劳资双方谈判而言,最重要的是选择恰当时机来调整最低工资标准并将其对劳动力市场有可能产生的负面作用控制在最小水平。

第十章

最低工资制度的工资收入分配效应

实施最低工资制度的一个重要目的是为企业支付劳动者的工资水平设立一条底线,以确保劳动力市场低收入群体在工资收入方面的基本权益,并促进体面劳动。此外,随着劳动力市场中工资收入不平等的扩大,最低工资制度能否为缩小工资收入差距做出贡献也成为学者和政策制定者日益关注的问题。无论是保障低收入劳动者工资收入的基本权益,还是为了缩小工资收入不平等水平,实施最低工资制度兼有经济和社会政策含义。有关最低工资制度的收入分配效应已成为劳动经济学实证分析的热点之一。本章将重点介绍最低工资制度对低收入者的工资收入分配以及工资收入不平等影响的实证研究方法和相关结果。

第一节　基本概念

一、工资收入与工资收入分布

工资(wages)是指单位时间内劳动的基本报酬。劳动时间的计量单位可以是小时、周或者是月。在劳动经济学理论中,无论是劳动需求模型,还是劳动供应模型,劳动价格均是指实际小时工资(即扣除物价影响),也就是通常所说的工资率(wage rate)。因此,从理论上讲,劳动经济学实证分析应该使用实际小时工资。但在实践中,使用最多的却是工资收入(earnings)的概念。关于工资收入具体应该含哪些内容,各国的规定不尽相同。1973 年召开的第 13 届劳动统计学家国际会议曾建议,工资收入应包括基本工资、生活费用补贴以及其他有保证和经常性支付的津贴,但不包括加班费、奖金、小费、家庭补贴和其他应该由雇主支付的雇员社会保险费用。

大多数劳动者的工资收入是按月计算。为了计算小时工资水平,通常做法是将月工资收入除以劳动时间。在实证分析中,将月工资折算成小时工资存在的问题是:第一,无论是通过家庭住户调查还是企业调查获得的月工资收入,其内容与国际劳工组织的建议或各国的定义并非完全一致;第二,被调查者对自己劳动时间的回答与其实际劳动时间存在一定偏差。如果报告的劳动时间高于实际工作时间,则小时工资水平就会被低估;相反,如果报告的劳动时间低于实际工作时间,则小时工资水平就会被高估。低估或高估小时工资都会对工资收入的分配研究产生一定影响。

如果将劳动力市场所有被雇佣者的工资收入水平按照从小到大的顺序排列且计算出每个工资收入水平所对应的劳动者人数,由此形成的工资收入数列和相对应的劳动者频数数列就是通常所言的工资收入分布。从统计分析的角度,可以借助频率分布图,例如直方图,对某一劳动力市场的工资收入分布加以描述。绘制直方图时需要对工资收入水平进行分组。如果将分组组距无限缩小,直方图就会变成一条光滑曲线,即频率分布曲线。

工资收入水平分布一般会呈正偏态,其典型特征是:第一,平均工资大于中位数工资数值;第二,在中位数工资的左侧,工资收入分布相当集中,而在其右侧,特别是超过平均工资后的工资收入离散程度较大,通常还会出现一个长尾。工资收入分布的正偏性与帕累托分布非常类似。帕累托分布描述了社会财富的分配状况,理论上,一个社会的财富差距可以达到无穷大,但工资收入差距要远远小于财富差距。对劳动者工资收入呈正偏性的一种解释是:在劳动力市场,中低层次职位很多,能够获得高收入的管理职位却很少,因此,一般情况下,工资收入就会出现"过多的人工资水平过低,过少的人工资收入水平过高"的分布状况。另外一种解释是"比例效应法则(law of proportionate effects)":各种因素(如受教育程度、技能水平等)如果是以相加的形式(additive)影响工资收入水平而且每个因素所产生的影响都很小,那么,根据概率论中心极限定理,工资收入分布应该接近于正态分布。但工资收入的实际分布呈现右偏则意味着,影响工资收入水平的各种因素不是以相加而是以累计相乘而且按照一定比例的形式发挥作用。

曲线拟合结果表明,如果将工资收入水平取对数,工资收入对数取值分布接近于正态分布形状。以 y 来表示工资收入水平变量,其对数取值 $x = \log(y)$。若 x

服从正态分布,工资收入变量 y 被认为是服从对数正态分布(log – normal distribu-
tion)。使用吉布拉定律(Gibrat's law)对工资收入服从对数正态分布现象的解释
是:劳动者个人工资收入水平每时每刻都会按照不变的比例增长或下降。如果工
资收入增长或下降的比例是随机变量且服从正态分布,那么,总体工资收入分布
将会接近于对数正态分布。由于正态分布是一种应用非常广泛的统计分布,且许
多统计检验和经济计量模型参数估计方法有赖于随机变量正态分布假设,因此,
工资收入对数呈现接近正态分布这一特性有助于我们对最低工资收入分配效应
展开深入的数量分析。

二、低工资收入劳动者

根据经济合作与发展组织(OECD)的定义,如果劳动者的工资收入水平低于
劳动力市场中位数工资的三分之二,则该劳动者是低工资收入劳动者。欧盟统计
局(Eurostat)采取了同样标准来划分低收入劳动者。国际劳工组织(ILO)在其政
策分析报告中也将低于中位数工资三分之二作为判断劳动者是否为低工资收入
就业的临界值。需要说明的是,经合组织的标准是指从事全职工作(full – time
work)的劳动者。但是,无论是在发达国家还是在发展中国家,都存在一些劳动者
特别是女性、青少年和老年人从事非全职工作。为将各种类型的劳动者都纳入低
工资收入的研究范围,可以使用小时工资与中位小时工资的相对差距作为判断劳
动者是否从事低工资收入工作的临界值。

上述划分标准是对低工资收入的相对测量,其比较标准是劳动力市场中位数
工资收入。在有关工资收入分配的政策分析以及不同国家之间的比较研究中,相
对测量方法使用比较普遍。但在学术研究中,经常使用的判定标准是分位工资。
而最常用的是十分位工资。所谓十分位工资是指:工资收入按照从小到大的顺序
排列后被分割成十等分,共有九个分割点。这九个分割点所对应的工资收入就是
十分位工资,分别记为 D1,D2,…,D9,分别表示 10% 的数据落在 D1 下,20% 的数
据落在 D2 下,等等。第五个十分位是中位数工资,它代表了劳动力市场的中等工
资收入水平。一般将 D1 视作极端低工资收入水平,D2 或 D3 为较低工资收入水

平,而 D9 通常被视作是劳动力市场高端工资收入水平。①

三、工资差距与工资不平等

工资差距(wage differences)和工资不平等(wage inequality)是两个既有联系又有区别的概念。"工资差距"是一个中性词,基本不带有感情色彩。工资差距的大小只是反映了劳动力市场工资收入分配的事实。工资差距既可以用绝对数表示,也可以使用相对数,如 D9 与 D1 的比值。

关于工资不平等,我们首先需要了解"不平等"一词的基本含义。"不平等"是英文"inequality"的中文翻译,其英文反义词是"equality"。在英文中,"equality"一词的最基本解释是"相等"。从数学角度,"相等"就是两个或两个以上的数量具有相同的规模。显然,"不平等"就是两个或两个以上的数量不具有相同的规模。从这个意义上讲,"工资不平等"和"工资收入差距"的含义是等同的,可以互换使用。不过,在劳动经济学实证分析中,工资不平等往往是指那些由于非市场因素造成的工资差距。例如,垄断因素带来的行业工资差距以及我国户籍制度造成的农民工和城市户籍劳动者之间的工资差距。又如,由于历史和文化的影响,女性在社会中传统的角色定位造成的男女工资差距也被认为是工资不平等。需要指出的是,如果将研究对象从工资收入转向社会财富分配,当人们谈到"平等"和"不平等"时,往往暗含着一种强烈的社会含义,而这种社会含义又和个人价值观、道德观甚至是政治理念得出的某种判断标准有关。

在众多研究文献中,一般对"工资差距"和"工资不平等"两个概念不加以严格区分,使用"工资不平等"一词的频率远远超出"工资差距"一词的使用频率。本章在介绍最低工资收入分配效应时将遵循这一做法。尽管使用了"工资不平等"一词,但我们的目的并非是从社会和经济等角度探讨工资不平等的原因或阐述工资不平等的社会含义。本章核心内容是介绍最低工资制度收入分配效应的数量分析方法以及美英国等国学者的实证分析结果。

---

① 除了十分位数,四分位数在工资收入分布的研究中也经常被使用。有关四分位数的概念,请参考有关经济统计教材。

第二节　最低工资对低工资收入分布的影响

一、最低工资的集群效应

最低工资制度瞄准的对象是劳动力市场中低收入劳动者。考虑一种极端情况：假设政府或劳资集体协商谈判将最低工资标准水平确定为 D2，即第二十分位工资。如果最低工资对就业产生完全的负面效应，最低工资制度将会导致劳动力市场中 20% 的低工资收入者失去工作。由于被解雇的劳动者失去了工资收入，因此，在整个工资收入分布中，我们将无法观测到 D2 以及以下的工资收入分布，即出现了所谓的截尾（truncated）现象。另外一种极端情况是：假设每个企业都严格遵守最低工资制度，或者通过劳动监管部门的努力，所有工资收入水平低于最低工资标准的劳动者都获得了最低工资收入。在这种情况下，工资收入低于 D2 水平的部分将会被删失（censored），①D2 所对应的最低工资收入者人数将会大幅度增加，即所谓的集群效应。

以上所述两种情况均属于极端情况。现实中更有可能出现的状况是：在符合条件的低工资收入者中，有相当一部分人成为最低工资收入者，其工资水平达到法定最低标准；有些劳动者的工资收入接近或者小幅超过最低工资标准。当然，还有一部分工人的工资水平完全没有被调整，与法定最低工资标准存在一定程度的差距。考虑到上述三种情况，我们在观察实施最低工资标准之前和之后的工资收入密度分布曲线时，就会发现：第一，实施最低工资标准后，低于最低工资标准以下的低工资收入分布面积有所减少；②第二，围绕最低工资标准显现集群效应，出现尖峰形状（spike）。

---

① 这里所言的"删失（censored）"，其含义是：工资收入分布中所有低于最低工资标准的数据将被最低工资标准替代。由此可知，"截尾"和"删失"的含义并非相同。

② 分布面积减少可能是由于企业提高低收入者工资水平从而使低于最低工资标准的人数减少；另一方面，实施最低工资标准造成企业解雇低收入者也有可能是低于最低工资标准人数减少的原因之一。

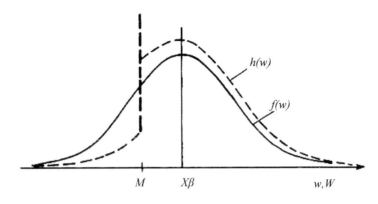

图 10 - 1　最低工资对工资收入分布造成的影响

图 10 - 1 中的实线表示实施最低工资标准之前的工资收入分布,密度函数为 $f(W)$。虚线表示实施最低工资标准后的工资收入分布,$h(W)$ 表示相应的密度函数。通过比较实线和虚线低于最低工资标准 M 的分布,可以发现:一方面,实施最低工资制度后,低于 M 的劳动者人数有所减少;另一方面,最低工资标准对应的频数成为一条垂直线。需要说明的是:最低工资标准对应的频数是一条垂直线只是一种理论上的表示。在工资收入的经验分布中,最低工资标准取值及其邻域,例如 1% 或 2% 所对应的分布会呈现尖峰形状。

实施最低工资制度后,工资收入密度分布变成了分段函数。迈耶(Meyer)和怀斯(Wise)[1]提出了如下的分段密度函数:

$$
h(W) = \begin{cases}
\dfrac{f(W) \cdot P_1}{D} & if\ w < M \\[3mm]
\dfrac{\phi\left[\dfrac{M - X\beta}{\sigma}\right] \cdot P_2}{D} & if\ w = M \\[3mm]
\dfrac{f(W)}{D} & if\ M < w
\end{cases}
\tag{1}
$$

公式(1)中,P_1 表示实施最低工资标准后工资水平依然低于最低工资标准的低收入劳动者比例。产生这部分群体的原因可能是因为企业违反最低工资制度的规定,或者是因为一些劳动者被解雇后流动到最低工资非覆盖部门从事工作。

---

① Meyer, R. H. and D. A. Wise, "Discontinuous Distributions and Missing Persons: The Minimum Wage and Unemployed Youth", *Econometrica*, Vol. 51, No. 6, 1983, pp. 1677 - 1698.

P_2 表示在实施最低工资标准后没有被解雇而且工资水平被提高到最低工资标准的劳动者比例。D 表示劳动者工资收入在实施最低工资标准之前和之后都能够被观测到的概率。$X\beta$ 表示给定个人和其他特征条件下的劳动者工资水平期望值,σ 表示工资分布标准差。$\phi(\cdot)$ 表示期望值为 $X\beta$,σ^2 方差为的正态分布函数。

公式(1)说明,$h(W)$ 是 $f(W)$ 的条件密度分布函数。当工资水平低于最低工资标准 M 时,$h(W)$ 为 $\dfrac{f(w)p_1}{D}$;如果工资水平高于最低工资标准 M,则密度分布函数为 $\dfrac{f(W)}{D}$,最低工资标准 M 所对应的垂直线表达式则为:

$$\frac{\phi\left[\dfrac{M-X\beta}{\sigma}\right] \cdot P_2}{D} \tag{2}$$

理论上,若假设工资收入是按照劳动者的边际劳动生产率支付且边际劳动生产率为连续变量,那么,工资收入分布应该是一条连续的平滑曲线。但如果存在外生因素,例如政府或劳动工资集体谈判规定企业支付工资的底线,在工资收入分布的某个区间就有可能呈现尖峰分布。检验实施最低工资标准是否会造成尖峰分布已成为最低工资收入分配效应实证分析研究中的一项重要内容。基于美国数据,纽瓦克和沃斯切[1]、卡特和库格尔[2]、贝尔曼和沃尔夫森[3]等的研究结果显示,美国联邦和州的最低工资标准调整后,围绕最低工资标准出现了尖峰分布。英国学者斯图尔特和斯沃菲尔德[4]使用英国家庭住户面板调查数据(BHPS)的分析同样得出了存在尖峰分布的结论。此外,英国学者拉姆等使用英国劳动时间和收入年度调查数据(ASHE)分析了英国实施和调整全国最低工资标准后对英国普通劳动者的工资收入分布变化产生的影响。研究结果表明,在实施全国最低工资

[1] Neumark, D. and W. Wascher, "Employment Effects of Minimum and Subminimum Wages: Panel Data on State Minimum Wage Laws", *Industrial and Labor Relations Review*, Vol. 46, No. 1, 1992, pp. 55 – 81.

[2] Card, D. and A. B. Krueger, *Myth and Measurement: the New Economics of Minimum Wage*, Princeton, NJ: Princeton University Press, 1995, p. 280.

[3] Belman, D. and P. J. Wolfson, *What Does The Minimum Wage Do?* Kalamazoo, Michigan: W. E. Upjohn Institute for Employment Research, 2014, p. 250.

[4] Stewart, Mark B., "Estimating the Impact of the Minimum Wage Using Geographical Wage Variation", *Oxford Bulletin of Economics and Statistics*, Vol. 64, Supplement, 2002, pp. 583 – 605.

标准后的第一年(1999 年)以及 2003 年调整最低工资标准后的 2004 年,在英国 16 岁及以上劳动者的小时工资收入分布中,最低工资标准 3.6 英镑和 4.2 英镑所 对应的劳动者的分布呈现集群效应。[1]

最低工资尖峰分布从一个侧面反映了最低工资标准是否得到了有效实施。 最低工资约束力的大小显然与国家劳动行政部门对企业的监督强度有关。不过, 除了国家劳动监管强度这一因素外,其他因素也有可能发挥作用。例如,在拉丁 美洲国家,虽然政府有关部门对企业执行最低工资标准的监管力度非常低,但研 究发现,拉美许多国家的非正规经济部门的工资收入分布依然呈现尖峰分布。坎 宁安和希伽[2]认为,企业家社会责任感以及通过改善工人工资水平提高工人生产 效率的人力资源管理理念是造成这一现象的主要原因。

实证分析结果没有呈现最低工资的尖峰分布也可能与使用数据存在测量误 差有关。一般情况下,研究者基于住户调查数据将月工资收入折算成的小时工资 与实际小时工资水平会存在一定偏差。在开展住户调查过程中,有些被调查者对 自己工资收入和劳动时间的回答并不完全准确:出于各种原因,可能会虚报或瞒 报自己真实的工资收入;有些情况下可能是因为对住户调查问卷的问题没有正确 理解。无论何种原因,实证分析使用的数据如果存在测量误差,则势必会对研究 结论的准确性造成一定影响。

二、最低工资溢出效应

与最低工资就业效应的讨论相比较,有关最低工资制度的集群效应并没有出 现太多的争论。除了集群效应,最低工资制度对低工资收入影响的分析还包括其 他两个问题,即最低工资调整对低收入劳动者平均工资的影响以及最低工资是否 存在"溢出效应"(spillover effect)。

绝大多数的实证研究表明,调整最低工资有助于改善低收入群体的平均工资 水平;最低工资标准的调整力度越大,低收入群体平均工资水平的提高幅度也会

---

[1]　Lam,K. ,Ormerod,C. ,Ritchie,F. and P. Vaze,"Do Company Wage Policies Persist in the Face of Minimum Wages?"*Labor Market Trends* ,Vol. 114 ,No. 3 ,2006 ,pp. 57 – 88.

[2]　Cunningham,W. and L. Siga,"Wage and Employment Effects of Minimum Wages on Vulnerable Groups in the Labor Market:Brazil and Mexico" ,*World Bank/LCSHS* ,2006.

越大。① 然而,一个不容忽视的问题是:除了最低工资标准的调整,其他因素,如劳动供需失衡或企业增加生产规模等也会对低收入者的工资水平产生影响。换言之,在低收入者工资水平增长一定的条件下,需要区分最低工资标准调整的贡献程度和其他因素的影响。从实证分析角度,一种方法是采用反事实分析思路,将实际工资收入分布与假设未实施最低工资标准情况下的工资收入分布加以比较分析。另外一种比较简单但经常被使用的方法是将工资增长变量与最低工资增长以及其他影响工资增长的因素回归,通过经济计量模型参数估计找出最低工资增长对平均工资提高的影响程度。

最低工资标准的提高导致低收入者工资水平的增加是最低工资制度对工资收入分布产生的直接效应。最低工资制度对工资收入分布的间接影响(indirect effects)②或"溢出效应"是指:受最低工资调整的影响,收入水平高于最低工资标准的劳动者的工资水平也有所增加。理论上对最低工资溢出效应的解释主要有:(1)根据新古典经济学最低工资制度负面就业效应的预测,在完全竞争劳动力市场,如果假设只有两种类型的劳动者,即高技能和低技能劳动者,则实施最低工资标准产生的替代效应将会导致高技能雇员工资水平的提高;(2)最低工资标准的调整有可能对劳动者在工作搜寻过程中的保留工资水平产生影响;(3)从人力资源管理的角度,为了维持一定的工资等级结构,如果低技能劳动者的工资水平提高了,企业也会考虑增加其他类型劳动者的工资水平。

尽管从理论层面可以对最低工资溢出效应做出一些解释,但最低工资是否存在溢出效应在很大程度上有赖于实证分析。基于李(Lee)③的研究成果,曼宁

① 有关工资增长,需要考虑名义增长和实际增长。在有些情况下,调整最低工资标准只是为了抵消物价水平上涨对最低工资收入者实际购买力的负面影响。

② 格罗斯曼(Grossman)指出:"一般会认为,最低工资的变化只会间接影响工资收入分布,即企业使用熟练工人替代最低工资收入者,造成对熟练工人需求的增加并提高熟练工人的工资。但是,当劳动供应除了取决于自身工资外,还与最低工资水平有关时,在最低工资调整后,每个企业都必须重新将单位有效熟练工人的成本最小化。参见,Grossman, J. Baldwin, "The Impact of the Minimum Wage on Other Wages", *The Journal of Human Resources*, Vol. 18, No. 3, 1983, pp. 359 – 378.

③ Lee, David S., "Wage Inequality in the United States during the 1980s: Rising Dispersion or Falling Minimum Wages", *Quarterly Journal of Economics*, Vol. 114, No. 3, 1999, pp977 – 1023.

(Manning)①提出了下述测度最低工资溢出效应的方法(以下简称曼宁方法)。

首先,假设存在一个潜在的工资收入分布(latent wage distribution),其基本含义是指在没有最低工资制度条件下的工资收入分布。显然,这是一个反事实假设,因为实际上存在最低工资标准,而且我们所观测到的实际工资收入分布是基于实施最低工资标准后的工资收入数据。其次,设潜在工资收入对数分布 p 分位工资水平为 $w^*(p)$,其相应的实际 p 分位工资水平为 $w(p)$。如果最低工资制度没有产生溢出效应且对就业未造成任何伤害,则 p 分位上的实际工资水平与潜在工资水平的关系表达式为:

$$w(p) = w^*(p) + \max(w_m - w^*(p), 0) \tag{3}$$

公式(3)的含义是:如果 p 分位潜在工资水平低于最低工资水平,则实际观测到的 p 分位工资水平应该是潜在工资水平加上其与最低工资水平的差额。在 p 分位潜在工资水平高于最低工资水平的情况下,由于假设不存在溢出效应,实际 p 分位工资水平应该与潜在工资水平相等。为了更容易理解公式(3)的含义,可以将潜在工资水平理解为是最低工资标准调整前的工资分布。最低工资水平调整后,所有调整前工资水平低于最低工资标准的工资将会被补齐差额。差额大小反映了最低工资制度对其覆盖的低收入群体所产生的最大直接效应(假设最低工资完全没有产生负面就业效应而且最低工资得到100%执行)。

基于公式(3),最低工资间接效应,即溢出效应规模大小的计算公式为:

$$s(p) = \frac{w_m - w^*(p)}{1 - \exp[-\beta(w_m - w^*(p))]} - \max(w_m - w^*)(p), 0) \tag{4}$$

方程(4)右边第一项测度的是最低工资标准的实施对工资收入分布产生的总影响,第二项为直接效应。第一项中的分母 $(1 - \exp[-\beta(w_m - w^*(p))])$ 是分子的 $(w_m - w^*(p))$ 调整因子。最低工资制度溢出效应用参数表示。方程(4)表明,最低工资溢出效应规模的大小与 $(w_m - w^*(p))$ 成比例变化。最低工资标准与 p 分位潜在工资水平差距越大,最低工资的溢出效应规模就越小,其减小速度由参数的大小来决定。当 $(w_m - w^*(p))$ 非常小时,通过取极限求极值,可以证明, $s(p)$ 接近等于 $1/\beta$。$1/\beta$ 是最低工资产生的最大溢出效应。最大的溢出效应出现

① Manning, A., *Monopsony in Motion: Imperfect Competition in Labor Markets*, Princeton, NJ: Princeton University Press, 2003.

在最低工资标准的邻域。

对参数的估计可采用下述方程：

$$w(p) - w^*(p) = \frac{w_m - w^*(p)}{1 - \exp[-\beta(w_m - w^*(p))]} \tag{5}$$

由于方程(5)是参数非线性模型,因此,对的估计应该使用非线性最低二乘估计方法(nonlinear least squares)。为了计算β,需要使用可观测到的工资收入分布估计$w^*(p)$,一般采用的公式是：

$$w^*(p) = w_{mad} + \sigma\phi^{-1}(p) \tag{6}$$

公式(6)中的第一项表示实际工资收入分布的对数中位数工资水平,σ表示实际工资收入对数分布的标准差,$\phi^{-1}(p)$表示服从标准正态分布的p分位对数实际工资水平。

基于美国1979年到2000的数据,曼宁使用上述公式估计了美国联邦和州最低工资标准的溢出效应。计算结果表明,1979 - 2000年的估计值为8.8,最低工资产生的最大溢出效应为$1/8.88 = 0.11$个点(对数值)。当潜在工资收入水平超过最低工资标准25%时,最低工资标准溢出效应的规模只有0.03个点(对数值)。随着潜在工资收入水平进一步偏离最低工资标准,最低工资溢出效应也会相应缩小,甚至变成负的效应。基于同样的方法,坎珀列特(Campolieti)①使用加拿大1997 - 2010年的劳动力调查数据分析了加拿大以省为基础的最低工资制度的溢出效应问题,其结果是：在16 - 65岁的劳动者中,最低工资对男性劳动群体产生的溢出效应为0.038个点(对数值),对女性劳动群体产生的溢出效应为0.052个点(对数值)。需要说明的是：在坎珀列特的研究中,劳动者只包括那些工资水平在中位数工资和最低工资标准之间的工人。

曼宁提出的方法存在一个最大的问题就是没有考虑最低工资对就业有可能产生的副作用:如果低收入劳动者因为最低工资制度而失去了工作,那么,即使劳动者实际工资水平并没有任何变动,工资收入分布上任何一个分位工资也都会有所增加。所以,基于曼宁方法估计出的最低工资溢出效应是溢出效应的上界。

分析最低工资溢出效应的另外一种可供选择的方法是应用双重差分模型。

① Campolieti, M. , "Minimum Wages and Wage Spillovers in Canada", *Canadian Public Policy*, , Vol. 41, No. 1, 2015, pp. 1 - 20.

基于英国企业调查数据,斯图尔特[①]采用双重差分回归模型分析了英国最低工资制度的溢出效应。在斯图尔特使用的双重差分模型中,被解释变量是第 i 个观测值 $t+1$ 年的工资水平与 t 年相比的增长率。现以比较时期2001 – 2002 年为例,说明斯图尔特的实证分析方法和结果。

$$\frac{w_{i2002} - w_{i2001}}{w_{i2001}} = \alpha + \beta D(w_{i2001}; m_{2002}) + \lambda s + \theta s D(w_{i2001}, m_{2002}) \quad (7)$$

公式(7)中,变量用黑体字标出。公式中的被解释变量是第 i 个观测值的工资水平 w 从 2001 年到 2002 年的增长率。变量 $D(w_{i2001}, m_{2002})$ 为虚拟变量,其含义如下:若 $m_{2002} < w_{i2001} < 1.05 m_{2002}$,则 $D=1$;若 $1.05 m_{2\,2002} < w_{i2001} < w_{med2001}$ 则 $D=0$。需要解释的是:m_{2002} 代表 2002 年每小时 4.2 英镑的英国成年人最低工资标准,$w_{med2001}$ 代表 2001 年工资收入分布中的中位数工资。考虑到最低工资溢出效应的潜在最大受益者有可能是在最低工资标准的右领域区间,斯图尔特将该区间设定为 $(4.2, 4.2 \times 1.05 = 4.41)$。按照斯图尔特的分析逻辑,$D=1$ 表示准自然实验中的"处理组",$D=0$ 表示准自然实验中的"控制组"。公式(7)中右边第二项中的变量 s 为时期变量:$s=1$ 表示实施或调整最低工资标准之后,否则 $s=0$。公式右边第三项中的变量 $s D(w_{it}, m_{(t+1)})$ 是变量 D 和 s 的交互项,其系数 θ 为双重差估计量。

公式(7)可从以下几个方面扩展:(1)按照超出最低工资标准5%(或 1.05 倍)的比率创建若干个连续工资区间,其目的是探究最低工资溢出效应的差异性;(2)创建若干个时期变量以反映英国政府对最低工资标准的不断调整;(3)还可以在模型中加入影响个人工资增长的其他因素变量,例如年龄、受教育水平、职业、行业等。

更为一般地,公式(7)可写成:

$$\frac{w_{2i} - w_{1i}}{w_{1i}} = \alpha + \sum_{k=1}^{K} \beta_k D_k(w_{1i}; m_2) + \sum_{j=1}^{l} \lambda^j s_i + \sum_{k=1}^{K} \sum_{j=1}^{J} \theta_k^i s_i^j D_k(w_{1i}, _2) + \varepsilon \quad (8)$$

公式(8)中,左边的变量依然是两年(使用下标 2, 1 表示)之间的工资增长率,右边第二项表示 K 个虚拟变量 D 之和;第三项表示 J 个状态变量之和,第四项表示 $(K \times J)$ 个虚拟变量之和。方程(8)右边第二项的实际估计系数应该是 $K-1$ 个,

① Stewart, M., "Wage Inequality, Minimum Wage Effects, and Spillovers", *Oxford Economic Paper*, 64(2012), 2012, pp. 616 – 634..

第三项的实际估计系数个数为 $J-1$，双重差分估计值个数为$(K \times J-1)$。各项中缺少的估计系数为比较组估计系数。

在斯图尔特设计的双重差分模型中，$K=11$，$J=11$，所以，实际双重差分估计数值为 $10 \times 10 = 100$ 个，其中只有一个估计值在 5% 置信水平条件下显著，而且大部分估计数值为负数。由于篇幅限制，表 10 - 1 只列出了实证分析的部分结果。

表 10 - 1 中第一列是工资区间。其他各列中的数值是公式(8)中双重差分估计量的估计值。例如，第一个工资区间在 1998 - 1999 年的双重差分估计数值为 0.008，其含义是：受到英国自 1999 年开始实施全国统一的 3.6 英镑小时最低工资标准的间接影响，那些在实施最低工资标准之前小时工资水平在 3.6 和 3.78 区间的劳动者的小时工资水平提高了 0.8 个百分点(1999 年和 1998 年相比)。第一个工资区间在 1999 - 2000 年的双重差分估计数值为 0.026，说明最低工资溢出效应为正，即受到英国政府在 2000 年将最低工资从 3.6 英镑提高到 3.7 英镑的间接影响，那些在调整最低工资标准之前小时工资水平在 3.7 英镑和 3.89 英镑之间的劳动者的真实小时工资水平提高了 2.6 个百分点(2000 年和 1999 年相比)。

表 10 - 1　英国的最低工资溢出效应：双重差分估计值

工资区间	1998 - 1999	1999 - 2000	2005 - 2006	2006 - 2007	2007 - 2008
$[100,105)$	0.008	0.026	- 0.029	- 0.027	- 0.038
$[105,110)$	- 0.036	- 0.029	- 0.040	- 0.063	- 0.084
$[110,115)$	- 0.032	- 0.012	- 0.021	- 0.040	- 0.035
$[115,120)$	0.011	- 0.010	0.007	- 0.018	- 0.010
$[120,125)$	- 0.018	- 0.008	- 0.005	- 0.018	- 0.019

说明：时期比较组为 1997 - 1998；工资区间比较组为 $(1.5m_2, w_{1med}, w_{1med})$，表示第一年工资分布的中位数工资，$1.5m^2$ 表示第二年最低工资标准的 1.5 倍。

观察表 10 - 1 可以发现，有相当一部分双重差分估计数值为负数。例如，第一个工资区间在 2005 - 2006 年的双重差分估计数值为 - 0.029。按照斯图尔特的解释，- 0.029 的含义是：受英国政府在 2006 年将最低工资标准从 5.05 英镑提高到 5.35 英镑的间接影响，那些在调整最低工资标准之前小时工资水平在 5.35 和 5.62 之间的劳动者的小时工资水平下降了 2.9 个百分点。基于双重差分的分析结果，斯图尔特得出结论，认为从 1999 年至 2008 年，英国全国最低工资标准的实施和调整没有产生显著的溢出效应。

以上分别介绍了曼宁和斯图尔特分析最低工资溢出效应的方法。曼宁方法是将实际工资收入分布与潜在工资收入分布加以比较;而斯图尔特使用的是准自然实验方法。应用曼宁方法时需要对潜在工资收入分布做出假设,而斯图尔特使用双重差分模型估计最低工资溢出效应的假设是:"治疗组"(即落入工资区间的劳动者)和"控制组"(即没有落入工资区间的劳动者)在实施或者调整最低工资标准之前具有相同的工资增长趋势。显然,应用两种方法分析最低工资溢出效应以及溢出效应规模大小的准确性在很大程度上取决于两种方法的假设是否符合实际情况。

第三节 最低工资对减少工资收入不平等的作用

自20世纪80、90年代以来,西方国家的工资不平等水平不断扩大。基于此背景,英美学者对最低工资制度能否减少工资不平水平展开了大量的实证分析研究。在为数众多的实证研究成果中,有两篇学术论文最为引人注目,其研究方法也被广泛使用。两篇学术论文分别是:迪纳尔多(DiNardo)、福廷(Fortin)和勒米厄(Lemieux)三位学者1996年在美国《经济计量学》发表的《劳动力市场规制与工资分布,1973 – 1992:基于半参数方法的分析》[1]和李(Lee)1999年在《经济学季刊》上发表的《80年代的美国工资不平等:是差距的增加还是因为最低工资标准的下降》[2]。为了叙述上的方便,我们在下面的介绍中将第一篇论文简称为DFL,第二篇论文称为Lee。

一、DFL 方法

基于1973 – 1992年的CPS数据,DFL从以下几个方面实证分析了20世纪70

---

① DiNardo,J. ,Nicole M. Fortin and T. Lemieux,"Labor Market Institutions and the Distribution of Wages,1973 – 1992:A Semiparametric Approach",*Econometrica*, Vol. 64,No. 5,1996,pp. 1001 – 1044.

② Lee,S. ,"Wage Inequality in the United States during the 1980s:Rising Dispersion or Falling Minimum Wage?" *The Quarterly Journal of Economics*,Vol. 114,No. 3,1999,pp. 977 – 1023.

年代到 90 年代初影响美国工资不平等变化的主要因素,包括:(1)真实最低工资标准的变化;(2)工会会员率的变化;(3)工人特征(包括所属产业)的变化;(4)各类工人供需状况的变化。DFL 的研究方法具有以下几个特征:第一,反事实研究设计和半参数估计方法(semiparametric approach)。DFL 采取的反事实研究思路与劳动力市场歧视研究中传统的 Oaxaca - Blinder 方法存在本质区别:Oaxaca - Blinder 方法是基于劳动者平均技能水平以及通过估计参数模型回归方程获得劳动技能市场价格来构造反事实分布;而 DFL 构造的反事实分布则是通过对劳动者整体工资收入分布的非参数核密度估计数值进行再加权(reweighting)获得。为获得再加权权数,需要通过参数模型 Probit 计算概率预测值,所以,DFL 的研究方法是一种半参数估计方法;第二,工资收入不平等的分解。DFL 研究的最终目的是将工资不平等变化加以分解,从而计算影响工资收入不平等变化的各种主要因素的贡献程度。

以下将通过分析真实最低工资变化对工资收入不平等的影响来说明 DFL 论文中的反事实研究设计和半参数估计方法。

设 w 表示劳动者工资收入水平,z 表示劳动者个人和职业特征,最低工资标准用 m 表示。观察年份用 t 表示,比较年份用 $t-k$ 表示。劳动者工资收入在 t 年的实际分布用 $f(w|t_w=t,t_x=t,m_2)$ 标记,其含义是:劳动者个人和职业特征以及最低工资标准为 t 年水平条件下的工资收入分布。劳动者工资收入在 t 年反事实分布用 $f(w|t_w=t,t_z=t,m_{t-k})$ 标记,其含义是:假设 t 年最低工资标准没有调整(实际上有关部门调整了最低工资水平),依然维持在比较年份的水平,劳动者在 t 年个人和职业特征水平条件下能够获得的工资收入。

构造反事实工资收入分布有赖于两个基本假设。第一,观察年份低收入劳动者的工资条件分布与比较年份低收入劳动者工资的条件密度分布成比例变化;第二,中高收入者在观察年份的工资条件分布与比较年份的工资分布相同。观察年份低收入劳动者是指工资收入水平低于比较年份最低工资标准的观测值,用指示函数 $I(w<m_{t-k})$ 表示;中高收入者是指工资收入水平高于最低工资标准的观测值,用指示函数 $[1-I(w<_{t-k})]$ 表示。

工资收入的实际和反事实分布均使用核密度估计。公式(9)表示观察年份工资收入实际分布的核密度估计函数。

$$\hat{f}(w \mid t_w=t,t_z=t,m_t) = \sum_{i=1}^{n} \frac{\theta_i}{h} K\left(\frac{w-W_i}{h}\right) \tag{9}$$

其中:θ_i 表示每个观察值在样本中的比重, $\sum \theta_i = 1$。h 表示带宽(bandwidth), $K(\cdot)$ 为核函数,一般选取高斯(Gauss)核函数。W_i 表示 t 年第 i 个观测值的工资收入水平。观察年份工资收入反事实分布的经验密度函数如下:

$$\hat{f}(w \mid t_w = t, t_z = t, m_{t-k}) = l(w \leq m_{t-k}) \sum_{i \in s_{t-k}} \frac{\theta_i}{h} \hat{\varphi}(z, m_{t-k}) K\left(\frac{w - W_i}{h}\right)$$

$$+ [1 - I(w \leq m_{t-k})] \sum_{i \in S_t} \frac{\theta_i}{h} K\left(\frac{w - W_i}{h}\right) \tag{10}$$

公式(10)中,$\hat{\varphi}_m(z, m_{t-k})$ 被称之为"重置权重函数"(reweighting function),其作用是对核平滑数值进行再调整,计算公式如下:

$$\hat{\varphi}(z, m_{t-k}) = \frac{\Pr(t_w - t \mid z, w \leq m_{t-k})}{\Pr(t_w - t - k \mid z, w \leq m_{t-k})} \times \frac{\Pr(t_z = t - k)}{\Pr(t_z = t)} \tag{11}$$

公式(11)中的条件概率表示,"给定劳动者个人技能水平,其工资水平低于比较年份最低工资标准的事件发生在 t 年和 $t-k$ 年的概率,可采用 Probit 模型估计相应概率值。公式(11)中的无条件概率则表示劳动者技能水平出现在比较年份和观察年份的概率,可通过各自年份样本数在总体样本中的比例来估计。

以上介绍了 DFL 构建反事实工资收入分布的半参数方法。在实际研究工作中,应该首先使用统计软件(例如 STATA)估计 Probit 或者 Logit 模型,并计算每个观测值的估计概率数值。将估计概率数值以及样本数与总体样本数的比值带入公式(11)计算权重并对核密度估计加权。

基于各年份工资收入的实际和反事实分布的平滑核密度估计值,我们可以通过绘出图形,初步判断调整最低工资标准的调整是否有助于减少工资收入不平等。图形观测是一种比较直观的方法,但容易产生观察偏差。因此,需要计算和对比观察年份和比较年份工资收入不平等指标数值的变化并将其变动幅度以下面公式加以分解。

$$\hat{f}_T(w) - \hat{f}_{t-k}(w) = \{\hat{f}_t(w) - \hat{f}(w \mid t_w = t, t_x = t, m_{t-k})\}$$

$$+ \{\hat{f}(w \mid t_w = t, t_z = t, m_{t-k}) - \hat{f}(w \mid t_w = t, t_z = t - 1, m_t)\}$$

$$+ \{\hat{f}(w \mid t_w = t, t_z = t - 1, m_t) - \hat{f}_{t-k}(w)\} \tag{12}$$

公式(12)等号左边表示 t 年和 $t-k$ 年实际工资收入分布的变化;公式右边第一项差值表示在工资收入分布变化中最低工资调整因素的影响;第二项差值表示劳动者个人特征变化影响;而公式右边最后一项表示未能解释因素(如歧视和垄

断等不易使用数量指标衡量的因素)的影响。①

二、Lee 方法

在 Lee 的论文中,测度工资收入不平等的核心指标是中位数工资与第 p 个十分位工资的对数之差。Lee 方法的基本假设是:某一时期美国工资收入不平等与潜在工资收入不平等(latent wage inequality)以及美国联邦和各州法定的最低工资标准有关。潜在工资收入不平等是指在没有最低工资标准(或者没有调整最低工资水平)条件下的工资收入不平等水平。Lee 认为,最低工资对实际工资收入不平等的影响程度主要取决于最低工资标准在工资收入分布中相对于中位数工资的位置,即所谓的"有效最低工资"(effective minimum wages)。

基于上述分析框架,分析"有效最低工资"对工资收入不平等影响的经济计量模型是:

$$w_{st}(p) - w_{st}(50) = \overline{\alpha}_t + \beta(p)\left[w_{st}^m - w_{st} + \gamma(p)\left[w_{st}^m - w_{st}(50)\right]^2 + \varepsilon_{st}(p)(50)\right]$$

(13)

公式(13)中的因变量和解释变量均以对数形式表示,下标 s 和 t 分别代表美国各州和年份。$\left[w_{st}(p) - w_{st}(50)\right]$ 是工资不平等变量,$w_{st}(p)$ 表示美国 s 州在 t 年的第 p 个十分位工资水平,$w_{st}(50)$ 表示中位数工资。公式右边的 $\overline{\alpha}_t$ 表示时间趋势,w_{st}^m 代表 s 州在 t 年的最低工资标准,"有效最低工资"为 $\left[w_{st}^m - w_{st}(50)\right]$,$\varepsilon_{st}(p)$ 表示随机扰动项。需要说明的是:如果 s 州实施的最低工资标准低于联邦最低工资标准,则该州实际执行的是联邦最低工资标准;对于那些没有制度最低工资标准的州来讲,联邦最低工资标准具有约束力。

关于公式(13),有以下几个问题值得说明:第一,按照 Lee 的解释,$\overline{\alpha}_t$ 表示美国潜在的工资收入不平等,即在没有最低工资标准或未调整最低工资标准情况下的工资收入不平等水平;第二,估计系数 β 的含义是:在控制其他变量的条件下,"有效最低工资"每提高(或降低)1%,则工资差距将减少(或增加)β_1%;第三,考虑到最低工资标准越接近中位数工资水平,最低工资标准对工资收入分布的影响越大,因此,公式中加入了"有效最低工资"变量的平方项。通过对公式(13)求导

① 公式(12)中的,表示假设劳动者个人特征保持在比较年份水平且最低工资为观察年份标准,劳动者在观察年份的月工资收入分布。其估计方法是依然是计算"重置权重"。

数,则"有效最低工资"变化导致工资不平等的总变化为:$[\beta_1(p)+2\beta_2(w^m_{st}-w_{st}$ (50))]$;第四,如果使用普通最小二乘法估计参数,除了在公式(13)中加入反映时间趋势的变量外,还应考虑使用各州(或地区)固定效应变量;若未考虑时间趋势和固定效应,则"有效最低工资"变量的参数估计值是有偏的。

三、实证分析结果与小结

在 DFL 的论文中,反映工资不平等的指标主要有两个:90/10 和 50/10。前者测度的是工资收入分布中,第九个十分位工资与第一个十分位工资的差距或比值;后者测度的是中位数工资与第一个十分位工资的差距或比值。DFL 的研究结果表明,在 20 世纪 80 年代,美国真实最低工资标准的下降对 90/10 工资不平等水平增加的解释程度为 45.1%,对 50/10 工资不平等水平增加的解释程度则高达 61.7%。按照 DFL 的分析结果,美国联邦真实最低工资标准的下降是影响工资收入不平等水平提高的重要因素之一,但除此之外,劳动力市场供需变化以及工会影响力的下降也是影响 20 世纪 80 年代工资收入不平等水平增加的重要因素。Lee 的研究结论是:从 1979 年到 1988 年,美国真实最低工资水平的下降对美国男性工资收入不平等指标 50/10 变化的解释程度为 70%,而女性劳动者工资不平等指标 50/10 的变化则完全可以由真实最低工资水平的下降来解释

不过,在一些学者看来,Lee 的实证研究结果是高估了最低工资制度对工资收入不平等水平的影响程度。奥特尔等(Autor et al.)认为,由于统计测量误差以及随机误差会同时影响公式(13)中的自变量和因变量,Lee 使用最小二乘法(OLS)展开的"有效最低工资"对美国工资收入不平等影响的估计结果是有偏的。[①] 为了纠正偏差,奥特尔等使用工具变量法来估计方法(13 并得出结论:20 世纪 80 年代美国真实最低工资的下降对工资收入不平等增加的解释程度最多不会超过 50%。事实上,奥特尔等还使用了 1979 年到 2012 年的数据分析了最低工资标准对工资不平等的影响,其研究结果显示,非最低工资制度因素对工资不平等增加的影响超过了 50%。基于实证分析结果,奥特尔等认为,"在 20 世纪 80 年代,潜在的下尾工资不平等(latent lower tail inequality)水平有了显著扩大,这一变化反

[①] Autor,D.,Manning,A. and C. L. Smith,"The Contribution of the Minimum Wage to US Wage Inequality over Three Decades:A Reassessment", *American Economic Journal:Applied Economics*,Vol. 8,No. 1,2016,pp. 58 – 99.

映了上尾不平等水平(inequality in the upper tail)的增长。虽然最低工资下降是影响下尾不平等水平扩大的因素之一,特别是对女性劳动者而言,但它并非是主要因素。"①

本章小结

伴随着收入不平等问题变得日益严重,自 20 世纪 90 年代初开始,西方学者对造成工资收入差距不断扩大的原因展开了大量的理论和实证分析研究。在众多的理论和分析中,技能偏态性技术冲击理论(skilled - biased technological shcok,SBTC)成为主流观点。该理论将工资收入差距的扩大归因于快速技术变迁导致的企业对技术工人需求的不断上涨。但迪纳尔多等学者的研究则表明,美国在 20 世纪 80 年代真实最低工资标准的下降也是导致工资收入差距扩大的主要原因之一。迪纳尔多等学者的研究成果也引发了有关最低工资制度收入分配效应的讨论和研究。

解释最低工资制度收入分配效应的主要理论依然是新古典经济学的替代效应。根据替代效应理论,实施最低工资标准后,企业使用高技能工人来替代低技能工人,从而造成对高技能工人需求的增长。在劳动力供应一定的条件下,对高技能工人需求的增长将会导致工资的上涨。此外,按照企业人力资源管理理论,如果低技能劳动者的工资水平提高了,企业为了维持一定的工资等级结构也会考虑增加其他类型劳动者的工资水平。

但是,在很大程度上,最低工资收入分配效应的研究有赖于实证分析。在实证分析方法方面,DFL 和 Lee 方法为后人的研究打下了基础。纵观 21 世纪第一个十年有关最低工资收入分配效应的实证研究,在方法上基本上还是遵循 DFL 或者 Lee 的研究思路,只是在模型设计以及估计方法上等方面有所改变。

实施或调整最低工资标准对工资收入分配的影响可以分成两个方面,一是直

---

① 所谓"下尾不平等"是指中位数工资与第一个十分位工资之比值;"上尾不平等"是指第九个十分位工资与中位数工资比值。

接影响,即低于最低工资标准的劳动者的工资将被提高到法定最低工资水平,并有可能产生集群效应,形成尖峰分布;二是间接影响,即"溢出效应"或者说"涓滴效应"。关于直接影响,各国大量的实证研究表明,实施或调整最低工资标准有助于提高低收入者的平均工资水平。当然,如果认为最低工资对就业会造成负面影响,则直接效应的程度就会被减弱。而对有关"溢出效应",目前比较一致的看法是,最低工资标准的提高只会对那些工资水平超过最低工资标准幅度不大的劳动者产生连带影响,而对中高度收入影响不大,或者几乎没有影响。

与收入不平等问题紧密相关的是贫困问题。提高最低工资标准能否减少贫困现象已成为最低工资制度收入分配效应研究的一个热点问题。按照定义,贫困状态是以家庭为单位做出判断的结果,即只有人均收入低于贫困线的家庭才被视作贫困。理论上,如果一个家庭中所有成年劳动者均为低收入者,实施较高的最低工资标准将有助于低收入家庭摆脱贫困准状态。但是,较高最低工资标准造成企业人工费用的增加有可能会导致企业解雇工人,这意味着,已经摆脱贫困状态的家庭将有可能重新回到原来的贫困状态。此外,考虑到贫困现象是一个非常复杂的社会经济问题,提高最低工资标准是否能够使低收入家庭尽快摆脱贫困状态在很大程度上依然是一个需要实证分析的问题。另一方面,如果政府将提高最低工资标准作为反贫困政策的重要工具,那么,一个值得思考的问题是,在一个家庭中,有可能并非所有成员都是最低工资收入者。最低高工资标准的提高实际上还增加了非低收入家庭的收入。如果从反贫困政策效率的角度分析这一问题,将会使有关研究变得更加复杂化。到目前为止,尽管西方和发展中国家学者展开了大量的分析研究,但有关最低工资制度对减少贫困的作用依然无法得出统一的结论。

第三编 03

第十一章

中国的最低工资制度

第一节　中国最低工资制度的早期历史

第一次世界大战结束后,以美英法三国为首的协约国于 1919 年 6 月 28 日在法国巴黎的凡尔赛宫签订了《凡尔赛和约》。中国虽然没有在《凡尔赛和约》上签字,但因签订了对奥《圣日耳曼和约》从而成为国际联盟(League of Nations)的创始会员国之一。根据《凡尔赛合约》建立永久性国际劳工组织的规定,中国成为国际劳工组织的创始会员国。[①]

按照《凡尔赛和约》第 13 部第一编附件的要求,美国、英国、法国、意大利、日本、比利时和瑞士 7 个国家负责筹备在美国首都华盛顿召开第一届国际劳工大会。来自 40 个国家和地区的政府官员、工会和雇主代表参加了 1919 年 10 月 29 日至 11 月 29 日在华盛顿泛美协和大厦召开的国际劳工大会。当时的中国北洋政府指派常驻华盛顿的外交官容揆等出席第一届国际劳工大会。截止到 1928 年,中国政府均指派驻外领使馆人员作为政府代表参加历届国际劳工大会。只派出政府官员出席国际劳工大会的做法严重违反了国际劳工组织关于由政府、雇主和工会代表按照 2:1:1 比例共同参加国际劳工大会的规定。

1928 年 11 月,时任国际劳工组织干事长,法国社会主义者艾伯特·托马斯来

[①] 按照《凡尔赛和约》第 13 部第一编第一章第 387 条第二款的规定,国际联盟创始会员国也是国际劳工组织的创始会员国。需要指出的是,《圣日耳曼和约》包含《凡尔赛和约》第 13 部全部内容。

华访问,改善了中国和国际劳工组织的关系,也使得当时的国民政府逐渐意识到国际劳工组织的重要性。从 1929 年起到二次世界大战爆发,除 1932 年第 16 届国际劳工大会没有派出完全代表外,国民政府每年都派出由政府、雇主和工会代表组成的中国代表团出席国际劳工大会。① 另一方面,国际劳工组织于 1930 年 7 月在南京建立了国际劳工局中国局,陈季城为首任中国局局长。

从 1930 年开始,国民政府并始批准加入国际劳工公约。第一个批准加入的是国际劳工组织第 26 号公约,即《制定最低工资确定办法公约》。1932 年 12 月 30 日修正公布的"中华民国"《工厂法》第 5 章第 20 条规定:关于工人"最低工资率之规定,应与各厂所在地之工人生活状况为标准"。实际上,早在 1931 年 4 月 14 日,国民政府行政院就将《最低工资法草案》递交给立法院审议,并计划在 5 月 20 日之前颁布实施。但立法院在 1931 年 12 月 25 日举行的审议会上却做出了"现在国内经济情形和劳工状况,法定最低工资,实施颇多窒碍,请暂缓议"的结论。②

按照国际劳工组织有关国际劳工公约的监督机制,凡批准加入国际劳工公约的国家需定期向国际劳工大会报告本国业已批准公约所采取的立法行动和结果。为应付国际劳工组织的督促和检查③,国民政府实业部于 1934 年 3 月 22 日公布了《国营企业最低工资暂行办法》④(以下简称暂行办法)。根据暂行办法的规定,"国营企业一部分工人其工资特别低廉者"适用最低工资率。最低工资率按日计算,由"国营企业机关斟酌各该地方生活情形分别规定",除"供给膳宿得计入工资外",加班费和奖金不计入企业应付最低工资收入。暂行办法还要求国营企业将最低工资率张贴于明显处;若有必要,主管部门还应修改最低工资率。

---

① 岳宗福、吕伟俊:《国际劳工组织与民国劳动保障立法》,《烟台大学学报(哲学社会科学版)》2007 年第 1 期,第 102 – 110 页。

② 蔡禹龙、张微、金纪玲:《民国时期的最低工资立法及其现代启示》,《兰台世界》2015 第 1 期,第 79 – 80 页。

③ 国民政府拟在 1934 年召开的第 18 届国际劳工大会上竞选国际劳工组织理事会理事。在此之前,国民政府"清理已批准公约,以尽会员国的义务,提高国家信誉"。考虑到这一背景,1934 年 3 月公布《国营企业最低工资暂行办法》,一方面是为了应付国际劳工组织的检查,另一方面还是为了中国竞选理事会理事做准备。参见,田彤:《民国劳资争议研究(1927 – 1937)》,商务印书馆 2013 年第 1 版,第 241 页。

④ 《国营企业最低工资暂行办法》的全部内容,参见彭秀良、郝文忠主编:《民国时期社会法规汇编》,河北教育出版社 2014 年第 1 版,第 117 – 118 页。

《国营企业最低工资暂行办法》对最低工资率的适用范围、确定方法和实施的规定与第 26 号公约的有关要求相距甚远,无法反映当时中华大地普遍存在的劳动者工资及其低廉的现象,更无法有效改善劳动者的生活和工作条件。事实上,国民政府在未经与各方商议的情况下就仓促批准了国际劳工组织第 26 号公约,并向立法院递交了《最低工资法草案》。由于《最低工资法草案》未获立法院的批准,在不得已的情况下,行政院实业部才制定了《国营企业最低工资暂行办法》,"以资搪塞"①。

在《最低工资法草案》被立法院搁置了 5 年后,1936 年 12 月 11 日,立法院通过了《最低工资法》②并于同年的 12 月 23 日开始实施。《最低工资法》总共 23条,第 1 条规定:"各种工业其全部或一部之工人,无团体协约或其他方法以确定其工资,而其工资特别低廉者,主管官署得依本法处理之"。第 1 条规定的表达和内容与国际劳工组织第 26 号公约第 1 条的内容大致相同,唯一的区别是:第 26 号公约中的"行业"包括工业和商业两个部门,而《最低工资法》适用于工业部门,未将商业部门纳入《最低工资法》的适用范围。第 1 条中所言的"无团体协约"是指没有通过劳资集体谈判签订集体协议。

按照《最低工资法》第 6 条和第 22 条的规定,最低工资"以每日工作时间内所得者为准",最低工资率按地区实行,其区域由实业部拟定。除雇方供给之膳宿按最近三个月之平均价值并入计算外,加班费和津贴以及红利不计入最低工资。此外,第 16 条规定,"最低工资率在实行满十二个月后,得依法修改之"。关于制定最低工资率时的参考因素,《最低工资法》第 3 条要求考虑"当地生活程度及各该行业工人情况",并以"成年工以维持其本身及足以供给无工作能力亲属二人之必要生活为准"。

根据《最低工资法》第 7 条的规定,最低工资主管机关在征询劳资双方意见后,需向最低工资委员会提出制定最低工资率的请求。《最低工资法》第 8－11 条对最低工资委员会的组成做出了较为详细的规定:最低工资委员会由 9－15 人组成,包括政府代表(即来自最低工资主管部门的代表)、劳资双方代表以及与劳资双方无利害冲突并且熟悉该工业的独立人士,委员会主席有政府代表担任。最低

---

① 田彤:《民国劳资争议研究(1927－1937)》,商务印书馆 2013 年第 1 版,第 239 页。
② 1936 年《最低工资法》的全部内容,参见彭秀良、郝文忠主编:《民国时期社会法规汇编》,河北教育出版社 2014 年第 1 版,第 118－121 页。

工资委员会中的劳资双方代表政府从劳资双方推荐的候选人中加以选择。

《最低工资法》第 18 条要求雇主具备簿册,载明工人姓名以及计件工资计算方法和工资额等内容。若雇主拒绝工厂监察员或主管部门官员调阅簿册,处 50 元以下的罚款。对于违反《最低工资法》规定,支付工人工资低于法定最低工资率的企业,一经查明,处以 100 元以下的罚款。

与《国营企业最低工资暂行办法》相比,1936 年国民政府公布实施的《最低工资法》无论是在形式上还是在内容上都发生了质的变化。就形式而言,《最低工资法》以法律的形式确定了在中国工业部门实施最低工资标准。就内容而言,《最低工资法》条款基本上折射了第 26 号国际公约的主要规定,包括在制定最低工资标准过程中与雇主和工会代表展开协商以及惩罚违法雇主等。国民政府通过立法形式确定在工业部门实施最低工资率,在一定程度上反映了其改善劳工生活和工作条件的意愿以及履行国际劳工组织成员国义务和责任的努力。但是,20 世纪 30 和 40 年代的中国正处于半封建、半殖民地社会,民族经济的发展规模和水平以及各种社会矛盾所导致的社会动荡使得《最低工资法》中的各项规定无法得到有效落实,劳动者的最低工资保障权益更是难以实现。①

第二节 中国法定最低工资制度的建立和内容

一、中国宏观工资政策的演变

(一)中华人民共和国成立至改革开放前的工资政策②

中华人民共和国成立初期,由于各种经济成分并存,因而出现了多种分配制度同时使用的局面。例如,部队和机关工作人员实行供给制,部分国有企业采取工资制等。1950 年 8 月,中央制定了工资制度改革的三项基本原则。全国各行政

---

① 林原在其著作中,介绍了中华苏维埃共和国、陕甘宁边区以及中华人民共和国成立前夕在哈尔滨召开的第六次全国代表大会对最低工资做出的有关规定。参见,林原:《经济转型期最低工资标准决定机制研究:公共选择与政府规制》,知识产权出版社 2012 年第 1 版,第 66 - 68 页。

② 本小节的内容参考了庄启东等著《新中国工资史稿》,中国财政经济出版社 1986 年第 1 版。

区依据中央制定的基本原则先后在 1952 年开展了工资改革。1952 年工资改革的主要内容包括:(1)规定以工资分作为全国统一的工资计算单位;(2)根据按劳分配原则,国有企业的工人大多数实行八级工资制;(3)企业职员实行职务等级工资制。

工资分是以一定种类和数量的实物为计算基础,以货币支付的工资单位。采用工资分的目的是为了避免物价水平变动对工人实际工资的影响。八级工资制是按照技术复杂程度和工人技术水平,将工资水平划分为八个等级,由低到高。虽然在当时并没有最低工资标准之说,但按照八级工资制度,第一级别的工资就相当于最低工资,而第八级别的工资是最高工资。由于是按照行政区域和不同行业制定八级工资等级,因此,同一级别的工资在不同地区和地区内部不同行业之间存在一定差距。就行业而言,与矿山、冶炼和机器制造行业相比,轻纺工业的级别工资水平较低。与八级工资制类似,职务等级工资水平也是由低到高,而最低职务的工资水平就相当于企业职员的最低工资标准。

伴随着国民经济的恢复,在我国第一个 5 年计划时期,中央政府于 1956 年再次对工资制度举行的改革。1956 年的工资改革取消了工资分,实施货币工资制度,并保留了八级工资制度。1956 年的工资改革还对不同产业和不同地区之间的工资差距进行了调整。此外,在产业内部不同企业之间,按照工作技术复杂程度以及劳动强度的差异适用不同的工资标准。

"大跃进"期间,通过 1956 年工资改革而建立的全国统一的社会主义工资制度受到了冲击,一些省市取消了计件工资和对工人的奖励制度。受盲目扩招企业职工的影响,国有企业职工总数大幅度增长,工资总额不断增加。另一方面,物价水平的上涨导致实际工资水平下降。

为消除"大跃进"运动对国民经济造成的巨大负面影响,中央政府在 1961 – 1965 年对国民经济进行了调整。国民经济调整时期,除明确坚持按劳分配原则、进一步推行计件工资和奖励工资制和提高部分工人工资外,政府有关部门还试图对以前种类繁多的工资标准进行简化,实施全国统一的工资标准等级。按照改革方案,普通工人的工资等级分为 12 个等级,第一级的工资标准相当于普通工人的最低工资,而最高的工资级别是第 12 级。此外,简化工资等级的改革方案还试图将过去地区工资差异融入不同的工资等级标准之中。不过,虽然改革方案曾在试点地区实施,但简化后的工资标准所带来的新问题和矛盾使得改革方案难以在全国普遍推广使用,1966 年开始的"文化大革命"打断了简化工资等级的工资改革进程。

"十年动乱"期间,计件工资和奖励制度由于被认为是"物质刺激"和"奖金挂帅"而再一次被取消。受到经济发展缓慢以及财政困难影响,除 1971 年提高部分工人工资外,从 1966 – 1976 年期间,广大劳动者的工资水平没有做出任何调整。从 1967 年至 1976 年,全国职工名义和实际平均工资均呈现下降趋势,严重影响了劳动者的生产积极性和劳动生产率的提高,而劳动者的生活水平更是无法得到改善。

(二)改革开放后我国宏观工资政策的发展变化

始于 20 世纪 70 年代末的改革开放标志着我国进入了一个新的历史发展阶段。在 20 世纪 80 年代,伴随着非公有制和中外合资企业的建立,我国的工资制度也逐渐呈现多元化局面。一方面,非公有制企业和中外合资企业可以根据劳动力市场的变化自主确定员工的工资水平;另一方面,政府开始对国有企业的工资制度实施改革。在 1984 年 10 月召开的中国共产党第十二届三中全会上通过的《关于经济体制改革的决定》谈到了工资改革的目标。

使企业职工的工资和奖金同企业经济效益的提高更好地挂起钩来。在企业内部,要扩大工资差距,拉开档次……充分体现多劳多得、少劳少得……

政府对国有企业的工资制进行改革的内容主要包括:(1)企业职工工资总额同企业经济效益挂钩;(2)工资实行分级管理体制;(3)企业可以根据实际情况,自行研究确定具体的工资分配方式,国家不再统一安排工资改革和调整。原劳动部在 1993 年和 1994 先后颁布了《全民所有制工资总额管理暂行规定》和《国有企业工资总额同经济效益挂钩规定》两个重要文件。此外,伴随着建立股份制试点企业工作的展开,1995 年 1 月 1 日开始实施的《股份有限公司劳动工资管理规定》明确提出:在国家宏观指导和调控下,股份有限公司可根据企业经济效益和经济特点,实行灵活多样的内部分配方式,合理确定各类职工的工资收入。

我国劳动力市场以及就业制度在 20 世纪 90 年代发生的深刻变化客观上要求完善劳动力市场规制的建设。1994 年 7 月 5 日第八届全国人民代表大会常务委员会第八次会议通过的《劳动法》是改革开放后将强劳动力市场规制建设的一个重要标志。根据《劳动法》第五章的规定:国家对工资实施总量控制,"用人单位根据本单位的生产经营特点和经济效益,依法自主确定本单位的工资分配方式和水平"。1994 年的《劳动法》还规定在我国实施最低工资保护制度,用人单位支付的工资不得低于当地的最低工资标准。

随着社会主义市场经济的建立和发展,建立"市场机制确定,企业自主分配,政府监督调控"的工资确定机制逐渐成为国家宏观工资政策的一个目标。政府对企业工资分配实施监督调控的工具,除了包括总量控制手段外,还包括工资指导价位制度、制定工资指导线以及最低工资制度。所谓工资指导价位制度是指:劳动行政部门定期对劳动力市场的工资水平展开调查并将调查结果向社会公布,为用人单位和劳动者提供参考。工资指导价位是政府间接管理工资的一种手段,它有助于促使企业建立市场化的工资确定机制,且在一定程度上可以引导劳动力在不同部门和地区之间的劳动,改善劳动力资源的有效配置。关于工资指导线,根据原劳动部 1997 年颁发的第 29 号文件,制定工资指导线的目的是在国家宏观指导下,促使企业的微观分配与国家的宏观政策相协调,引导企业在生产发展、经济效益提高的基础上,合理确定工资分配。工资指导线包括基准线、上线(预警线)和下线。基准线代表了工资的平均水平,是生产正常、经济效益增长企业的工资调整指导线;上线是企业调整工资的最高幅度,适用于经济效益发展较快的企业;而下线是适用于经济效益下降或亏损企业,下线可以是零增长甚至是负增长①。

为了减少收入不平等和建立和谐的劳动关系,维护劳动者的合法权益,使更多的劳动者能够分享社会经济发展的果实,自 21 世纪初开始,政府自上而下开始大力推行签订集体劳动合同和工资集体协商制度。1994 年的《劳动法》第 33 条就规定,企业职工一方与企业可以就劳动报酬、工作时间、休息休假、劳动安全卫生、保险福利等事项签订集体合同。1996 年原劳动部发布了《关于逐步实行集体协商和集体合同制度的通知》。2000 年 11 月原劳动和社会保障部第 9 号令则对工资集体协商的办法和法律效力做出了较为详细的规定。按照第 9 号令第三条的规定,工资集体协商的内容包括企业内部工资分配制度、工资分配形式、工资收入水平等。而通过工资集体协商签订的工资集体协议既可以是专项集体合同,也可以作为集体合同的附件,并与集体合同享有同等的效力。

根据国务院在 2012 年转发的由人力资源社会保障部、发展改革委等部委联合起草的《促进就业计划(2011 – 2015 年)》中的要求,十二五期间除了要深入推

---

① 例如,广东省 2015 年制定的工资指导线下线是"零或负增长"。

进工资收入分配制度改革,还要完善最低工资制度,积极稳妥推进工资集体协商工作,建立健全企业工资决定机制和正常增长机制。同时,改革国有企业工资总额管理办法,对部分行业工资总额和工资水平实行双重调控,缩小行业间工资水平差距。

需要指出的是,伴随着中国改革开放的不断发展,我国也开始逐步恢复参加国际劳工组织的各项活动并在制定本国劳动标准过程中参考了国际劳工公约的有关规定。截至 2015 年,中国政府总共批准加入了 25 项国际劳工公约,包括 1984 年重新批准加入的第 26 号公约。中国恢复参与国际劳工组织的活动以及批准有关国际劳工公约,一方面,它有助于我国积极参与重大国际劳工问题的讨论并发出中国的声音,使国际社会了解中国劳动力市场规制的发展状况;另一方面,它还有助于我们不断完善与劳动力市场有关的法律法规建设,使中国的劳动力市场规制能够反映国际劳工标准的基本要求,维护劳动者的合法权益,为企业创造一个公平竞争的环境。

二、法定最低工资制度的建立和内容

在我国,法定最低工资制度不但是一种重要的劳动力市场制度安排,也是政府调节企业工资收入分配,维护低收入劳动者合法权益的一种重要手段。下面将介绍自改革开放以来,我国法定最低工资制度的建立和发展。

1980 年 5 月,我国在广东省的深圳、珠海、汕头和福建的厦门分别建立了经济特区。这四个经济特区成为我国 20 世纪 80 年代经济体制改革的试验田,是中国对外开放的窗口和示范区。但是,经济特区建立后,伴随着大量劳动力的涌入,造成经济特区劳动力供过于求,出现了一些用人单位为赚取利润过分压低劳动者工资的现象。为规范经济特区劳动力市场,保障在特区工作的劳动者的合法权益,1988 年 8 月 12 日广东省第七届人民代表大会常务委员会第三次会议通过的《广东省经济特区劳动条例》对劳动合同、劳动时间、劳动报酬等内容分别做出了规定。按照条例第 39 条的规定,特区用人单位每月发给职工个人工资不得少于规定的最低工资标准。最低工资标准由特区所在市人民政府决定,市(特区)劳动局公布实施。1992 年,深圳市、珠海市首次公布当地最低工资标准,在全国率先正式实施最低工资保障制度。当年深圳特区内的最低工资标准是 245 元/月,折合 1.2 元/小时。

深圳、珠海等经济特区实施最低工资标准为在全国范围内推广最低工资制度提供了有益的经验,拉开了我国实施法定最低工资标准的序幕。1994 年通过并于1995 年 1 月 1 日生效的《劳动法》第 48 条明确规定,国家实行最低工资保障制度。最低工资由省、自治区、直辖市人民政府决定。用人单位支付劳动者的工资不得低于当地最低工资标准。同时,1994 年《劳动法》第 49 条还列出了制定最低工资标准应参考的主要因素。1995 年的《劳动法》为在全国范围内实施最低工资制度提供了法律基础。

实际上,在国家颁布《劳动法》之前的 1993 年 11 月,原劳动部就发布了《企业最低工资规定》。规定总共有 6 章,包括总则、最低工资标准的确定和发布、最低工资的给付、最低工资的保障与监督、法律责任和附则。1994 年 10 月原劳动部颁发的《关于实施最低工资标准制度的通知》将规定中使用的"最低工资率"改为"最低工资标准",并说明"其含义不变"。

按照《企业最低工资规定》第 2 条的要求,企业最低工资标准适用于所有类型的企业以及在其中领取报酬的劳动者,但乡镇企业是否适用最低工资标准则由地方政府决定。政府、工会、企业三方代表展开民主协商是最低工资确定的基本原则。地方劳动行政主管部门与同级工会、企业家协会负责研究制定本地区最低工资标准。在讨论最低工资标准的过程中,还应向财政、民政和统计等部门咨询。《企业最低工资规定》第 9 条还特别提出,"最低工资率应考虑同一地区不同区域和行业的特点,对不同经济发展区域和行业可以确定不同的最低工资率"。规定附录中列出了最低工资标准的具体测算方法。最低工资标准一般是按月确定,但也可以按周、日或小时确定,彼此之间可以互换。确定最低工资标准时应参考的因素包括当地劳动者的最低生活费用、平均工资、劳动生产率、就业状况和经济发展等。在影响最低工资标准的因素发生变化的情况下,或职工生活费用价格指数累计变动较大时,应对最低工资标准展开调整,但每年最多调整一次。

1994 年开始实施的《企业最低工资规定》并没有明确提到劳动监察部门在保障和监督最低工资标准实施过程中的作用。对违反有关条款的,国家和地方劳动行政主管部门责令其限期改正,且工会拥有监督最低工资执行情况的权利。若发现企业支付给劳动者的工资低于其适用的最低工资标准,地方劳动行政主管部门除责令其限期改正外,还视其欠付工资时间的长短向劳动者支付赔偿金。劳动者与企业之间就最低工资发生的争议按《中华人民共和国企业劳动争议处理条例》

处理。

《企业最低工资规定》颁布实施后,北京、上海、广东、安徽等省市分别出台了本地区实行最低工资标准的规定。从 1994 年到 2004 年,除西藏外,全国总共有 31 个省市建立了最低工资制度,发布并执行了各地区的最低工资标准。同期,全国累计调整最低工资标准 117 次,每个省份平均调整 3.8 次左右。①

20 世纪 90 年代中期后,我国国有企业改革向纵深发展,一些下岗职工的合法权益难以得到有效保障。与此同时,民营企业的迅猛发展使得劳资关系变得日益多元化和复杂化,劳动争议案件大幅度上升。此外,工资收入差距的不断扩大以及非全日工、临时工和劳务派遣为主要形式的非正规就业规模不断扩大也对我国劳动力市场的制度安排带来了巨大挑战。在此背景下,原劳动和社会保障部在 2014 年 1 月颁布了《最低工资规定》,同时废止了 1994 年的《企业最低工资规定》。

表 11 – 1　《最低工资规定》与《企业最低工资规定》主要内容的比较

比较内容	《最低工资规定》	《企业最低工资规定》
适用范围	完成"正常劳动"的所有劳动者	完成"正常劳动"的企业劳动者
最低工资标准形式	月和小时最低工资标准	以月最低工资标准为主
三方协商原则	由地方劳动保障行政部门会同同级工会、企业联合会/企业家协会研究拟订,并将拟订方案报送劳动保障部	明确提出最低工资标准的确定实行政府、工会、企业三方代表民主协商原则
最低工资的调整	每两年至少调整一次	每年最多调整一次
赔偿金	按所欠工资的 1 至 5 倍支付劳动者赔偿金	欠付一个月以内:20%;欠付三个月以内:50%;欠付三个月以上:100%

资料来源:作者根据《最低工资规定》和《企业最低工资规定》有关内容编制。

与 1994 年的《企业最低工资规定》相比,2004 年的《最低工资规定》在以下几个方面加以完善:(1)扩大了最低工资标准的覆盖范围,规定民办非企业、有雇工

---

① 资料来源:http://www.gov.cn/jrzg/2007 – 10/04/content_768220.htm。

的个体工商户和与之形成劳动关系的劳动者以及国家机关、事业单位、社会团体和与之建立劳动合同关系的劳动者同样适用最低工资标准;(2)为适应就业形式多样化的发展,增加了适用非全日制劳动者的小时最低工资标准;(3)确立了最低工资标准的正常调整机制,要求每两年至少调整一次最低工资标准,以反映影响最低工资标准因素的变化;(4)提高了支付劳动者赔偿金的幅度。按照1994年《企业最低工资规定》,违反最低工资标准规定的企业需支付不超过1倍的赔偿金;而2004年的《最低工资规定》则要求按所欠工资的1至5倍支付赔偿金。

《最低工资规定》没有明确提出最低工资标准的确定实行政府、工会和企业三方代表民主协商的原则,只是规定地方劳动保障行政部门会同级工会和企业联合会或企业家协会研究拟订。关于最低工资是否包括社会保险以及住房公积金问题,《最低工资规定》第6条要求各地确定和调整月最低工资标准时应参考当地就业者个人缴纳的社会保险费和住房公积金,并在附件中将其列入最低工资标准的测算公式之中。我国大多数省份和城市对这一要求的理解是:制定的最低工资标准已经包括了劳动者个人应该缴纳的社会保险费用,企业或用人单位无须额外支付。这也意味着在扣除个人应该承担的社会保险部分后,劳动者的工资收入将低于当地最低工资标准。劳动者的工资收入低于当地最低工资标准的程度与当地规定的个人需缴纳的社会保险费用水平有关。若要劳动者个人实际获得的工资收入不低于最低工资标准,则必须要求企业另外支付劳动者个人应缴纳的各项社会保险费和住房公积金。在实践中,北京和上海采用的是后者。《最低工资规定》第6条还要求适当考虑非全日制劳动者在工作稳定性、劳动条件和劳动强度、福利等方面与全日制就业人员之间的差异。

2007年6月,原劳动与社会保障部下发通知,要求各地进一步健全最低工资制度。通知首先列举了各地在实施最低工资制度过程中存在的一些问题,例如,一些地区最低工资标准确定不够科学,少数企业通过延长劳动时间和提高劳动定额以及降低计件单价等手段变相违反最低工资规定等问题。通知要求各地劳动保障部门将最低工资制度视为促进社会发展和解决民生问题的重要任务。通知要求各地规定用人单位工资支付行为并继续加大调整最低工资标准的力度。2012年,国务院转发了由人力资源社会保障部、发展改革委等政府部门联合制定的《促进就业计划(2011-2015)》。根据该计划,到2015年,最低工资标准年均增长率要从2010年的12.5%进一步提高到大于13%。在政府的积极推动下,各地区增加了最低工资标准调整的频率以及调整最低工资标准的幅度,大多数省份和直辖市几乎是年年调整最低工资标准;一些省市在最低工资标准调整幅度方面似乎是在展开一场竞赛,唯恐"慢半拍或掉队":2011 年北京最低工资标准比 2010 年提高了 20.8%;河南 2011 年最低工资标准的平均上调幅度高达 35%。在经济发展水平较为不发达的宁夏回族自治区,2011 年将自治区一类地区的最低工资标准提高了 26.7%,二类地区的最低工资标准增长了 24.2%,三类地区标准提高了 23.9%。

不顾经济发展水平而过高和过快调高最低工资标准势必会增加企业的人工费用并对企业的生产经营造成巨大压力并有可能对劳动密集型行业的就业造成负面影响。在经济新常态以及"供给侧结构性革"的大背景条件下,有必要采取有效措施遏制最低工资标准快速攀升以及不顾本地区经济发展状况而盲目攀比的态势。为此,国务院在 2016 年 8 月发布了关于降低实体经济企业成本方案的通知。基于通知中要求的合理降低企业的人工成本,各省市纷纷出台了本地区降低企业成本的方案。大多数省市的方案均提到了最低工资问题。广东省人民政府 2017 年第 14 号文件规定将现行最低工资标准由两年至少调整一次改为原则上 3 年至少调整一次,2017 年最低工资标准继续按 2015 年 5 月发布的标准执行。黑龙江、陕西、四川以及山西等省份的人力资源与社会保障也将最低工资标准的调整改为每 3 年至少一次。按照 2017 年 2 月 1 日开始实施的《安徽省最低工资规定》第 7 条规定,安徽省的最低工资每 2 至 3 年至少调整 1 次。① 天津市将最低工资调整时间由过去的 4 月 1 日延迟至 7 月 1 日,调整幅度也大幅降低。

总之,中国自 1994 年开始实施以省和直辖市为基础的最低工资制度以来,最低工资标准的实施为维护劳动者获得合法工资收入的基本权益以及保障劳动者个人及其家庭成员的基本生活发挥了一定的作用。在经济发展水平较快、非正规就业规模不断扩大以及收入不平等水平不断增加的背景条件下,各地最低工资标准较快和较高水平的调整具有一定的客观性。但是,随着经济增长方式的转变以及大力提倡发展实体经济和降低实体企业生产成本的环境下,有必要建立健全我

---

① 一些省份将最低工资的调整改为 2 至 3 年至少调整一次实际上是违背了国家《最低工资规定》第 10 条所做出的"最低工资标准每两年至少调整一次"的规定。

国的最低工资确定机制,通过借鉴其他国家特别是发达国家的经验,科学、合理调整最低工资水平,使最低工资回归其基本的功能。为科学、合理地制定最低高工资标准,需提升工会和企业家协会在确定最低工资过程中的作用,形成政府主导下的劳资协商最低工资标准的调整机制。同时还应邀请专家和学者参与最低工资标准的调整工作,重视专家和学者提出的建议,并建立最低工资评估机制全面展开最低工资调整对劳动力市场影响的实质分析。为了使统计数据和基于统计数据展开的最低工资的评估结果成为最低工资调整的基础,改善劳动力市场调查以及工资收入调查数据的质量并使之公开使用是一项重要的工作。需要指出的是,政府主导下的最低工资制度只是保护低收入劳动者权益、增加劳动者收入水平的一个工具,但不是唯一的一个工具。其他国家的经验表明:为了使劳动者的工资收入能够享受经济发展以及劳动生产率提高的果实,工资集体协商以一种有效的机制。开展有效的工资集体协商不但可以使劳动者的工资增长与企业生产经营水平相适应,还有助于实现劳资双赢,为构建和谐的劳动关系发挥积极的作用。

第三节　中国的最低工资标准

由于我国的最低工资制度是以省、直辖市和自治区为基础,因此,各地区结合本地情况具体实施国家《最低工资规定》的安排呈现多样化局面。就最低工资标准实施时间而言,上海、重庆、深圳、四川、陕西、广西、甘肃和山东是在上半年,而其他地区一般是在下半年。

表11－2列出我国各地最低工资标准的分类。北京、上海、天津、青海、西藏以及深圳颁布实施的是单一的最低工资标准,直辖市重庆有2个最低工资标准,而福建省的最低工资标准则分成5个档次。大多数地区是将本省或自治区的最低工资标准分成3到4个档次。

表 11-2　中国各地最低工资标准的分类

题　目	内　容	地　区
月最低工资标准分类	单一标准	北京、上海、天津、青海、西藏、深圳
	二档	重庆
	三档	河南、云南、江苏、山东、贵州、黑龙江、宁夏、海南、四川、广西、江西
	四档	广东、湖南、湖北、浙江、安徽、吉林、甘肃、辽宁、河北、陕西、内蒙古、新疆
	五档	福建
最低工资标准的时间单位	月、日和小时	四川
	月和小时	其他省份、直辖市和自治区
小时最低工资的适用范围	全日和非全日	北京、天津、山西
	非全日	其他省份、直辖市和自治区

资料来源:作者根据各地区人力资源和社会保障部门颁布的资料编辑。

　　根据我国 2004 年颁布的《最低工资规定》第 5 条,"最低工资标准一般采用月最低工资标准和小时最低工资标准"。在实践中,四川不但制定了月和小时最低工资标准,还颁布了日最低工资标准:2017 年四川省执行的是 2015 年 7 月 1 日生效的最低工资标准,月最低工资标准分成 3 个档次,分别为 1500、1380 和 1260 元,折算成日最低工资标准为 69、63.4 和 57.9 元。新疆人力资源和社会保障部门颁布的月最低工资标准有两种:包含和不包含"三险一金"的最低工资标准,前者的水平要高于后者。[①] 按照新疆的规定,在全日制就业劳动者提供正常劳动的情况下,用人单位应按照不低于当地含"三险一金"的月最低工资标准支付其工资,并按规定对个人应缴纳的社会保险和住房公积金代扣代缴,劳动者实得工资不得低于当地不含"三险一金"的月最低工资标准。[②] 但是,新疆人力资源和社会保障部门的文件并没有解释说明对于那些获得不包括"三险一金"最低工资收入的劳动者而言,企业是否需要另行支付员工的社会保险费用,还是需要劳动者个人自己

[①]　"三险一金"包括"养老、失业、医疗和住房公积金"。

[②]　资料来源:新疆维吾尔自治区人民政府《关于调整调整自治区最低工资标准的通知(新政发 81 号)》。

购买。如果是后者,则劳动者的实际工资水平势必会低于不包括"三险一金"的最低标准。

按照我国《最低工资规定》第 5 条的解释,月最低工资标准一般适用于全日制就业劳动者,而小时最低工资标准适用于非全日制就业劳动者。表 11 - 2 显示,北京和天津以及山西颁布的小时最低工资标准有两个,一是在月最低工资标准基础上换算出来的小时最低工资,而另外一个则是针对非全日制工作劳动者的小时最低工资。除上海外,我国其他地区制定的适用于非全日制劳动者的最低工资标准均包括用人单位及劳动者本人应缴纳的养老、医疗、失业保险费。

表 11 - 3 列出了部分省市和自治区以及全国和不同地区的最低工资标准、就业人员月平均工资以及凯茨指数数值。按照国家统计局的分类,东部地区包括北京、天津、河北、上海、江苏、浙江、福建、山东、广东和海南;中部地区包括山西、安徽、江西、河南、湖北和湖南;西部地区包括内蒙古、广西、重庆、四川、贵州、云南、西藏、陕西、甘肃、青海、宁夏和新疆。黑龙江、吉林和辽宁为东北地区。2017 年,全国共有 20 个地区调整了最低工资标准,平均调增幅度为 11%。[1] 上海每月 2300 元的月最低工资标准在全国最高,北京的小时最低工资标准最高,达到 22 元。由于各地物价水平不尽相同,最低工资标准在全国各地的差距并不代表最低工资实际购买力方面的差距。[2]

最低工资标准包括月和小时最低工资标准。由于我国目前只有北京、上海、天津、深圳以及青海和西藏实施单一的最低工资标准,其他省和自治区均将本地最低工资标准分为 2 - 5 个档次,因此,表 11 - 3 中列出了各地最高档次的最低工资标准和基于不同档次标准计算的平均最低工资水平。表 11 - 3 所给出的月平均工资分为:城镇非私营单位就业人员月平均工资、城镇私营单位就业人员平均月工资以及基于非私营和私营单位月平均工资计算的所有就业人员平均工资水平。

---

① 资料来源:http://www.gov.cn/xinwen/2018 - 01/26/content_5261144.htm#1。
② 参考本书第七章有关跨地区之间最低工资的比较分析方法。

表 11-3　中国各地的最低工资标准、月平均工资和凯茨指数：2017 年

省市和地区	月最低工资		月平均工资			凯茨指数						小时最低工资	
	最高值	平均	非私营	私营	平均	1	2	3	4	5	6	最高值	平均
北京	2000	2000	9994	5490	7742	20	36	26	20	36	26	22	
广东	1895	1491	6027	3770	4898	31	50	39	25	40	30	18.3/14.5	
浙江	1860	1608	6111	3750	4930	30	50	38	26	43	33	17/14.6	
江苏	1890	1710	5965	3930	4947	32	48	38	29	44	35	17/15.3	
湖南	1580	1355	4853	2882	3868	33	55	41	28	47	35	15/13.1	
河南	1720	1570	4125	2776	3451	42	62	50	38	57	45	16/14.5	
重庆	1500	1450	5462	3945	4704	27	38	32	27	37	31	15/14.5	
陕西	1680	1530	4970	2973	3971	34	57	42	31	51	39	16.8/15.3	
贵州	1680	1573	5523	3255	4389	30	52	38	28	48	36	18/17	
广西	1680	1477	4823	3007	3915	35	56	43	31	49	38	16/14.2	
甘肃	1620	1545	4962	2974	3968	33	54	41	31	52	39	17/16.2	
青海	1500	1500	5549	2909	4229	27	52	35	27	52	35	15.2	
辽宁	1620	1365	4668	2885	3776	35	56	43	29	47	36	16/13.1	
吉林	1780	1630	4675	2515	3595	38	71	50	35	65	45	17/15.5	
全国	1725	1585	5430	3372	4401	28	51	39	26	47	36	17/15.6	
东部	1883	1755	6132	3951	5042	37	48	37	38	44	35	18.2/17	
中部	1658	1473	4611	3223	3917	33	51	42	28	46	38	16.7/15	
西部	1653	1510	5236	3153	4195	37	52	39	32	48	36	16.2/15.2	
东北	1693	1487	4671	2700	3686	36	63	46	32	55	40	16.3/14.1	

说明：月平均工资水平是 2016 的水平。

资料来源：作者汇集的各地人力资源和社会保障部门规定的最低工资标准以及平均工资并以此为基础开展相关计算。

凯茨指数是反映最低工资相对水平的重要指标之一。① 表 11－3 中所列凯茨指数是基于以下算法:将各地最低工资的最高水平和平均最低工资分别与非私营单位就业人员月平均工资、私营单位就业人员平均工资以及所有就业人员平均工资相比,合计共有 6 个分类指标。由于我国私营企业的平均工资水平要低于非私营企业,因此,将私营企业平均工资作为分母计算的凯茨指数要高于使用非私营企业平均工资计算的结果。以广东省为例:广东省 2017 年执行的月最低工资标准分为四档,即 1895、1510、1350 和 1210 元。根据四档最低工资标准计算的平均月最低工资标准为 1461 元。广东省 2016 年非私营单位就业人员月平均工资为 6027 元,私营单位就业人员平均工资为 3770 元,两者平均数为 4898 元。以最高一个档次的最低工资标准作为分子,使用非私营单位平均工资作为分母计算的凯茨指数为 31;而使用私营单位平均工资得到的结果是 50。若将广东省 2017 年平均最低工资作为分子,使用非私营和私营平均工资计算,凯茨指数的数值分别为 25 和 40。

在计算和分析我国各地凯茨指数数值时需要注意以下几个问题:第一,分子和分母在时间上的可比性问题:各地人力资源和社会保障部门颁布的就业人员的平均工资往往是上一年度的水平,而最低工资标准往往是跨年度(例如,福建省调整实施新的最低工资标准一般是在每年的 7 月 1 日);第二,国家以及各地统计部门开展的有关劳动力市场调查的时间并不长,官方对劳动力市场调查的抽样方法、抽样权重以及误差等信息均没有做详细披露,这也意味着,对官方调查结果特别是工资水平调查的准确性难以做出评估;第三,我国统计部门从 2008 年开始公布私营企业的年度工资水平。私营企业平均工资明显低于非私营企业部门工资水平意味着私营企业的就业人员更有可能受到最低工资标准调整的影响。根据计算相对数时应该遵循的分子和分母可比性的原则,将最低工资标准与私营企业的平均工资做比较是一个较为合理的选择。但是,如果考虑到在非私营单位就业的一部分劳动者也会受到最低工资调整的影响,最好是将非私营和私营单位就业人员的工资水平加以平均并以此作为分母计算凯茨指数。使用全体就业人员的平均工资计算凯茨指数在一定程度上可以解决高估或低估最低工资标准相对水平的问题。

最低工资收入者的年龄、性别、受教育程度、职业和地区分布等方面的信息对

---

① 参见本书第七章的有关内容。

负责制定最低工资标准的政府部门具有非常重要的意义,同时也为劳动监察部门采取有针对性的监管措施奠定了坚实的基础。在这方面,与发达国家相比,我国统计部门以及人力资源和社会保障部门开展的调查,无论是规模、深度以及数据质量,都有待于进一步完善和提高。

第四节 中国香港和台湾地区的最低工资

一、中国香港地区的最低工资制度

(一)香港法定最低工资制度的建立

在香港,是否建立法定最低工资标准是一个备受争议的问题。基于各方意见并审慎考虑当时香港特区的社会经济环境,2006 年 10 月 11 日,时任中国香港特别行政区行政长官曾荫权在其施政报告中提出了与商界及劳工界携手,以非立法和自愿的方式在清洁及保安行业推行"工资保障运动"的政策主张。为确保"工资保障运动"的实现,特区政府负责劳工事务的劳工处通过宣传、教育、合约规范与执法等方法和手段加以推动和督查。曾荫权在报告中还提出,特区政府在两年后将对运动的成效加以全面检讨,若效果不佳,政府将着手在清洁和保安行业建立法定最低工资标准。

根据香港劳工及福利局的统计数据,在开展"工资保障运动"的第一年,有超过 1000 家不同行业的企业或机构承诺支持,受惠工人达 62,600 人,占全港 187,000 名清洁工人及保安员的三分之一。① 在工商界方面,香港的四大工商会和雇主协会承诺与政府合作在香港推动"工资保障运动"。中华总商会则表示要设计一个徽号并将其印在那些参加运动的商会会员的信封和信纸上以示识别。

尽管"工资保障运动"取得了一定的效果,但总体上并没有达到预定的目标。香港特区第三任行政长官曾荫权在其题为《迎接新挑战》的 2008 年至 2009 年度施政报告中指出:

---

① 资料来源:新浪网引自中新社的报道,http://news. sina. com. cn/o/2007 - 08 - 31/100812 484601s. shtml。

……整体而言,成效未如理想,显示以自愿参与及鼓励的方式推动工资保障有其局限性。我曾明确承诺,假若"工资保障运动"成效不彰,便会为清洁工人和保安员立法设定最低工资。今天,政府会展开立法工作。

……事实上,低薪职位并不局限于清洁工人和保安员两个工种……政府的倾向是最低工资立法应同时涵盖所有行业……

曾荫权还在施政报告中提出由劳工及福利局负责筹备建立最低工资委员会。最低工资委员会将针对如何厘定香港第一个最低高工资标准以及最低工资标准的确定机制向政府提出建议。按照要求,委员会的建议需在对低薪劳动者的保护和维持香港整体经济发展和竞争力之间取得平衡。

2009 年 2 月,香港特区政府成立了临时最低工资委员会。临时委员会由资深大律师郑若骅①担任主席,委员包括陈裕光博士等 9 位非政府人士以及邓国光等 3 位来自政府方面的代表。临时委员会中的非政府成员既包括著名的商界人士,也有曾经担任过工会顾问的代表以及大学教授。根据政府的授权,临时委员会的主要职责是:(1)就设定法定最低工资的恰当机制向行政长官提出建议;(2)向行政长官提出香港首个最低工资水平;(3)研究最低工资对香港经济带来的影响。

在一年多的工作中,临时最低工资委员会借鉴了英国低收入委员会在确定英国首个全国最低工资标准过程中所采取的方法,组织了 3 轮咨询会议并实地采访了低薪行业以及中小企业。此外,临时委员会成员还对中国大陆、中国台湾地区以及英美法等西方国家的最低工资制度展开了深入研究,并前往北京、巴黎和伦敦展开实地考察。临时委员会坚持以数据为依据的原则厘定香港首个最低工资标准,使用特区政府统计处搜集的收入和工时调查数据以及失业率和物价指数等宏观数据展开统计分析。在第 2 轮和第 3 轮的咨询过程中,临时委员会还认真听取了低薪行业雇主和工会的意见并通过大众媒体将委员会的工作进展告知公众。

2010 年 8 月 30 日,临时最低工资委员会与媒体见面,宣布委员会已经就香港首个法定最低工资水平达成一致:建议在香港实施每小时 28 港元的最低工资标准。关于最低工资标准的调整机制,临时最低工资委员会提出应该以数据作为主要依据,并同时考察一揽子统计指标的变动。另外,还需搜集更加详细的统计数据分析实施法定最低工资标准对经济各个层面所带来的影响。

---

①　郑若骅现任香港特别行政区政府律政司司长。

另一方面,香港特别行政区政府在2009年7月8日将《最低工资条例草案》提交立法会审议。经过连续3天马拉松式的激烈辩论,《最低工资条例》(香港法列第608章)在2010年7月17日的特区立法会上以45票赞成和1票反对的投票结果三读通过。按照规定,香港法定小时最低工资标准从2011年5月1日开始实施。至此,香港特区建立了覆盖全行业的法定最低工资制度,成为香港劳动力市场规制建设的一个重要里程碑。

从最低工资的确定机制考察,香港特别行政区的法定最低工资制度属于我们在本书第二章介绍的"政府主导型模式"。根据香港《最低工资条例》第3部的规定,最低工资委员会负责向香港特别行政区政府提出小时最低工资标准的建议。虽然条例并没有明确规定政府拥有最后决定权,但条例中对最低工资委员会职责的限定,说明在实际运作过程中,政府可以接受或有权拒绝最低工资委员会提出的小时最低工资水平的建议。需要说明的是,条例第3部只是对最低工资委员会的组成和人员结构以及委员会的职能做出了原则性规定,但对委员会在运作过程中经常会出现的一些问题,例如,在委员会委员就是否调整最低工资水平或对调整幅度未能达成一致意见的情况下应该如何处理,条例并没有做出任何说明。此外,关于调整最低工资应该考虑的因素,条例也没有明确列出,只是笼统要求最低工资委员会在履行其职能时,需要"在防止工资过低与尽量减少低薪职位流失的目标之间,取得适当平衡;以及维持香港的经济发展及竞争力"。

按照香港《最低工资条例》的规定,残疾人同样具有获得最低工资的权利。考虑到残疾人在求职和就业过程中可能面临的困难,《最低工资条例》对残疾雇员做出特殊安排,以便让那些因残疾导致其生产效率有可能受损且拥有有效残疾人士登记证的残疾雇员有权选择对其生产能力展开评估,并按生产能力评估的结果获得相应水平的工资。启动生产力评估的权利属于残疾雇员,而非雇主,这意味着,如果残疾雇主没有选择申请对自己的生产力展开评估,则雇主仍需按照法定最低工资标准支付;另一方面,如果残疾雇员选择展开评估,该雇员在评估之前与雇主签订试用协议。在试用期间,雇主支付残疾雇员的工资不得低于法定最低工资标准的50%。

香港《最低工资条例》将家政工称之为"家庭佣工",包括家务助理、护理员、司机、园丁、船工或其他私人佣工。按照条例第7条第3款的规定,受雇于某家庭,且免费居住在雇主家中的家庭佣工不适用最低工资标准。不过,由于许多来自菲律宾和印尼的外籍家庭佣工(foreign domestic help,FDH)的工作条件问题受到了各界的广泛关注。在此背景下,香港劳工和福利局制定了针对外籍家庭佣工的"规定最低工资(minimum allowable wage)"。2016 年 10 月 1 日开始执行的"规定最低工资"是每月 4310 港元。按照规定,雇主需为外籍佣工提供免费住处和膳食。如不提供膳食,还需向佣工支付一定数额的膳食补贴。

需要指出的,就在香港法定最低工资实施后不久,旅游界议员谢伟俊提出的暂缓执行最低工资动议,认为最低工资一刀切的做法并不适合香港社会,希望港府暂缓执行条例;但立法会否决了暂缓执行最低工资的动议。

(二)香港首个法定最低工资标准的厘定方法

香港特别行政区的法定最低工资制度于 2011 年 5 月 1 日起正式实施,首个小时最低工资标准是 28 港元。28 港元的小时最低工资水平是基于临时最低工资委员会为特区政府提出的建议而制定的。临时最低工资委员会在 2010 年 10 月发布的报告中介绍了香港首个小时最低工资标准的厘定过程。

由于法定最低工资标准的主要受益者是低薪收入者,因此,首先需要确定低薪收入的统计测度方法。在统计分析过程中,临时最低工资委员会使用的是香港特区政府统计处提供的收入和工时调查数据以及历年的企业调查数据和物价指数、失业率等宏观数据。基于英国低收入委员的做法,临时最低工资委员会决定采用收入分布中的第一个十分位数作为判断是否为低收入的临界值,即小时工资收入低于第一个十分位工资水平的劳动者均为低薪收入者。如果某行业低薪收入者占雇员总数中的比重较高,则该行业被描述为低收入行业。

表 11 - 4　香港 2009 年的小时工资(港元):按行业划分

行　　业	中位小时工资	十分位小时工资	低薪收入者比重(%)
零售业	33.7	22.7	30.6
饮食业	32.7	23	29
物业、保安、清洁	27.6	21	47.2
其他低薪行业	33.7	22.2	28.7
非低薪行业	71.6	38.2	2.3
所有行业	58.5	27	10

说明:(1)其他低薪行业包括:洗衣、快递、养老院和食品处理和生产;(2)各行业中的具体部门没有列出;非低薪行业包括制造、建筑等。

资料来源:香港《临时最低工资委员会报告》,第 26 页。

表 11-4 显示,所有行业的中位数工资为每小时 58.5 港元,第一个十分位工资为 27 港元。零售业、饮食业、物业、保安和清洁以及洗衣等其他低薪行业的工资收入分布具有两个主要特征:(1)中位数工资以及第一个十分位工资明显低于非低薪行业(制造和建筑等);(2)低薪收入者的比重均超过 28%;而制造和建筑等非低薪收入行业的比重只有 2.3%。

对低薪以及低薪收入行业的分析为临时最低工资委员会厘定香港首个最低标准奠定了基础。除了分析各行业小时工资收入分布,临时最低工资委员会还对低薪收入者的年龄、性别、受教育程度以及就业合同类型以及低薪收入行业的企业规模和经营状况展开了详尽的统计分析。在对低薪收入和低薪行业进行统计分析的同时,临时最低工资委员会展开了第一轮的咨询工作并以此为基础初步确定了在香港最低工资标准确定过程中需要考虑的一揽子指标,包括整体经济状况、劳工市场状况、竞争力和生活水平(后改为社会共融)。

在第二轮的咨询工作过程中,最低工资制度的利益相关者(工商部门、雇主、雇员以及有关团体)对香港首个最低工资标准提出不同的建议。商界认为,香港的最低工资应该是工资收入底线,而非生活工资。工会方面则认为,香港的最低工资的确定应该参考最低工资国际公约的有关规定,满足工人及其家庭的基本需要,促进体面工作。工会方面认为,香港的首个小时最低工资标准应该是在 30-35 港元之间。一些团体和人士则认为,香港的最低工资标准应该达到中位数工资水平的 40-50%。关于最低工资应该是工资的底线和还是生活工资问题,香港特区政府更倾向于商界的看法。香港劳工及福利局在香港立法会上就《最低工资草案》恢复二读辩论发言中指出,香港的法定最低工资是工资下限,而非生活工资;家庭生活困难的雇员可通过现行的社会保障制度取得适当经济援助。

在对低薪收入展开统计分析以及广泛听取利益相关者的不同建议后,临时最低工资委员会使用各种统计模拟分析方法,选取 24-33 港元作为测试最低工资对雇员收入(包括福利和年终奖金)、工时、工资收入差距、低薪行业人工成本和收益率以及产品价格的影响。模拟结果表明,过高的小时最低工资标准对低薪行业的就业、企业盈利以及产品价格有可能产生负面影响。

经过一年多的详细统计分析、深入评估和综合各方面因素,临时最低工资委员在 2010 年 8 月 30 日举办媒体会议,宣布委员会所有成员就法定最低工资的建议水平已达成共识,即建议香港特区政府,香港的首个最低工资标准为每小时 28

港元。香港行政长官会同行政会议决定接受临时最低工资委员会的建议,决定从2011年5月1日起实施28港元的小时最低工资标准。

根据香港《最低工资条例》第14条的规定,最低工资委员会需要至少每两年向行政长官做出报告一次,这意味着,香港的法定最低工资水平应该是每两年至少调整一次。新的最低工资一般是在5月1日起生效。2013年5月1日生效的香港小时最低标准为30港元,2015年为32.5港元,2017年34.5港元。按照工时最高上限折算,2017年香港的月最低工资为14100港元,折合人民币大约为11358。雇主如果故意或无合理辩解支付雇员工资低于法定最低工资标准,按照香港《雇佣条例》中的有关规定,最高可被罚款35万港元及监禁3年。

二、中国台湾地区的最低工资制度

(一)台湾的最低工资制度

20世纪60和70年代,台湾实施出口导向性的经济发展战略,通过大量引进外资和建立劳动密集型产业使得台湾经济在较短的时期内实现了腾飞,成为新兴工业经济体,与中国的香港、亚洲的韩国和新加坡被誉为"亚洲四小龙"。不过,虽然经济发展使台湾普通劳工的生活水平有了较大程度的提高,但台湾劳工的劳动条件却得不到根本性的改善,薪资低和工时长成为沉疴痼疾。

国民党政府在"戒严时期",一方面对工会实施严格的控制政策并试图将劳工问题扼杀于萌芽状态,另一方面又通过立法等手段来规制劳动力市场和改善劳资关系,例如,1958年通过的《劳工保险条例》、1960年的《厂矿工人受雇法》以及《劳动基准法》(1984年)等。在工资方面,台湾"行政院"在1968年公布了《基本工资暂行办法》,作为最低工资法施行之前的过渡性规定。

需要说明的是:直到目前,台湾当局行政部门以及有关法律文件均将企业支付给工人薪金的底线称之为"基本工资"而不是最低工资。按照《基本工资暂行办法》,基本工资审议委员会负责讨论基本工资的调整并将讨论结果报请"行政院"核定。基本工资审议委员会讨论制定基本工资时需要考虑劳动力市场供需因素、雇主负担能力、劳工生活需要等因素。《基本工资暂行办法》在1978年和1980年两次被修正,到了1985年,台湾"行政院"将其改为《基本工资审议办法》。

台湾当代最低工资制度是基于《劳动基准法》《劳动基准法实施细则》以及《基本工资审议方法》而建立起来的。按照《劳动基准法》第21条的规定,工资由劳资双方商定,但不得低于基本工资标准。《劳动基准法实施细则》第 11 条给出"基本工资"的定义是:"劳工在正常工作时间内所得之报酬。但延长工作时间之工资及休假日、例假日工作加给之工资均不计入"。关于计件劳工的基本工资,实施细则第 12 条要求"以每日工作八小时之生产额或工作量换算之"。若劳工工作时间低于 8 小时,除雇佣合同另有规定之外,其基本工资需按时间比例换算。

在基本工资确定方面,按照《基本工资审议方法》第 2 条的规定,"基本工资审议委员会"负责讨论基本工资的调整。委员会除主任外,共有委员 22 人,劳资双方各派出 7 名代表,专家学者 4 人,来自台湾行政当局的官员有 3 人。基本工资审议委员会需在每年第三季度对下一年度基本工资的调整展开审议。调整基本工资需考虑的因素包括:(1)经济发展水平;(2)批发物价指数;(3)消费者物价指数;(4)国民收入和人均收入;(5)行业劳动生产率和就业情况;(6)行业劳工工资;(7)家庭收支调查统计。基本工资审议委员会在讨论基本工资过程中曾参考使用过的一个公式是:

$$基本工资 = \frac{\alpha \times (1 + b)}{2} + \frac{c}{4}$$

其中,a 表示家庭收支调查统计中十分位组最低一组家庭就业者所需负担的家庭消费支出;b 表示消费者物价指数上涨率;c 表示制造业月平均工资。使用上述公式而引发的争议包括:第一,没有考虑经济发展水平的变化,即通常使用的 GDP 增长率变动情况;第二,将基本工资与低收入家庭建立关联值得商榷,因为基本工资收入者不一定来自低收入家庭,而低收入家庭中的成员可能根本就没有任何工作。解决低收入家庭的最直接方法应该是社会救助而不是通过基本工资制度。

由于《基本工资审议方法》的法律基础是《劳动基准法》,《劳动基准法》的适用范围也就限定了台湾基本工资标准的适用范围。一个令人感到疑惑不解的是,到目前为止,最新修改过的台湾《劳动基准法》第 3 条有关"适用范围"的规定依然没有将餐饮、旅店、洗衣、卫生清洁以及家政等传统低收入行业依然纳入适用范围。换言之,至少从法理的角度分析,餐饮、旅店等传统低收入行业并不适用基本工资标准,而这些行业在台湾是"高工时和低收入"的典型代表行业。关于非典型就业(非正规就业),根据台湾行政当局"主计总处"发布的人力运用调查报告,2016 年全台临时性工作、派遣人力(劳务派遣)及部分工时(非全职工作)等"非典型就业"人数逼近 80 万,占总就业人数逾 7% ,创历年新高①。《劳动基准法》第 3 条规定,"本法适用于一切劳雇关系。但因经营形态、管理制度及工作特性等因素适用本法确有窒碍难行者,并经中央主管机关指定公告之行业或工作者,不适用之"。因此,临时性就业、劳务派遣等非典型就业的劳动条件,包括基本工资、劳动时间以及社会保险并没有在法律上得到明确的保障。

自 1989 年台湾行政当局以建设重大工程缺少劳动力为由引进第一批产业外籍劳工(简称"外劳")以来,主要来自东南亚国家的外劳人数不断增长。从统计分类角度,在台湾工作的外劳主要分为两种:产业外劳以及社福外劳。社福外劳主要包括看护工和家政工。2016 年 11 月最新修正的台湾《就业服务法》第 5 条规定,雇主不得以种族、籍贯、出生地等原因对所雇佣的员工予以歧视。按照这一原则,雇佣外劳的雇主应该保障外劳获得基本工资的权利。但是,台湾的《劳动基准法》以及《基本工资审议方法》对外劳是否适用台湾基本工资标准均没有做出明确规定。特别是由于《劳动基准法》并没有将家政行业列入适用范围,因此,在实践中,那些在台湾从事看护和家政的外籍劳工的劳动权益无法得到有效保护。工会方面指责雇主同工不同酬,利用廉价的外劳降低人力成本;而雇主则呼吁台湾行政当局修改《劳动基准法》,明确规定台湾的基本工资不适用外籍劳工。雇主团体还呼吁建立所谓的"经济特区",并在经济特区将基本工资标准与外劳工资收入脱钩,从而增加企业竞争力。为吸引台湾企业回台投资,台湾行政当局还曾设计过一个方案,该方案将回台投资企业雇佣外籍劳工比例的上限规定为 40% ,并考虑将外劳工资与基本工资标准脱钩。显然,为了鼓励台企回流投资而将基本工资与外劳脱钩的建议不但严重违反了《消除就业和职业歧视公约》(第 111 号公约)国际劳工公约,还有可能促使台湾企业"向下追逐(race to bottom)"劳动成本,压缩劳工组织提出增加工资的空间,对台湾劳工权益造成实质性的伤害。

(二)台湾的最低工资标准

1956 年台湾地区行政部门颁布的首个基本工资为每月 300 元(新台币)。在 20 世纪 80 年代,台湾的基本工资从 1980 年的 3300 元增长到 1989 年的 8820 元。从 1991 年开始,台湾的基本工资进入万元时代,达到每月 11040 元。从 1991 年至 1996 年,台湾的基本工资是每年调整一次。但到了 90 年代中后期,由于台湾经济

---

① 参见,环球时报,http://taiwan. huanqiu. com/roll/2016 - 12/9758394. html。

增长放缓且发生了亚洲金融危机,从 1997 年至 2006 年,台湾行政部门以及基本工资审议委员会没有对基本工资做出任何调整,月基本工资水平被冻结在每月 15840 元和每小时 66 元的水平。2007 年,台湾的基本工资又开始调整,上升到每月 17280 元的水平。

表 11-5 列出了 2008 年至 2017 年台湾地区的月和小时基本工资。实际月和小时基本工资按 2000 年作为基年的物价指数(CPI)折算。表 11-5 显示,2008 年的名义月基本工资为 17280 元,实际月基本工资为 15755 元;同年的名义小时基本工资为 98 元,实际小时基本工资为 89 元。从 2015 年开始,台湾的基本工资进入 2 万元时代,达到每月 20008 元。2017 年的水平是 21009 元,约合人民币 4502 元。从基本工资的调整速度考察,2008 年至 2017 年,名义月基本工资年平均增长为 3.08%;实际月基本工资增长为 2.68%;名义小时基本工资年平均增长速度为 6%,实际小时基本工资增长速度为 4.57%。

表 11-5　中国台湾地区基本工资:2008-2017

单位:元(新台币)

年份	名义月工资	实际月工资	名义小时工资	实际小时工资
2008	17280	15755	98	89
2009	17280	15894	98	90
2010	17280	15742	98	89
2011	17280	15521	98	88
2012	18780	17704	103	97
2013	19047	17814	109	102
2014	19273	17812	115	106
2015	20008	18549	120	111
2016	20008	18293	120	110
2017	21009	19090	133	121
年均增长率	3.08%	2.68%	6.00%	4.57%

说明:(1)实际基本工资按基年为 2000 年的 CPI 折算;(2)年均增长率为几何平均数。
资料来源:(1)台湾基本工资数据由作者搜集;(2)CPI 数据来源:前瞻数据库,https://d.qianzhan.com/。

与中国大陆和香港地区的规定不同,台湾的《基本工资审议方法》对最低工资的调整频率没有做出任何规定。在实际操作过程中,台湾基本工资的调整在一些情况下会被冻结。例如,从 1997 年至 2006 年,台湾的基本工资长达 10 年没有被调整。又如,2015 年 12 月,台湾当局决定不召开"基本工资审议委员会"会议,这意味着 2016 年的基本工资将不会被调整。此外,在一些年份,基本工资调整还会采取分阶段执行的方法。例如,2012 年召开的基本工资审议会决定将 2013 年的月基本工资提高到 19047 元,而小时工资则采取分阶段提高的方法,即从 2013 年 1 月开始,小时基本工资由 103 元增加到 109 元。109 元的水平维持到 2013 年的年底,从 2014 年 1 月开始执行 115 元的小时基本工资标准。

按照规定,台湾的基本工资是由基本工资审议委员会负责协商,台湾地区行政部门负责劳动事务的"劳动部"最后做出决定。关于基本工资的调整幅度,劳资双方往往会产生极大的争议,且难以互相妥协。委员会中的独立人士(即学者)所提出的折中方案往往也不被劳资双方接受,最后只得依靠台湾地区的行政部门拍板定案。在基本工资委员会协商 2018 年度基本工资标准的过程中,劳方代表要求上调 30%,月标准增加到 6320 元。但该建议遭到资方代表的强烈反对。资方提出的主要理由是:"一例一休"①政策已使企业的人工成本增加,如果再大幅度提高基本工资,对企业而言势必是雪上加霜。资方最初只愿意增加 2.14%,后提高到 3%。专家学者根据各项数据建议基本工资上调 5%,但劳资双方依然无法达成一致意见,最后由台湾行政部门的"劳动部"决定上调 4.72%,即从 2018 年元月开始,台湾的月基本工资为 22000 元,小时工资为 140 元。此外,在基本工资审议委员会的讨论过程中,还时常会出现资方代表拒绝出席或中途退席抗议工会要求的现象,造成协商空转,导致劳资双方有关基本工资的谈判无法有效展开。

台湾的《基本工资审议方法》已经实施 30 多年,虽然曾做过几次修改,但条款的规定依然非常简单,对基本工资的适用范围、调整频率、基本工资审议会的运作以及对违反基本工资规定的处罚措施等方面没有做出任何规定,由此造成劳资双方在协商过程中争议不断。因此,有必要制定一部更加完善且符合最低工资国际公约要求的最低工资法规,改善和提高台湾地区最低工资制度运作的效率,使其在保障低收入劳动者基本权益方面的作用得到进一步的发挥。

---

① 根据中国台湾地区立法会 2016 年 12 月 6 日通过的《劳动基准法》修正案,从 2016 年 12 月 23 日开始实施"一例一休",即劳工每上班七天,应有一个例假日和一个休息日,雇主若要求劳工休息日出勤,须征询劳工同意并给予加班费,雇主若违反,将罚款新台币 2 万至 100 万元;同时取消了 7 天法定假日。台湾当局推动的"一例一休"政策遭到了劳资双方的强烈反对。

第十二章

亚非拉主要国家的最低工资制度

第一节　韩国和日本的最低工资制度

一、韩国最低工资制度和最低工资标准

韩国实行全国统一的最低工资制度,其法律依据是 1986 年制定的《最低工资法》。在《最低工资法》颁布之前,韩国《劳动标准法》第 34 条规定,政府负责社会事务的部门应该为特定的工商企业和职业制定最低工资标准,并为此建立劳动关系委员会。尽管 1952 年出台的《劳动标准法》规定在韩国实施最低工资制度,但由于当时国内政治和军事的复杂局面以及国家正处于工业化建设初期,该规定并没有很快得以实现。从 20 世纪 60 年代至 80 年代初,韩国实行出口主导型的外向经济发展战略,经济得以高速增长,并跻身"亚洲四小龙"。在经济快速增长时期,韩国劳动者低工资收入问题成为一个严重的社会问题,西方国家对韩国出口企业主要依赖于廉价劳动力的做法也颇有微词。在此背景下,韩国国会于 1986 年 12 月 31 日通过了《最低工资法》,实施该法的总统令在 1987 年 7 月 1 日颁布。

1986 年《最低工资法》经过若干次修改,韩国最低工资标准的适用范围不断扩大。《最低工资法》最初规定,最低工资标准只适用于拥有至少 10 个以上雇员的制造业,后在 1988 年修改成至少拥有 10 个以上雇员的制造、采矿和建筑行业。1999 年修改的《最低工资法》则将适用范围进一步扩大到雇佣 5 个及以上工人的所有企业。按照目前的规定,拥有 1 个或以上雇员的企业均适用于最低工资标准。

　　韩国就业和劳动部是韩国负责最低工资问题的主管部门,在每年的 8 月 5 日之前颁布下一年度的全国最低工资标准。具有三方性质的最低工资委员会(以下简称委员会)①负责制定最低工资标准。委员会除主席和副主席外,还有 27 位正式委员和 3 名特别任命的委员。正式委员由分别代表工会、雇主和公众的同等人数代表组成。特别任命的 3 名委员分别来自财政与经济部、工商和能源部以及就业和劳动部。最低工资委员除了 27 名正式委员和 3 名特别任命的政府部门代表外,还建立了 5 个专门委员会,包括管理委员会、公益委员会、研究委员会以及生活成本技术委员会和工资水平技术委员会。生活成本技术委员会的职责是计算生活成本并分析其变化,而工资水平技术委员会则负责分析工资发展趋势并提出最低工资标准。两个技术委员会由工会、雇主和公众代表(独立人士或称为公益人士)组成。研究委员会的主要工作是针对与最低工资有关的问题展开实证分析研究和调查。

　　通常情况下,韩国就业和劳动部会在每年的 3 月底之前要求委员会协商讨论最低工资调整问题。在收到请求后,委员会召开全体大会,并将有关问题交给两个技术委员会。技术委员会制定的最低工资水平获得委员会大会通过后,最低工资委员会将在 6 月 29 日之前将委员会决议提交给就业和劳动部。政府将发布公告,说明委员会提交的决议和制定的最低工资标准。公众和有关组织有权在公告发布之日起的 10 天之内向政府提出投诉。如果投诉被正式接受,委员会将被要求重新讨论制定的最低工资标准。最低工资委员会需在 20 天之内将重新讨论的结果递交给就业与劳动部。就业和劳动部需在 8 月 5 日之前正式公布新一年度的最低工资标准。

　　表 12 - 1 列出了 2009 - 2017 年韩国的小时最低工资标准。新一年度最低工资的生效日期通常是每年的 1 月 1 日。按照《最低工资法》的规定,最低工资标准可以按照小时、天、星期和月制定,但小时工资是韩国最低工资标准的基本表达形式。

---

　　①　韩国最低工资委员会网址:http://www. minimumwage. go. kr/eng/。

表 12 - 1 韩国最低工资标准(韩元):2009 - 2017 年

有效日期	名义小时最低工资	实际小时最低工资	最低工资收入者人数(千人)	最低工资收入者所占比重(%)
2017.1 - 2017.12	6470	–	3366	17.4
2016.1 - 2016.12	6030	5139	3420	18.2
2015.1 - 2015.12	5580	4803	2668	14.6
2014.1 - 2014.12	5210	4516	2565	14.5
2013.1 - 2013.12	4860	4267	2582	14.7
2012.1 - 2012.12	4580	4074	2343	13.7
2011.1 - 2011.12	4320	3927	2336	14.2
2010.1 - 2010.12	4110	3885	2566	15.9
2009.1 - 2009.12	4000	3891	2085	13.1

说明:(1)实际小时最低工资=名义小时最低工资/CPI(2007=100);(2)最低工资收入者所占比重=最低工资收入者人数/最低工资标准覆盖劳动者人数。

资料来源:根据韩国最低工资委员会以及韩国国家统计局数据编制。

表 12 - 1 第 2 列显示,2017 年韩国全国小时最低工资标准为 6470 韩元,约合人民币 38.82 元。与 2016 年相比,2017 年的最低工资水平增长了 7.3%,与 2009相比,提高了 61.75%。为消除物价变化对最低工资标准的影响,依据韩国国家统计局编制的历年消费者物价指数,本书作者将名义最低工资折算成实际最低工资水平①。表第 3 列显示,2016 年实际小时最低工资标准为 5139 韩元,比 2015 年提高了 7%,与 2009 年相比,2016 年实际小时最低工资水平增长了 32.07%,从 2009-2016 年,实际小时最低工资的几何平均增长速度为 4%。

"最低工资收入者所占比重"反映了韩国劳动力市场中最低工资收入劳动者的相对规模。2017 年,最低工资收入者比重为 17.4%,与 2016 年相比略有下降,但与其他年份,特别是 2009 年相比,呈现明显的增长。考虑到最低工资收入者大多是非正规就业者,在一定程度上,"最低工资收入者所占比重"的变化反映了在

---

① 韩国国家统计网站数据库中给出的 CPI 是环比指数,需换算成定基指数(2007=100)。韩国国家统计局网址:http://kostat.go.kr/portal/eng。

过去 10 年期间,韩国劳动力市场中非正规就业规模的不断扩大。

基于 OECD 统计数据,图 12-1 列出了韩国、日本、英美以及比利时和澳大利亚的凯茨指数。从 2010 年至 2015 年,韩国的凯茨指数为 0.36,即最低工资标准相当于劳动力市场平均工资的 36%。韩国凯茨指数的水平与日本和英国基本相同,高于美国,但明显低于欧盟的法国、比利时以及大洋洲的澳大利亚的水平。

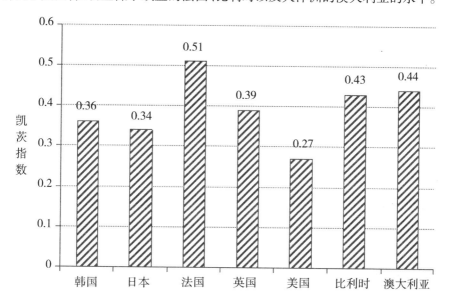

图 12-1 凯茨指数(2010-2015 年平均,韩国与其他国家的比较)

资料来源:OECD 统计局。

需要说明的是,韩国最低工资委员会制定的标准不包括企业向员工支付的以下收入:第一,每月非经常性收入;第二,非正常工作日和工作时间内获得的收入。因此,年终奖金和企业发放的一次性收入均不应被纳入最低工资收入。企业支付的节假日和平常加班费作为非正常工作日和工作时间的收入也不应成为最低工资收入的一部分。此外,按照规定,工作未满 3 个月且签订少于一年的固定期限合同的学徒工的最低工资将在全国标准的基础上下调 10%。《最低工资法》第 1 章第 3 款规定,家政人员、与雇主生活在一起且具有亲戚关系的劳动者、受《海员法》保护的劳动者以及智障和残疾劳动者不属于最低工资标准的保护范围。

进入 21 世纪,世界各国普遍面临就业非正规化、工资收入差距扩大以及工作贫困等问题,韩国也不例外。纵观韩国最低工资制度的历史,可以看到,韩国政府试图通过不断扩大最低工资的适用范围来保护不断增加的低收入劳动者和非正规就业者的基本权益,并通过其他劳动力市场政策,改善低收入者和非正规就业者的工作条件。韩国就业和劳动部制定了"共同创建幸福韩国(work together for happy Korea)"的计划并为此规划了政策路线图。"共同创建幸福韩国"计划的目标之一是减少对非正规就业者的歧视以及确保他们的生计。尽管如此,要从根本上解决问题,关键还是采取各种宏观政策促进经济可持续增长,创造更多高质量的就业机会,同时通过展开有效的工资集体谈判,确保劳动者的工资能够随着经济的增长和劳动生产率的提高而不断增加。

二、日本最低工资制度

(一)日本最低工资制度的演变

二战后的 1947 年,日本国会通过了《劳动标准法》。按照《劳动标准法》的规定,为实现日本宪法第 25 条关于改善国民生活水平的目标,某些特定行业和职业应该建立最低工资标准。鉴于当时百废待兴,日本经济正处于战后重建时期,特别是考虑到实施最低工资标准有可能对企业造成负面影响,日本政府并未采取具体行动来执行《劳动标准法》的有关规定。尽管如此,为避免恶性竞争和规范行业工资支付标准,同时也是为了回应欧美等国对日本倾销廉价劳动产品的指责,一些行业的雇主在自愿的基础上签订了集体协议,对本行业雇佣工人的起始工资水平做出规定①。当时的日本劳动部对雇主签订行业协议的做法给与了大力支持。

日本国会于 1957 年通过的《最低工资法》标志着最低工资制度在日本正式开始实施。1957 年《最低工资法》明确提出,制定最低工资标准的宗旨是为了保护劳动者;最低工资标准的制定方法包括:企业雇主签订行业协议、劳资集体谈判协议延伸法和委员会法。劳资集体谈判协议延伸法是指:某一地区具有影响的劳资集体谈判协议中规定的最低工资标准可被推广适用于整个地区。通过具有三方性质的委员会制定最低工资标准的方法被称之为委员会法。按照当时的规定,委员会法只是一种备选,只有在无法实施前两种方法的情况下才被允许使用。《最低工资法》生效后,日本政府建立了中央最低工资审议会。审议会由 21 名代表组成,包括政府、工会和雇主协会各 7 名代表。

---

① Ohashi,I.,"The Minimum Wages System in Japan:In Light of Circumstances in the United States and Europe",*Japan Labor Review*,Vol. 8,No. 2,2011,pp. 4 – 24.

尽管《最低工资法》对制定最低工资标准的方法做出了规定,但在20世纪60年代,行业协议占据主导地位。当时存在的主要问题包括:第一,总体而言,行业协议规定的最低工资水平较低,且在各行业之间存在较大差距;为此,中央最低工资审议会在1964年发表了题为《最低工资覆盖工商企业和最低工资目标》的报告。报告对三个地区和两个企业部门的最低工资水平标准提出了具有指导性的计划目标;第二,在企业雇主之间展开协商和签订行业协议的整个过程中,工会代表被排除在外。由雇主单方面确定最低工资标准的做法,显然违反了最低工资国际公约中关于通过三方协商来确定最低工资标准的要求。国际劳工组织强烈敦促日本政府改变最低工资标准的制定方法,否则就无法加入国际劳工组织第131号公约。在国际劳工组织的强大压力下,中央最低工资理事会建议采取由最低工资委员会确定地区最低工资标准的方法。1957年制定的《最低工资法》也在1968年做出了大幅度的修改。1971年,日本批准加入了国际劳工组织第26号和第131号公约。

修改后的《最低工资法》废除了由企业雇主确定行业最低工资标准的方法,保留了劳资集体谈判延伸和委员会法。虽然劳资集体谈判延伸方法得以保留,但日本独有的企业工会制度使得该法在实践中的运作非常困难,在实践中很少被使用。实际上,在1968年《最低工资法》修改后,日本的最低工资标准主要是由最低工资审议会来确定。此外,根据修改后的《最低工资法》,几乎所有的工人都被纳入最低工资标准适用范围。

2007年,日本再次对《最低工资法》进行了大幅度的修订。按照新修订的《最低工资法》(2008年7月1日生效),劳资集体谈判延伸方法将被分阶段淘汰,各地区(都道府县)必须制定本地的最低工资标准,没有例外。新修订的《最低工资法》还规定,小时最低工资是最低工资的最基本形式,而修订前的《最低工资法》则规定,最低工资可以是照小时、每天、每星期和月标准。关于影响最低工资标准的因素,新修订的《最低工资法》将工人生活费用、一般工资水平和企业支付能力列为调整最低工资标准时需要考虑的三大要素,并要求最低工资标准与社会救助水平(生活保障金)协调一致。对违反规定,未向雇员支付最低工资标准的企业实施罚款,罚款最高金额在1万至50万日元之间。

(二)日本最低工资标准的确定程序和最低工资水平

自2007年再次对《最低工资法》进行大幅度修订后,以都道府县为基础确定最低工资标准就成为日本实施最低工资制度的主要机制。隶属于日本厚生劳动省的"中央最低工资审议会"每年都会颁布全国最低工资调整幅度指导线。基于中央最低工资审议会颁布的指导线并考虑本地区实际情况,地方最低工资审议会将组织有工会和雇主代表以及公众代表(独立人士)参加的协商。只有在劳资双方达成一致的情况下,地方最低工资审议会方可将新的最低工资标准递交给地方主管劳动事务的部门审查批准。

从1978年起,中央最低工资审议会将全国47个都道府县分成4个等级,即A、B、C、D。每年最低工资调整的指导幅度会根据不同的等级而有所不同。A级别通常是经济发达且生活费用较高的地区,因此,最低工资调整的幅度通常也会最大。中央最低工资审议会每5年对都道府县的分类调整一次,调整依据是考察该委员会编制的各地区综合指数水平。为了说明该综合指数的编制方法,现举一个简化的例子。①

假设综合指数包含两个经济变量 X 和 Y,计算东京都和京都综合指数的过程是:

第一步,基于两个变量在若干年(通常是6年)的数值,分别计算东京都和大阪府两个变量的简单算术平均值;

第二步,将 X 和 Y 的平均值标准化。以东京都作为比较组,即以东京都的平均数为分母,分别计算大阪府两个变量的平均值相对于东京都的比值;

第三步,基本标准化后的 X 和 Y 变量,计算东京都和大阪府 X 和 Y 的简单算术平均数(计算结果简称 V1 和 V2);

第四步,将 V1 和 V2 标准化。以 V1 为基数,计算 V2 相对于 V1 的比值。

第五步,比较标准化后的 V1 和 V2 数值。将数值较高的地区划入最低工资标准调整幅度较高的类别。

需要说明的是:第一,"中央最低工资审议会"编制的综合指数属于空间指数,用来考察地区之间各种经济变量的综合差异程度。中央审议会计算的综合指数包含20个经济变量,一般选择东京都作为比较地区。例如,2012年,东京都综合指数为100,大阪府综合指数为86.1,均被列入A类地区,冲绳的综合指数数值为

① 参见,Fukaura, A. ,"Rationality of the Guideline System in the Japanese Minimum Wage Law", *KEIEI TO KEIZAI*, Vol. 93, No. 4,2013,pp. 1–28.

65.5,在全日本最低,被列入 D 类地区;第二,自 1978 年"中央最低工资审议会"建立地区分类制度以来,东京都和大阪府以及神奈川县一直被列入 A 类地区,没有变化。D 类包含的地区变化也不大。在某种程度上,它反映了日本的工资结构二元性的特征。

基于各种调查报告和经济统计数据,中央最低工资审议会每年都会组织召开专门讨论年度最低工资标准调整问题的审议会。在协商过程中,关于是否调整最低工资标准以及最低工资增长的幅度,工会和雇主协会代表往往是针锋相对,互不相让,难以达成一致意见。在很多情况下,中央最低工资审议会在每年发布的最低工资调整指导线的报告中,往往会特别说明,本年度最低工资标准的调整幅度是基于审议会中"公众代表"的建议而制定的。

表 12-2 显示,日本在 2008 年通过各种方法制定的最低工资标准总共有 299个,其中,地方最低工资审议会确定的最低工资标准有 297 个,通过劳资集体协议延伸方法确定的最低工资标准只有 2 个,覆盖人数仅为 500 人。在地方最低工资审议会确定的最低工资标准中,都道府县最低工资标准为 47 个,覆盖 5024 万劳动者,而地方最低工资审议会确定的行业和职业最低工资标准有 250 个,覆盖 373万劳动者。全国性的行业和职业最低工资标准只有 1 个。在确定本地最低工资标准后,各地方最低工资审议会还将讨论产业和职业最低工资标准问题。如果认为有必要,地方最低工资审议会将建议调整行业和职业最低工资水平。一般情况下,以地区为基础的行业和职业最低工资标准要高于地区最低工资水平。

表 12-2　日本最低工资标准个数及覆盖劳动者人数:2008 年

最低工资标准总数:299 个			
劳资集体协议:2 个最低工资标准;覆盖 500 个工人	委员会确定的最低工资标准:297 个		
	地方(都道府县)最低工资标准:47 个标准;覆盖 5024 万人	产业和职业最低工资标准:250 个;覆盖 373 万	
		地区(都道府县)最低工资标准:249 个	全国最低工资标准:1 个

资料来源:Nakakubo, H., "A New Departure in the Japanese Minimum Wage Legislation", *Japan Labor Review*, Vol. 6, No. 2, 2009, pp. 22 – 38.

在日本,制定行业和职业最低工资标准是一个富有争议的问题。雇主方面赞成将行业和职业最低工资标准并入地方最低工资标准,而工会则反对取消行业和职业最低工资标准。由于存在争议,2007 年新修订的《最低工资法》第 15 条没有使用产业和职业最低工资标准一词,取而代之的是"特定最低工资(specific minimum wages)"的表达方法。表 12 - 2 中所列出的产业和职业最低工资标准指的就是新修订的《最低工资法》第 15 条所言的"特定最低工资"。

表 12 - 3 列出了日本在 2016 年 1 月 1 日至 2017 年 9 月 30 日期间有效的地区小时最低工资标准。对于那些按月领取工资的劳动者,如果想知道自己的月工资收入是否符合最低工资标准的规定,可以将月工资收入乘以 12 再除以全年正常的工作小时总数。按照规定,月工资收入中不应包括加班工资、各种补贴和一年两次的奖金。

表 12 - 3　日本地区小时最低工资标准(日元):2016. 1 - 2017. 9

地　区	最低工资标准	地　区	最低工资标准	地　区	最低工资标准
东京都	932	富山县	770	山形县	717
香川县	930	长野县	770	爱媛县	717
大阪府	883	福冈县	765	岩手县	716
埼玉县	845	奈良县	762	秋田县	716
爱知县	845	山梨县	759	青森县	716
千叶县	842	群马县	759	德岛县	716
京都府	831	石川县	757	佐贺县	715
兵库县	819	冈山县	757	熊本县	715
静冈县	807	福井县	754	鸟取县	715
三重县	795	新泻县	753	鹿儿岛	715
广岛县	793	山口县	753	高知县	715
滋贺县	788	和歌山县	753	大分县	715
北海道	786	宫城县	748	长崎县	715
岐阜县	776	香川县	742	宫崎县	714
栃木县	775	福岛县	726	冲绳县	714
茨城县	771	岛根县	718		

资料来源:日本厚生劳动省。

根据表 12-3 给出的数字计算,日本小时最低工资的简单算术平均标准为
765.85 日元。按照日本厚生劳动省计算的加权算术平均数,日本小时最低工资平
均标准则为 825 日元。东京都的最低工资水平最高,其次是香川县和大阪府,而
宫崎县和冲绳县的小时最低工资标准在全日本最低。东京都的最低工资水平与
宫崎县和冲绳县的标准相差 218 日元,比 2016 年 10 月上调之前还增加了 4 日元。

按照 2007 年修订后的《最低工资法》规定,智障和残疾人士以及处于试用期
的雇员的最低工资水平可以在地区或行业和职业最低工资标准的基础上做出相
应递减,但降低幅度由地方劳动主管部门决定,企业无权制定上述雇员的最低工
资标准。关于劳务派遣雇员,修订前的《最低工资法》规定由劳务派遣公司来决
定。《最低工资法》修订后,劳务派遣工也被纳入地区或行业和职业最低工资标准
适用范围。

由于缺乏最新的资料,表 12-3 没有列出日本各地区的行业和职业最低工资
标准。日本学者在其论文中曾给出了 2008 年东京都的行业最低工资标准:铸造
和钢铁业为 822 日元,通用机械设备制造业为 810 日元,出版行业为 805 日元,一
般零售业为 779 日元。上述数字说明,不同行业之间的最低工资水平存在一定的
差距。①

与西方其他发达国家相比,日本的最低工资水平较低。东京都每小时 932 日
元的最低工资大约折合为 7.15 欧元。欧盟国家中发达国家,包括卢森堡、德国、
法国、荷兰、比利时以及英国的小时最低工资水平在 2015 年均超过 8 欧元,其中
卢森堡的最低工资水平最高,每小时为 11.12 欧元。宫崎县和冲绳县的每小时
714 日元的最低工资折合成欧元大约为 5.48 欧元,明显低于欧盟发达国家的
水平。

日本最低工资标准较低且在不同地区存在较大差异的问题引发了日本国内
各界广泛的关注。日本厚生劳动省 2005 年的一份调查报告显示,在某些地区,年
龄在 18-19 岁的单身工人的最低工资收入低于当地社会救助水平。2011 年 9 月
25 日,日本全国劳动组合总联合(以下简称全劳联)向国际劳工组织递交了一份
报告,投诉日本政府违反了第 131 号公约第三款和日本《最低工资法》的规定。全

---

① Nakakubo, H., "A New Departure in the Japanese Minimum Wage Legislation", *Japan Labor Review*, Vol. 6, No. 2, 2009, pp. 22-38.

劳联认为,日本的最低工资收入不足以满足劳动者个人及其家庭需要,有些地区的最低工资标准低甚至低于政府的社会救助标准。最低工资标准在日本不同地区存在明显差距,导致许多在农村劳动的青年人流动到城市寻找工作,使得农村面临严重的劳动力短缺问题。基于全劳联展开的一份调查结果,埼玉、岩手、静冈和长崎的生活费用基本相同,全劳联认为,没有必要在这些地区确定不同的最低工资标准。因此,全劳联呼吁建立全国统一的最低工资标准。在政治层面,日本民主党 2009 年的竞选纲领誓言在日本建立每小时 1000 日元的平均最低工资水平;而安倍政府推出的《一亿总活跃计划》则将目标定位于最低工资每年上涨3%,全国平均最低工资最终达到每小时 1000 日元。

需要特别指出是,从 20 世纪 90 年代以来,日本经济不但发展缓慢,而且面临少子高龄化和劳动力短缺问题,维持多年并引以为自豪的终身雇佣制度岌岌可危。在此背景下,以小时工、固定期限工和派遣工为主体的非正规就业有了较大规模的发展。根据日本国家统计局 2016 年发布的《劳动力调查报告》,日本非正规就业人数占总就业人数的 31.35%。① 尽管日本《最低工资法》已经将非正规就业纳入地区最低工资标准适用范围,但由于最低工资较低而且工作稳定性比较差,与正规就业群体相比,日本非正规就业群体更容易陷入工作贫困。

第二节 印度的最低工资制度

一、1948 年《最低工资法案》

印度是英国前殖民地国家,其劳动力市场规制的建设受英国影响较大。早在1922 年,具有三方性质的皇家劳工委员会(Royal Commission of Labor)曾就建立负责制定工资标准的法定机构问题展开过讨论。1943 年和 1944 年召开的劳工常设委员会以及劳工大会建议在印度实施最低工资制度,并在 1945 年的大会上确定了《最低工资法案》的主要原则。1946 年 4 月 11 日,《最低工资法案》递交国会审查和批准,但由于印度当时正忙于修订宪法,因此,该法案一直拖到 1948 年 3 月

---

① 资料来源:http://www.stat.go.jp/english/data/roudou/report/2016/index.htm.

才获得通过。《最低工资法》获得批准后,中央咨询理事会任命了由雇主、雇员和政府代表组成的"公平工资委员会(Committee of fair wages)",该委员会的职责是开展有关公平工资的调查并在调查研究的基础上撰写相关报告。根据委员会撰写的报告,"公平工资"不应仅仅是抽象的概念,还应该能够使现有就业水平得以维持,且尽可能促进就业水平。在报告中,委员会强调,工资理事会应该对行业的支付能力展开评估。考虑到"公平工资委员会"更多强调的是行业支付能力以及制定工资水平应该考虑对就业的影响,"公平工资委员会"的建立是对《最低工资法》的一种平衡。

1948 年通过的《最低工资法》是一项重要的社会和劳动立法,被认为有助于实现印度宪法中制定的福利国家目标①。按照 1948 年的《最低工资法》,中央产业关系机构和地方政府负责监督执行《最低工资法》。中央政府负责制定国有企业以及事关民生和国家战略的行业如铁路、港口、石油和采矿等企业的最低工资标准,而地方政府(邦政府)和联邦属地(union territories)负责制定管辖区域内其他类型企业的最低工资标准。关于最低工资标准的制定和调整程序,1948 年的《最低工资法》列出了委员会法(committee method)和公告法(notification method)两种。委员会法是指:各级委员会负责调查并对最低工资标准的制定和调整提出建议;公告法是指:各级政府以官方公告的形式告知那些有可能受到最低工资标准影响的劳动者,政府准备制定或调整最低工资标准。自公告发布之日后不少于两个月的时间之内,劳动者、工会和雇主协会可以对政府制定或调整最低工资标准提出自己的看法和建议。在规定的截止日期后,在委员会建议的基础上,各级政府将再次发表官方公告,公布有关行业制定的最低工资标准。最低工资标准开始实施的日期应在公告发布之日后的三个月。

1948 年《最低工资法》附录列出了地毯制造业、烟草行业、皮革制造业、农业、公共交通部门、石油、地区政府开办的企业等 13 大部门;这意味着,并非所有行业和职业的劳动者都适用于最低工资标准,只有目录中的行业或职业才适用最低工资标准。按照 1948 年《最低工资法》,雇佣人数少于 1000 人的企业不适用最低工

① Varkkey, B. , "India's Minimum Wage System", in Van Klaveren, M. , Gregory, D. and T. Schulten(eds), *Minimum Wages, Collective Bargaining and Economic Development in Asia and Europe: A Labor Perspective*, London, UK: Palgrave Macmillan, 2015, p. 125.

资标准①。《最低工资法》还对最低工资标准的形式和调整做出了规定。最低工资标准的主要形式包括最低计件工资和最低时间工资标准,如小时、天、和月。各级政府负责对正常工作日的劳动小时数,一天工作中的休息时间以及每周的休息天数做出规定。制定或调整最低工资标准时,应该考虑的因素包括:生活费用指数变化、生活津贴、政府特供基本商品的现金价值等。最低工资标准调整的最高期限是 5 年。

二、当代印度的最低工资制度和最低工资水平

1948 年《最低工资法》通过后,虽然随着时间的推进,该法经历了若干次修改,但印度最低工资制度的基本框架没有发生重大变化。目前,印度的最低工资制度依然维持"二元体制",即印度中央政府负责制定国有企业以及事关民生和国家战略的行业,邦政府和联邦属地负责制定管辖区域内其他行业的最低工资标准。

通常情况下,印度在制定最低工资标准时,需考虑以下主要标准。

第一,每个工资收入者有三个消费单位,即丈夫、妻子和两个孩子;

第二,每个印度成年人最低需要 2700 卡路里的食品消耗;

第三,每个家庭每年平均需要 72 码的布料;

第四,符合政府产业住房计划规定的租房最低面积;

第五,在最低工资收入中,燃料、照明和其他杂项支出占 20%;

第六,子女的教育、医疗费用、娱乐费用占最低工资收入的 25%。

表 12 – 4 列出了 2013 年 12 月 31 日印度政府颁布的非熟练工每天的最低工资标准。最低工资标准由两部分组成,即基本最低工资和可变物价补贴(VDA)。VDA 与消费者物价指数的变动有关,通常情况下是每年调整两次。按照规定,超过法定工作时间按加班最低工资标准执行。农业部门的加班最低工资标准是正常工作时间支付最低标准的 1.5 倍,其他部门则为 2 倍。

---

① 该规定在 1957 年有所放松,雇佣人数低于 1000 人的企业也有可能被要求执行最低工资标准。

表 12 - 4 2013 年印度中央政府制定的非熟练工每天最低工资标准（卢比）

编号	行业、职业目录	地 区	基本最低工资	VDA	最低工资标准
1	农业	A	114	89	203
		B	104	80	184
		C	102	80	182
2	工业	A	180	130	310
		B	150	107	257
		C	120	87	207
3	采矿业	地面工作	120	87	207
		地下工作	150	107	257
4	清扫	A	180	130	310
		B	150	107	257
		C	120	87	207
5	门卫和保安 （不带武器）	A	220	157	377
		B	200	142	342
		C	170	121	291
6	门卫和保安 （带武器）	A	220	157	377
		B	200	142	342
		C	170	121	291
7	建筑和维修	A	180	130	310
		B	150	107	257
		C	120	87	207

资料来源：http：//m. paycheck. in/main/salary/minimumwages.

由于中央政府和地方政府制定的最低工资标准是按行业或职业、地区和工人技术水平（熟练工和非熟练工）划分，因此，每年印度中央政府和地方政府颁布的最低工资标准合计加起来会超过一千多个，堪称是世界上最低工资标准最多的国家。根据印度劳工与就业部的统计,在 2014 年,印度各邦和联邦属地列出的行业和职业合计高达 429 种。克拉拉邦河沙采集和装卸工每天的最低工资标准为547.8 卢比,在全印度标准最高;而泰米尔邦的本地治理(Puducherry)从事农业劳动的最低工资标准仅为 55 卢比,在全印度水平最低。为协调各地区最低工资标准适用行业和职业规定的差异和减少最低工资差距,印度政府建立了 5 个地区最低工资咨询委员会,包括东部、东北部、南部、西部和北部地区委员会。

虽然在印度建立全国统一最低工资标准的讨论持续不断,但到目前为止依然难以达成一致结论。2006 年,印度政府推出了"圣雄甘地全国农村就业保障计划",该计划保障非正规就业者以及农民工每年至少有 100 天的有薪工作,目的是为非正规就业者和来自农村的劳动者在城市就业提供社会保障和消除极端贫困现象。按照计划,中央政府为那些纳入计划的劳动者制定每天工资标准,即所谓的 MGNREGA 工资标准。与最低工资标准确定程序不同的是,MGNREGA 工资标准由政府单方面决定,不需要和工会以及雇主协会协商。一般情况下,政府制定的工资标准要高于全国和地方政府的农业部门最低工资标准。支持者认为,"圣雄甘地全国农村就业保障计划"改善了农村劳动者的收入水平,对全国和地方农业最低工资标准的提高具有正面促进作用。

但是,在反对者看来,尽管政府推出的 MGNREGA 工资标准被视作是印度的全国最低工资水平,但政府的做法不但使印度丧失了一次建立真正的和动态的全国统一最低工资标准的机会,而且在客观上还鼓励了低劳动生产率的就业和搭便车的行为。有关调查显示,在执行"圣雄甘地全国农村就业保障计划"和其他扶贫项目的过程中,行贿受贿现象普遍,有一半受益人是靠花钱买到的资格。① 由此,在印度农村引发了一系列的抗议示威以及来自不同政党和组织的反对和压力。为提高计划的实施效率以及减少行贿受贿现象,印度政府采取了一系列措施,包括组织社会审计、非政府组织和活动分子积极参与,并规定工资支付与工作的完成程度和质量挂钩等。

① 新华网,http://news.xinhuanet.com/world/2015-05/26/c_127839643.htm.

第三节 南非的最低工资制度

一、南非当代最低工资制度

南非目前是非洲最大的经济体；①按照人均国民总收入（GNI）衡量,世界银行将其列入中等偏上收入国家。从 1994 年直到 2008 年,南非经济增长较为稳定,平均年增长速度为 3.4%；2000 年至 2008 年是南非经济增长较快的时期,年均增长速度达到了 4.4%的水平②。2010 年南非正式加入金砖国家合作机制。

南非当代最低工资制度始于 20 世纪 90 年代末期。在此之前,南非白人政府采取的是类似英国在 20 世纪 90 年代之前使用的"工资理事会"制度,即通过行业劳资集体谈判确定行业工资标准,由政府将行业集体工资协议扩展到覆盖该行业的所有工人。由于"工资理事会"制度要求展开劳资集体谈判,对于那些没有工会组织的部门,全国工资委员会负责制定最低工资标准。自 1994 年新南非诞生以来,在曼德拉的领导下,新南非政府制定了"重建与发展计划",对劳动力市场规制进行了改革,强调提高黑人的就业水平和收入。两部重要的劳动法规,即 1995 年通过的《劳动关系法》和 1998 年颁布《就业基本条件法》构成了南非当代最低工资制度的法律基础。

虽然南非国家经济发展和劳动委员会在 2017 年 2 月 7 日达成在南非实行全国统一最低工资制度的目标,但南非目前依然是以制定部门最低工资标准为主。部门最低工资标准的制定方法主要有两种:第一,按照《就业基本条件法》第 59 条规定而建立起来的具有三方性质的"就业条件委员会（ECC）"负责确定某些部门的最低工作标准;第二,由"谈判委员会（bargaining council）"组织劳资集体谈判,并在签订的集体协议中规定（部门）最低工资标准。

就业条件委员会中的委员结构与工资理事会类似,包括 3 名由政府任命的独立人士,工会以及雇主代表两名,委员任期一般为 3 年。独立委员通常是劳动关

---

① 　环球时报,http://world. huanqiu. com/hot/2016 – 08/9300122. html.
② 　本书作者根据世界银行 WDI 数据库有关南非的数据计算。年平均增长速度按照环比几何平均计算。

系或劳动力市场和就业方面的专家。一般情况下,委员主席由独立人士担当。

就业条件委员会的工作主要有两个:第一,通过调查和召开公听会等手段,筛选需要制定最低工作条件的部门;被纳入委员会职责范围内的部门被称之为"部门确定(sectoral determination)",简称 SD;第二,制定 SD 的最低工资标准。

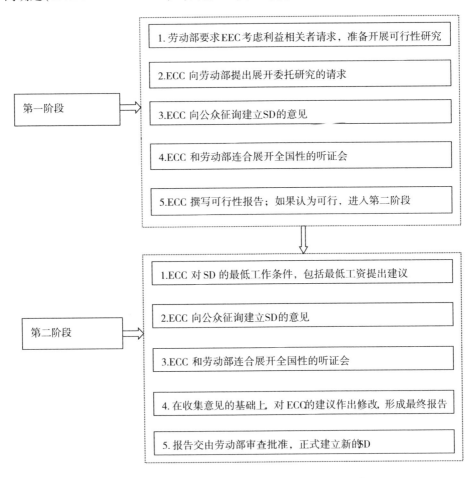

图 12-2　确定 SD 及其最低工资标准的主要程序

资料来源:南非劳动部网站,http://www. labour. gov. za/DOL/legislation/sectoral - determinations.

图 12-2 显示,基于利益相关者,包括公众、工会、雇主甚至可以是劳动部或 ECC 的建议,劳动部要求 ECC 开展建立新 SD 的可行性研究。在收到劳动部的要求后,一方面,EEC 将以公告的形式征求公众和各种组织的意见;另一方面,提出

展开委托研究的请求。按照《就业基本条件法》的规定,ECC 和劳动部还将组织全国性的听证会。在收集各方意见的基础上,ECC 负责撰写可行性报告,提出是否有必要建立新的 SD。如果建议新的 SD 的报告得到劳动部批准,则进入第二阶段。在第二阶段,ECC 对第一阶段批准的 SD 的最低工作条件,包括最低工资标准提出建议,并以书面和举办公正会的形式征求公众意见。在公众提出的意见和建议基础上,ECC 对自己提出的建议做出修改和撰写最终报告。报告将呈交给劳动部审查批准。如果获得劳动部批准,则新 SD 及其最低工作条件正式形成和生效。

在某些情况下,ECC 需要较长的时间来确定 SD。例如,有关在餐饮和旅馆业建立最低标准的调查从 1999 年就开始展开,但直到 2007 年才正式得出结论。类似的案例包括,在林业建立最低标准的调查历经 5 年才最终得出结论。此外,委员会中的委员能力和经验以及委员会展开各种调查的深度和广度也曾受到质疑。[1] 需要说明的是:劳动部部长有权决定取消或暂停某行业执行最低标准的规定。南非劳动部会定期展开调查。经过一段时间后,基于重新评估得出的结论,有关部门也可能获准退出 SD 机制。

制定最低工资标准的另外一种方法是通过"谈判委员会"。"谈判委员会"是南非集体协商谈判的一个重要机构设置,可以划分为三大类:私营部门、公共事业部门和法定的谈判委员会。私营部门谈判委员一般是按行业组建;公共事业部门包括教育、卫生以及地方政府等。谈判委员会由工会和雇主代表组成,谈判的主要内容包括工作条件和工资问题。截至 2017 年 8 月,在南非总共有 38 个按照行业划分的私营部门谈判委员,6 个公共事业部门谈判委员会以及 3 个法定的谈判委员会。按照 1995 年颁布的《劳动关系法》,"谈判委员会"可向劳动部提出书面申请,要求将签订的集体协议延伸覆盖到那些非工会会员或者没有加入雇主组织的企业。不过,《劳动关系法》也对集体协议的延伸施加了一些限制条件,在某些情况下,企业也可以要求不执行集体协议规定的条框[2]

① Seekings,J.,"Minimum wage – setting by the Employment Conditions Commission in South Africa,1999 – 2015",*CSSR Working Paper*,No. 375,2016,pp. 1 – 63.

② Bhorat,H.,Goga,S. and C. Van der Westhuizen,"Institutional Wage Effects:Revisiting Union and Bargaining Council Wage Premia in South Africa",*University of Cape Town*,*Working Paper*,2012,pp. 1 – 17.

在南非,除了通过"就业条件委员会"和"谈判委员会"确定最低工资外,劳资双方也可直接组织集体谈判,例如著名的"汽车制造企业全国谈判论坛"和"私营保安全国论坛"等。企业也可组织劳资集体谈判,但在一些行业集体协议中,对企业自己组织的劳资谈判做出了限制。

二、南非的最低工资标准

截至 2017 年,南非 ECC 共有 14 个 SD,涉及 10 个部门以及学徒和从事艺术和文艺活动的儿童,具体包括:清洗部门(SD1)、土建工程部门(SD2)、私营保安部门(SD3 或者 SD6)、制衣和编织部门(SD4)、学徒(SD5)、家政工部门(SD7)、农业部门(SD8 或者 SD13)零售和批发(SD9)、从事广告和文艺活动的儿童(SD10)、出租汽车部门(SD11)、林业部门(SD12)以及餐饮和旅馆部门(SD14)。

通常情况下,ECC 颁布的行业最低工资标准的有效期为 3 年。第 2 年和第 3 年的标准是在前一年标准的基础上使用消费者物价指数(CPI)进行调整的结果。除考虑物价水平变动的因素外,ECC 还对某些行业制定了"CPI plus",即在 CPI 变动百分比的基础上追加的增长幅度。"CPI plus"通常为个位数,具体幅度与行业的生产经营状况有关。

表 12 - 5 列出了南非劳动部①颁布的农业和林业部门从 2016 年 3 月 1 日至 2019 年 2 月 28 日的最低工资标准。最低工资包括月、星期、天和小时标准。农业和林业部门最低工资标准每年调整一次,调整幅度与消费者物价指数的变化有关。按照规定,农业部门最低工资标准适用于所有从事农业生产的雇主和雇员,还包括在农场从事家政工作的劳动者和保安。关于林业最低工资标准,按照规定,所有从事商业性质的树木种植的雇主、从事与林业有关的运输、承包商以及在林业部门从事家政工作的人员均适用;但社区种植性质的雇主和雇员以及以保护为目的的种植活动不受最低工资标准的保护。

---

① 南非劳动部网址:http://www. labour. gov. za/DOL/legislation/sectoral - determinations.

表 12 − 5　林业部门的最低工资标准(南非兰特)

有效日期	月	周	天	小时
农业部门				
2016. 3. 1 − 2017. 2. 28	2778. 83	641. 32	128. 26	14. 25
2017. 3. 1 − 2018. 2. 28	3001. 13	692. 62	138. 52	15. 39
2018. 3. 1 − 2019. 2. 29	基于前一年的标准,使用 CPI 进行调整			
林业部门				
2016. 3. 1 − 2017. 2. 28	2778. 83	641. 32	128. 26	14. 25
2017. 3. 1 − 2018. 2. 28	3001. 13	692. 62	138. 52	15. 39
2018. 3. 1 − 2019. 2. 29	基于前一年的标准,CPI 进行调整			

资料来源:南非劳动部网站。

农业和林业部门的最低工资标准种类比较简单,其他部门,如零售业和批发业的最低工资标准则比较复杂,种类较多。零售业和批发业的最低工资标准是按照地区(A 类和 B 类地区)、职业以及每星期工作小时总数来划分。就职业分类而言,包括售货员、理货员、叉车操作工、司机、培训员等。

南非目前是世界上为数不多的专门为家政行业制定最低工资标准的国家。按照规定,在 2017 年,每星期正常工作时间超过 27 小时的家政工,A 类地区的小时、每星期和每月的最低工资标准分别为 12. 42、559. 09 和 2422. 54 兰特;如果每星期的工作小时数为 27 或低于 27,则相应的标准分别为 14. 54、392. 59 和 1701. 06 兰特。在 B 类地区工作的家政工,其最低工资收入水平要低于 A 类地区的家政工。

虽然南非的法定工作年龄是从 15 岁开始,但在 ECC 制定的 SD 标准中并没有像有些国家那样(如英国)对不同年龄段的年轻劳动者的最低工资做出规定。关于学徒工的最低收入,劳动部在颁布的标准中将其称为“每周最低补贴(minimum allowance per week)”,并按照学徒的等级以及成绩制定了差异化补贴标准。

同印度一样,南非的最低工资标准非常的多,且在地区、行业和职业之间存在较大的差距。在南非,呼吁建立全国统一的最低工资标准的呼声不断高涨,且有了一定程度的进展。2014 年南非劳动部表示,政府准备发起一场大规模调研,考察引入全国最低工资制度的可能性,并以此来治理南非社会广泛存在的不平等问题。南非全国最大的工会组织,同时也是非国大(ANC)重要盟友之一的南非工会大会(COSATU)曾在全国劳资谈判大会上提出制定每月 4500 南非兰特的全国统一最低工资标准。2014 年 9 月,在南非"全国经济发展和劳工委员会(NEDLAC)"举办的年会上,南非副总统拉马弗萨(Ramaphosa)发起了"劳动关系讨论会",与劳资双方以及学者共同讨论在南非建立全国统一最低工资标准的问题。2016 年,拉马弗萨以国家经济发展与劳动委员会主席的身份任命了由 7 人组成的专家组,就南非实施全国统一最低工资标准的必要性、路径以及全国的第一个最低工资标准提出报告。同年的 11 月,拉马弗萨向全国公布了政府提出的全国最低工资标准的建议,即每月 3500 兰特,相当于每小时 20 兰特。2017 年 2 月 7 日,南非各界在国家经济发展和劳工委员会会议上就 20 兰特的小时最低工资标准达成一致意见,并签订了协议。协议中规定,每小时 20 兰特的最低工资标准的实施时间取决于原有法律的修改进程,但无论如何都不应迟于 2018 年 5 月 1 日。政府将与社会伙伴共同努力,力争国民议会尽快通过全国最低工资法。协议还对全国最低工资标准的调整以及调整时需要考虑的因素等问题做出了原则性规定。

关于在南非建立全国统一最低工资标准的协议,工会大会认为,虽然协议规定的标准与工会提出的要求存在较大差距,但"对国家而言仍向前迈进了一步"。但在另一方面,也存在反对建立全国统一最低工资标准的声音,认为全国最低工资标准将会对就业会产生负面影响。此外,考虑到部门最低工资标准的制度安排在南非具有较为悠久的历史,在协议规定的时期内要完成对相关法律的修改并建立新的最低工资确定机制也绝非易事,加之政局势不稳和经济发展停滞,南非实现全国统一最低工资标准的进程不会一帆风顺。

第四节　巴西最低工资制度

一、巴西最低工资制度的沿革

20 世纪 30、40 年代,当许多国家对最低工资制度还比较陌生的时候,包括巴西在内的绝大多数拉丁美洲国家就已经制定了与最低工资有关的法律。在巴西,1930 年通过发动军事政变上台的瓦加斯(Vargas)在夺取政权后,展开了一系列的社会和经济改革。1931 年巴西组建了劳动、工业和商业部。1934 年颁布的巴西宪法,除第一次规定妇女拥有选举权外,还在第 12 条确认了建立最低工资标准从而满足工人基本需要的必要性;1936 年的第 185 号法令则要求建立负责制定最低工资标准的专门委员会。1934 年颁布的宪法以及 1936 年第 185 号法令为巴西在1940 年开始正式实施最低工资标准奠定了基础。

巴西政府在 1939 年组建了一个专门委员会,负责调查本国国民维持生存和保持良好身体状态所需要的最低营养水平以及相应的一揽子食品(food baskets)。由于巴西地域广阔,饮食习惯存在较大差距,且一揽子食品的市场价格在不同地区差异明显,因此,负责调查的专门委员会在报告中列出了不同地区的一揽子食品以及市场价值。据此,瓦加斯总统在 1940 年发布总统令,颁布 14 个地区的最低收入标准。至此,巴西地区最低工资标准开始实施。

1943 年 5 月 1 日,巴西颁布实施《统一劳动法》(以下简称劳动法)。按照劳动法第 76 条规定,所有工人不分性别,包括农业工人,均适用最低工资标准。关于青年劳动力,劳动法第 80 条规定,年龄在 14 - 18 岁的青年学徒的最低工资收入在成人标准的基础上下调,但减少幅度不得超过正常最低工资标准的一半。1943 年的劳动法还将全国分成 22 个区,并授予地区最低工资委员会制定本地最低工资标准的权利。地区最低工资委员会由 5 - 11 人组成,工会和雇主代表人数等同,委员会主席由总统任命。委员会在制定本地区最低工资标准过程中,除了需考虑工人对食品、住房、交通等方面的因素外,还与有关部门联手展开各种统计调查,包括平均工资水平、企业和部门支付的最低薪酬等内容。

地区委员会初步制定的标准将通过政府公告、媒体等手段对外公布,并接受公众和企业的反馈意见。如果认为有必要,委员会将在公众和企业提出意见的基础上对最低工资标准加以修改并上报到劳动、工业和商业部。获总统批准后,将以总统令的形式正式颁布各地区最低工资标准。最低工资标准正式颁布实施后,任何包含企业支付雇员工资水平低于最低工资标准的就业合同不具有法律效力,雇主将为此会受到 50 - 2000 克鲁赛罗①的罚款。

从 1943 年到 1951 年底,巴西地区最低工资标准的调整被冻结,导致实际最低工资水平不断下降。但 1952 年重新调整最低工资标准后,直到 60 年代初,巴西的

---

① 克鲁塞罗是旧版的巴西货币,现已废除。

实际最低工资水平又呈上升趋势。1963 年,巴西共有 39 个地区最低工资标准,与
1940 年的 14 个地区标准相比,覆盖地区范围有了明显扩大。1964 年 3 月巴西发
生军事政变后,新政府为了稳定经济和减少通胀压力,采取了降低名义最低工资
调整幅度的政策,造成最低工资收入者实际购买力不断下降。

从 1979 年到 1985 年期间,巴西地区最低工资标准几乎每 6 个月就要调整一
次。同时,政府还将非最低工资收入者的工资调整与最低工资标准和通货膨胀率
建立关联。然而,巴西的最低工资制度在 1984 年发生巨大变化,由过去地区最低
工资标准制度改变成单一的全国统一最低工资标准。1985 年通过的巴西新宪法
明确规定,巴西实施全国统一标准,且最低工资标准除了能够满足劳动者个人的
基本需要外,还应考虑劳动者家庭。1985 年新宪法对最低工资做出的重要规定还
包括:(1)最低工资标准不得低于社会福利水平;(2)为了维持最低工资收入者的
实际购买力,最低工资标准应定期调整;(3)禁止将最低工资标准与非最低工资收
入者的工资调整建立关联;(4)每周法定工作时间从过去的 48 小时减少到 44 小
时,这意味着,小时最低工资标准实际上提高了 10% 。

目前,巴西全国最低工资标准由政府负责制定,但需与工会和雇主组织展开
协商。具有重要影响的巴西全国性工会组织包括:劳动统一中心(CUT)、工会力
量(FS)、劳工总联盟(UGT)等。巴西工会组织联合创建的研究机构,即跨工会社
会经济研究部门(DIEESE),每年都会公布自己计算的全国最低工资标准。工会
自己计算的标准经常成为各大工会组织指责政府标准过低的依据。另一方面,巴
西全国性的雇主组织一般是按行业划分,如全国工业联合会(CNI)、全国农业联合
会(CNA)、全国商业联合会(CNC)等。2013 年 7 月,国际雇主组织(IOE)与 CNI
联名向国际劳工组织提交报告,指控巴西政府制定的最低工资标准没有考虑劳动
生产率这一重要因素,违反了第 131 号公约的有关规定。

鉴于巴西全国的经济发展和收入水平存在地区差异,从 2000 年开始,除政府
制定的全国统一最低工资标准外,各地区也可根据本地实际情况自主确定不低于
全国标准的最低工资水平。在实践中,制定地区最低工资标准的州数有限,例如,
2015 年,在巴西,只有 5 个州制定了本地区的最低工资标准,而这 5 各州均位于经
济较为发达的东南部地区,其余各州则实施巴西联邦政府制定的全国最低工资
标准。

二、巴西历年最低工资标准

表 12－6 列出了巴西在 2010－2016 年实施的最低工资标准。为了便于读者将巴西的最低工资标准与其他拉丁美洲国家比较,基于 OECD 数据,表 12－6 还给出了按照购买力平价(PPPs)计算的巴西、智利、墨西哥、哥伦比亚和哥斯达黎加历年最低工资水平。

表 12－6　巴西历年月最低工资标准

年　份	月名义最低工资（雷亚尔）	年实际最低工资（按 2015 年 PPPs 计算）				
		巴　西	智　利	墨西哥	哥伦比亚	哥斯达黎加
2010	510	346	476	148	547	－
2011	545	346	484	149	550	－
2012	622	375	498	149	564	－
2013	678	385	525	150	575	－
2014	724	386	538	150	584	831
2015	788	386	553	153	582	880
2016	880	386	583	158	579	905

资料来源:月名义最低工资:http://meusalario. uol. com. br/main/salario－e－renda/salario－minimo－minimo－nominal－x－salario－minimo－necessario;年实际最低工资:基于 OECD 网站提供的年度数据换算成月度实际最低工资:http://stats. oecd. org/Index. aspx? DataSetCode ＝RMW。

虽然表 12－6 给出了月工资的最低标准,但巴西政府颁布的最低工资水平还包括小时和星期标准。小时最低工资标准适用于小时工,即每天工作时间少于 8 小时或每星期工作时间低于 44 小时的劳动者。从事家政工作的劳动者,如果其工作时间达到法定劳动时间(每天 8 小时,每星期 44 小时),则按月标准支付,如果没有达到法定劳动时间,则按小时最低工资标准计算收入。2010 年,在巴西,全职劳动者的月最低工资为 510 雷亚尔;到了 2016 年,标准提高到 880 雷亚尔,是 2010 年的 1.73 倍。2016 年巴西的实际月最低工资与 2010 年的水平相比,提高了 11.56%。

表 12－6 还给出了按照 2015 年购买力平价(PPPs)计算的巴西、智利、墨西

哥、哥伦比亚以及哥斯达黎加的历年最低工资标准。使用 PPPs 可以在一定程度上消除物价水平在各国之间的差异,从而使国别之间的比较更加客观。按照 2015 年 PPPs 计算,哥斯达黎加月最低工资最高,2016 年的水平是 905。消除物价水平的影响后,墨西哥的最低工资标准在 2016 年仅为 158,与哥斯达黎加相差 747。巴西最低工资水平要高于墨西哥,但明显低于智利、哥伦比亚和哥斯达黎加的水平。

从 2017 年 1 月 1 日起,巴西的月最低工资被调整到 937 雷亚尔。巴西政府对最低工资标准的调整基本上每年一次,新的最低工资生效日期通常为每年的 1 月 1 日。影响最低工资标准调整幅度的宏观因素主要有两个:巴西国家统计编制的物价指数的变化和 GDP 增长率。从 2008 年开始,巴西政府最低工资调整幅度一般按照下列公式计算:

$$\Delta MW_t = \Delta CPI_{t-1} + \Delta GDP_{t-2}$$

ΔMW_t 表示最低工资标准在 t 年的调整幅度;ΔCPI_{t-1} 表示上一年度物价累计增长幅度;ΔGDP_{t-2} 表示前年 GDP 的增长率。之所以使用前一年的增长率,主要是考虑到每一年经济增长变化对整个国民经济造成的影响具有某种程度的时滞效应。

巴西政府在 2017 年 4 月提出的财政预算中宣称,根据物价指数变化和经济增长速度,政府计划将 2018 年的月最低工资标准提高到 979 雷亚尔。在巴西,社会福利标准与政府制定的全国最低工资标准具有联动关系,这意味着,如果巴西政府提高最低工资标准,不仅低收入劳动者的工资水平会上涨,全国退休人员的养老金也将随之上调,政府的财政支出因此也会大幅度增加。根据政府的估算,最低工资标准每提高 1 雷亚尔,则巴西政府支付养老金等社会福利方面的支出就要增加 3.01 亿雷亚尔。由于巴西政府计划将 2018 年的最低工资标准提高到 978 雷亚尔,比 2017 年的水平增加 42 雷亚尔,巴西政府将为此需多支付 130 亿的社会福利开支。[①] 在经济增长速度放缓以及财政收入减少的情况下,提高最低工资标准势必会给巴西联邦政府的财政支出造成巨大的挑战。

---

① 南美侨报网:http://www. br – cn. com/news/br_news/20170717/89711. html。

第十三章

美国、英国、法国和德国的最低工资制度

第一节　美国最低工资制度

一、美国最低工资制度的早期历史

美国最低工资制度的建立是一个充满争议和曲折的发展过程。当我们考察美国最低工资制度发展历史的时候,有两个标志性事件必须要提到。第一个标志性事件是1912年马萨诸塞州州议会通过了最低工资标准法案,成为全美第一个建立最低工资制度的州;第二个标志性事件是美国众参两院经过激烈辩论终于在1938年6月通过了与确立联邦最低工资标准有关的《公平劳动标准法》(the Fair Labor Standards Act,FLSA)。州政府先于联邦政府制定最低工资标准,一方面,它是美国政治制度的鲜明反映,因为按照美国宪法,美国各州议会有权制定与本州有关的各种法律;另一方面,它也折射了那个年代美国复杂的政治和社会经济背景。

19世纪末20世纪初的美国,伴随着工业化和城市化的迅猛发展,一系列社会经济问题也随之产生。在产业聚集和扩张过程中形成的大型垄断企业对传统小型企业展开了弱肉强食般的残酷竞争。国家大部分财富聚集在了那些依靠垄断和残酷剥削致富的资本家手中,而生活在社会最底层的产业工人和小农场主则饱受饥饿、工伤、失业和破产的威胁。以"工作环境恶劣、超长工作时间和极低工资"

为特征的"血汗工厂"在当时的美国非常普遍。① 贫困导致的犯罪、城市道德失范等社会问题给人们造成巨大心理冲击。美国社会转型期间不断加深的各种矛盾，一方面引发了社会不同阶层之间的激烈甚至是血腥的冲突；另一方面，也引起了许多有社会责任感的神职人员和学者的忧虑和深刻反思。在此背景条件下，美国产生了被史学家称之为"社会福音运动"（Social Gospel Movement）和"进步主义"（Progressivism）的改革运动。"社会福音运动"以基督教博爱思想为根本，主张通过教育和神职人员积极参与社会改造活动，实现社会公平。本质上，"社会福音运动"是"进步主义"改革运动的一部分。"进步主义"改革运动是对美国19世纪末和20世纪初期间各种政治、经济和社会改革的总称。在经济方面，"进步主义"虽然支持发展自由市场经济，但它坚信政府的干预有助于完善市场运转，主张通过法律手段限制垄断企业。"进步主义"改革运动还提倡社会公平，认为支付劳动者的工资应该能够保障个人的体面生活。在"进步主义"支持者看来，制定最低工资标准可以改善劳动者的生产能力从而有助于提高企业的生产效率。

美国学者沃尔特曼（Waltman）②在其著作《最低工资制度的政治学》中分析了"进步主义"改革运动在两个方面为美国建立最低工资制度做出的贡献。第一，为使最低工资制度进入法定程序提供了舆论和思想基础；第二，通过各种途径对政治家施加压力，成功推动了马萨诸塞州建立全美第一个最低工资法案。沃尔特曼认为，如果没有"进步主义"改革运动的积极推动，在联邦和州建立最低工资标准几乎是不可能的事情。

马萨诸塞州在1912年通过的最低工资法对美国其它各州产生了示范效应。俄勒冈、犹他等8个州的议会在1913年先后通过了最低工资法。从1914年至1919年，阿肯色、堪萨斯等7个州分别建立了最低工资制度。在1912年至1919年期间建立的最低工资制度可归纳为三种模式，即马萨诸塞州模式、俄勒冈模式和犹他州模式。这三种模式，既有相同之处，也存在一定差异。无论是马萨诸塞州模式，还是俄勒冈或犹他州模式，其法定最低工资标准适用对象均是妇女和男性未成年人。

---

① Nordlund, W. J., *The Quest For a Living Wage: the History of the Federal Minimum Wage Program*, Westport, CT: Greenwood Press, 1997, p. 1.

② Waltman, Jerold, *The Politics of the Minimum Wage*, Urbana and Chicago: University of Illinois Press, 2000, p. 10.

按照 1912 年马萨诸塞州最低工资法的规定,最低工资委员会负责制定和实施最低工资标准。最低工资委员会一项重要工作是对各行业的工资支付水平展开调查。经过调查,如果认定某一行业支付给绝大部分女性劳动者的工资水平难以满足女工基本生活费用以及维持其健康的需要,最低工资委员会有权在该行业组建工资委员会。工资委员会由雇主、女性雇员和公众代表组成。工资委员会的职责是向最低工资委员会提出行业最低工资标准报告。最低工资委员会拥有最后决定权。

根据俄勒冈州 1913 年通过的最低工资法,"行业福利委员会"负责调查和确定在哪些行业制定最低工资标准。俄勒冈州最低工资标准的制定和实施与马萨诸塞州存在的重要差别主要体现在两个方面:第一,按照 1912 年马萨诸塞州最低工资法,最低工资标准既要考虑工人生活的需要,也要考虑行业财务状况以及实施最低工资标准有可能带来的后果。与马萨诸塞州不同,在俄勒冈州的最低工资法中,制定最低工资标准的主要参考因素是"必要生活费用和维持工人健康的需要";第二,马萨诸塞州对违反最低工资支付标准的企业没有规定强制性的处罚措施,只是要求将那些执行最低工资标准的企业名单在地方报纸上加以公布,即所谓的"白名单"(white list)。由于缺乏强制执行力,马萨诸塞州的企业实际上可以根据自己的情况和需要来决定是否执行最低工资标准。与马萨诸塞州不同,俄勒冈州对违反最低工资支付标准的企业采取了包括罚款和刑事处罚等在内的严厉措施。

1913 年犹他州通过的最低工资法与现代最低工资制度比较接近。1913 年犹他州的最低工资法对妇女以及未成年人的最低工资标准做了明确规定:女工每天工资不低于 1.25 美元,未成年人每天的工资不低于 75 美分。与马萨诸塞州和俄勒冈州通过委员会颁布最低工资的做法相比,犹他州是以法规形式颁布最低工资标准,有助于提升最低工资标准的权威性。此外,与马萨诸塞州和俄勒冈州以产业为基础确定最低工资标准不同,犹他州实施的是单一最低工资标准,即实施最低工资标准的所有行业均采用一个标准。

另一方面,雇主和一些人士强烈反对企业支付最低工资收入,他们向地方、州以及联邦法院提起诉讼,要求法院裁定制定最低工资标准的做法违法。1923 年美国高等法院裁定哥伦比亚特区建立的最低工资制度违反美国宪法,理由是:哥伦比亚特区的最低工资制度侵犯了美国宪法"正当程序条款"(due process clause)赋予公民拥有的"契约自由"（freedom of contract）的权利。① 美国最高法院的这一裁决，不仅对哥伦比亚特区，而且也对建立最低工资标准的各州产生了重要影响。到20世纪20年代末，有7个州的最低工资标准被法院裁定违反宪法，有5个州被迫取消最低工资制度或宣布最低工资标准不再具有强制性。其他各州则采取弱化最低工资标准的执行来避免法律诉讼。② 有些州则采取变通方法来应对，例如，为了避免法律诉讼，威斯康辛州在有关法案中没有使用"建立最低工资标准"的说法。纽约州在1933年通过了一项新法案，要求实施公平工资（fair wage）。但纽约州的最低工资法案在1936年分别被纽约州和联邦最高法院裁定违法宪法。③

美国高等法院1927年关于哥伦比亚特区最低工资制度违宪的裁决使得20世纪20年代最低工资制度在美国各州的发展处于低潮期。但这一状况随着美国高等法院1937年对华盛顿州最低工资法案的裁决而有所改变。④ 美国最高法院1937年对华盛顿州最低工资制度没有违宪的结论推翻了1927年美国最高法院关于哥伦比亚特区最低工资制度违宪的裁决，它不但确认各州制定最低工资法具有合法性，也为在当时还没有确立最低工资标准的各州提供了机会；当然，它也为那些积极推动建立联邦最低工资标准的人士和团体带来了一丝曙光。

发生在1929-1933年期间的"大萧条"给美国经济造成了严重破坏：国民产出减少了一半之多，9000家银行和10万家工商企业关门倒闭，失业率达到25%；到1933年，累计有1500万工人失业，那些没有失去工作的劳动者也被迫接受雇主降低工资的要求。由于信奉自由放任主义，时任美国总统胡佛（Hoover）坚决反对政府干预经济，反对国家大规模救助失业工人；相反，胡佛要求美国民众自己勒紧裤腰带，通过努力工作和互助方式解决失业问题。随着经济危机的加深，虽然胡佛也采取了诸如减少联邦税率以刺激个人消费和公司投资以及为解决失业问题而增加联邦政府公共工程支出和鼓励地方政府兴建公共项目等措施，但这些举措

---

① 美国高等法院针对"艾德金斯诉讼儿童医院案"（Children's Hospital v. Adkins）做出的裁决。
② Clifford F. Thies, C. F., "The First Minimum Wage Laws", *Cato Journal*, 1991, Vol. 10, No. 3, pp. 715–746.
③ 美国高等法院针对"莫尔黑德诉纽约州案"（Morehead v. New York ex rel Tipaldo）案做出的裁决。
④ 美国高等法院针对"西岸旅馆公司诉帕里什案"（west coast hotel company v. Parrish）做出的裁决。

对解决当时的经济危机无疑是杯水车薪。

在1932年的总统选举中,美国民众抛弃了在解决经济危机中无所作为的胡佛,将自己的选举票投给了时任纽约州州长富兰克林·罗斯福(Franklin Roosevelt)。罗斯福上任后,开始着手实施其在总统竞选时提出的"新政"。在被称为"百日新政"(1933年3月9日至6月16日)期间,罗斯福政府制定并由国会众参两院通过的联邦政府立法共有15项,包括《紧急银行法》《联邦紧急救济法》《农业调整法》和《全国工业复兴法》等。

1933年6月16日通过的《全国工业复兴法》主要包括两大部分,第一部分为"工业复兴",第二部分为"公共工程与建设项目"。需要特别指出的是,《全国工业复兴法》第7条第1、2款规定,工人有权组织起来,可选派代表与雇主进行谈判和签订集体合同。雇主不得以工人参加何种工会为雇佣条件;雇主必须遵守最高工时和最低工资限额。这样,有关最高工时和最低工资的规定第一次被列入联邦法律之中。不过,《全国工业复兴法》并没有明确雇主必须遵循的最低工时和最低工资的标准是多少。

罗斯福总统在《全国工业复兴法》被国会批准后的当天,任命休·约翰逊(Hugh Johnson)担任根据该法授权建立的国家复兴署负责人。1933年8月,在国家复兴署的指导下,全国劳工委员会成立,专门负责处理在法规执行过程中产生的劳资纠纷。为促进各行业尽快建立行业公平竞争法规,在罗斯福总统的支持下,约翰逊领导的国家复兴署在全国发起了所谓的"蓝鹰运动"。[1] 在这场"蓝鹰运动"中,全国各地的雇主都收到了由总统签署的"再就业协议"。"再就业协议"具有临时性质,在法律上只对那些与政府签订"再就业协议"的企业有效。一旦行业公平竞争法规制定出来并获得批准,它将自动取代"再就业协议"在该行业中的地位。"再就业协议"的主要内容是要求企业缩短周工作时间和提高工资,如:禁止雇用16岁以下的童工;产业工人最高工时的标准为每周35小时,其他工人和职员每周40小时;产业工人的最低工资标准为每小时40美分,其他工人和职员每周12-15美元。[2] 与此同时,罗斯福政府的劳工部还通过组织各种会议,召集各州以及那些支持建立最低工资标准的各种组织协商讨论各州制定最低工资

---

[1] 为保证《全国工业复兴法》的实施,美国政府以印第安人崇拜的神鸟蓝鹰为标记,发动了"人尽其职"的"蓝鹰运动"(Blue Eagle),凡是遵守该法的企业悬挂蓝鹰标志。

[2] 胡国成:《塑造美国现代经济之路》,中国经济出版1995年版,第237页。

法规。

在《全国工业复兴法》执行将近两年之际,1935 年 5 月 27 日,美国最高法院在审理"谢克特兄弟家禽公司诉合众国案"中,以全体一致的判决,裁定《国家工业复兴法》违宪。由于《全国工业复兴法》被判违宪,许多与政府签订"再就业协议"的企业也就没有义务继续执行有关最高工时和最低工资标准的规定。

虽然《国家工业复兴法》被判违宪,但两部与保护工人权益密切相关的重要法律,即《全国劳动关系法》(也称瓦格纳法)和《社会保险法》分别于 1935 年 7 月和 8 月得到了国会的批准。《全国劳动关系法》和《社会保险法》为工人组建、参加工会、展开集体谈判以及工人养老金制度奠定了法律基础。与此同时,罗斯福政府也没有放弃制定联邦最低工资制度保障的努力。在 1936 年 11 月成功获得连任总统后,罗斯福威胁要采取行动,改组最高法院人员结构,额外增加 6 名大法官。罗斯福的这一行动似乎起到了一定的作用,在 1937 年 3 月 29 日裁定"西岸旅馆公司诉帕里什案"中,最高法院裁定华盛顿州最低工资法符合宪法,这一裁决实际上推翻了最高法院 1936 年审理"莫尔黑德诉纽约州案"中对纽约州最低工资法案违宪的裁决。

1937 年 5 月 24 日,联邦政府将有关工时和工资的法案送交国会审议。政府最初提出的法案主要包括每周最长工作时间 40 小时,小时最低工资标准 40 美分,以及最低工作年龄为 16 岁等内容。法案在国会内外引起了激烈辩论。反对者认为,政府提出的法案会使全国工商业陷入"专制和独裁统治"。考虑到南方各州较低的生活费用和当地企业需要支付较高的州际运输费用,来自美国南部地区的国会议员要求政府为南部企业制定较低的最低工资标准。工会方面,特别是美国劳工联合会则提出要建立具有强制性并适用所有行业的最低工资标准,而且最低工资标准不应覆盖那些通过集体谈判确定工资标准的劳动者。此外,工会方面还反对法案中提出的建立由 5 人组成的委员会,认为应该任命一名行政官员负责监督法案的执行。

经过将近一年的时间以及数次对法案的修改,国会众参两院终于在 1938 年 6 月通过了《公平劳动标准法》并由罗斯福总统签署正式生效。与政府最初的提案相比,国会做了 72 处的修改,主要是规定例外、缩小适用范围和降低标准、削弱行政部门的管理和调查权利等。除了对最低工资标准做出规定外,《公平劳动标准法》还规定了每周法定工作时间,因此,《公平劳动标准法》也被称之为《小时工资法》。

《公平劳动标准法案》的通过,在美国 20 世纪经济发展史中具有重要意义,它是美国政府第一次将最低工资标准明确纳入联邦法律范畴,也标志着美国联邦法定最低工资制度的正式建立。按照 1938 年通过的《公平劳动标准法》,1938 年联邦小时最低工资标准为 25 美分,1939 年应将标准提高到 30 美分。法案还规定,到 1945 年,联邦最低工资标准应该至少提高到每小时 40 美分。关于联邦最低工资标准的适用范围,《公平劳动标准法》规定,只有那些从事州际商业活动的生产企业才适用,零售业和农业部门作为例外不适用联邦最低工资标准。此外,与当时大多数州的最低工资标准只适用于妇女和未成年人的规定不同,联邦最低工资标准适用于所有符合法定工作年龄的劳动者,与性别无关。关于对联邦最低工资标准的制定和监督执行,《公平劳动标准法案》还规定由美国劳工部"工资与工作时间"部门负责监督联邦最低工资标准的执行。

根据美国学者格罗斯曼(Grossman)的研究①,1938 年开始实施的《公平劳动标准法》只覆盖了当时美国 20% 的劳动者,有大约 30 万劳动者从联邦最低工资标准中获益。《公平劳动标准法》实施后,一些雇主通过法律渠道对联邦最低工资标准提出挑战,如,"美国政府诉德比木材公司案","奥普棉纱厂等诉劳工部工资与工作时间处长案"。但是,审理结果表明,联邦高等法院没有做出对联邦最低工资制度不利的裁决。作为一部维护劳动者权益的美国联邦政府法律,《公平劳动标准法案》一直延续至今。

二、当代美国最低工资制度和最低工资标准

1938 年《公平劳动标准法案》颁布实施后,经过多次修改,联邦最低工资标准的适用范围不断扩大,且最低工资水平也不断提高。就联邦最低工资标准适用范围而言,1938 年的《公平劳动标准法案》规定联邦最低工资标准只适用于那些从事州际商业和生产活动的企业,零售行业和农业部门作为例外不适用联邦最低工资标准。1950 年,杜鲁门(Truman)总统执政期间,国会通过修改《公平劳动标准法案》将联邦最低工资标准的范围扩大到航空运输行业。20 世纪 60 年代和 70 年

---

① Grossman,J. ,"Fair Labor Standards Act of 1938: Maximum Struggle for a Minimum Wage", Monthly *Labor Review*,1978, Vol. 101, No. 6, pp. 22 – 30.

代,营业额超过50万美元的零售和服务行业、公立学校、养老院、洗衣业、建筑行业、农场也被纳入到联邦最低工资标准的适用范围。1974年国会通过修正案,规定联邦、州和地方政府的雇员适用于联邦最低工资标准。但这一规定,由于1976年美国联邦高等法院对"全国城市联盟诉尤赛里案"的裁决结果而失去法律效力。美国联邦高等法院的裁决认为,州和地方雇员适用联邦最低工资标准的规定违反宪法,联邦政府不能如同调控自己的分支机构那样管理和调整各州和地方政府雇员的工资和工作时间。但在1985年,美国联邦高等法院在"加西亚诉圣安东尼奥城市运输管理局案"中,改变了过去的立场,推翻了1976年联邦高等法院对"全国城市联盟诉尤赛里案"的判决,最终,州和地方政府的雇员与联邦政府雇员一样,也被纳入最低工资标准的适用范围。

虽然历经周折,到20世纪90年代,联邦最低工资标准的适用范围基本上稳定下来,到目前为止没有重大的变化。按照目前的规定,营业额在50万美元以上的企业以及医院、养老院、学校和政府机关均需执行联邦最低工资标准。从事州际贸易和生产的雇员,无论所属企业营业额是否达到50万美元,均受联邦《公平劳动标准法案》的保护。此外,家政工作者的工资也适用于联邦最低工资标准。当然,法案也规定一些职业群体不适用最低工资制度,如企业管理阶层和专业人员(如小学和初中教师、推销员)、在小型农场工作(季度雇佣体力劳动者的规模小于500人/日)的劳动者、投递报纸和杂志的人员、临时护工以及那些在娱乐行业从事季节性打工的劳动者等。

目前,美国联邦最低工资标准为每小时7.25美元,法定的周工作时间为40小时。如果工作时间超过法定的40小时,雇主需按照正常工资水平的150%支付雇员加班费。此外,《公平劳动标准法案》还对年龄在20岁以下的劳动者、小费员工以及残障人士和打工学生(包括职业学校实习生)的最低工资标准作了规定。

美国联邦最低工资标准从每小时25美分提高到目前每小时7.25美元历经71年之久。从1938年到2009年,联邦最低工资标准被调整了22次。每一次的调整幅度都不大,不超过1美元。《公平劳动标准法案》并没有明确规定联邦最低工资标准的调整时间和参考标准,因此,联邦最低工资标准的调整受到美国经济发展状况、执政当局特别是总统对政府干预劳资问题的态度、国会中是民主党还是共和党占据多数以及社会团体的压力等因素的影响。需要特别指出的是,美国政府和国会对联邦最低工资标准的调整,一般采取的是分阶段执行的方法,而不是一步到位的做法,这从一个侧面反映出美国政府和国会的谨慎态度。例如,1974 年《公平劳动标准法案》修正案规定:联邦小时最低工资标准从 1974 年 5 月 1 日起提高到 2 美元;1975 年 1 月 1 日起则执行每小时 2.1 美元的联邦最低工资标准;1973 年 1 月 1 日起,联邦最低工资标准为 2.30 美元小时。此外,根据 1974 年修正案的规定,那些按照 1966 年修正案规定而被纳入适用联邦最低工资标准的部门如公立学校、养老院等,1974 年执行的联邦小时最低工资水平仍维持在 1.40 美元,与同年其他部门 2 美元的联邦小时最低工资标准相差 0.6 美元。

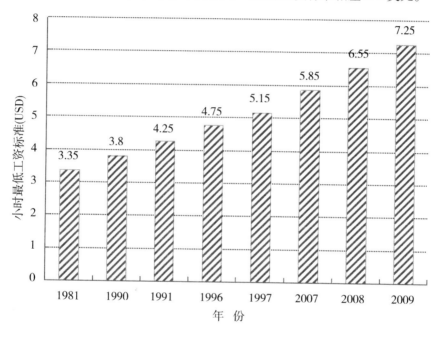

图 13-1 美国小时最低工资标准(美元)

20 世纪 70 年代,联邦最低工资标准总共调整了 5 次。但从 1997 年到 2006 年期间,美国联邦最低工资标准一直维持在每小时 5.15 美元,没有任何变化。2007 年 5 月 24 日,美国国会通过了,《美国军备状态、退伍军人的健康、卡特里娜飓风灾后恢复和 2007 年伊拉克责任拨款法案》。作为附加内容,该法案第 8 款是对《公平劳动标准法案》的修正部分,目的是提高联邦最低工资水平以及通过减税办法减轻最低工资水平的提高给美国小型企业的生产和经营造成的压力;一般也将该法案的第 8 款称之为 2007 年《公平最低工资法案》。《公平最低工资法案》规定采取分阶段调整的办法将联邦最低工资标准从每小时 5.15 美元提高到 7.25 美元小时。具体过程是:从 2007 年 7 月 24 日起,联邦小时最低工资标准为 5.85 美元;一年后,即 2008 年 7 月 24 日起,提高到 6.55 美元;联邦小时最低工资 7.25 美元的标准从 2009 年 7 月 24 日起生效。

除了联邦最低工资标准,美国目前有 45 个州和哥伦比亚特区制定了法定最低工资标准,阿拉巴马州、路易斯安那州、密西西比州、南卡罗莱那州、田纳西州没有法定州最低工资标准。① 按照美国法律,如果州最低工资低于联邦最低工资水平,应按照联邦小时最低工资 7.25 美元的标准执行;如果高于联邦标准,则执行州最低工资标准;没有法定最低工资标准的五个州执行联邦最低工资标准。

表 13-1 列出了截止到 2017 年 1 月美国各州有效的最低工资标准。华盛顿哥伦比亚特区的最低工资为每小时 12.50 美元,在全美水平最高。亚利桑那、加利福尼亚、康涅狄格、马萨诸塞和华盛顿州的小时最低工资标准为 10 美元或以上。而佐治亚和怀俄明州的法定小时最低工资为 5.15 美元,均低于美国联邦最低工资标准,在实际中需要执行 7.25 美元的联邦小时最低工资标准。高于联邦最低工资标准的各州主要分布在美国西部太平洋沿岸地区以及东北部的新英格兰地区。

表 13-1　美国各州小时最低工资标准(美元):2017 年 1 月

高于联邦最低工资水平		高于联邦最低工资水平		等于或低于联邦最低工资水平	
州	小时最低工资	州	小时最低工资	州	小时最低工资
阿拉斯加	9.80	特拉华	8.25	爱荷华	7.25
亚利桑那	10.0	夏威夷	9.25	爱达荷	7.25
加利福尼亚	10.5	肯塔基	7.25	印第安纳	7.25
科罗拉多	9.30	马里兰	9.25	堪萨斯	7.25
康涅狄格	10.10	内布拉斯加	9.0	北卡罗来纳	7.25
哥伦比亚特区	12.50	南达科他	8.65	北达科他	7.25
佛罗里达	8.10	西弗吉尼亚	8.75	新罕布什尔	7.25
伊利诺斯	8.25	阿肯色	8.50	俄克拉何马	7.25

---

① 新罕布什尔州在 2011 年取消了该州制定的法定最低工资标准,企业按照联邦小时最低工资标准支付。

276

高于联邦最低 资水平		高于联邦最低 工资水平		等于或低于联邦最低 工资水平	
马萨诸塞	11.0	明尼苏达	9.50	宾夕法尼亚	7.25
缅　因	9.0	内华达	8.25	得克萨斯	7.25
密歇根	8.9	纽　约	9.70	犹他	7.25
密苏里	7.70	俄亥俄	8.15	弗吉尼亚	7.25
蒙大拿	8.15	俄勒冈	10.25	威斯康星	7.25
新泽西	8.44	罗得岛	9.60	佐治亚	5.15
新墨西哥	7.50	佛蒙特	10.0	怀俄明	5.15
华盛顿	11.0				

说明:美国各州的最低工资标准与企业规模大小有关。表中所列标准均为各州最高水平。

资料来源:http://ncsl.org/research/labor - and - employment/state - minimum - wage - chart.aspx.

根据加利福尼亚州 2016 年通过的法律,在 2022 年 1 月之前,雇佣 26 人及以上的企业,其支付的小时最低工资将达到 15 美元;而雇员人数少于 26 人的企业,其支付的小时最低工资标准在 2023 年 1 月之前将达到 15 美元。纽约州以及华盛顿特区的小时最低工资标准也将在 2018 年和 2020 年增加到 15 美元。此外,亚利桑那、科罗拉多和缅因州也计划在 2020 年之前将本州小时最低工资标准提高到 12 美元。

美国有 10 个州(亚利桑那、科罗拉多、佛罗里达、密苏里、蒙大拿、内华达、俄亥俄、俄勒冈、佛蒙特和华盛顿州)的最低工资标准的调整与生活费用和物价水平变化挂钩。以俄勒冈州为例,从 2004 年 1 月 1 日起,每年按照美国城市平均消费者物价指数(the U.S. City Average Consumer Price Index for Urban Consumers for All Items)对本州最低工资水平加以调整。佛蒙特州法律规定,从 2007 年 1 月 1 日起,如果消费者物价指数上升幅度超过 5%,则最低工资水平增加幅度为 5%,如果消费者物价指数低于 5%,则按照消费者物价指数的水平对最低工资水平加以调整。从 2001 年 1 月 1 日期,华盛顿州的最低工资水平调整指数化,即按照城市居民消费者物价指数的变化调整最低工资水平。亚利桑那、科罗拉多、佛罗里达、密苏里州、蒙大拿州、内华达州以及俄亥俄州则按照本州制定的生活费用公式对最低工资标准加以调整。需要说明的是,除内华达州每年7月份调整最低工资标准外,其余9个州均在每年1月1号公布新的最低工资标准。

第二节　英国的最低工资制度

1997年11月,英国工党政府向下议院递交了全国最低工资法案并在1998年7月31日获得英国议会批准成为法律,即1998年《全国最低工资法》。按照规定,英国从1999年4月1日起时实施全国统一最低工资标准。实际上,早在1897年,英国著名社会活动家韦伯夫妇(Sidney and Beatrice Webb)就在其《产业民主》一书中提出了在英国建立全国最低工资的主张。但是,韦伯夫妇建立全国最低工资水平的主张直到1999年才最终得以实现,时间跨度有100年之多。而在这100多年期间,其他西方发达国家,如美国和法国早已建立了全国最低工资标准。英国建立全国最低工资制度的曲折发展历史从一个侧面反映了英国不同党派和各种利益团体对国家干预劳动力市场的制度安排存在严重分歧以及由此产生的对抗与合作、冲突与妥协的历程。

一、英国早期的最低工资制度安排:行业委员会

1906年英国自由党在英国大选中赢得了胜利,开始了长达8年的执政。在这期间,自由党政府通过建立一系列与劳动力市场有关的法律法规,展开了所谓的"自由福利改革(the Liberal Welfare reforms)"。在创建的一系列劳动力市场法律法规中,既有后来对英国建立社会保障制度产生深刻影响的《养老金法规》(1908)、《全国保险法第一部分(健康)》(1911)、《全国保险法第二部分(失业)》(1911),也包括确定行业最低工资标准的《行业委员会法》(1909)。

1909年3月24日,时任英国自由党内阁贸易委员会主席温斯顿·丘吉尔(Winston Churchill)向议会提交了组建行业委员的法案。丘吉尔在议会二读审议法案过程中发表的著名讲话中曾经提到:

如果国王的任何臣民最大限度地工作但得到的回报依然低于生活工资,那么

我们的国家就犯下了十分严重的罪恶。以前认为,通过供需定律发挥作用能够自然而然地规制或能够消除这种罪孽。在今天提出的问题中,我们首先要对健康和不健康的讨价还价条件做出明确区分。正是由于我们做出的第一种广泛分类,使我们可以得出供需定律最终可以产生公平价格的一般陈述。如果一个国家大多数行业的供需双方都拥有强大的组织,如果负责的领导人能够约束各个选区遵守他们的决策,如果有关组织能够为避免僵局而通过仲裁做出工资自动调整或安排,那么将会产生健康的讨价还价从而促进产业竞争力,强化生活水平和生产率的不断进步并将资本和劳动更紧密地联系到一起。然而,在我们称之为血汗制度行业,没有组织,讨价还价能力失衡,好的雇主被坏的雇主削弱,坏的雇主又被最坏的雇主削弱;那些依赖于产业的工人被那些比他们地位要高一些的专门从事转包生意的中间人的廉价销售,这些工人的弱势和无知使得他们很容易屈服于师傅和中间人的专制,他们被无情的力量套住,正是这些力量使我们不会获得进步的条件,而是产生了逐渐退化的局面。①

通过丘吉尔的讲话,我们可以看出,自由党政府提出建立行业委员会的主要原因是因为在某些行业劳动者缺乏组织。与资方相比,缺乏组织的劳动者对工资的讨价还价能力存在严重的失衡状态。而这种失衡状态在韦伯夫妇所撰写的《产业民主》一书中做了详细的论述。根据《行业委员会法》的规定,行业委员会负责在"工资水平与其它就业相比特别低"的产业建立委员会。委员会包括人数对等的雇主、雇员和官员代表以及由国家任命的独立人士。女性同样有资格当选行业委员会委员,特别是在那些女性劳动者占多数的行业,至少要有一位女性担任委员。

尽管《行业委员会法》规定了在行业委员会中劳资双方代表人数相等,但实际上依然存在潜在的不平衡问题,即资方代表更有可能是那些受过教育而且掌握更多信息的人士,而工人代表则更有可能是一些没有受过教育和没有谈判经验的人。显然,行业委员会委员代表在"素质"上以及信息拥有量方面的差异有可能对委员会的讨论和决策的有效性产生影响。为此,《行业委员会法》对委员会委员的资格要求并没有仅限于那些在本行业从事工作的人士。这意味着,劳工方面的代表可以从那些热心于劳工事务的社会活动人士和律师中间挑选。

---

① Lourie, Julia, " A Minimum, House of Commons Library", Research Paper, 1995, 95/7, pp. 1 - 2.

《行业委员法》并没有规定行业委员会应该根据工人的生活需求来确定各行业统一的最低工资水平;相反,它规定应根据行业的具体情况来确定最低工资水平。更为重要的是,行业委员会被赋予的权利被严格限制,即行业委员会只负责制定最低工资标准,不具有确定企业工资结构和劳动时间方面的权利。

按照当时的情况,《行业委员会法》规定首先在"成衣和定制服装、纸箱制造、服装花边加工以及扣链生产"四个部门建立行业委员会。这四个部门在当时被认为是"血汗行业",雇主支付工人的工资水平极低且工作条件恶劣。在成衣、定制服装以及生产纸箱部门,家庭作坊式的生产是少数,大多数为小型工厂;服装花边加工和生产扣链则是以家庭作坊为主。按照《行业委员会法》的规定,在被认定的行业,无论是工厂还是家庭作坊都将适用于行业委员会确定的最低工资水平。

四个行业委员会所规定的最低工资涉及 25 万工人,其中绝大部分是妇女。由于实施最低工资标准,在"血汗行业"工作的劳动者的生活水平得到了改善,贫困程度有所缓解。1913 年,在"反血汗制度联盟"的推动下,贸易委员会建议并由英国议会讨论通过,又增加了五个行业委员会,它们是:糖果点心加工、衬衣加工、器皿制造、亚麻和纯棉绣制品以及部分洗衣店;新增的五个行业涉及 14 万工人。

在一些人看来,《行业委员会法》的实施是经济和社会思想的一个巨大突破,而反对者则认为该法的执行将会对英国的经济产生破坏性的作用。时任工党领袖则认为该法苍白无力。著名社会活动家韦伯夫妇则对该法的内容表示失望,认为《行业委员会法》中还应规定在英国建立全国的最低工资标准。

英国学者布莱克本(Blackburn)[①]认为,虽然实施了《行业委员会法》并在一些部门成立了行业委员会,但当时的执行情况是:由委员会确定的最低工资水平并不适用于行业内所有的劳动者。雇主可以对老者和体弱多病的人支付低于最低工资水平的工资,学徒工的工资也低于行业最低工资水平。对女性的歧视尤其突出,男女同工不同酬的现象严重。此外,劳动监管资源缺乏,企业规避最低工资标准的现象十分普遍。

尽管存在争议,但无论如何,1909 年的《行业委员会法》是英国近现代史上第一部明确规定在某些行业实施最低工资的法律。通过行业委员确定最低工资的

---

① Blackburn, Sheila C., "Curse or Cure Why Was the Enactment of Britain's 1909 Trade Boards Act So Controversial?" *British Journal of Industrial Relations*, 2009, Vol. 47, No. 2, pp. 214 – 239.

方法在英国实施了将近半个世纪,该做法还对英国前殖民地国家的最低工资制度产生了持久和深刻的影响。

1914 年爆发了第一次世界大战。由于战争的需要,英国政府加强了对本国生产和消费的控制。在劳资关系方面,英国政府在一些部门建立了劳动仲裁委员会,对工资、工作时间等劳动条件加以规定。在这期间,已经建立起来的行业委员会在制定和颁布本行业最低工资标准方面的工作实际上陷于停顿状态。

第一次世界大战结束后,英国"重建部"发布了惠特利委员会(the Whitley Committee)撰写的报告。该报告提出,应扩大行业委员会的职能从而使其能够发挥像劳资集体谈判那样的作用。① 根据惠特利报告提出的建议,1918 年修订的《行业委员会法》赋予新成立的英国劳动部在那些劳资集体谈判力量薄弱的行业建立行业委员会的权利。结果,行业委员会覆盖的范围得以扩大,既包括低收入行业,也包括那些由于工会或雇主组织力量薄弱而导致未能有效开展集体谈判的行业。到 1921 年,英国总共建立了 40 个行业委员会,覆盖了 300 多万的劳动者。

二、工资委员确定最低工资标准的制度

第二次世界大战结束后,英国议会在 1945 年通过了《工资委员会法》。该法取消了行业委员会,取而代之的是按行业划分的工资委员会。工资委员会的组织结构与行业委员会基本相同,即由人数对等的工会和雇主代表再加上独立人士组成。根据 1945 年的《工资委员会法》,工资委员会被赋予制定最低工资水平、劳动时间和带薪休假的权利。与行业委员会相比,工资委员会的职能有了扩展。工资委员会的谈判结果一经公布便具有法律上的效力。到 20 世纪 50 年代中叶,英国共有 66 个工资委员会,覆盖大约 350 万工人。

有关行业工资委员会作用的争论一直不断。争论的焦点是:工资委员会是否阻碍了集体谈判发挥更大的作用。此外,由于每个行业拥有众多的职业,而这些职业均需工资委员会确定最低工资标准,造成工资委员会的运作和管理非常复杂,缺乏效率。到 20 世纪 60 和 70 年代,共有 27 个工资委员会被取消。信奉自由市场经济的撒切尔夫人(Mrs. Thatcher)在 1979 年执政后,一方面,开展了大规模的私有化运动;另一方面,对英国工会组织采取了高压政策。在撒切尔政府看来,

---

① 行业委员会在功能上的一个重要扩展是对劳动者节假日的安排做出规定。

高工资要求和工会权利过大是英国工业在国际市场上缺乏竞争力的主要原因之一。在撒切尔夫人执政的第二个任期,《工资委员会法》被修订。修订后,行业工资委员会的职能被严格限制在确定最低工资和计件工资水平两个方面,其制定带薪休假的权利被取消。到了1993年,也就是保守党梅杰(Major)执政期间,除了农业工资委员会被保留下来,其他行业工资委员会都被取消。农业委员会之所以能够保留下来是因为农场主对国会开展了游说工作。这些农场主主张保留农业部门工资委员会的主要理由是:如果取消该部门的工资委员会并以集体工资谈判取而代之,则农场主无法承担工资集体谈判带来的巨大的费用和风险。

至此,起始于1909年的英国行业委员会以及二战后建立的行业工资委员会基本上退出了历史舞台。但是,行业委员和工资委员会的组织结构模式对英国后来建立全国统一的最低工资标准的制度安排产生了深刻影响。

三、当代英国最低工资制度和最低工资标准

(一)英国全国统一最低工资标准出台的背景

行业工资委员会的取消使得在英国是否应该建立全国统一的最低工资标准的问题成为各党派、各种组织和学术界激烈辩论的热点话题。实际上,早在20世纪60年代,工党政府执政期间就曾提出过建立法定最低工资标准的建议,但遭到了工会的反对。工会方面提出反对的理由是:法定最低工资标准只适用于有工作的劳动者,而没有考虑那些没有工作收入的贫困家庭。代表技术工人的工会则反对政府采取旨在缩小技术工人与非熟练工工资收入差距的政策。另一方面,工会内部也对工会应该如何保护工人的权益产生了分歧。代表低收入部门的工会如零售行业工会倾向于支持建立法定最低工资标准而不是依赖行业工资委员会。

20世纪80年代末,当时在野的工党曾提出将全国最低工资水平设定为男性劳动者中位工资收入的50%。而英国工会联合会(TUC)在1991年则建议,最低工资水平应考虑所有劳动者的工资收入水平。与此同时,当时执政的保守党政府反对建立全国最低工资标准,认为实施全国统一最低工资标准会造成大量工人失去工作。

以托尼·布莱尔(Tony Blair)为首的工党在竞选宣言中主张建立全国统一的最低工资制度。工党在竞选过程的策略是:不明确提出最低工资标准的目标,例如,最低工资水平要达到中位工资水平的百分之多少,而是建议由一个独立的委

员会对全国最低工资水平提出建议。为实现竞选宣言中建立全国最低工资标准的政策主张,工党获胜后,组建了不受任何政党派别影响的独立咨询机构,即著名的低收入委员会(Low Pay Commission,LPC)。

低收入委员会中的人员构成遵循了英国早期行业委员会的模式。委员会由来自工会和雇主的等额代表和独立人士组成。低收入委员会的主要职责是为英国政府提供全国最低工资标准的建议以及标准的适用范围。第一届委员会共有9名成员,其中,3名委员来自工会方面,包括英国工会联合会首席经济学家比尔·卡拉汉(Bill Callaghan)。委员会中另外3名委员具有雇主方面的背景,包括英国产业联合会(Confederation of British Industry,CBI)人力资源政策处长约翰·奎德兰(John Cridland)。英国剑桥大学劳动关系教授威廉·布朗(William Brown)和英国伦敦经济学院劳动关系教授大卫·梅特卡夫(David Metcalf)作为独立人士参加委员会。英国贝尔法斯特女王大学著名劳动关系专家乔治·本(George Bain)教授担任第一届低收入委员主席。

低收入委员会成立后,委员会组织了一系列的实地调查研究、访谈和实证分析研究。梅特卡夫在其发表的论文《英国全国最低工资》中描述了委员会从事实地调查的工作情况。[①]

低收入委员会访问了全英61个城镇和乡村。……有超过200个非正式和坦率的面对面讨论。……他们当中许多人的工资收入明显低于后来确定的全国最低工资标准。与低收入劳动者的雇主的见面也非常有用。我本人访问了北爱兰的一家鸡肉加工厂、德文郡的老人院和莱切斯特的服装加工厂。与雇主的访谈都安排在雇主自己的工厂内。对雇主的访问使我们能够深入了解雇主对不同水平的全国最低工资的反应,包括薪酬制度和工作组织的调整以及对雇佣和工作时数的调整。……。

除了组织实地调查和面对面的访谈,低收入委员会还接受来自全国各地的企业、个人和不同利益团体的口头和书面证据。为了确定首个全国最低工资标准,低收入委员会还组织有关专家利用英国国家统计局的调查数据包括《新收入调查数据》(New Earnings Survey,NES)以及《劳动力市场调查》(Labour Force Survey,

---

① Metcaft,D.,"The British National Minimum Wage",London School of Economics and Political Science,1999,p. 3.

LFS)对英国低收入状况、工资收入不平等以及企业薪酬支付制度等问题加以分析研究。与此同时,低收入委员会还委托英国剑桥大学专家采用经济计量模型的方法预测最低工资标准的提高对劳动力需求造成的影响。此外,低收入委员会对世界其它发达国家的最低工资制度包括最低工资标准的适用范围、最低工资的含义、最低工资制度的监督执行等内容加以研讨。

经过将近一年的广泛调查和深入研究,低收入委员会于 1998 年 6 月 18 日向英国政府和英国议会正式提交了题为《全国最低工资:低收入委员会的第一份报告》(以下简称报告)。报告共分 9 个部分。报告首先介绍了委员会在过去一年里所做的工作;然后分别对英国低收入问题、最低工资标准中的工资定义、培训、最低工资标准的制定和执行以及监督等问题加以说明。报告第五章"培训和发展"特别提到了全国最低工资标准的适用年龄问题。

与成年人相比,年轻人更有可能失业或者从事低收入工作。为了准备今后的工作生活,年轻人需要接受必要的引导、经验和培训。证据显示,16 - 17 岁的年轻人不应视作全面参与劳动力市场的人群。学徒工属于培训的结构性项目,学徒制度为年轻人提供了被认可的和可转移的技能,这些技能使他们今后有更好的就业前景。因此,年龄在 16 - 17 的正式学徒工不应包括在全国最低工资标准的适用范围内。

没有明显的证据显示雇主对那些 21 岁以上的工人采取不同的与年龄相关的工资政策。但是,如果将正常的全国最低工资标准完全适用于 18 岁和以上(即,18 - 20 岁,作者注释)的工人,将会导致许多年轻工人的工资大幅度增长,从而造成人工成本的过度增加,威胁到他们的就业岗位。

由于是第一次建立全国最低工资标准,本着谨慎原则以及对工作机会的关注,我们认为,对年龄在 18 - 20 岁的工人,应该制定过渡性最低工资标准(development rate)。过渡性最低工资标准应低于全国正常最低工资标准,……。①

在报告第六章"最低工资标准的选择"中,低收入委员会对英国首个全国最低工资标准提出建议。报告建议,本着谨慎的原则,从 1999 年 4 月到 2000 年 6 月之前,建议全国成年人最低工资标准为每小时 3.6 英镑。从 2000 年 6 月开始,全国最低工资水平应该调整到每小时 3.7 英镑。对那些年龄在 18 - 20 岁之间的年轻

---

① LPC,The National Minimum Wage:First Report of Low Pay Commission,1998,p. 3.

劳动力和年龄达到 21 岁但正在接受被国家认可的培训的工人,从 1994 年 4 月到 2000 年 6 月之前,过渡性最低工资标准为每小时 3.2 英镑。从 2000 年 6 月开始,过渡性最低工资标准应提高到每小时 3.3 英镑。

就在低收入委员会递交《全国最低工资》报告后不久,英国下议院和上议院分别批准了由政府提交的《全国最低工资法案》,1998 年 7 月英国女王御准。该法正式生效日为 1999 年 4 月 1 日。

1998 年通过的《全国最低工资法》为英国政府颁布和修改全国最低工资标准奠定了法律基础。按照该法案的规定,低收入委员会成为常设的、具有独立性的政府咨询机构,每年负责向政府提出最低工资标准的建议并对实施最低工资标准后产生的效果进行分析。政府有关部门有权决定全部或部分接受低收入委员会的建议。在某些方面,政府还有权采取与低收入委员会建议不同的规定。《全国最低工资法》还对全国最低工资标准的执行、监督和违反最低工资法案的惩罚措施做出了规定。

(三)英国全国最低工资标准与生活工资水平

由于《全国最低工资法》只对英国的最低工资制度做出了原则性的规定,具体实施细节体现在 1999 年 4 月 1 日生效的《全国最低工资规定》。按照 1999 年的《全国最低工资规定》,从 1999 年 4 月 1 日起,全国小时最低工资标准为 3.6 英镑。但该标准适用人群不包括年龄在 18 岁以下、不足 19 岁的学徒以及 26 岁以下且学徒时间不足一年的年轻工人。《全国最低工资规定》第 13 款规定,年龄在 18 –21 岁之间的年轻工人适用 3 英镑的小时最低工资标准(即所谓的"过渡性最低工资标准")。第 13 款还规定,成年劳动者,在开始工作的头 6 个月内如果正在接受被国家承认的培训,培训期间适用 3.2 英镑的小时最低工资标准。

英国政府接受了低收入委员会在其报告中提出的成年人 3.6 英镑小时最低工资的建议。但针对年轻工人制定的所谓过渡性最低工资标准,政府并没有采纳委员会提出的每小时 3.2 英镑的标准,而是规定每小时 3 英镑的最低工资。此外,过渡性最低工资标准的年龄适用范围是 18 – 21 岁,而不是委员会提出的 18 – 20 岁。

实际上,有关年轻工人适用最低工资标准的问题产生了很大的争议。按照英国的法律,年满 18 岁属于成年人,受《就业权利法》的保护。因此,英国工会和青年组织认为,政府设立过渡性最低工资标准的做法具有歧视性。低收入委员会也对政府没有接受他们提出的过渡性最低工资标准的适用年龄范围表示失望。关于是否制定针对 16－17 岁年龄组的全国最低工资标准也极具争议性。低收入委员会在第一份报告中提出,16－17 岁的青少年不应视作是全面参与劳动力市场的群体,因此不应该适用全国最低工资标准。工会和青年组织则强烈建议将 16－17 岁青少年纳入全国最低工资水平。低收入委员会也不断收到投诉,反映那些在零售和旅馆工作的青少年工资过低,导致年轻人增加工作时间,从而有可能伤害他们的学业。在此背景条件下,低收入委员会在 2003 年 3 月向政府递交的报告中建议考虑为 16－17 岁年轻人设定最低工资标准。经过一年的调查和研究,低收入委员会在 2004 年 3 月向政府提交报告,明确建议政府从 2014 年 10 月 1 日起为 16－17 岁的青少年劳动者制定每小时 3 英镑的最低工资标准。当时执政的工党政府接受了低收入委员会的建议。由此,从 2004 年 10 月 1 日起,在英国政府颁布的全国最低工资标准中,增加了适用 16－17 岁档次的全国最低工资标准。

现代学徒制是英国职业教育和员工职业培训的重要组成部分。从 1999 年英国实施全国最低工资标准一直到 2009 年,学徒工以及年龄在 26 岁以下且学徒时间不足一年的年轻工人不适用全国最低工资标准。从 2010 年 10 月 1 日起,英国政府接受低收入委员提出的建议,为学徒工设定了全国最低工资标准。按照规定,年龄在 19 岁以下的学徒工以及年龄在 19 岁以上且正在接受国家 2 级或 3 级学徒培训安排的学徒工适用于学徒工最低工资标准。19 岁以上,但已完成国家 2 级或 3 级学徒培训的学徒工的最低工资参照相应年龄的标准执行。从 2010 年 10 月 1 日起,英国政府将成人最低工资标准的年龄适用范围从 22 岁及以上变为 21 岁及以上。

表 13－2　英国各年份小时最低工资标准(英镑)

最低工资标准 生效日期	成人标准 (22 岁及以上)	过渡标准 (18－21 岁)	16－17 岁 标准	学徒标准
1999. 4. 1	3.60	3.00		
2000. 10. 1	3.70	3.20		
2001. 10. 1	4.10	3.50		
2002. 10. 1	4.20	3.50		
2003. 10. 1	4.50	3.80		

最低工资标准生效日期	成人标准（22 岁及以上）	过渡标准（18 - 21 岁）	16 - 17 岁标准	学徒标准
2004. 10. 1	4. 85	4. 10	3. 00	
2005. 10. 1	5. 05	4. 25	3. 00	
2006. 10. 1	5. 35	4. 45	3. 30	
2007. 10. 1	5. 52	4. 60	3. 40	
2008. 10. 1	5. 73	4. 70	3. 53	
2009. 10. 1	5. 80	4. 83	3. 57	
最低工资标准生效日期	成人标准（21 岁及以上）	过渡标准（18 - 20 岁）	16 - 17 岁标准	学徒标准
2010. 10. 1	5. 93	4. 92	3. 64	2. 50
2011. 10. 1	6. 08	4. 98	3. 68	2. 60
2012. 10. 1	6. 19	4. 98	3. 68	2. 65
2013. 10. 1	6. 31	5. 03	3. 72	2. 68
2014. 10. 1	6. 50	5. 13	3. 79	2. 73
2015. 10. 1	6. 70	5. 30	3. 87	3. 30

资料来源：英国政府网站，https://www. gov. uk/national - minimum - wage - rates.

表 13 - 2 显示，英国最初设定的全国最低工资标准比较低。自 1999 年颁布全国最低工资标准以来，最低工资标准每年都有所增加，这与美国联邦最低工资标准将近 10 年没有调整形成了鲜明对照。不过，英国全国最低工资标准虽然每年增加，但每年的增加幅度并不是很大，它反映了英国政府在制定最低工资标准上秉持审慎的原则，以及对最低工资大幅度增加有可能造成失业的担忧。此外，需要说明的是：与法国最低工资调整指数化不同，英国全国最低工资标准的调整没有与生活费用以及物价水平的变化直接挂钩。

除了 1999 年的标准是从 4 月份生效外，其他年份都是从每年的 10 月 1 日开始。一般情况下，低收入委员会在每年 3 月份向政府提交报告，对最低工资的调整水平提出建议。从 2000 年到 2013 年，英国政府，无论是工党执政还是保守党执政，英国政府对低收入委员会最低工资调整幅度的建议全部接受，未做出任何修改。

需要特别指出的是,从 1999 年至 2013 年,在农业部门工作的英国工人并没有被纳入到全国最低工资标准的适用范围。当时负责制定农业部门最低工资标准的是英国农业工资委员会(Agriculture Wage Board)。英国政府在 1993 年根据《工会改革和就业权利法》取消了当时的 26 个工资委员会后,农业工资委员会却被保留了下来。到了 2013 年 10 月,英国农业工资委员会也被取消。按照英国政府的规定,2013 年 10 月 1 日以后签订就业合同的农业工人将适用全国最低工资标准。

英国政府在 2015 年 7 月宣布,从 2016 年 4 月起为年龄在 25 岁及以上的低收入者制定全国生活工资标准(National Living Wage)。根据英国政府网站提供的信息①,从 2016 年 4 月 1 日至 2016 年 9 月,英国全国生活工资标准为每小时 7.2 英镑;2016 年 10 月至 2017 年 3 月的全国生活工资标准维持在每小时 7.2 英镑的水平。但从 2017 年 4 月开始,全国生活工资水平提高到每小时 7.5 英镑。根据规定,年龄在 25 岁以下的劳动者以及学徒工依然适用全国最低工资标准,但年龄分组有了变化。从 2016 年 4 月开始,年龄在 25 岁以下的劳动者的分组是:24 ~ 21 岁、18 ~ 20 岁、18 岁以下,分别适用于不同的最低工资标准。此外,全国生活工资标准以及全国最低工资标准的调整日期也由过去每年的 10 月份变成 4 月份。英国政府认为,制定全国生活工资标准将有助于改善英国低收入劳动者的工资收入水平,为实现到 2020 年低收入者工资水平与中位工资标准的比值达到 60% 的目标迈出了重要一步。

第三节　法国的最低工资制度

一、法国最低工资制度 SMIC 的起源和发展

法国的最低工资制度最早可追溯到 19 世纪末。按照当时法国政府的规定,凡是承接政府订货任务的企业必须向工人支付市场工资水平。当代法国的最低工资制度则起源于 1950 年颁布的《集体谈判法》。根据《集体谈判法》的要求,法

---

① https://www.gov.uk/national-minimum-wage-rates.

国成立了"集体谈判高级委员会"。高级委员会的组织结构具有三方协商性质,即由工会、雇主和政府代表组成。高级委员会的主要职责是对工人家庭的支出加以分析并为制定法定最低工资标准提供依据。在协商讨论过程中,雇主代表坚持认为,最低的必要支出应该只包括维持工人生存而需要的花费;工会代表则提出,除了衣食住行,还应考虑工人用于社会生活的合理费用支出。

由于劳资双方代表对劳动者最低必要支出的含义存在较大分歧,高级委员会未能就最低工资水平的参考因素达成一致意见。于是,法国政府在1950年8月23日抛开高级委员会发布公告,宣布建立"跨部门有保障的最低工资",即所谓的SMIG(salaire minimum interprofessionnel garanti)。当时的SMIG制度具有如下特征:第一,最低工资收入只满足劳动者生存的需要;第二,参考法国巴黎地区的最低生活水平。考虑到外省生活费用要低于巴黎,按照SMIG的规定,巴黎以外其他地区的最低工资水平有所降低;第三,考虑到通货膨胀的因素,当消费者物价指数增长幅度超过一定水平时,最低工资标准将按照物价上涨幅度自动做出调整。根据1952年制定的一项法令,当物价上涨水平超过5%时,最低工资将自动调整5%。1957年,政府又将物价上涨标准改为2%。最低工资调整指数化为法国劳动者最低生活水平不会因物价水平的变化而受到伤害提供了机制上的保障,也对欧洲其他法语国家如比利时和卢森堡的最低工资标准调整机制产生了重要影响。

在SMIG制度安排下,法国低收入者的最低工资水平的增长只考虑了物价水平的上涨,没有将劳动者生产率提高的因素考虑在内。在这一背景条件下,在20世纪70年代初,法国的SMIG制度被所谓的"SMIC"(salaire minimum interprofessionnel de croissance)取代。SMIC翻译成中文就是"跨部门增长导向型的最低工资"。按照1970年法国《劳动法》的规定,实施"SMIC"制度,一方面,可以保障低收入劳动者的实际购买力,同时它还将低收入者的工资水平与国家经济发展建立关联,换言之,低收入劳动者也有权享受法国经济发展的成果。在SMIC制度下,法国低收入者的最低工资标准既要考虑劳动者生存的需要,还必须参考国家经济发展状况;这意味着最低工资标准将随着法国经济的不断发展而提高。当然,如果物价水平下降或经济发展放缓,劳动者的最低工资水平是否也会随之向下调整,法国有关的法律并没有做出任何规定。但有一点是可以肯定的:由于工资调整存在所谓的"刚性",降低最低工资将会导致工人和来自工会的强烈反对,引发劳资激烈冲突。

法国目前的最低工资标准依然是在 SMIC 制度框架下确定。政府劳动部是主导部门,具有三方协商性质的全国集体谈判委员会(NCBC)为政府调整最低工资水平提供咨询。法国当代最低工资制度的主要内容可归纳如下:

第一,法国全国最低工资水平一般是指小时最低报酬。按照 SMIC 的规定,除基本工资外,小费以及以实物形式支付的工资也应包括在内。但奖金以及各种形式的补贴如加班和夜班补贴不包括在内。

第二,年龄在 18 岁以下且工作经验少于 6 个月的青少年以及残疾人和学徒不适应用全国最低工资标准,需根据年龄、学历并在全国最低工资标准的基础上按照一定比例下调。

第三,全国小时最低工资标准调整指数化。如果法国国家统计局颁布的物价指数(不包括香烟产品)超过 2%,最低工资水平将会自动做出调整,调整幅度与物价指数上涨水平相同。"自动调整"的一个含义是,如果政府颁布最低工资调整的日期晚于物价指数公布的日期,最低工资收入者有权要求雇主支付这期间的工资差额。

第四,对最低工资水平做出的调整,除了通货膨胀的因素外,还必须考虑法国劳动力市场平均工资水平的变化。按照法国《劳动法》的规定,最低工资收入购买力的年增长不应小于所有工资收入购买力增长的一半。但如何理解"所有工资收入"是一个关键问题。法国政府目前参考的基准是蓝领工人的年平均工资水平,这也就是说,在法国,真实最低工资(除去物价上涨的影响)年增长率不得小于全国蓝领工人真实平均工资上涨率的 50%。

第五,最低工资的政策性调整。小时最低工资调整指数化以及调整时考虑蓝领工人平均工资的增长被称之为"机械性"调整。除此之外,法国政府在某些情况下可以"酌情行事"(discretionary),提高低收入劳动者的最低工资水平;这种调整属于政策性调整。

与其他西方发达国家一样,集体谈判是法国劳资双方就劳动条件包括工资、劳动时间等工作条件展开的协商,是调整劳动关系的重要手段。法国的集体谈判一般是以部门或企业为单位进行的劳资双方协商。虽然法国工会会员率自第二次世界大战后不断下降,但集体谈判结果覆盖率却不断扩大。就工资而言,法国集体谈判的主要内容是针对不同职位或者技能劳动者的薪酬做出规定。那些从事初级职位工作或拥有最低技能的劳动者的工资水平,应该与法国政府规定的最低工资标准相符合。但在现实中,常常会出现集体谈判规定的初级工资水平低于或高于国家规定的最低工资标准的情况。造成这一现象的主要原因是:第一,法国国家最低工资标准是以年度为基础加以调整。虽然劳资双方按照法律规定每年都会针对薪酬结构开展谈判,但通常情况下,薪酬结构在一段时期内不会发生太大变化(即所谓的工资粘性),在那些工会力量比较薄弱的部门或企业,如零售和服务行业这一问题尤其突出,造成出现集体谈判确定的最低薪酬水平滞后于国家对法定最低工资标准调整的现象;第二,某些雇主出于人力资源管理的考虑,愿意支付给工人较高的工资水平(即所谓的效率工资)。一方面,较高的工资可以降低员工辞职率,减少劳动力不断流动对企业造成的各种损失;另一方面,通过支付较高的工资水平还可以促使工人提高自己的生产效率。

　　SMIC 制度和覆盖率很高的法国集体谈判协议是当代法国工资确定机制中的两大重要支柱。从目前来看,法国工会和雇主协会对 SMIC 制度所持有的态度没有本质上的差异。但这并不是说,法国工会和雇主协会对 SMIC 的具体规定没有不同的意见。以最低工资应包含的内容为例。法国雇主协会认为,由于法国很多企业在每年的年底会多支付员工一个月的工资,法国许多劳动者每年领取的是 13 个月而不是 12 个月的工资。因此,法国雇主协会认为,政府在制定小时最低工资标准时应该考虑这种情况。此外,雇主协会方面还认为,最低工资水平的参考因素还应考虑低收入者劳动生产率的水平,避免过高的最低工资标准对就业和企业竞争力造成冲击。工会方面则强烈反对雇主协会方面的改革建议。工会提出,由于法定工作时间从过去的每周 39 个小时减少到 35 个小时,法国低收入阶层的月最低工资水平若按法定每周的工作时间计算,实际上是减少而不是增加。工会方面提出,应该首先确定月最低工资水平的目标,并在每周 35 工作小时的基础上制定小时最低工资标准。

　　为避免较高最低工资水平以及最低工资水平增长较快对企业可能造成的负面影响,法国政府从 20 世纪 90 年代中期开始试图通过降低企业对员工社会保障的支出来减轻人工费用不断上涨给企业生产经营造成的压力。当然,法国政府通过降低企业对员工社会保障的支出来减轻企业压力的做法也为法国政府的财政支出带来了沉重的负担,而这些额外支出最终还是由法国纳税人来承担。

二、法国最低工资标准的变化

　　自 20 世纪 70 年代法国建立了 SMIC 最低工资制度后,法国劳动力市场低收入群体的名义和真实最低工资水平增长比较明显。施密德(Schmid)和舒尔腾(Schulten)①的分析结果表明,在20世纪70年代上半叶,法国小时最低工资增长速度超过了全国平均工资增长速度。从1973年到1974年,真实小时最低工资提高35.6%,而与此同时,全国真实平均工资增长只有19.6%。但这一增长趋势到了20世纪70年代后半期有了下降。到了80年代初期,法国最低工资水平又经历了两位数增长,最低工资与平均工资之比值再度上升。但在80年代后期,由于法国政府采取紧缩政策,造成最低工资与平均工资之比值再度下滑。这一下降趋势一直维持到1994年。从1995年开始,法国的小时最低工资与平均工资的比值再度上升。

法国最低工资水平在新世纪第一个15年期间的变化可通过表13-3列出的统计数据加以说明。表13-3列出了从2000年到2014年期间法国名义和真实小时最低工资以及各自的定基和环比发展速度。

表13-3 法国历年最低小时工资(欧元)及增长:2000~2014年

年 份	名义最低小时工资	定基增长指数	环比增长(%)	真实最低小时工资	定基增长指数	环比增长(%)
2000	6.41	100.00		6.41	100.00	
2001	6.67	104.06	4.06	6.56	102.36	2.36
2002	6.83	106.55	2.40	6.60	102.89	0.52
2003	7.19	112.17	5.27	6.80	106.01	3.03
2004	7.61	118.72	5.84	7.04	109.87	3.64
2005	8.03	125.27	5.52	7.31	114.06	3.81
2006	8.27	129.02	2.99	7.40	115.47	1.24
2007	8.44	131.67	2.06	7.44	116.12	0.56
2008	8.71	135.88	3.20	7.47	116.55	0.37
2009	8.82	137.60	1.26	7.56	117.90	1.16
2010	8.86	138.22	0.45	7.48	116.66	-1.05

---

① Schmid, B. and T. Schulten, "The French Minimum Wage(SMIC)," in Schulten, T., R. Bispinck and C. Schafter(eds), Minimum Wages in Europe, Brussels: ETUI - REHS, 2006, pp.126 - 128.

年份	名义最低小时工资	定基增长指数	环比增长（%）	真实最低小时工资	定基增长指数	环比增长（%）
2011	9.19	143.37	3.72	7.60	118.52	1.59
2012	9.4	146.65	2.29	7.62	118.89	0.32
2013	9.43	147.11	0.32	7.58	118.25	-0.54
2014	9.53	148.67	1.06	7.62	118.94	0.58
2015	9.61	149.92	0.84	7.54	117.71	-1.04

说明:(1)名义工资水平来源于法国政府网站;(2)计算真实小时最低工资水平使用了 OECD 数据库中提供的 CPI 数字,作者将 CPI 基期换算成 2000 年。

表 13 - 3 显示,在 2000 年,法国名义小时最低工资是 6.41 欧元;小时最低工资在 2009 年被提高到 8.82 欧元;2011 年的小时最低工资水平达到 9.19 欧元。2014 年小时最低工资水平为 9.53。从 2000 年到 20014 年,法国小时最低工资累计增长将近 50%。如果按照每星期法定的 35 个工作小时数计算,2014 年法国的月最低工资标准为 1445.38 欧元。需要说明的是,法国最低工资标准包括劳动者个人应该缴纳的各项社会保险费用。因此,法国低收入劳动者实际得到的月工资水平会相应减少。

从 2000 年到 2008 年,法国名义小时最低工资的环比增长率一直保持在 2% 以上,特别是在 2003 年到 2005 年期间,每年调整幅度都超过了 5%。但是,名义最低工资增长势头从 2008 年后开始减弱。与 2009 年的最低工资水平相比,2010 年只提高了 0.45%,2013 年的最低工资比 2012 年上涨了 0.32%。在真实最低小时工资方面,虽然从 2000 年到 2014 年,扣除物价上涨因素,法国真实小时最低工资累计增长达到 19% 左右,但 2010 年真实最低工资比 2009 年下降了 1.05%;2013 年的真实最低工资水平与 2012 年相比也有所减少。

法国最低工资水平在过去十几年中呈现上述变化趋势主要与经济发展的波动有关。2008 年爆发的全球金融危机导致发达国家的经济发展陷入低迷状态,法国经济增长陷入停滞。在 2009 年,法国真实 GDP 增长率为负数,与 2008 年相比,下降 2.9%。同时,法国失业率一直高居不下。根据 OECD 统计,从 2008 年开始,法国的失业率一直保持在 9% 以上,2013 年失业率更是达到了 10.3%。青年失业和长期失业(即失业在一年以上)问题在法国尤其突出。一些企业因为无力按最低工资标准支付工资,不得不放弃雇用新员工。在过去的 10 年中,与其他西方发达国家一样,法国的通货膨胀水平非常温和,甚至有发生通货紧缩的危险。虽然温和型的通货膨胀有助于维持普通劳动者购买力保持相对不变,但会对企业扩大生产和增加投资产生不利影响,从而进一步导致就业水平的萎缩。无论是 2007年开始执政的右翼萨科齐(Sarkozy)政府,还是 2012 年赢得大选的社会党人奥朗德(Hollande),虽然在竞选中曾许诺大幅度提高劳动者收入,但面对经济停滞的严重局面,在调整最低工资水平时也不得不小心翼翼,难以大幅度改善法国低收入劳动者的工资收入水平。

第四节　德国最低工资制度

在 2015 年 1 月 1 日之前,德国是欧盟国家中为数不多的几个没有法定最低工资制度的国家之一,但这并不意味着德国在此之前不存在最低工资标准。事实上,通过劳资谈判签订的工资集体谈判协议中就包含行业内部薪酬结构中的最低工资条款。20 世纪 90 年代,代表传统低收入行业的食品、饮料、烟草、旅馆和餐饮服务工会(NGG)提出在德国建立法定最低工资制度的要求。2014 年 8 月,在德国联合政府的推动下,德国议会通过了《最低工资法》,它标志着全国统一的、跨行业的法定最低工资制度在德国正式建立。

一、德国通过集体谈判确定最低工资制度的机制

德国的劳资集体谈判最早可以追述到 20 世纪初。1918 年德国颁布了《集体合同法》。该法使得集体谈判和签订集体合同第一次以法律的形式确定下来。以行业为主体展开的集体谈判是在第二次世界大战后建立起来并不断发展。代表劳方和资方的工会和雇主协会,每隔一段时间就会针对劳动条件特别是工作时间和薪酬水平展开谈判并签订劳资集体协议。

在德国,影响力较大的行业工会包括:五金工人工会(IG Metall)、服务业连合总会(Ver. di)、矿山、化工和能源工会(IG BCE)、建筑、农业、和环境工会(IG BAU)、教育与科学工会(GEW)、铁路与交通工会(EVG)、食品和餐饮业工会

(NGG)以及警察工会(GdP)。这些行业工会隶属于德国工会联合会(DGB)。需要说明的是,有些行业工会如五金工人工会包含的行业范围较为广泛(包括汽车生产、电器、工程等),而有些行业工会如食品和餐饮业工会则相对狭窄。除了上述影响较大的行业工会外,德国还存在一些专业性的工会组织,如德国火车司机工会、空中交通管制工会等。

与行业工会类似,德国的雇主协会也是按照行业组建。代表德国行业雇主协会的全国性组织是德国雇主协会总会(BDA)和工业联合会(BDI)。德国雇主协会和工业联合会并不直接参加劳资集体谈判,主要任务是为会员提供经济信息服务和协调会员之间的观点和立场。

德国劳资谈判签订的协议涉及劳动与经济条件的各个方面。虽然劳动时间是20世纪80、90年代劳资谈判和签订协议的重点内容,但工资问题自始至终是集体谈判的核心问题,也是劳资双方在谈判过程中争议最大的内容。工会方面要求工资不断增长,其主要理由包括物价水平上升导致工人实际收入下降和企业经济效益显著提高等。雇主协会在谈判中往往会强调劳动生产率与工资增长的关系以及企业的生产经营状况。

劳资集体谈判协议往往会将工资部分的内容以"工资协议"的名称单独列出。协议中主要涉及以下几个方面。第一,工资结构,包括基本工资、绩效工资、带薪休假工资支付、加班工资和奖金;第二,工资报酬等级;第三,各级别的工资增长幅度。在确定工资报酬等级的时候,劳动者年龄和技术水平是主要参考因素。各行业确定的工资报酬级别存在较大的差异,但从大类上我们可以将其分成三个级别,即最低等级、中等级别和最高等级。最低等级规定的工资水平就是我们通常所说的通过集体谈判确定的行业最低工资水平。需要说明的是,德国行业集体谈判协议中有关工资的内容,往往会对德国西部和德国东部加以明确区分,主要是考虑到德国东部经济发展水平与德国西部相比较为落后的实际情况。不过,在过去的10年期间,德国东部和西部的工资水平差距有缩小趋势:如果将劳资集体谈判协议中规定的德国东部工资与德国西部工资相比较,平均而言,百分比从2004年的94%上升到了2014年的97%。①

---

① Bispinck,R. and WSI - Tarifarchiv, "Between the Mminimum Wage and Collective Bargaining Unity", *WSI Annual Collective Bargaining Report* 2014,2014,pp. 1 - 17.

在德国,以行业为主展开的集体谈判并没有统一规定的时间。劳资集体协议的有效期平均为22.43个月。在集体协议有效期间,有些行业规定工资按年度调整;而有些行业的工资水平在协议有效期间则保持不变。例如,按照建筑行业劳资双方在2014年签署的集体协议,2015年德国西部建筑工人的最低工资是每小时11.15欧元,2016年是每小时11.25欧元,2017年则为11.30欧元。按照2014年烟筒清洗行业的工资集体协议的规定,从2014年直到2015年12月,12.78欧元的最低小时工资水平保持不变。

集体谈判覆盖率是衡量集体谈判有效性的一个重要指标。在德国,如果行业集体谈判委员会同意,可以向德国联邦劳动与社会事务部申请将行业集体协议适用范围延伸到整个行业,即所谓的"普遍约束力声明"。如果出现这种情况,则该行业集体谈判协议同样适用于行业内部没有加入工会的劳动者。然而,在2015年1月之前,这种延伸是有条件的:集体谈判协议延伸应符合公共利益,且受集体协议约束的企业必须涵盖50%以上的劳动者。虽然从法律层面,德国集体谈判协议适用范围可以扩展,但在实际中,在已签订的集体协议中,得到延伸的集体协议所占比例非常小。例如,2004年,获得延伸的集体协议所占集体协议总数量的0.8%,到了2008年,该比例只有1%左右。

伴随着欧洲统一劳动力市场的形成,欧盟成员国经济发展水平较低的成员国(如波兰、罗马尼亚)的劳动力向工资收入水平较高的欧盟国家(德国、英国等)的流动已经形成一种潮流。与此同时,德国的一些企业也将其业务外包给工资水平较低的欧盟国家。由欧盟其他国家的公司派遣本国工人到德国从事短期工作的劳动者被称之为"外派员工"(posted workers)。由于外国公司支付给员工的工资和社会保障水平远低于德国相应公司的水平,因此,"外派员工"问题在某种程度上对德国本土企业造成了不公平的竞争。实际上,欧盟在1996年就发布了关于《欧盟外派员工指导文件》,对保护欧盟成员国"外派员工"在工资、劳动时间等方面的权益做出了明确规定。基于欧盟指导性文件,德国在1996年出台了一部《外派员工法》,规定德国建筑行业劳资集体谈判协议具有普遍约束性,即协议覆盖范围延伸到了外国公司派遣到德国从事建筑工作的员工。到2005年,除了建筑行业,粉刷和屋顶修理行业的集体谈判协议也具有普遍适用性。

在德国现行法律框架下,受到集体谈判协议约束的企业可以利用所谓的"开放性条款"(opening clauses)来偏离集体协议确定的标准。就"开放性条款"的内

容而言,可以分为以下几个方面:(1)艰难或一般条款;(2)基本工资;(3)奖金;
(4)工作时间。在第一种情况下,企业不需要给出"艰难"的具体内容和范围;第
二、三和第四种情况则比较具有针对性,企业可根据自身情况对基本工资、奖金和
工作时间加以调整,使其低于集体谈议中规定的标准。

企业使用"开放条款"的主要理由是企业生产经营遇到了困难,降低员工薪
酬、奖金水平以及减少劳动时间可以避免企业走向破产或者辞退现有员工等。除
此之外,企业还可以以提高竞争力、增强创新性为由使用"开放条款"。当然,企业
要使用"开放条款"必须要和工会或者企业职工委员会(the Work Council)商讨,
只有在双方达成一致的情况下,企业方可采取相应措施。

一项有关德国行业劳资集体谈判的调查显示①,有53%的被调查企业在2005
年采用了"开放条款",而在2010年,采用"开放条款"的企业占被调查企业数字的
58%。调查结果表明,大多数采用"开放性"条款的企业是对劳动时间加以调整,
只有16%的企业利用"开放条款"降低了企业新入职员工的工资水平;14%的企
业减少或终止了年度奖金;有9%的企业降低了基本工资水平。虽然在理论上企
业可以利用"开放条款"不支付集体协议规定的最低工资水平,但在实践中,基本
没有企业对最低工资加以调整。

综上所述,战后建立起来的以行业为主的德国集体谈判为稳定劳资关系、维
护劳动者的权益起到了重要作用。然而,德国的劳动关系进入21世纪后发生了
重要变化,包括工会会员率下降、集体谈判覆盖率下降以及集体谈判碎片化等。
此外,经济发展陷入停滞,失业人数不断增加和外来移民问题也为德国劳动力市
场和社会保障制度带来了巨大的调整。

二、哈茨改革与德国低收入问题

进入21世纪初期,德国经济发展依然没有摆脱疲软状态。在21世纪的第一
个5年期间,按不变价格计算,德国的GDP年增长率只有1.08%;其中,2003年
GDP增长率为-0.2%。与此同时,德国劳动力市场中的失业人数不断增加,失业
率从2000年的7.2%上升到2004年的9.5%。在失业群体中,有两个问题尤其突

---

① Bispinck,R. and T. Schulten,Sector-level Bargaining and Possibilities for Deviations at Company
Level:Germany,Eurodound,Policy Research Paper,2011,pp. 1 – 13.

出:长期失业现象和青年人的高失业率。按照欧盟统计局的定义,长期失业者是指那些失业时间超过 1 年的失业人员。从 2000 年到 2004 年,德国平均长期失业率为 4.24%。除了长期失业问题,青年人失业率在 21 世纪第一个 5 年期间一直维持在两位数水平,平均失业率高达 13.44%。

造成高失业率现象的主要原因,除了与经济增长停滞有关外,还与德国失业保障制度有关。在实施哈茨改革(见下面的介绍)之前,德国失业保障包括失业保险基金、失业救助以及社会救济。失业保险基金主要来自于雇主和雇员各缴纳一半的强制性失业保险。失业人员领取失业保险的期限从 12 个月到 32 个月不等,与失业者年龄以及失业前工作年限长短有关。失业者享受的失业保险水平为失业前净工资的 60 - 67%。失业救济来自国家的财政支出,主要用于那些没有资格享受失业保险金的失业者。例如,失业者如果由于在规定的失业保险给付期间仍未能找到工作(通常是那些长期失业者)而使本人和家庭在基本生活上遇到困难,失业者有权向国家申请领取失业救助金。失业救助金为失业前净工资水平的 53 - 57%。失业人员的社会救济资金主要来源于地方财政,提供给那些没有资格领取失业保险金和失业救助的人员。

德国失业保障制度设计的初衷是为了帮助失业者在寻找工作的过渡阶段维持个人和家庭的基本生活水平,但由于有资格领取失业保险和失业救济的时间较长,且金额相对过高,造成一些失业者丧失了寻找工作的积极性,或者在工作搜寻过程中"挑挑拣拣",拒绝接受那些低于失业保障水平的工作,从而延迟了从失业到就业状态的转移时间,产生了大量的长期失业人员。

由于经济不景气以及失业人数攀升,德国低收入和贫困人口规模迅速扩大,失业救济和社会救助支出急剧上升。和其他欧洲发达国家一样,社会福利制度是战后德国在经济社会发展方面取得的辉煌成就之一。政府通过社会福利制度对收入进行再分配,在促进经济增长的同时,也对维护社会公平和正义起到了一定作用。然而,西方国家宽厚的社会福利制度需要仰仗国家雄厚的经济实力。进入 21 世纪,德国的经济实力虽然是欧盟中最强的,但由于经济增长停滞以及失业人数攀升,德国原有的社会福利制度日益受到挑战,并为德国政府带来了沉重的财政负担。此外,人口老龄化以及工作年龄人口规模的减少,造成养老金供求严重失调,养老金收支缺口不断扩大。

在此背景条件下,2002 年 2 月由施罗德(Schroder)领导的社民党政府组建了由大众汽车公司前任副总裁彼得·哈茨(Peter Hartz)领导的"劳动力市场现代化服务委员会"。委员会由15名来自政府有关部门、工会、企业和学术研究机构的成员组成。2002年8月16日,该委员会提出了一份报告(简称哈茨报告),建议对德国劳动力市场和社会保障制度实施改革。

报告被提出后不久,德国社民党总理施罗德于2003年3月14日在国会宣布了题为"2010规划"的改革方案,主要目标是加强德国的经济实力,创造更多的就业岗位并使德国社会福利体制现代化。"2010年规划"的核心领域是在劳动力市场政策,而在劳动力市场领域推出的改革措施主要来自于哈茨报告中提出的13项"创新模式"。从2002年到2005年德国联邦议会分别通过了四部法规,即第一、二、三和四部《劳动力市场现代化服务法》,一般称之为哈茨Ⅰ、Ⅱ、Ⅲ和Ⅳ,分四个阶段对德国劳动力市场和社会保障制度进行一揽子改革。

哈茨改革Ⅰ和Ⅱ从2003年1月1日开始实施。主要内容包括:第一,设立人事代理公司。人事代理公司的职能类似于西方国家的劳务派遣公司,主要负责派遣失业者到有关公司从事临时性工作;第二,通过税收等手段鼓励失业人员创建小型企业和自我雇佣,即所谓的"一人公司"和"微型工作"(mini jobs)以及"小型工作"(midi jobs)。从事"微型工作"(月收入在400欧元以下)的人员可免交社会保险费,而从事"小型工作"(月收入在400-800欧元)的人员享受不同档次的社会保险费优惠。

哈茨改革的第三阶段始于2004年1月,主要内容是对公共就业服务机构开展改革。最重要也是争议最大的是从2005年1月1日开始实施的哈茨改革Ⅳ。第四阶段的改革措施主要包括:第一,将失业保险金的领取时间从过去最长的32个月缩短到12个月(老龄失业者领取的最长时间是18个月);第二,将过去的失业救济和社会救济合二为一,设立所谓的"失业金Ⅱ"。"失业金Ⅱ"的水平与失业者收入没有关联,而是按照婚姻状况以及家庭中未成年的儿童人数采取统一标准。那些有就业能力(每天至少可以从事3小时工作)且享受社会救济的人员被归入到"失业金Ⅱ"的范畴。第三,失业人员除了领取"失业保险Ⅱ"外,如果从事公益工作,还可以得到一定的收入补偿,即所谓的"一欧元工作"。

哈茨改革对德国劳动力市场和德国的社会保障制度产生了深刻影响。但对改革成效的评价却具有很大的争议性,甚至造成德国当时执政党的分裂。拥护者认为,改革为德国劳动力市场注入了一股新的活力,德国劳动力市场的灵活性以及德国企业竞争力得到了改善,为德国带来了"就业奇迹"并减少了高失业率现象。反对者则认为,改革使得德国劳动力市场出现了更多的非正规就业,弱化了非正规就业者以及工会和雇主讨价还价的能力,使得低收入问题变得更加严重。

德国著名劳动关系研究专家的研究表明①,德国低收入就业的比例从 1995 年的 18.8% 上升到了 2012 年的 24.3 %,增长幅度高达 11%,德国已成为欧盟国家中低收入比例最高的国家之一。德国低收入人群总数从 1995 年的 590 万人增加到 2006 年 840 万人。在 2002 年,哈茨改革第二阶段创造的"微型工作"有 78.6% 是低收入就业者。没有受过职业培训、女性、移民以及在旅店、餐饮、保安、零售等从事工作的人群更有可能成为低收入就业人员。由于德国集体谈判是以行业为主展开的劳资谈判,劳资集体协议中的最低工资水平往往不会涉及那些从事"微型"或"小型"工作的就业群体。

综上所述,德国以行业为主的集体谈判为劳资双方确定工资、劳动时间等工作条件提供了一个平台。然而,进入 21 世纪以来,德国集体谈判覆盖率却呈现了下降趋势。受到全球经济危机以及企业外包业务增长的影响,工会在集体谈判中的讨价还价的能力在一定程度上也受到削弱。哈茨改革虽然在一定程度上减少了失业规模,但非正规就业的增加又使得低收入和工作贫困问题变得日益严重。此外,由于欧盟统一劳动力市场的建立,来自欧盟其他经济发展水平较低的国家通过外派工人到德国工作,使得德国公司在竞争中日益处于不利地位。在此背景条件下,有关是否建立法定最低工资制度的问题在德国再次受到各界的广泛关注并引发了激烈的辩论。

三、德国全国最低工资标准的建立

(一)有关全国最低工资标准的争论

在进入 21 世纪之前,德国是否应该建立法定最低工资制度的问题并没有得到德国各界的广泛关注。当时主流的理念是,法定最低工资制度是对德国以"劳资自治"为原则展开的集体谈判的干涉,而确定工资和工作时间等问题的最恰当办法是劳资双方集体谈判。特别需要指出的是,与其他发达国家的工会组织支持

---

① Schulten, T. and R. Bispinck, "Wages, Collective Bargaining and Economic Development in Germany: Towards a more expansive and solidaristic development?" *WSI Working Paper*, 2014, pp. 1 – 24.

政府建立全国法定最低工资标准的态度有所不同,在德国,规模较大且具有重要影响力的工会组织对设立法定最低工资标准的态度存在较大的差异。由于历史原因,与其他行业工会相比,德国制造行业工会拥有较高的工会会员率并拥有较为强大的谈判力量,其通过集体谈判确定的工资水平往往也是行业集体谈判协议中最高的水平。因此,代表德国制造业的行业工会担心,由国家制定跨行业的法定最低工资标准有可能对他们与雇主谈判确定较高的工资水平产生不利的影响。矿山、化工和能源工会认为建立全国统一最低工资水平"既无必要、也不恰当",并提出,解决低收入问题的唯一选择是在现有集体谈判的基础上采取额外的法定措施,例如,将《外派工人法》的适用范围扩大到所有行业等。代表五金行业的工会则要求修改 1952 年通过的《最低工作条件法》,将集体谈判协议确定的行业最低工资水平作为行业的法定最低工资标准,覆盖行业内部所有劳动者。对于那些没有签订集体谈判协议的行业,其最低工资水平可参考相关行业水平加以确定。力量相对较弱、代表传统低收入部门的服务行业工会以及食品、旅店和餐饮行业工会则倾向于建立跨行业、全国统一的最低工资标准。

正如上面讨论的,在 21 世纪第一个 10 年期间,德国劳动力市场以及社会福利制度发生了巨大变化。以"非全日工作""劳务派遣"和"微型工作"为代表的非正规就业规模不断扩大,非正规就业者构成了低收入劳动群体中的绝大多数。虽然按照德国法律,雇主不得在工资支付方面歧视非正规就业者,但在实践中,非正规就业者的权益没有得到有效保障。

2005 年实施的哈茨改革 IV 不仅在德国内部引发了巨大争论,而且也成为德国建立法定最低工资制度的一个重要转折点。在 2006 年 5 月组织召开的年度会议上,德国工会联合会(DGB)提出在德国建立每小时 7.5 欧元全国最低工资标准的目标。工会联合会认为,由政府建立的全国统一最低工资标准不但应该是劳资集体谈判确定行业内部最低工资的底线,而且还应该适用于那些没有被集体谈判协议覆盖的低收入劳动者。在雇主协会方面,一些行业如清洁和劳务派遣行业,改变了过去反对建立法定最低工资标准的态度,转而同意建立全国统一的最低工资标准。雇主协会在态度上的转变说明,以低工资为手段的"社会倾销"严重威胁到了一些德国企业的正常竞争。建立法定最低工资制度将有助于铲除通过支付低工资来降低生产成本的恶性竞争现象。

在政治层面,因推出哈茨改革而引发巨大争议的德国社会民主党在 2004 年提出,法定最低工资制度能够减轻改革带来的社会苦难,但前提条件是获得所有工会的支持。2005 年德国大选前夕,红绿联合政府曾经提出法案,将外派劳工法律的实施范围扩大到所有部门,但遭到德国联邦议会的否决。2005 年大选后,德国社会民主党和基督教民主联盟组成了以默克尔(Merke)为总理的大联合政府。以默克尔为首的基督教民主联盟坚决反对建立全国统一的法定最低工资制度。

2007 年德国社民党在汉堡举行全国代表大会,通过了该党在第二次世界大战后的第三部纲领性文件,即《汉堡纲领》。《汉堡纲领》提出建立预防性国家制度,在个人责任和国家保护中寻求平衡,并提出建立德国和欧盟最低工资制度的主张。社民党有关建立最低工资制度的建议虽然没有得到当时大联合政府中的基督教民主联盟的支持,但社民党人利用在地方执政的优势,分别在汉堡和柏林建立了每小时 8.5 欧元的最低工资标准。

在 2013 年德国大选前的电视辩论中,社民党总理候选人施泰因布吕克(Steinbrück)提出,一旦胜选他将引入每小时 8.5 欧元的最低工资制度。以默克尔为首的基督教民主联盟则认为,从根本上,工资应由各行业的雇主和工会决定,全国统一的最低工资水平将会伤害企业的雇佣能力。

在组建联合政府的过程中,默克尔受到了来自社民党和其他欧盟国家的压力,要求在德国建立法定最低工资标准。社民党将建立每小时 8.5 欧元的全国统一最低工资标准作为加入联合政府的条件,认为在这个问题上没有商量的余地。与此同时,欧盟其他国家,特别是法国,也对默克尔施加了一定的压力。法国总理在祝贺默克尔取得胜利的同时,还认为德国应该建立法定最低工资制度,以避免欧盟国家产业竞争的不公平。

2013 年底,由基民盟、基社盟和社民党共同起草并发布了长达 185 页的议题为《开创德国未来:CDU、CSU、SPD 联盟框架》的报告。该报告勾勒出了新一届政府内阁组成及未来 4 年中的主要施政纲领,涉及经济、社会、文化、外交等多方面内容。该报告第 2 章第 2 节明确提出在德国建立法定的全国最低工资制度。社民党的主要政策主张,即在全国范围内推行每小时 8.5 欧元的最低工资标准被采纳。2014 年 8 月 6 日,在德国联合政府的推动下,德国议会批准了包括《最低工资法》在内的几个与劳动力市场有关的重要法律。至此,德国最终建立了全国统一的、跨行业的法定最低工资制度。

（二）德国目前的最低工资标准

根据《最低工资法》的规定，从 2015 年开始，德国在全国实行法定最低工资制度。主要内容如下：

第一，从 2015 年 1 月 1 日起，德国税前小时法定最低工资为 8.5 欧元。

第二，过渡时间截止到 2016 年底。在过渡期间，容许劳资集体谈判协议确定的最低工资水平与法定最低工资标准存在差异。

第三，年龄在 18 岁以下、长期失业者找到工作后的最初 6 个月内以及实习生将不适用全国法定最低工资水平；报纸投递员以及季节工的最低工资水平将在全国最低工资水平基础上有所减少。

第四，建立最低工资委员会，负责制定新的全国最低工资标准。最低工资委员会由工会和雇主联合会各派 3 名代表和 2 名学术界代表以及一名委员会主席组成。

除了《最低工资法》，德国议会还对《外派员工法》和《集体协议法》做出了修改。根据修改后的《外派员工法》，《外派员工法》的规定将适用于德国境内所有行业和部门。《集体协议法》修改后，取消了过去对集体协议覆盖范围的限制条件，即只有集体谈判协议覆盖员工超过 50% 时，集体谈判协议才能扩展到其他非工会雇员的规定被取消。

需要特别注意的是，虽然德国《最低工资法》规定的每小时 8.5 欧元的标准成为德国员工在 2015 年和 2016 年工资收入的底线，但由于 2015 年和 2016 年属于《最低工资法》规定的两年过渡时期，因此，之前签订的劳资集体协议中有关 2015 年和 2016 年的行业最低工资水平依然有效。

表 13 - 4 列出了 2015 年德国依然有效的行业集体协议中规定的最低工资水平。德国行业集体谈判协议中的最低工资水平一般按照地区划分。德国东部地区劳动者的最低工资水平要低于德国西部地区的最低工资水平，重要是因为德国东部的经济发展水平和失业问题。以建筑物清洗行业为例，与德国西部每小时 12.65 欧元相比，德国东部从事建筑物清洗工作的小时最低工资水平只有 10.63 欧元。

表 13 - 4 显示，在 2015 年，肉类加工、美发和农林园艺行业劳资集体谈判协议规定的最低工资水平均低于每小时 8.5 欧元的法定最低工资标准。在纺织和服装以及洗衣行业，虽然德国西部劳动者的最低工资水平达到了每小时 8.5 欧元的

法定最低工资标准,但德国东部从事纺织、服装以及洗衣行业的小时最低工资水平均在8.5欧元之下。

表13-4 德国行业小时最低工资水平(欧元):2015

部 门	德国西部	德国东部
建筑:专业工人	14.20	
建筑:普通工人	11.15	10.75
矿山特殊行业:Ⅰ类人员	11.92	11.92
矿山特殊行业:Ⅱ类人员	13.24	13.24
建筑清洗(玻璃和外墙清洗)	12.65	10.63
粉刷:熟练工	12.50	10.50
粉刷:非熟练工	9.90	9.90
建筑物清洗(室内装修和清洗)	9.55	8.50
护理专业	9.40	8.65
废物管理	8.86	8.86
纺织和服装	8.50	7.50
洗 衣	8.50	8.00
肉类加工	8.00	8.00
美 发	8.00	7.50
农林园艺	7.40	7.20

资料来源:WSI - Tarifarchiv.

除了传统的低收入行业,其他各行业的最低工资水平一般会高出法定最低工资水平。以建筑行业为例,2015年执行的建筑行业最低工资水平实际上是德国产业工会、德国建筑联合会以及德国建筑行业中央联合会在2013年5月签署的集体谈判协议中做出的规定。该协议还规定了建筑行业在2016年和2017年的最低工资水平,如德国西部专业建筑工人在2016年和2017年最低工资水平分别为14.20欧元和14.50欧元。

德国《最低工资法》的出台,标志着是否建立全国统一最低工资标准的争论暂且告一段落,但关于法定最低工资作用的讨论依然在继续。支持德国法定最低工资制度的人士和组织认为,全国统一标准的最低工资有助于减少劳动力市场中的低收入和收入不平等的现象.此外,支持者还认为,工人工资收入水平的提高有助于提高消费水平,从而促进德国经济的发展水平。德国建立法定最低工资制度还得到了邻国法国的支持。法国政府曾经指责德国通过行业劳资集体谈判确定行业最低工资标准的做法对法国的就业市场造成了恶劣的影响。在反对者看来,德国实施法定最低工资制度会对德国的就业造成负面的影响,降低德国企业的竞争力,导致企业解雇员工特别那些从事非正规就业的劳动者,例如"迷你工作"。德国法定最低工资制度的有关规定还引发了欧盟中东欧国家如波兰和捷克等国的强烈反对。按照《最低工资法》以及修改后的《外派工人法》的规定,从事跨国运输的外国运输企业,如果目的地是德国,那么,外国运输企业也必须按照德国的最低工资标准,即每小时8.5欧元的水平支付外国运输企业的员工。在欧盟国家采取法定最低工资制度的国家中,只有德国做出了此项规定。由于欧盟委员会认为德国的做法限制了服务自由与商品流通的自由,违背了欧盟自由市场原则,德国劳动部部长在2015年1月宣布暂时停用该项规定。

第十四章

欧盟国家及俄罗斯的最低工资制度

第一节　欧盟国家的最低工资制度

根据1991年欧洲共同体签署的《马斯特里赫特条约》,1993年欧盟正式诞生。到目前为止,欧盟共有28个成员国。在这28个成员国中,按照最低工资标准的确定方式,可以划分为两大类型:第一类是拥有法定最低工资制度的国家;第二类是通过劳资集体谈判确定最低工资标准的国家。除丹麦、瑞典、芬兰、奥地利、意大利5个国家外,其他欧盟国家均采取法定最低工资制度。

一、欧盟国家的法定最低工资制度

由于三方协商对话是欧盟国家制定社会经济政策的重要工具之一,因此,采取法定最低工资制度的国家在制定最低工资标准的过程中一般都会充分听取工会、雇主协会以及有关专家的建议。有些国家还专门设立了为政府制定最低工资水平提供咨询的委员会。英国"低收入委员会"、法国"全国劳资谈判委员会"以及荷兰的"社会经济理事会"、匈牙利"利益协调三方理事会"以及捷克"经济和社会协议理事会"等组织均具有上述职能。

在采取法定最低工资制度的欧盟国家中,比利时、希腊、波兰、保加利亚、爱沙尼亚和斯洛伐克的最低工资标准由国家级别的工会和雇主协会通过协商来确定。工会和雇主协会协商的最终结果将由政府颁布并具有法律效力。以波兰为例,根据2002年通过的最低工资法案,具有三方性质的"全国经济和社会委员会"负责制定波兰的全国最低工资标准。如果劳资协商未能达成任何协议,波兰政府将独立做出最低工资标准的决定。又如,在 2013 年之前,希腊的最低工资水平是由希腊工人总联盟(GSEE)、希腊产业联合会(SEV)、希腊职业、技术工人和商人总联盟以及希腊全国贸易委员会(ESEE)通过协商谈判加以确定,集体谈判总协议(EGSSE)由政府公布后具有法律约束力。希腊的最低工资标准不但按蓝领和白领工人划分,而且还会受到婚姻状态和子女多寡的影响而有所区别。此外,年龄在 15 – 18 岁的希腊年轻工人的最低工资水平也被包括在集体谈判总协议之中。需要说明的是,受债务危机和采取紧缩措施的影响,自 2013 年起,希腊的最低工资标准可以不通过全国集体谈判协商确定而改由政府的劳动部根据希腊的经济状况加以决定。

与其他欧盟国家不同,塞浦路斯政府颁布的法定最低工资标准并不适用于所有职业的劳动者,只适用于售货员、文员、医疗部门辅助人员、幼儿园以及中小学辅助人员、保安、家政服务人员和清洁工。显然,从事这些职业的劳动者更有可能是低收入者。其他职业的最低工资水平则是通过劳资双方集体谈判加以确定。

多数欧盟国家每年对最低工资水平调整一次。爱尔兰法定最低工资调整的间隔是 16 个月。荷兰是每年调整两次。在波兰,如果预测的 CPI 变动幅度低于 5%,则年度调整一次;如果超过 5%,则年度调整两次。受经济不景气影响,有些国家在某些年份还会降低最低工资水平或冻结最低工资的调整。塞浦路斯政府为了应对金融危机,按职业划分的法定最低工资水平在 2014 年和 2015 年没有调整,最低工资标准依然按 2013 年水平执行。荷兰政府曾在 1984 年将名义最低工资标准减少 3% 左右,在此后的 6 年中,荷兰法定最低工资标准一直没有增加。从 2003 年 7 月到 2005 年底,荷兰政府再次冻结了最低工资的调整。深陷债务危机的希腊,为了与欧盟和国际货币基金组织达成新的救助协议,希腊政府在 2012 年 2 月做出削减长期支出承诺,包括降低养老金支付水平以及将最低工资下调 20% 的承诺。根据欧盟统计局的数据,2012 年希腊的月最低工资水平为 876.62 欧元,2013 年的最低工资水平减少到 683.76 欧元并一直维持到 2015 年①。希腊激进左翼联盟党领袖齐普拉斯(Tsipras)在竞选期间曾提出要提高希腊劳动者的最低工资水平并恢复由全国社会伙伴确定最低工资的做法。然而,2015 年 1 月取得大选

---

① 资料来源:http://ec. europa. eu/eurostat/web/labour – market/earnings/database.

胜利后,由于希腊债务危机导致经济危机进一步加深,齐普拉斯在竞选期间的许诺并没有得到实现。

虽然物价水平变动是各国最低工资标准调整时需要考虑的重要因素,但只有法国、比利时、卢森堡的法律制度明确规定当通货膨胀指数达到一定水平时最低工资水平将自动调整。在比利时,与最低工资调整挂钩的是"物价健康指数"(health index of prices),即不包括香烟、酒类和汽油价格变化的物价指数。卢森堡早在20世纪40年代就建立了法定最低工资制度,是欧洲第一个制定跨行业最低工资标准的国家。根据卢森堡政府在1963年做出的规定,公共事业部门施行最低工资调整指数化;到了1975年,卢森堡政府又做出了私营部门最低工资与物价指数联动的规定。

我们在介绍法国最低工资制度时曾指出,法国政府对最低工资水平的调整,除了考虑物价变化水平外,还应反映蓝领工人平均工资的增长水平。在荷兰,根据1991年通过的法案,最低工资标准的调整除考虑物价变化水平外,还需考虑劳资工资集体谈判协议确定的平均工资水平。但在实践中,最低工资与劳资工资集体谈判确定的工资并没有实现同期并行增长,而是存在时间差。此外,将最低工资调整与劳资集体协议的工资水平联动的政策经常受到政治家的操作,以各种名义加以冻结①。

欧盟国家的法定最低工资标准一般包含劳动者个人应该缴纳的社会保险费用以及应支付的个人收入所得税。但欧盟成员候选国黑山共和国和塞尔维亚的最低工资标准是净收入,不包括劳动者个人应缴纳的社会保险和所得税。许多欧盟国家制定的最低工资标准是指小时最低工资,但通常也会按照每周法定劳动时间换算成月最低工资标准。例如,法国是在小时最低工资的基础上,按照每周工作35个小时的法定劳动时间换算成月最低工资标准。西班牙和希腊的法定最低工资标准是指日工资水平,马耳他的最低工资则是以周为基础。这三个国家通常都会按照法定的劳动时间将日和周的最低工资水平换算成月最低工资标准。从2007年开始,匈牙利政府颁布的最低工资水平除了月最低标准,还包括周薪、日薪和小时工资的最低标准。按照希腊、西班牙和葡萄牙的有关法律规定,企业每年

---

① Salverda, W. , " The Netherlands: Minimum Wage Fall Shifts Focus to Part – time Jobs", in Vaughan – Whitehead, D. (eds), *The Minimum Wage Revisited in the Enlarged EU*, Geneva: ILO, 2008, p. 295.

支付的最低工资总额应该是 13 个月;因此,在分析希腊、西班牙和葡萄牙这三个国家的最低工资水平时,应考虑这一规定并加以调整。

二、欧盟国家通过集体谈判确定最低工资的制度

与采取法定最低工资制度的欧盟国家不同,到目前为止,丹麦、瑞典、芬兰、奥地利、意大利 5 个国家在国家法律层面并没有规定企业必须向劳动者支付最低工资,劳动者的最低工资水平被包含在劳资集体协议之中。在这些国家,劳资集体谈判一般是以行业或部门为基础。集体谈判除了规定不同级别的工资支付水平以外,还包括其他劳动条件,如劳动时间和带薪休假等内容。当然,工资调整始终是集体谈判中最重要的问题。仅就工资水平而言,集体谈判的结果实际上规定了各行业的工资结构,即从最低级别到最高级别的工资水平。在各行业的工资结构中,最低级别的工资水平就是我们所言的通过集体谈判确定的最低工资水平。由于生产经营和企业规模上的差异以及工会讨价还价能力的强弱,一般情况下,集体谈判确定的最低工资水平在各行业会存在一定的差距。

奥地利、芬兰的劳资集体谈判一般是在秋季举行;瑞典一般是在春季进行劳资集体谈判,劳资集体协议有效期一般是 2 - 3 年;而丹麦则是在每年第一个季度展开劳资谈判。意大利的劳资集体谈判没有固定的时间,取决于上一个协议的有效期。奥地利和丹麦的全国性工会组织并不直接举办或者是参加劳资谈判。在过去,瑞典曾被划分为"集中型"谈判的国家,即国家级别的工会和雇主协会定期展开中央级谈判并针对工资增长等重要问题达成框架协议,为行业或地区展开劳资集体谈判奠定基础。改革后,目前在私营部门,国家层级的工资谈判已经停止,主要的谈判是在行业层级展开。芬兰依然被认为是采取"集中型"劳资谈判的国家,而且集中度很高。芬兰跨行业全国集中式的劳资谈判结果是工会、雇主协会和政府签订《全国收入政策总协议》(tulopoliittinen kokonaisratkaisu)。总协议一般是两年修改一次,涉及的问题主要包括工会、税收、失业等广泛的社会经济问题。协议提出的目标是工会和雇主协会举行集体谈判的最上限。

奥地利和瑞典的行业工资集体协议通常会按照蓝领和白领工人加以区分,但由于代表白领工人的工会与蓝领工人的工会在谈判过程中通常相互协调或结成联盟,因此,同一级别的白领和蓝领劳动者的工资水平增加幅度一般没有太大差异。在瑞典、丹麦和意大利,行业集体谈判完成后,劳资双方将会在公司层面进一

步就工资增长等问题展开谈判。意大利公司级别的劳资谈判一般将员工的工资调整与企业劳动生产率的提高程度挂钩,而部门一级的谈判,影响工资调整幅度的主要因素是物价水平变化程度。

在采取集体谈判方式确定最低工资水平的国家中,集体协议覆盖率超过 90% 的欧盟国家有四个,包括奥地利、法国、比利时和芬兰。集体协议覆盖率在 80% - 90% 的欧盟国家包括瑞典、荷兰、丹麦以及意大利。而拉脱维亚、立陶宛和波兰的集体协议覆盖率均在 20% 以下。① 较高的集体谈判协议覆盖率,特别是较高的工资集体谈判覆盖率,一方面会使更多的低收入劳动受到最低工资标准的保护,但另一方面也往往成为反对建立法定最低工资标准的常用理由。奥地利、芬兰、瑞典意大利的工会坚持通过集体谈判确定最低工资标准的机制,一般不支持在本国建立法定的最低工资制度。

劳资集体谈判协议覆盖率是衡量劳资集体谈判效力的一个重要指标,它的大小主要取决于以下几个因素。第一,工会会员率和雇主组织涵盖企业的规模;第二,各国政府是否通过法律或行政手段对集体谈判协议的扩展做出了规定;第三,雇主组织是否制定了强制性会员的规定。在奥地利,《劳工宪法法案》使得没有参加工会组织的劳动者自动适用于集体协议的规定。此外,奥地利集体谈判覆盖率较高的另外一个重要原因是,所有企业都必须参加代表雇主利益的经济商会(WKO)。作为经济商会的会员,企业必然受到行业劳资集体协议的约束。在芬兰,根据在 1971 年开始实施的《集体协议一般适用性准则》,即所谓的"对所有人"(erga omnes)的规定,如果某一行业具有"代表性",即该行业工会会员率超过50%,那么,该行业所有员工包括没有参加工会的劳动者同样适用于所属行业的工资集体协议。意大利、丹麦和瑞典三个国家没有对劳资集体谈判协议做出强制延伸的要求。只有在工会或雇主协会提出请求的情况下,丹麦政府才会通过法律手段考虑集体协议效力的扩展。在意大利,集体谈判协议效力的扩展主要是通过法庭裁决执行。法庭将集体谈判协议确定的工资水平作为判断企业支付的工资收入是否符合宪法有关公平支付条款的重要依据。此外,意大利政府在判定竞争政府承包合同的企业的出价是否"不正常的低"的时候,往往也会以相关集体谈判

---

① 2013 年的数字,引自:Schulten, T. "The Meaning of Extension for the Stability of Collective Bargaining in Europe", *ETUI Policy Brief*, No. 4, 2016, pp. 1 - 6.

协议作为重要的参考依据。

第二节　欧盟国家的最低工资标准

一、欧盟主要国家的法定最低工资水平

根据欧盟统计局 Eurostat 的数据①,表 14-1 列出了欧盟主要国家 2015 年的最低工资标准。按照各国的最低工资水平,可分成 1000 欧元以上,1000-500 欧元和 500 欧元以下三个档次。卢森堡的最低工资标准在欧盟国家中最高,英国、法国、德国和荷兰名列其后,同属第一组;西班牙、希腊和葡萄牙在第二组;中东欧国家以及爱沙尼亚、立陶宛等国属于第三组。保加利亚的最低工资水平名列最后。各国在最低工资水平上存在的差异在一定程度导致了劳动力从欧盟低收入国家流动到较高收入的国家。鉴于欧盟内部劳动力在成员国之间的流动限制在 2011 年被完全取消,欧盟在一定程度上形成了统一的劳动力市场。为了获得更高的收入,来自波兰、匈牙利、罗马尼亚等国学历较低和缺乏专业技能的劳动者大量流动到欧盟发达国家。这些移民在发达国家主要从事低收入职业如清洁、餐饮和旅店的工作,其最低工资收入按照工作所在国的最低工资标准支付。此外,欧盟成员国的劳动者如果受本国公司派遣到另外一个国家从事短期工作,则被视作"外派工人"(posted workers)。绝大多数外派工人从事工作的领域是建筑行业。一些发达国家为了降低人工成本,将一些建筑工程外包给欧盟内部的中低收入国家。外派工人的最低工资应该执行哪个国家的问题一直饱受争议。为此,欧盟《外派工人指导性纲领》针对外派工人的权益保护包括最低工资、劳动时间等方面做出了明文规定。

表 14-1 列出的最低工资水平基本上反映了各国经济的发展水平,但若考虑各国物价水平差异,各国的最低工资水平差距将会减少。表中第 2 列的 PPS 是指"购买力平价标准"。PPS 是英文"Parity Purchase Standard"的缩写词,中文翻译成"平价购买标准"。"平价购买标准"实际上是一种折算系数,与世界银行颁布的

---

① http://ec. europa. eu/eurostat/statistics – explained/index. php/Minimum_wage_statistics.

PPP,即"平价购买力"折算系数的作用相同。按照欧盟统计局的解释,PPS可以理解成一种虚拟货币单位。理论上,一个单位的PPS在欧盟各成员国市场上的购买力相同。以PPS为单位表示月或小时最低工资水平消除了各国物价水平差异,从而使各国的比较分析更加准确。

表14-1 欧盟主要国家的法定最低工资标准

国　　家	2015年月最低工资		月最低工资与平均工资比值(2014年)	真实最低工资平均增长速度(2000-2015)
	欧元	PPS	%	%
	(1)	(2)	(3)	(4)
卢森堡	1923	1601	47.6	1.0
法　国	1458	1352	47.9	1.3
荷　兰	1502	1362	43.4	0.1
德　国	1473	1451	-	-
英　国	1379	1096	41.3	1.8
西班牙	757	816	34.2	0.4
希　腊	684	794	50.1	-0.6
葡萄牙	589	726	44.9	0.9
波　兰	410	749	45.1	3.6
爱沙尼亚	390	491	36.2	-
匈牙利	333	596	45.5	5.5
立陶宛	300	508	45.7	4.0
罗马尼亚	218	435	35.8	13.6
保加利亚	184	401	40.9	7.0

资料来源:根据欧盟统计局(Eurostat)数据编制。

调整欧盟各国物价水平差异后,最低工资水平较高的第一组中的各国月最低工资均有不同程度下降;相反,第二组和第三组的月最低工资水平明显上升。欧盟国家中保加利亚的月最低工资与最低工资水平最高的卢森堡相差的倍数从原来的1:10减少到了1:4。

月最低工资标准相对于劳动力市场平均工资的百分比是衡量"有效最低工资"的一个重要指标。在采取法定最低工资制度的欧盟国家,月最低工资相对水平在34-50%区间。第一档次国家的百分比均在40%以上;希腊最低工资水平虽然在第二档次,但百分比却超过第一组国家。东欧以及爱沙尼亚、立陶宛等国的比例差异幅度较大。特别值得指出的是,我国政府有关文件和学术研究曾提出,国际上一般月最低工资标准相当于月平均工资的40-60%。但这是一种误解,国际上并不存在这一标准。在采取法定最低工资制度的国家,一般都会根据本国经济发展水平和劳动市场状况制定适当最低工资水平。表14-1第3列中的数字就是一个最好的佐证。

表14-1第4列的数字显示,欧盟发达国家的真实最低工资在21世纪第一个10年期间增长缓慢,从一个侧面反映了发达国家经济增长缓慢对本国劳动者工资水平的影响。与此同时,面对全球化带来的竞争压力,工资增长缓慢也反映出工会和雇主不得不在工资增长和就业两个方面加以权衡,避免过高和过快工资增长对劳动力市场可能带来的负面冲击。

法定最低工资标准只是为企业支付员工薪酬水平确定了一条底线。由于劳资集体谈判是欧盟各国工资确定的重要手段,因此,企业员工实际最低工资水平与行业和公司级别的劳资集体谈判结果有关。传统低收入部门如餐饮、旅店和清洗行业的集体谈判确定的最低工资水平与国家法定最低工资标准差距较小,而制造业和新型产业与国家法定最低工资标准的正向偏离幅度较大。

二、欧盟建立统一最低工资标准的讨论

2009年正式生效的欧盟《里斯本条约》提出了包括充分就业、反对社会排斥和歧视、促进社会正义和消除贫困的社会目标。低收入问题、贫困和工资收入不平等现象使得推进《里斯本条约》社会目标的进程受到了极大阻碍,甚至有可能难以实现。有鉴于此,欧盟国家的一些党派、组织和专家学者提出建立不分国别、欧盟统一最低工资标准的建议。欧盟统一最低工资标准的倡议者认为,建立统一最低工资标准将会减少欧盟劳动力市场低收入就业问题并约束雇主的"社会倾销"(social dumping)和劳动力市场歧视,从而有助于实现《里斯本条约》有关"不仅需

要更多的工作岗位",同时也需要"更好的工作"的就业目标。欧盟现任主席让 -
克洛德·容克(Jean - Clause Junker)在其担任卢森堡总理期间就曾支持建立欧盟
最低工资标准的建议。在竞选欧盟主席的纲领中,容克表达了创建欧盟最低工资
标准的愿望,强调最低收入保障是维系欧盟社会福利体系的必要手段。2010 年,
欧洲议会曾要求欧盟委员会对欧盟最低收入问题展开深入研究。

　　另一方面,欧盟统一最低工资标准的反对者则认为,欧盟各国间经济差异较
大,推行统一最低工资标准不具有可行性。更为重要的是,在反对者看来,欧盟实
施统一的最低工资标准意味着欧盟成员将失去制定本国社会经济政策方面的主
导权。

　　显然,在短期内,硬性要求欧盟各国实施无差异最低工资标准存在极大障碍。
主要障碍包括:第一,欧盟各国经济发展存在较大差距,很难制定出为各国政府和
社会伙伴都能够接受的最低工资绝对水平。较低的最低工资标准将会引发欧盟
发达国家工资收入较高的劳动者的强烈反对;较高的最低工资标准又会减弱经济
发展较为落后的欧盟国家如罗马尼亚、波兰、保加利亚等国的人工成本优势,势必
遭到这些国家企业的抵制。第二,在欧盟现有政治和经济机制框架下,工资标准
以及工资政策问题属于欧盟各国政府管辖范围。1989 制定的《欧共体工人基本权
利社会宪章》明确指出,"工资确定是成员国和社会伙伴的事物"。2009 年正式生
效的《里斯本条约》第 153 款虽然针对欧盟就业保护和社会保障提出了明确目标,
但工资制定问题却被明确排除在外。

　　中短期内比较现实和可行的一种选择是协调欧盟各国的相对最低工资标准。
在这方面,有学者曾提出,应该要求欧盟各国的最低工资标准与本国平均工资水
平的比率至少达到 50% 并在将来过渡到 60% 。为实现这一目标,可采取"公开协
调政策",即在欧盟层面上制定具体目标和时间框架,然后要求欧盟各国根据本国
法律制度和集体谈判制度在规定时间内完成欧盟确定的目标。还有的学者提出,
除了统一欧盟各国最低工资与全国平均工资的比率外,还应在最低工资调整机
制、最低工资覆盖范围以及实施最低工资的法律监督等层面对欧盟各国的最低工
资制度加以协调,建立统一标准。

表 14 - 2　建立统一的相对最低工资标准对欧盟各国的影响分析

类　别		最低工资确定机制受到影响的程度		
		高	中等	低
在劳动总人数中的比例 最低工资收入者	高 （ > 15% ）	德国	塞浦路斯、爱沙尼亚、波兰	意大利、立陶宛、拉脱维亚、罗马尼亚、英国
	中等 （ 10 - 15% ）	奥地利、丹麦、意大利	保加利亚、希腊	捷克、西班牙、匈牙利、卢森堡、马耳他、荷兰、斯洛文尼亚
	低 （ < 10% ）	芬兰、瑞典	比利时、斯洛伐克	比利时、斯洛伐克
最低工资确定机制		集体谈判确定部门或职业最低工资	集体谈判确定法定最低工资	法定最低工资标准

　　欧洲改善生活和工作条件基金会（EUROFOUND）在 2010 年接受欧盟委员会的委托，针对欧盟最低工资制度改革问题展开深入研究。①研究结果显示，如果要求欧盟各国最低工资与中位数工资的比值达到 60%，欧盟各国的最低工资制度将会受到不同程度的影响。

　　表 14 - 2 显示，若要求欧盟各国最低工资水平与中位数工资之比值采取统一标准，从制度安排角度，受影响最大的是那些通过集体谈判确定各行业和职业最低工资标准的国家，例如斯堪的纳维亚国家、奥地利等。换言之，这些国家采取统一标准受到的阻力将会最大，原因在于：集体谈判中的主要角色工会和雇主协会的话语权和作用将会被极大地削弱，还有可能由过去的以行业为主的工资集体谈判转变成国家级别的集体工资协商。采取统一标准也将会削弱比利时、波兰等国家的工会和雇主协会在国家级别最低工资谈判过程中的作用；而统一标准对英国、西班牙等采取政府主导法定最低工资制度的国家的影响程度最小。

　　建立欧盟统一的最低工资标准无疑是欧盟长期的发展目标。目标能否实现，不但取决于欧盟各国经济发展水平是否能够趋同，而且还与欧盟政治和经济一体

---

①　Enrique，F. E. and C. Vacas，"Exploring the Potential of a European Minimum Wage Policy"，*Focus*，*EUROFOUND*，Issue 14，2013，pp. 18 - 19.

化的程度以及建立"欧洲社会模式"的进展有关。可以预见的是,在经济发展普遍停滞以及低收入人群和非正规就业不断扩大的局面下,作为维护劳动力市场低端劳动力人群权益的工具,最低工资制度将会在欧盟和欧盟成员国两个层面发挥更大作用。短期内的紧迫任务是使所有的欧盟成员国建立法定最低工资标准,并明确成员国在制定最低工资标准时应该共同遵守的准则。然而,上述欧洲改善生活和工作条件基金会的研究结果表明,即使是建立欧盟成员国在确定最低工资标准过程中应该遵循的共同准则,也会受到来自有关国家、工会和雇主代表的反对。因此,欧盟一体化进程中实施统一的社会经济政策的进程不会一帆风顺。

第三节　俄罗斯的最低工资制度

　　1990 年苏联解体后,俄政府采取"休克疗法"实施中央计划经济体制到市场经济的转变。在长达 10 多年的经济转型时期,俄罗斯经济经历了严重的经济衰退和恶性通货膨胀,失业人数高居不下。自 2000 年普京担任总统以来,俄罗斯经济有了较快的恢复和发展。2006 年和 2007 年,经济增长分别达到了 8.6% 和 8.8%,创下自苏联解体以来的最高增长幅度,俄罗斯成为"金砖国家"之一。

　　在解体之前,苏联实施的全国最低工资标准是由中央政府制定并经最高苏维埃(苏联时期的国会)颁布实施。虽然按照当时的法律,中央政府需要就最低工资标准征询工会的意见,但基本上是流于形式。在经济转型初期,俄罗斯依然采用全国最低工资标准,并延续苏联时期的做法,通过制定地区系数,调整俄罗斯北部地区、远东地区和具有极端气候的大陆地区的最低工资水平。例如,俄罗斯中部地区系数为 1;而位于北极的俄罗斯岛屿的系数为 2,该地区的劳动者的最低工资收入是联邦最低工资标准的 2 倍。

　　2001 年 12 月 30 日,俄罗斯杜马通过了《俄罗斯联邦劳动法典》(以下简称劳动法典)。2001 年的劳动法典提出了增加最低工资水平并使之与国家最低生活保证水平相一致的目标。不过,劳动法典只规定最低工资标准应考虑劳动者的生活费用,并没有提及影响最低工资水平的其他重要因素。此外,尽管法典要求政府和立法机关制定专门的最低工资立法,但这一目标迟迟未得到实现。

俄罗斯在 2007 年之前只有全国最低工资标准。根据 2007 年修订的劳动法典,除俄联邦最低工资标准外,地方政府也被赋予制定符合本地区情况的最低工资标准的权利,但地区最低工资标准不得低于联邦水平。与俄联邦最低工资制度不同的是,在地区经济形势恶化的情况下,通过三方协商,地区最低工资标准可以不做调整。在实践中,许多地区规定,本地区的最低工资标准只适用于私有企业,联邦政府以及地方政府雇员并不在覆盖范围之内。修改后的劳动法典第 131 条第 1 款规定,最低工资标准应该考虑社会经济条件和生活费用。显然,劳动法典对影响最低工资标准因素的规定非常笼统,会导致劳资双方展开协商谈判过程中产生争议。此外,由于劳动法典对最低工资具体应该包括哪些内容并没有做出明确的规定,造成与最低工资收入有关的劳动争议案件自 2009 年以来不断增加。工会方面坚持认为,最低工资收入不应包括企业对雇员的补偿和激励支出以及雇员的社会保险支出。俄罗斯最高法院在 2010 年 3 月发布的有关解释中,认为最低工资收入不包括雇员的补偿和激励收入以及雇员的社会保险支出;但在 2010 年 8 月,俄罗斯最高法院改变了以前的立场,裁定雇员的补偿和激励收入以及雇员的社会保险支出应该被计入最低工资收入。

无论是联邦最低工资标准,还是地区最低工资标准,均需按照劳动法典第 47 条的规定展开政府、雇主和工会的三方协商谈判来确定最低工资标准。联邦最低工资标准需报送俄罗斯杜马审议批准;地区最低工资标准交由地区主管劳动的部门审查批准后执行。20 世纪 90 年代初,在前苏联工会基础上建立的俄联邦独立工会联合会(FNPR)是当今俄罗斯最大和最具影响力的全国性工会组织。除独立工会联合会外,还有一些群众性的工会组织,最为有名的是俄罗斯劳联(KTP)。与全国性工会组织的规模相比,加入各级别雇主协会的雇主非常少,许多雇主更愿意加入商人俱乐部,但商人俱乐部不具有集体协商谈判主体的资格。

在实践中,通过劳资谈判签订工资集体协议,俄全国以及地区行业部门也可以对本行业的最低工资水平做出规定,但行业集体协议存在以下两个主要问题:第一,行业雇主协会还处于建立初期,协商谈判经常出现缺少第三方,即雇主代表缺席的现象,导致三方协商谈判变成政府和工会之间的协商①。由于大量中小企

---

① Bolsheva, A. "Minimum Wage Development in the Russian Federation", *ILO Working Paper*, No. 15, 2012, pp. 1 – 39.

业没有参加任何一个行业雇主协会组织,集体协议经常出现应履行义务的责任方无法确定的问题;第二,在签订的行业部门集体协议中,绝大多数协议中有关最低工资标准的条款只是重复联邦和地区的标准,对进一步改善本行业劳动者的工作条件没有实质性的作用。

20世纪90年代,最低工资收入是俄罗斯社会福利支付以及劳动者缴纳所得税的基本参考标准。从2000年开始,俄政府开始弱化最低工资收入与社会福利以及收入所得税的关联,其做法是:制定两个最低工资标准,第一个标准是一般意义上的收入水平,即企业支付劳动者工资的底线;第二个标准是用来缴纳罚款以及其他行政费用的最低收入。例如,2001年到2014年,俄联邦月最低工资从300卢比增长到2014年的每月5554卢比,第二类最低工资标准一直维持在每月100卢比。由此可以看出,所谓第二类最低工资标准实际上是政府要求企业向对最低工资收入者支付的一种额外补贴。

表14-3列出了俄联邦历年的月最低工资标准以及与之有关的指标。基于表中第一列给出的有效日期,我们可以看到,俄罗斯调整最低工资标准的时间和频率并不固定。在20世纪的第一个10年期间,一年内调整两次的年份包括2001年和2005年。2017年1月1日开始执行的最低工资标准在2017年的7月1日再次被调整。2009年的1月1日开始生效的最低工资标准直到2011年6月1日才被重新调整。

按照俄罗斯劳动法典的规定,最低工资制度覆盖所有类型的企业,适用于在法定劳动时间内完成工作任务的所有年龄段的劳动者。2000年俄联邦最低工资标准是132卢比,到了2009年,最低工资标准涨到每月4330卢比。2017年1月1日开始执行的月最低工资标准是7500卢比,是2000年最低工资标准的57倍。从2000-2017年,名义最低工资几何年平均增长率为32%。此外,俄联邦最低工资标准的波动幅度较大。例如,2009年1月1日开始实施的最低工资标准比2007年的标准要高出88%,但到了2011年,该年份的最低工资水平比2009年的标准只增加了3.8%。此外,由于2009年的最低工资标准直到2011年6月才被重新调整,导致2010年和2011年的实际最低工资标准分别下降了8.8%和2.3%。①

---

① Ggerasimova, E. and A. Bolsheva, "The Russian Federation", in Van Klaveren, M. , Gregory, D. and T. Schulten(eds), *Minimum Wages, Collective Bargaining and Economic Development in Asia and Europe:A Labor Perspective*, London, UK:Palgrave Macmillan,2015, pp. 335 - 337.

表 14 - 3 俄罗斯联邦月最低工资标准和其他指标(卢比)

有效日期	最低工资标准 （卢比）	年 份	凯茨指数	最低工资水平与最低 生活保障标准比值
2000. 7. 1	132	2002	9. 2	20. 3
2001. 1. 1	200	2003	8. 9	21. 2
2001. 7. 1	300	2004	8. 9	23. 1
2002. 5. 1	450	2005	8. 3	22. 9
2003. 10. 1	600	2006	9. 4	27. 1
2005. 1. 1	720	2007	12. 3	40. 1
2005. 9. 1	800	2008	13. 3	46. 2
2006. 5. 1	1100	2009	23. 2	77. 7
2007. 9. 1	2300	2010	20. 7	70. 5
2009. 1. 1	4330	2011	19. 7	65. 3
2011. 6. 1	4611	2012	17. 3	65. 4
2013. 1. 1	5205	2013	17. 4	66. 1
2014. 1. 1	5554	2014	–	–
2015. 1. 1	5965	2015	–	–
2016. 1. 1	6204	2016	–	–
2017. 1. 1	7500	2017	–	–
2017. 7. 1	7800			

资料来源:(1)最低工资标准来源:https://tradingeconomics. com/russia/minimum - wages;

(2)凯茨指数以及最低工资与最低生活保障比值来源①。

表 14 - 3 中第 4 和 5 列是俄罗斯若干年份凯茨指数和最低工资标准与最低生活保障标准的比值。凯茨指数从 2002 年到 2012 年是在 8. 3% 到 23. 2% 之间。与欧盟国家相比较,俄联邦最低工资的相对水平较低。此外,俄联邦最低工资水平一直低于最低生活保障标准。该比值在 2002 年只有 20. 3% ,2009 年的比值也只

---

① Ggerasimova, E. and A. Bolsheva, "The Russian Federation", in Van Klaveren, M. , Gregory, D. and T. Schulten(eds), *Minimum Wages, Collective Bargaining and Economic Development in Asia and Europe: A Labor Perspective*, London, UK: Palgrave Macmillan, 2015, pp. 335 - 337.

达到 77.7%。显然,这一状况违反了劳动法典第 133 条关于最低工资标准不得低于最低生活保障标准的规定。

　　根据"工资指标"(Wageindicator)网站①刊登的 2011 – 2013 年俄各地区的最低工资标准,在 2013 年,莫斯科的最低工资水平在俄联邦最高,每月 12200 卢布。位于西伯利亚中部的克拉斯诺亚尔斯克边疆区最低,每月 5095 卢布,而当年俄联邦法定月最低工资标准为 5205 卢布。在 2013 年,有将近 59% 的地区最低工资标准与俄联邦最低工资标准保持一致。尽管俄劳动法典赋予各地区根据本地实际情况制定最低工资标准的权利,但有相当一部分地区只是在重复俄联邦的最低工资标准。这从一个侧面说明,俄罗斯仍未形成坚实的地区性三方工资协商机制,特别是工会的作用以及雇主代表缺位问题,依然有待完善和解决。

　　需要指出的是,一方面,俄联邦和地区最低工资标准在一定程度上保障了劳动力市场中弱势群体获得基本收入的权力,但拖欠工资问题却有可能使最低工资收入者的权益受到损害。根据国际劳工组织专家委员的观察,2004 年拖欠工资金额达到 234 亿卢比,2006 年减少到 48 亿卢比,受拖欠工资影响的劳动者人数在 2006 年达到 60 万人。俄政府声称,已经在中央和地区采取各种行政措施减少拖欠工资现象,并通过修改刑法来加重惩罚那些经常拖欠工资的企业和雇主。国际劳工组织督促俄政府加强对劳动者工资的保护以及采取各种措施确保企业和雇主遵守国家的有关法律。

---

　　① http://wageindicator.org.

结 论

　　在国家干预经济的历史中,最低工资制度可谓是独树一帜,经久不衰。产生于 19 世纪末的最低工资制度,到了 21 世纪,无论是在发展中国家,还是在发达国家,最低工资制度依然是一个重要的社会保护工具。到目前为止,世界上绝大多数国家制定了法定最低工资标准,只有奥地利、瑞典等少数几个发达国家是通过行业集体谈判来确定最低工资标准。对发展中国家而言,发展经济和提高劳动者收入水平的美好愿望以及不断扩大的收入不平等造成的各种社会问题促使政府积极探寻各种在短期内就可以见效的政策工具。在各种可供选择的政策工具中,调整最低工资标准往往会受到特别的关注,因为最低工资标准的提高不受政府财政收入水平的约束但在较短的时期内却可能会产生一定的效果。就发达国家而言,面对灵活就业政策带来的就业非正规化以及移民工人等问题,最低工资制度则成为保护劳动力市场弱势群体和反对劳动力市场歧视以及社会排斥和社会倾销的重要手段。

　　经济全球化浪潮给世界各国的劳动力市场带来了深远影响。在发达国家,反对全球化的人士和组织认为,全球化造成了失业、收入不平等水平扩大并削弱了工会在集体谈判中与雇主讨价还价的力量。而在另一方面,全球供应链的不断扩张为发展中国家的就业创造了更多的机会,但同时发展中国家代加工厂的劳动条件引发了广泛关注。在此背景下,国际劳工组织提出了“公平全球化”的理念以及在全球化中实现“体面劳动”的目标。在国际劳工组织看来,完善集体谈判机制和最低工资制度是实现体面劳动的重要工具。

　　随着时间的推移,最低工资制度的作用不断被扩展,但实践表明,最低工资制度的一个最基本功能依然是保护劳动力市场中弱势群体的基本权益。劳动力市场弱势群体的内涵变化折射了时代的变迁:19 世纪末和 20 世纪初的弱势群体一般是指那些无组织(没有工会的保护)且在血汗工厂从事血汗劳动的妇女和童工,而在当代,劳动力市场弱势群体覆盖了移民工人、灵活就业者、妇女、年长劳动者和家政工。进入 21 世纪,非正规就业规模在发达和发展中国家均呈现不断扩大的趋势。研究表明,一方面,非正规就业对解决失业问题以及平衡家庭和工作发挥了一定的作用,但在另一方面,非正规就业者与正规就业者的工资收入存在一定的差距,而造成差距的一个重要原因是劳动力市场歧视。除了非正规就业者,遭受劳动力市场歧视的还包括妇女和移民工人。在劳工世界,家政工一直处在边缘地带,其工作价值常常被低估,劳动权益得不到有效保障。家政工的劳动时间以及工资待遇问题在近些年已经成为人们关注的一个焦点。在一些国家,最低工资标准的覆盖范围排除了从事家政工人的劳动者,或者制定了低于其他职业的最低工资标准。国际劳工组织制定的有关家政工的国际公约要求采取措施确保家政工人能够享受最低工资覆盖,且其收入应建立在没有性别歧视的基础上。

能否实现最低工资制度的基本作用在很大程度上与劳动监管有关。由于种种原因,发展中国家劳动监管的力度和效率较低,企业或雇主违反最低工资标准规定的比率较高。如果对最低工资标准的实施未能展开有效的劳动监管,则最低工资制度在保护劳动力市场弱势群体,特别是保障非正规经济部门劳动者的作用将会被削弱。除了开展有效的劳动监管,通过采取宣传、教育以及激励等预防性措施在一定程度上将有助于减少违反最低工资规定的现象。

最低工资在调节收入分配以及减少贫困现象方面的作用受到了越来越多国家的关注。但到目前为止,无论是从作用机制,还是实证分析研究,最低工资对减少工资收入差距以及贫困的功能依然无法得出明确且为各方都能接受的解释和结论。以贫困为例:最低工资收入者不一定来自贫困家庭,而贫困家庭也可能没有从事被雇佣工作的劳动者。如果最低工资收入者来自非贫困家庭,提高最低工资标准将无助于减少贫困率;而提高最低标准对那些家中没有人从事被雇佣工作的贫困家庭毫无意义。当然,如果我们基于"最低工资收入者更有可能来自贫困家庭"的假设,则调整最低工资标准在一定程度上有助于减少工作贫困现象。鉴于造成收入不平等以及贫困现象的原因多种多样,解决收入不平等以及贫困现象也应采取综合治理措施,而非单纯依靠最低工资制度。

自最低工资制度产生以来,讨论最激烈的问题当属最低工资的就业效应。新古典经济学理论常常被那些反对建立最低工资制度的人士或组织作为反对实施最低工资标准的重要理由之一。在过去的几十年中，西方学者针对最低工资就业效应问题展开了大量实证研究，但却无法得出一致的结论。这一结果至少说明以下两点：第一，现实中，最低工资制度对就业产生影响的机制要远比新古典经济学的解释复杂；第二，尽管在过去几十年中，经济计量模型和各种估计方法有了爆炸式的发展，但应用经济计量模型分析最低工资就业效应的实证研究在方法论层面仍然存在各种问题，实证结果无法得到普遍认同。当然，最低工资就业效应的实证分析也与劳动力市场调查数据的质量有关。一般而言，发达国家劳动力市场调查的广度和深度以及数据质量都要超过发展中国家。尽管如此，劳动力市场调查，特别是有关工资收入和就业方面的调查数据在多大程度上真实地反映了劳动力市场的实际情况，依然是一个值得引起注意的问题。

国际劳工组织已经制定了3个与最低工资标准有关的国际公约，为最低工资标准的确定机制、影响因素以及劳动监察做出了原则性的规定。最低工资国际公约对促进各国完善最低工资制度发挥了重要的作用。在参考最低工资国际公约的基础上，各国依据本国实际情况建立了或繁或简的最低工资制度。纵观世界各国的最低工资制度，我们可以发现，尽管存在不同模式，但大多数国家存在一个共同的特点，即非常重视工会、雇主协会以及独立人士参与最低工资标准制定的整个过程。工会和雇主协会的积极参与可以使制定的最低工资水平更加客观和符合现实，充分反映劳资双方的要求并在劳资双方要求的基础上取得某种平衡。在平衡劳资双方利益的过程中，独立人士以及政府有关部门能够发挥调解作用，使最后的协商结果被劳资双方接受。劳资双方充分参与最低工资标准的制定还可以提高最低工资制度的公信力和约束力，减少企业违反最低工资标准的行为，从而使最低工资制度能够更好地发挥保护劳动者基本权益的作用。需要指出的是：最低工资中的三方协商不应替代集体谈判机制。西方发达国家的经验表明：工资集体谈判是确保工资不断得到合理增长的一个有效工具，其谈判结果能够惠及更广泛的劳动群体。而最低工资标准实际上只能覆盖低收入群体。从这个意义上讲，最低工资制度是一个"次优(second best)"的选择。

由于收入不平等在各国的不断扩大，出于社会公平的理念，一些组织提出了制定生活工资以及建立地区最低工资标准的建议。早在19世纪末，英国著名的社会活动家约翰·霍布森就曾提出过生活工资的建议，但被正在推动在英国建立全国最低工资标准的韦伯夫妇否定。韦伯夫妇认为最低工资标准应该维持在满足基本生活需要的水平。在当代,有关生活工资的定义并不统一,其核心理念是:工资收入水平应该使工人及其家庭能够过上被社会接受的体面生活;换言之,生活工资不但包括生活成本,还应反映改善生活质量的需要。尽管在欧美国家成立了一些非政府组织来宣传和推动实施生活工资标准,且有些企业也自愿参加并支付高于最低工资标准的生活工资,但大多数国家的政府或立法机构还未考虑将制定法定生活工资标准纳入议事议程。关于地区最低工资标准,一个最典型的例子是欧盟统一最低工资标准的讨论。在低收入、收入不平等增加以及就业非正规化的背景下,欧盟国家中的一些组织提出了实施欧盟统一最低工资标准的建议。考虑到经济发展水平在欧盟各成员国之间存在的差距,欧盟建立统一最低工资标准绝非是在短期内就可以实现的,即使从长远角度看,欧盟实施统一最低工资标准的工作也绝非是一条平坦的道路。

　　总之,一个设计良好且得到有效实施的最低工资制度能够在保护劳动者基本权益方面发挥重要的作用。在世界范围内,尽管还存在一些争论,但建立最低工资制度的必要性已经得到了国际社会的普遍认同。尽管如此,我们也应该意识到:在保护劳动者权益方面,最低工资制度不是唯一的一个工具。建立和完善集体谈判机制以及社会保障制度能够使更多的劳动者受益。面对经济全球化以及市场经济在运行过程中给各国劳动力市场带来的巨大挑战,将社会保障制度、集体谈判机制与最低工资制度有机地结合在一起使用并保持政策的一致性将会极大地推动和谐劳动关系的建立,有助于实现社会公平与正义的目标。

主要参考文献

一、中文译著和著作

1. [德]恩格斯:《英国工人阶级状况》,《马克思恩格斯全集》第 2 卷,人民出版社 1957 年版。

2. [英]霍布森,J. A.,《财富的科学》,于树生译,商务印书馆 2015 年版。

3. [英]杰拉尔德·斯塔尔,《最低工资 – 实践与问题的国际评述》,马小丽译,经济管理出版社 1997 年版。

4. [英]汤普森,E. P.,《英国工人阶级的形成(上)》,钱乘旦等译,译林出版社 2013 年版。

5. 胡国成:《塑造美国现代经济之路》,中国经济出版 1995 年版。

6. 刘金源等:《英国近代劳资关系研究》,南京大学出版社 2012 年版。

7. 林原:《经济转型期最低工资标准决定机制研究:公共选择与政府规制》,知识产权出版社 2012 年第 1 版。

8. 彭秀良、郝文忠主编:《民国时期社会法规汇编》,河北教育出版社 2014 年第 1 版。

9. 田彤:《民国劳资争议研究(1927 – 1937)》,商务印书馆 2013 年第 1 版。

10. 徐艳萍:《托马斯·胡德》,陕西师范大学出版社 2016 年版。

11. 殷企平:《"文化辩护书":19 世纪英国文化批评》,上海外语教育出版社 2013 年版。

12. 庄启东等著《新中国工资史稿》,中国财政经济出版社 1986 年第 1 版。

二、中文论文

1. 蔡禹龙、张微、金纪玲:《民国时期的最低工资立法及其现代启示》,《兰台世界》2015 第 1 期。

2. 岳宗福、吕伟俊:《国际劳工组织与民国劳动保障立法》,《烟台大学学报(哲学社会科学版)》2007 年第 1 期。

3. 张宏艳,姚双花:《我国区际收入差距问题分析基于购买力平价》,《北京工商大学学报(社会科学版)》2014 年第 3 期。

三、英文著作

1. Belman, D. and P. J. Wolfson, *What Does the Minimum Wage Do*? Kalamazoo, Michigan: W. E. Upjohn Institute for Employment Research, 2014.

2. Blackburn, S. *A Fair Day's Wage for a Fair Day's work? Sweated Labor and the Origins of Minimum Wage Legislation in Britain*, Burlington, USA: Ashgate Publishing Company, 2007.

3. Boeri, T. and J. Van Ours, *The Economics of Imperfect Labor Market*, Princeton, NJ: Princeton University Press, 2008.

4. Bruce, K. , *The Global Evolution of Industrial Relations − Events, Ideas and the IIRA*, Geneva: ILO, 2009, p. 203.

5. Card, D. and A. B. Krueger, *Myth and Measurement: The New Economics of Minimum Wage*, Princeton, NJ: Princeton University Press, 1995.

6. Ggerasimova, E. and A. Bolsheva, "The Russian Federation", in Van Klaveren, M. , Gregory, D. and T. Schulten(eds) , *Minimum Wages, Collective Bargaining and Economic Development in Asia and Europe: A Labor Perspective*, London, UK: Palgrave Macmillan, 2015.

7. Hamermesh, D. , *Labor Demand*, New Jersey: Princeton University Press, 1993, pp. 21 − 28.

8. ILO, *Non − standard Employment Around the World: Understanding Challenges and Shaping Prospects*, Geneva, ILO, 2016.

9. ILO, *Minimum Wage Policy Guide*, Geneva: ILO, 2015.

10. ILO, *Minimum Wage Policy Guide*, Geneva: ILO, 2015.

11. ILO, *General Survey of the Reports on the Minimum Wage Fixing Convention*, 1970(*No.* 131), *and the Minimum Wage Fixing Recommendations*, 1970(*No.* 135), Geneva: ILO, 2014.

12. ILO, *General Survey of the Reports on the Minimum Wage Fixing Convention*, 1970(*No.* 131), *and the Minimum Wage Fixing Recommendations*, 1970(*No.* 135), Geneva: ILO, 2014.

13. ILO, *Working Conditions Laws Report* 2012: *a Global Review*, Geneva: ILO, 2013.

14. ILO, *Handbook of Procedures Relating to International Labor Conventions and Recommendations*, Geneva: ILO, 2012.

15. ILO, *Edward Phelan and the ILO*: *The life and Views of an International Social Actor*, Geneva: ILO, 2009.

16. ILO et al. , *Consumer Price Index Manual*: *Theory and Practice*, Geneva, ILO, 2004.

17. ILO, *Minimum Wages*: *Wage Fixing Machinery*, *Application and Supervision*, Geneva: ILO, 1992.

18. ILO, *Minimum Wage Fixing Machinery in Agriculture*, *Report VII(I)*, *ILC*, 33rd Session, Geneva: ILO, 1949.

19. Kaufman, B. E. and J. L. Hotchkiss, *The Economics of Labor Markets*, Mason, OH: Thomson South – Western, 2006.

20. Manning, A. , *Monopsony in Motion*: *Imperfect Competition in Labor Markets*, Princeton, NJ: Princeton University Press, 2003.

21. Neumark, D. and W. L. Wascher, *Minimum Wages*, Cambridge, Massachusetts: The MIT Press, 2008.

22. Nordlund, W. J. , *The Quest For a Living Wage*: *the History of the Federal Minimum Wage Program*, Westport, CT: Greenwood Press, 1997, p. 1.

23. Salverda, W. , "The Netherlands: Minimum Wage Fall Shifts Focus to Part – time Jobs", in Vaughan – Whitehead, D. (eds), *The Minimum Wage Revisited in the Enlarged EU*, Geneva: ILO, 2008.

24. Schmid, B. and T. Schulten, "The French Minimum Wage (SMIC)", in Schulten, T., R. Bispinck and C. Schafter (eds), *Minimum Wages in Europe*, Brussels: ETUI – REHS, 2006.

25. Sidney and Beatrice Webb, *Industrial Democracy*, London: Longmans Green, and Co., 1897.

26. Varkkey, B., "India's Minimum Wage System", in Van Klaveren, M., Gregory, D. and T. Schulten (eds), *Minimum Wages, Collective Bargaining and Economic Development in Asia and Europe: A Labor Perspective*, London, UK: Palgrave Macmillan, 2015, p. 125.

27. Waltman, J., *The Politics of the Minimum Wage*, Urbana and Chicago: University of Illinois Press, 2000.

四、英文论文

1. Allegretto, S. A., A. Dube, and M. Reich. 2011. "Do Minimum Wages Really Reduce Teen Employment? Accounting for Heterogeneity and Selectivity in State Panel Data", *Industrial Relations*, Vol. 50, No. 2, 2011.

2. Auten, N. M., "Some Phases of the Sweating System in Garment Trades of Chicago", *American Journal of Sociology*, Vol. 6, No. 5, 1901.

3. Autor, D., Manning, A. and C. L. Smith, "The Contribution of the Minimum Wage to US Wage Inequality over Three Decades: A Reassessment", *American Economic Journal: Applied Economics*, Vol. 8, No. 1, 2016.

4. Belman, D., and Paul J. Wolfson, "The New Minimum Wage Research", *Employment Research*, Vol. 21, No. 2, 2014.

5. Bender, D. "Sweatshop Subjectivity and the Politics of Definition and Exhibition", *International Labor and Working – Class History*, No. 61, Spring, 2002.

6. Bhorat, H., Goga, S. and C. Van der Westhuizen, "Institutional Wage Effects: Revisiting Union and Bargaining Council Wage Premia in South Africa", *University of Cape Town, Working Paper*, 2012.

7. Bispinck, R., "Between the Minimum Wage and Collective Bargaining Unity", *WSI Annual Collective Bargaining Report 2014*, 2014.

8. Bispinck, R. and T. Schulten, "Sector – level Bargaining and Possibilities for Deviations at Company Level: Germany", EUROFOUND, *Policy Research Paper*, 2011.

9. Blackburn, S. , "Curse or Cure? Why Was the Enactment of Britain's 1909 Trade Boards Act So Controversial?" *British Journal of Industrial Relations*, Vol. 47, No. 2, 2009.

10. Bolsheva, A. "Minimum Wage Development in the Russian Federation", *ILO Working Paper*, No. 15, 2012.

11. Brown, C. , Gilroy, C. and A. Kohen, "The Effects of the Minimum Wage on Unemployment", *Journal of Economic Literature*, Vol. 20, Issue 2, 1982.

12. Bushman, B. J. and G. L. Wells, "Narrative Impressions of Literature: The Availability Bias and the Corrective Properties of Meta – analytic Approaches", *Personality and Social Psychology Bulletin*, ? Vol. 27, Issue. 9, 2001.

13. Campolieti, M. , "Minimum Wages and Wage Spillovers in Canada", *Canadian Public Policy*", Vol. 41, No. 1, 2015.

14. Card, D. and A. B. Krueger, "Minimum Wages and Employment: A Case Study of the Fast – Food Industry in New Jersey and Pennsylvania: Reply", *The American Economic Review*, Vol. 90, No. 5, 2000.

15. Card, D. and A. B. Krueger, "Time – Series Minimum Wages Studies: A Meta – analysis", *The American Economic Review*, Vol. 85, No. 2, 1995.

16. Card, D. and A. B. Krueger, "Minimum Wages and Employment: A Case study of the Fast – food Industry in New Jersey and Pennsylvania", *The American Economic Review*, Vol. 84, No. 4, 1994.

17. Chletsos, M. and G. P. Giotis, "The Employment Effect of Minimum Wage Using 77 International Studies Since 1992: A Meta – analysis", *MPRA working paper*, 2015.

18. Clifford F. Thies, C. F. , "The First Minimum Wage Laws", *Cato Journal*, Vol. 10, No. 3, 1991.

19. Cowgill, M. and P. Huynh, "Weak Minimum Wage Compliance in Asia's Garment Industry", *ILO Regional Office for Asia and the Pacific*, 2016.

20. Cunningham, W. and L. Siga, "Wage and Employment Effects of Minimum Wa-

ges on Vulnerable Groups in the Labor Market: Brazil and Mexico", *World Bank/ LCSHS*,2006.

21. de Linde Leonard,M. ,T. D. Stanley and H. Doucouliagos,"Does the UK Minimum Wage Reduce Employment? A Meta – Regression Analysis", *British Journal of Industrial Relations*,Vol. 52,No. 3,2014.

22. Dickens,R. ,R. Riley and D. Wilkinson,"A Re – examination of the Impact of the UK National Minimum Wage on Employment", *Economica*, Vol. 82, Issue 328,2015.

23. DiNardo,J. ,Nicole M. Fortin and T. Lemieux,"Labor Market Institutions and the Distribution of Wages,1973 – 1992:A Semiparametric Approach", *Econometrica*, Vol. 64,No. 5,1996.

24. Doucouliagos,H. and T. D. Stanley,"Publication Selection Bias in Minimum – Wage Research? A Meta – Regression Analysis", *British Journal of Industrial Relations*,Vol. 47,No. 2,2009.

25. Dube,A. ,T. W. Lester and M. Reich. 2010. "Minimum Wage Effects Across State Borders:Estimates Using Contiguous Counties", *Review of Economics and Statistics*,Vol. 92,No. 4,2010.

26. Enrique,F. E. and C. Vacas,"Exploring the Potential of a European Minimum Wage Policy", *Focus*,*EUROFOUND*,Issue 14,2013.

27. EUROFOUND, *Statutory Minimum Wages in the EU* 2017, Dublin: Irlend,2017.

28. Fukaura,A. ,"Rationality of the Guideline System in the Japanese Minimum Wage Law",*KEIEI TO KEIZAI*,Vol. 93,No. 4,2013.

29. Grossman,J. Baldwin,"the Impact of the Minimum Wage on Other Wages", The Journal of Human Resources,Vol. 18,No. 3,1983.

30. Grossman,J. ,"Fair Labor Standards Act of 1938:Maximum Struggle for a Minimum Wage",*Monthly Labor Review*,Vol. 101,No. 6,1978.

31. Hamermesh,D. ,1995,"Myth and Measurement:The New Economics of the Minimum Wage:Comment",*Industrial and Labor Relations Review*,Vol. 48,No. 4（July）,1995.

32. Holcombe, A. N. , "The British Minimum Wages Act of 1909", *The Quarterly Journal of Economics*, Vol. 24, No. 3, , 1910.

33. Huynh, P. , "Employment, Wages and Working Conditions in Asia's Garment Sector: Finding New Drivers of Competitiveness", *ILO Working Paper*, 2015.

34. Kaitz, H. , "Experience of the Past: the National Minimum", *U. S. Department of Labor*, *Bureau of Labor Statistics*, *Bulletin* 1657, 1970.

35. Katz, L. F. and A. B. Krueger, "the Effects of the Minimum Wage on the Fast - food Industry", *Industrial and Labor Relations Review*, Vol. 46, Issue 1, 1992.

36. Lam, K. , Ormerod, C. , Ritchie, F. and P. Vaze, "Do company wage policies persist in the face of minimum wages?" *Labor Market Trends*, Vol. 114, No. 3, 2006.

37. Lee, S. and D. McCann, "The Impact of Labor Regulations: Measuring the Effectiveness of Legal Norms in a Developing Country", *working paper*, ILO, 2009.

38. Lee, S. , "Wage Inequality in the United States during the 1980s: Rising Dispersion or Falling Minimum Wages", *Quarterly Journal of Economics*, Vol. 114, No. 3, 1999.

39. Lourie, Julia, "A Minimum, *House of Commons Library*", *Research Paper*, 95/7, 1995.

40. LPC, *The National Minimum Wage: First Report of Low Pay Commission*, 1998.

41. Machin, S. , A. Manning and L. Rahman, "Where the Minimum Wage Bites Hard: Introduction of Minimum Wages to a Low Wage Sector", *Journal of the European Economic Association*, Vol. 1, No. 1, 2003.

42. Metcaft, D. , "The British National Minimum Wage", *London School of Economics and Political Science*, 1999.

43. Meyer, R. H. and D. A. Wise, "Discontinuous Distributions and Missing Persons: The Minimum Wage and Unemployed Youth", *Econometrica*, Vol. 51, No. 6, 1983.

44. Mincer, J. , "Unemployment Effects of Minimum Wages", *Journal of Political Economy*, Vol. 84, No. 4, 1976.

45. Nakakubo, H. , "A New Departure in the Japanese Minimum Wage Legislation", *Japan Labor Review*, Vol. 6, No. 2, 2009.

46. Neumark, D. , J. M. Ian Salas and W. Wascher, "Revisiting the Minimum Wage

- employment Debate: Throwing Out the Baby with the Bathwater?" *Industrial and Labor Relations? Review*, 67(supplement), 2014.

47. Neumark, D. and W. L. Wascher, "Minimum Wages, Labor Market Institutions, and Youth Employment: a Cross - national Analysis", *Industrial and Labor Relationships Review*, Vol. 57, No. 2, 2004.

48. Neumark, D. and W. Wascher, "Employment Effects of Minimum Wages and Subminimum Wages: Panel Data on State Minimum Wage Laws", *Industrial and Labor Review*, Vol. 46, No. 1, 1992.

49. Ohashi, I., "The Minimum Wages System in Japan: In Light of Circumstances in the United States and Europe", *Japan Labor Review*, Vol. 8, No. 2, 2011.

50. Sabia, J. J., R. Burkhauser and B. Hansen, "Are the Effects of Minimum Wage Increases Always Small? New Evidence from A Case Study of New York State", *Industrial and Labor Relations Review*, Vol. 65, No. 2, 2012.

51. Schmitt, J., "Why Does the Minimum Wage Have No Discernible Effect on Employment?" *Center for Economic and Policy Research*, *Working Paper*, 2013.

52. Schulten, T. "The Meaning of Extension for the Stability of Collective Bargaining in Europe", *ETUI Policy Brief*, No. 4, 2016.

53. Schulten, T. and R. Bispinck, "Wages, Collective Bargaining and Economic Development in Germany: Towards a More Expansive and Solidaristic Development?" *WSI Working Paper*, 2014.

54. Seekings, J., "Minimum wage - setting by the Employment Conditions Commission in South Africa, 1999 - 2015", *CSSR Working Paper*, No. 375, 2016.

55. Stanley, T. D., "Wheat from Chaff: Meta - Analysis as Quantitative Literature Review", *The Journal of Economic Perspectives*, Vol. 15, No. 3 (Summer, 2001), 2001.

56. Stewart, M., "Wage Inequality, Minimum Wage Effects, and Spillovers", *Oxford Economic Paper*, 64(2012), 2012.

57. Stewart, M. B., "The Employment Effects of National Minimum Wage", *Economic Journal*, Vol. 114, Issue494, 2004.

58. Stewart, M. B., "The Impact of the Introduction of the UK minimum Wage on the Employment Probabilities of Low Wage Workers", *Warwick Economic Research Pa-*

pers,2002.

59. Stewart,M. B. ,"Estimating the Impact of the Minimum Wage Using Geographical Wage Variation", *Oxford Bulletin of Economics and Statistics*,Vol. 64,Supplement, 2002.

60. Stigler,G. ,"The Economics of Minimum Wage Legislation", *The American Economic Review*,Vol. 36,No. 3,1946.

61. Sturn,S. , Do Minimum Wages lead to Job Losses? Evidence from OECD countries on Low – Skilled and Youth Employment, *Industrial and Labor Relationships Review*,Vol. 71,No. 3,2017.

62. Welch,F. , " Myth and Measurement:The New Economics of the Minimum Wage:Comment",*Industrial and Labor Relations Review*,Vol. 48,No. 4,1995.

63. Welch,F. ,"Minimum Wage Legislation in the United States", *Economic Inquiry*,Vol. 12,No. 3,1974.

64. Word Bank, *Purchasing Power Parities and the Real Size of World Economies: a Comprehensive Report of the 2011th International Comparison Program*,Washington: the World Bank.